权威·前沿·原创

皮书系列为
“十二五”“十三五”国家重点图书出版规划项目

BLUE BOOK

智库成果出版与传播平台

餐饮产业蓝皮书

BLUE BOOK OF CATERING INDUSTRY

中国餐饮产业发展报告（2020）

ANNUAL REPORT ON CATERING INDUSTRY DEVELOPMENT OF CHINA (2020)

主　　编／邢　颖　黎素梅
执行主编／于干千

社会科学文献出版社
SOCIAL SCIENCES ACADEMIC PRESS (CHINA)

图书在版编目（CIP）数据

中国餐饮产业发展报告. 2020 / 邢颖，黎素梅主编. -- 北京：社会科学文献出版社，2020.9
（餐饮产业蓝皮书）
ISBN 978-7-5201-7113-7

Ⅰ. ①中… Ⅱ. ①邢… ②黎… Ⅲ. ①饮食业-产业发展-研究报告-中国-2019 Ⅳ. ①F719.3

中国版本图书馆 CIP 数据核字（2020）第 152058 号

餐饮产业蓝皮书
中国餐饮产业发展报告（2020）

主　　编 / 邢　颖　黎素梅
执行主编 / 于千千

出 版 人 / 谢寿光
组稿编辑 / 周　丽
责任编辑 / 王玉山　张丽丽

出　　版 / 社会科学文献出版社·城市和绿色发展分社（010）59367143
地址：北京市北三环中路甲 29 号院华龙大厦　邮编：100029
网址：www.ssap.com.cn
发　　行 / 市场营销中心（010）59367081　59367083
印　　装 / 天津千鹤文化传播有限公司

规　　格 / 开　本：787mm × 1092mm　1/16
印　张：23.25　字　数：347 千字
版　　次 / 2020 年 9 月第 1 版　2020 年 9 月第 1 次印刷
书　　号 / ISBN 978-7-5201-7113-7
定　　价 / 158.00 元

本书如有印装质量问题，请与读者服务中心（010-59367028）联系

主要编撰者简介

杨　柳　女，回族，经济学博士，正高级经济师、研究生导师，现任中国医药集团党委副书记、国药励展董事长，兼任世界中餐业联合会会长，曾主编餐饮管理专业系列教材，出版过餐饮专著，主持多项省部级课题，在国家一级刊物发表过多篇学术论文；曾获第二届中国出版政府奖、全国商业科技进步一等奖等多个奖项。

荆林波　博士，现任中国社会评价研究院院长，博士生导师，二级研究员，国务院政府特殊津贴专家，21 世纪“百千万人才工程”国家级人选，经贸政策咨询委员会委员，供应链政策咨询委员会委员，国家标准委委员，多个部委特聘专家。参与多项国家和部委的重大课题研究及重要文件起草，获得孙冶方经济科学奖、万典武商业经济学奖、“有突出贡献中青年专家”等多项荣誉。社会兼职包括中国物流学会副会长，中国商业经济学会副会长，中国社会科学情报理事会副理事长，中国信息经济学副理事长，世界中餐业联合会饮食文化专家委员会副主席等。

邢　颖　副教授，世界中餐业联合会常务副会长，原任中国全聚德（集团）股份有限公司董事长。主编高等教育自学考试《餐饮经济学导论》《餐饮企业战略管理》等教材、《中国餐饮产业发展报告》（餐饮产业蓝皮书）等书，曾获“中国餐饮业年度十大人物”等奖项。

黎素梅　教授、硕士生导师。云南省第十二届政协委员、昆明市第十四届人大代表。历任西南林业大学社科系党总支书记，中共普洱市委常委、宣传部部长、纪委书记，云南农业大学党委委员、副校长，昆明学院党委副书记、校长。现任云南农业大学党委书记。

于干千　博士后，教授，普洱学院副院长，世界中餐业联合会国际烹饪教育委员会副主席，云南省哲学社会科学创新团队（餐饮文化与产业升级）首席专家。

摘　要

《餐饮产业蓝皮书：中国餐饮产业发展报告》自2006年出版以来，始终坚持聚焦餐饮产业发展的前沿和热点问题，深入准确分析行业发展状态，已成为餐饮产业的权威读物和传播中国优秀饮食文化的重要媒介。经皮书评审委员会审议，中国社会科学院批准，《餐饮产业蓝皮书：中国餐饮产业发展报告》连续多年入选“中国社会科学院创新工程学术出版项目”。

《中国餐饮产业发展报告（2020）》分为总报告、区域发展篇、年度热点篇、专题报告篇和附录五个部分。

本书两篇总报告是国家社科基金项目“我国餐饮业高质量发展的产业政策转型研究”的研究成果。第一篇侧重于产业运行研究，分析了2019年我国餐饮产业在宏观经济承压形势下在稳增长、促消费、稳就业和惠民生领域发挥的重要作用，剖析了新冠肺炎疫情对餐饮业发展的政治、经济、社会和技术环境所造成的影响，提出餐饮业要深入研判发展环境变化，以“创新”“协调”“绿色”“开放”“共享”发展理念为指导，在“十四五”期间加快转型升级。第二篇侧重于产业政策研究，总结分析了分区精准防控、有序复工复产等不同阶段的产业政策效果，结合餐饮业长期高质量发展和当前走出困境的需要，提出了短期产业政策调整和长期产业政策转型建议。区域发展篇重点关注了北京、上海、广东、陕西、东北三省以及澳门等省市地区，对其2019年及2020年初餐饮市场呈现的特点及发展趋势进行了盘点和分析。为反映新形势下餐饮产业的发展情况，总结经验，“危”中寻“机”，本书专门设置了年度热点篇，通过调查分析和案例研究等提出了对策和建议。专题报告篇，汇集了素食产业、咖啡产业、夜间美食经济、民族餐饮、饮食文化、食品安全等最新研究成果。附录收录了世界中餐业联合会发布的

“关于抗击新冠肺炎疫情”和“培养健康饮食习惯、共创中华餐桌文明”的倡议书，以及《中餐分餐制、公筷制、双筷制服务规范》团体标准，这些对于行业规范具有较强的指导意义。

关键词： 中国餐饮产业　产业运行　产业政策　高质量发展

前　言

2020年初，突然暴发的新冠肺炎疫情对近年来发展势头良好的餐饮产业造成了严重冲击。随着疫情防控步入常态化，在逐步复工复产阶段，餐饮产业面临的政策环境、经济环境、技术环境和社会环境都产生了巨大的变化，如何研判形势、正确应对成为当前最紧要的问题。

在此大背景下，《中国餐饮产业发展报告（2020）》继续秉承聚焦理论前沿、追求实践价值、引领行业发展的一贯原则，凝聚了餐饮行业协会、高等院校、研究机构和产业链相关服务企业的研究力量，在研究餐饮产业运行状况的基础上，着重分析了新冠肺炎疫情对餐饮产业造成的影响，总结了抗击和防控疫情的经验，并从产业政策、餐饮企业运营、数字化建设、食品安全等多个角度提出了建议。除此之外，本书还重点收录了餐饮业界普遍关注的素食产业、夜间美食经济、咖啡产业、民族餐饮等专题报告。希望通过本书对重塑行业信心、理清发展思路有所助益。

习近平总书记强调，“危和机总是同生并存的，克服了危即是机”。新冠肺炎疫情诚然对餐饮产业带来了前所未有的打击，但同时也要看到，对疫情的深刻反思和积极应对，也为餐饮产业的转型升级和饮食文化的守正创新带来了新的机遇。2020年是全面建成小康社会的收官之年，是实现第一个百年奋斗目标的决胜之年，在这样一个机遇与挑战并存的年代，餐饮产业将继续以创新发展、协调发展、绿色发展、共享发展、开放发展为引领，加快推进产业高质量发展。

新冠肺炎疫情暴发后，世界中餐业联合会勇担重任、积极作为，号召海内外会员共抗疫情、共创中华餐桌文明，向国家有关部委主管部门反映餐饮行业情况并提出扶持政策建议，发布了《中餐分餐制、公筷制、双筷制服务规范》，通过网络直播的方式树立行业标杆、传播先进经验。我们坚定地相信，疫情改变不了餐饮产业高质量发展的方向，改变不了中国人民追求美好生活的需求，改变不了中国建设社会主义现代化强国的坚定步伐。正如本书总报告所言：“雄关漫道真如铁，而今迈步从头越！”在奋斗的过程中，我们愿与海内外餐饮人并肩同行、共创未来！

世界中餐业联合会　常务副会长

2020 年 7 月 8 日

目　录

Ⅲ 年度热点篇

Ⅳ 专题报告篇

Ⅴ 附录

皮书数据库阅读**使用指南**

序
后疫情时代　中国餐饮如何作为

荆林波*

2020年初一场突如其来的疫情，不仅卷走了往年春节的旺季，也导致大批的餐饮企业无法正常运营，许多餐饮企业没有坚持的本钱，根据天眼查方面提供的信息，截至5月25日，2020年餐饮行业新增注销、吊销的企业超过15万家。

目前，疫情已经在中国得到有效控制，如今，人们更加关注后疫情时代，中国餐饮如何得到迅速的恢复和振兴？本文拟对相关问题进行探讨。

一　揭示我国餐饮产业的利润真相

按照通常的说法，我国餐饮产业的痛点是“三高一低”——房租高、原材料成本高、人力成本高和利润低。根据相关统计，房租、食材与人工三项成本在餐饮总成本中所占的比重超过60%。然而，我国餐饮企业的利润低吗？

我们试图通过对上市公司年报的分析，了解我国餐饮企业的利润状况，对比分析在香港上市的餐饮企业盈利能力，同时，我们也做了与零售业上市公司的跨行业对比。

1. 净利润对比分析

从表1的净利润数据，我们可以发现，总体而言，全聚德等三家餐饮上市公司的净利润总额不大，到2018年底，广州酒家的净利润只有不到4亿

---

* 荆林波，中国社会科学评价研究院院长。

元，而全聚德的净利润在2018年首次下降到1亿元以内。根据全聚德的年度快报，全聚德2019年净利润再度下降，只有不到5000万元，这是该公司自2007年上市以来的最低水平。西安饮食也是起伏不定，2015年和2017年出现了亏损，2014年和2016年是微利，2018年净利润接近1亿元。然而，根据2019年第三季度报告，西安饮食2019年前三季度实现营业总收入3.9亿元，同比增长5.1%；实现归母净利润-2368.1万元，上年同期为-417.5万元，亏损幅度扩大。

表1　A股三家餐饮上市公司的净利润状况

单位：亿元

年份	2018	2017	2016	2015	2014
全聚德	0.73	1.36	1.40	1.31	1.26
西安饮食	0.97	-0.12	0.12	-0.32	0.11
广州酒家	3.83	3.42	2.66	2.32	2.24

那么，在香港上市的餐饮企业的净利润如何呢？从表2来看，香港的三家餐饮上市公司的净利润比A股的三家餐饮上市公司的净利润要高，特别是海底捞一枝独秀，2018年底净利润突破了16亿元，独占鳌头。呷哺呷哺和味千中国2018年度净利润也在5亿元左右。

表2　香港三家餐饮上市公司的净利润状况

单位：亿元

日期	2019-06-30	2018-12-31	2018-06-30	2017-12-31	2017-06-30	2016-12-31
海底捞	9.11	16.46	6.46	10.28	4.25	7.35
呷哺呷哺	1.64	4.62	2.09	4.20	1.88	3.68
味千中国	0.87	5.51	1.21	-4.87	1.09	6.65

从跨行业对比来看，零售业上市公司的净利润比餐饮企业总体要高。从表3来看，无论是以百货和购物中心为代表的百联股份、王府井和天虹股份，还是超市的代表企业——永辉超市、步步高和家家悦，它们的净利润总

额明显比餐饮企业的净利润总额高。唯一例外的是海底捞的净利润总额，2018 年其是最高的，2017 年海底捞的净利润总额仅低于永辉超市。

表 3　A 股六家零售业上市公司的净利润状况

单位：亿元

年份	2018	2017	2016	2015	2014
百联股份	9.067	8.576	7.673	11.72	13.35
王府井	12.26	7.419	8.038	6.614	6.362
天虹股份	9.046	7.181	5.232	12.07	5.372
永辉超市	9.974	16.85	12.14	6.001	8.527
步步高	1.602	1.556	1.396	2.145	3.449
家家悦	4.252	3.107	2.511	2.472	2.277

2. 净资产收益率对比分析

我们先分析我国餐饮上市公司的净资产收益率的状况，根据表 4 的数据，很显然，广州酒家的净资产收益率远远高于同行，尽管其净资产收益率从 2014 年超过 35% 以后，总体在下降，但是 2018 年仍然有超过 21% 的净资产收益率。全聚德的净资产收益率，2014 年以后下降趋势明显，到 2018 年其净资产收益率已不足 5%；西安饮食则更低，2018 年已不足 2%。

表 4　A 股三家餐饮上市公司的净资产收益率状况

单位：%

年份	2018	2017	2016	2015	2014
全聚德	4.89	9.27	9.97	9.85	11.38
西安饮食	1.44	-1.69	2.00	-5.00	1.60
广州酒家	21.16	26.35	30.66	30.46	35.65

在香港上市的餐饮企业的净资产收益率如何呢？从表 5 来看，香港的三家餐饮上市公司的净资产收益率远高于境内上市的餐饮企业的净资产收益率。海底捞的净资产收益率在 2016 年和 2017 年都高达惊人的 90% 以上，而到 2018 年年底下降到不到 20%。呷哺呷哺的净资产收益率 2018 年在 20%

左右。味千中国的净资产收益率起伏较大，2016 年净资产收益率不到 20%，2017 年变成 -18% 左右，2018 年又变成 17% 左右。

表 5　香港三家餐饮上市公司的净资产收益率状况

单位：%

日期	2019-06-30	2018-12-31	2018-06-30	2017-12-31	2017-06-30	2016-12-31
海底捞	9.91	19.09	55.89	94.38	—	91.67
呷哺呷哺	7.09	20.63	9.99	21.16	10.38	21.44
味千中国	2.70	17.06	4.27	-17.81	3.26	19.87

从跨行业对比来看，表 6 显示，零售业上市公司 2018 年净资产收益率分为两个阵营，第一阵营的家家悦、天虹股份和王府井的净资产收益率超过 10%，第二阵营的永辉超市、百联股份和步步高的净资产收益率低于 10%。

表 6　A 股六家零售业上市公司的净资产收益率状况

单位：%

年份	2018	2017	2016	2015	2014
家家悦	16.63	13.07	23.16	25.39	26.56
天虹股份	14.50	12.47	9.50	24.08	12.18
王府井	11.46	9.33	7.10	9.25	9.65
永辉超市	7.89	9.32	8.50	5.65	13.92
百联股份	5.28	5.08	5.64	8.08	7.24
步步高	2.24	2.37	2.64	4.50	10.44

3. 毛利率对比分析

我们分析我国餐饮上市公司的毛利率状况。既然我国餐饮上市公司的净利润不高，净资产收益率较低，那么，是不是我国餐饮上市公司的毛利率低呢？根据表 7 的毛利率数据，我们发现，我国餐饮上市公司的毛利率水平是比较高的，全聚德的毛利率在 60% 左右，广州酒家的毛利率在 50% 以上，即使最低的西安饮食其毛利率也在 35% 左右。根据 2019 年第三季度报告，西安饮食的毛利率为 31.8%，同比降低约 2 个百分点。

表7　A股三家餐饮上市公司的毛利率状况

单位：%

年份	2018	2017	2016	2015	2014
全聚德	60.03	61.87	60.84	58.23	56.83
西安饮食	33.79	35.71	37.10	37.95	37.86
广州酒家	54.66	53.15	52.94	52.31	53.00

在香港上市的餐饮企业的毛利率如何呢？从表8来看，香港的三家餐饮上市公司的主营毛利率也比较高，味千中国的主营毛利率超过70%，呷哺呷哺的主营毛利率超过60%，而海底捞的主营毛利率也接近60%。

表8　香港三家餐饮上市公司的主营毛利率状况

单位：%

日期	2019-06-30	2018-12-31	2018-06-30	2017-12-31	2017-06-30	2016-12-31
海底捞	58.0783	59.1314	58.2395	59.4513	59.0169	59.2801
呷哺呷哺	63.2586	62.3056	62.8127	62.7390	64.6122	64.4957
味千中国	73.1484	75.4086	75.1604	75.2279	73.0728	71.9808

从跨行业对比来看，零售业上市公司的毛利率比餐饮企业总体要低。从表9来看，零售业上市公司的毛利率一般在20%左右，企业之间的差距不大。

表9　A股六家零售业上市公司的毛利率状况

单位：%

年份	2018	2017	2016	2015	2014
百联股份	20.93	21.24	21.25	22.28	21.61
王府井	21.19	20.72	21.38	21.43	20.75
天虹股份	27.25	25.76	24.16	23.57	23.18
永辉超市	22.15	20.84	20.19	19.83	19.66
步步高	23.03	21.52	21.42	21.92	22.47
家家悦	21.77	21.58	21.68	22.14	22.13

4. 净利率对比分析

尽管我国A股餐饮上市公司的毛利率比较高，但是，它们的净利率却不尽如人意。从表10来看，广州酒家的净利率最高，近五年来逐步提升到15%左右；而全聚德的净利率从2014年的7.50%提升到2016年的8.12%，之后逐步下降，到2018年只有4.62%；西安饮食则更差，2015年和2017年出现亏损，2018年的净利率只有1.68%。

表10　A股三家餐饮上市公司的净利率状况

单位：%

年份	2018	2017	2016	2015	2014
全聚德	4.62	8.10	8.12	7.70	7.50
西安饮食	1.68	-2.60	1.96	-6.64	2.22
广州酒家	15.11	15.61	13.73	13.34	14.37

在香港上市的餐饮企业的净利率如何呢？从表11来看，味千中国的净利率起伏最大，2016年底净利率超过30%，2017年底则变成了-25%左右，到2018年底又实现盈利，净利率超过23%。海底捞和呷哺呷哺的净利率比较平稳，从2016年底的13%左右，逐步下降到2018年底的10%左右。

表11　香港三家餐饮上市公司的净利率状况

单位：%

日期	2019-06-30	2018-12-31	2018-06-30	2017-12-31	2017-06-30	2016-12-31
海底捞	7.7999	9.7168	8.8171	11.2280	11.6304	12.5286
呷哺呷哺	5.9793	9.7584	9.8333	11.4675	11.9444	13.3434
味千中国	7.5783	23.7763	11.5974	-25.0679	10.3620	32.3729

从跨行业对比来看，表12显示，零售业上市公司的净利率比较平稳。天虹股份的净利率2015年最高，接近7%，2018年降到4.73%，但仍然位居第一。王府井的净利率在3%到5%之间震荡，百联股份和永辉超市的净

利率在1.4%到3%之间，而步步高的净利率从2014年的2.80%逐年下降到2018年的0.87%。

表12　A股六家零售业上市公司的净利率状况

单位：%

年份	2018	2017	2016	2015	2014
天虹股份	4.73	3.87	3.03	6.94	3.16
王府井	4.59	3.57	3.18	3.82	3.48
家家悦	3.34	2.74	2.33	2.36	2.32
百联股份	1.87	1.82	1.63	2.41	2.41
永辉超市	1.41	2.88	2.47	1.42	2.32
步步高	0.87	0.88	0.90	1.39	2.80

从上面的分析可以看出，我国A股餐饮上市公司的毛利率比较高，但是，它们的净利率却不高，是什么原因造成的呢？

如果公司毛利率高，净利率却很低，说明公司期间费用（销售费用、财务费用、管理费用）很高，企业在经营的管理环节开销比较大。也就是说，餐饮企业为了扩大销售所付出的成本较高。如果期间费用较低，说明为了卖出产品所付出的成本也低。

毛利率与净利率的计算公式为：

毛利率 =（销售收入 - 销售成本）/销售收入 ×100%

净利率 = 净利润/主营业务收入 ×100%

　　　 =（利润总额 - 所得税费用）/主营业务收入 ×100%

二　关注餐饮企业的现金流

“经营企业就是经营现金流”，看似一句口号，然而，在疫情重压之下，即使具备充足现金流的餐饮企业也不堪重负，以至于像西贝这样的龙头餐饮企业也忧虑“加上银行贷款发工资，撑不过三个月”。那么，什么是现金流？什么是经营现金流？如何正确看待经营现金流？中美餐饮企业的状况又如何呢？希望我们的研究能够带来一些启示。

1. 关于现金流的故事

一个旅客到某小镇，走进一家饭店在前台办理手续，预付了500元现金，准备入住。旅客上楼之后，饭店老板把500元给了对门的屠夫，支付了这个月的肉钱，而屠夫接着去农夫家里把欠的买肉款付清了，农夫又去还了饲料钱，饲料商贩还清了赌债，赌徒赶紧去饭店还了房钱，这500元又回到饭店老板手中，而这时，旅客下楼说：房间不合适，退房拿钱走人，但是，小镇的债务链条消失啦！如果没有这500元的现金，大家彼此之间存在的债务关系无法打破。所以，这个小故事充分说明了现金流的重要性及其魅力。

2. 现金流与经营现金流

现金流（Cash Flow）是指在一定会计期间按照现金收付实现制，企业通过一定经济活动而产生的现金流入、现金流出及其总量情况的总称，即企业一定时期的现金和现金等价物的流入和流出的数量。这里所说的经济活动包括经营活动、投资活动、筹资活动和非经常性项目等。衡量一个企业经营状况如何，关键看该企业是否有足够的现金偿还债务及资产的变现能力等，而不仅仅是看企业的利润指标。从某种意义上讲，现金流指标比利润指标更重要。尤其是在互联网时代，许多创新企业短期内根本无法盈利，但是，资本仍然持续跟进甚至追捧，其根源就在于："经营企业就是经营现金流"，这句话虽然有点突兀，但是，确实道出了经营企业的真谛。根据美国银行（U. S. Bank）的一项研究，82%的公司经营失败可以归因于现金流管理不当。

现金流按其来源性质分为三类：经营活动产生的现金流、投资活动产生的现金流和筹资活动产生的现金流（见图1）。经营现金流（Operating Cash Flow）是这三种现金流当中最为重要的一种现金流，是检验公司经营质量的核心指标。国际财务会计准则将经营现金流定义为：

经营现金流 = 经营产生的现金流 - 息税 - 投资收益 - 股息支付引起的现金流。

需要特别强调的是，现金流管理中的现金，不是通常所理解的手持现金，而是指企业的库存现金和银行存款，还包括现金等价物，即企业持有的期限短、流动性强、容易变现、价值变动风险很小的投资等。

一般而言，保持经营现金流为正是非常重要的，如果一家企业要依靠投资现金流和筹资现金流来维持企业运营的话，那么这家企业是非常危险的。

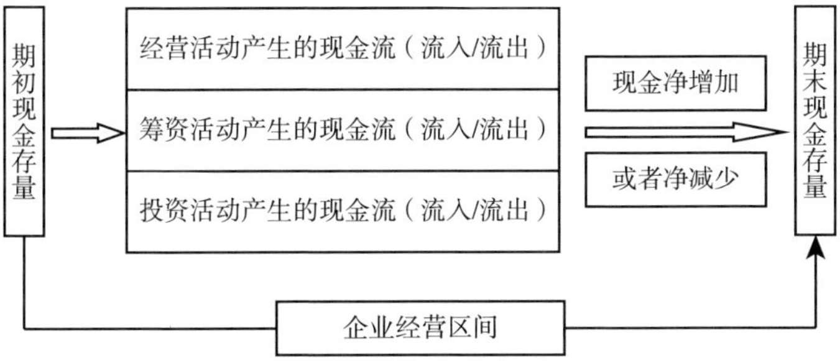

图 1　现金流

3. 美国餐饮上市公司的业绩分析

我们以 2020 年 2 月 28 日的收盘价，计算出美国餐饮企业中部分上市公司的经营状况，具体如表 13 所示。

表 13　美国餐饮上市公司 2018～2019 财年的经营业绩

单位：亿美元

公司名称	市值	营业收入	净利润	经营现金流
麦当劳	1447.4	210.8	60.3	81.2
星巴克	905.7	269.7	37.2	45.0
百胜餐饮	268.5	56.0	12.9	13.2
墨式烧烤	214.8	55.9	3.5	7.2
达美乐比萨	131.3	36.2	4.0	5.0
爱玛客	87.6	162.2	3.4	8.8
唐恩都乐	54.9	13.7	2.4	3.0

资料来源：荆林波根据 2020 年 2 月 28 日相关上市公司数据整理。相关上市公司以最新财年的财务数据为准。

从表 13 可以看出：

第一，美国餐饮上市公司的企业市值跨度比较大。麦当劳的市值接近

1500 亿美元，星巴克的市值突破 900 亿美元，这两家公司处于第一阵营。而百胜餐饮和墨式烧烤的市值在 200 多亿美元，达美乐比萨的市值在 100 多亿美元，处于第二阵营。爱玛客和唐恩都乐市值在 100 亿美元以下，处于第三阵营。

第二，美国餐饮上市公司的净利润跨度也比较大。麦当劳的净利润突破 60 亿美元，星巴克的净利润在 37 亿美元左右，其他餐饮企业的净利润总额都比较低，排在后面的墨式烧烤、爱玛客和唐恩都乐等企业只有 2 亿～4 亿美元。

第三，美国餐饮上市公司的经营现金流都比较充沛。表 13 中的企业，它们的经营现金流总额都大于净利润总额，特别是爱玛客和墨式烧烤的经营现金流是净利润总额的两倍以上。这意味着这些企业的抗压能力较强，如果遇到疫情这类特殊情况，我们设想美国的餐饮企业靠经营现金流可以抵挡多久呢?

4. 中国餐饮上市公司的业绩分析

我们选取了在美国上市的百胜餐饮（中国），在香港上市的海底捞、呷哺呷哺和味千（中国），以及在中国大陆上市的全聚德，进行对比，参见表 14。

表 14　中国餐饮上市公司 2018 年的经营业绩

公司名称	市值	营业收入	净利润	经营现金流
百胜餐饮(中国)	164.6 亿美元	87.8 亿美元	7.1 亿美元	11.8 亿美元
海底捞	1704.0 亿港元	193.7 亿港元	25.9 亿港元	27.3 亿港元
呷哺呷哺	85.55 亿港元	59.61 亿港元	4.63 亿港元	4.93 亿港元
味千(中国)	21.29 亿港元	27.37 亿港元	5.92 亿港元	6.74 亿港元
全聚德	29.61 亿元	17.77 亿元	0.73 亿元	0.80 亿元

资料来源：根据 2020 年 3 月 2 日收盘价计算市值。荆林波根据相关上市公司 2018 年年报统计整理。全聚德 2018 年的利润总额为 12007.53 万元，归属于上市公司股东的净利润为 7304.22 万元。

通过美国餐饮上市公司与中国餐饮上市公司的简单对比，我们发现，中国上市的餐饮企业无论在市值、营业收入，还是在净利润和经营现金流等方面都存在着巨大的差距。这种差距直接的结果就是中国餐饮企业的抗风险能力较弱。

中国餐饮企业的市值除了百胜餐饮（中国）和海底捞两家龙头企业之外，大多数企业的市值都不足百亿元，销售收入也都在50亿元以下，净利润则更低，味千（中国）和呷哺呷哺的净利润都在5亿港元左右，而全聚德净利润则不足1亿元。相应的，这些企业的经营现金流也比较低。[①]

百胜餐饮（中国）现在有近万家门店，2019年给45万名员工发工资大约在18亿美元。如果按照经营现金流11.8亿美元，不考虑投资活动和筹资活动的现金流，那么，我们简单地匡算，百胜餐饮（中国）只发工资，可以支撑将近8个月，显然比西贝的持续经营能力强。

同样，我们根据海底捞2019年中报，其一共有69056名员工，上半年员工薪酬一项支出达到41.5亿港元，平均每月6.92亿港元。疫情期间停工停业，如果仅仅支付员工薪酬，海底捞的经营现金流能够支撑不到四个月。

而对比一下国内的餐饮企业，则非常可怜。全聚德在2018年年报中说明，经营活动产生的现金流净额同比降幅64.27%，主要为销售商品、提供劳务收到的现金同比下降，导致经营性现金流入同比减少。全聚德在2018年度支付给职工的现金为7.16亿元，当年母公司在职员工的数量为1721人，加上主要子公司在职员工的数量3096人，一共有在职员工4817人。如果按照经营活动产生的现金流净额不到8000万元来计算，要支付这些人员的工资，只能维持不到一个半月。

5. 小结

不比不知道，一比吓一跳。中国餐饮企业不仅仅要通过资本上市来完善自己的治理结构，还要强化现金流理念，优化经营现金流，协调投资活动和筹资活动的现金流，增强企业的抗风险能力。当然，归根到底，餐饮企业要做好企业的定位，明确自己的经营模式。

---

① 中国连锁经营协会曾发布过《新冠肺炎疫情对中国连锁餐饮行业的影响调研报告》。报告显示，从2020年3月1日算起，如果疫情还将持续，5%样本企业账上已经没有现金能够支撑企业继续经营，79%样本企业表示，依靠自有现金无法再支撑3个月，仅有16%的企业现金流储备丰厚，能支撑6个月以上。

三　后疫情时代的中国餐饮

1. 中国餐饮消费：何去何从

2019 年中国餐饮业市场规模达到 4.2 万亿元。2017 ~ 2019 年餐饮业年复合增长率达到 9.88%，高于同期 GDP 增速。受疫情影响，2020 年 1 ~ 4 月社会消费品零售总额 10.68 万亿元，同比下降 16.2%。其中，4 月份全国餐饮收入 2307 亿元，同比下降 31.1%，降幅比上月收窄 15.7 个百分点。

鉴于复工复产复商复学等逐步到位，我们预计下半年我国的餐饮消费会逐步恢复，不排除个别地区会出现所谓"井喷"。但是，我们不认为会有所谓"报复性消费"的高潮。这是因为：

第一，餐饮消费具有一定的特点，毕竟受限于自己的消化能力，无法持续地、大幅度地扩大消费。特别是，现在人们越来越关注饮食健康，暴饮暴食的现象越来越少。餐饮消费不同于服装、首饰与电子产品的消费，它的即时性、无法储存性，决定了它的爆炸式增长不容易实现。尤其是进入新时代，餐饮行业的门槛在不断提高，靠爆品、炒作风口可能可以一时走红，但是，很难走远。

第二，疫情后的餐饮消费行为会发生变化。一方面，经过几个月的"宅经济"，一部分人开始适应乃至享受"宅"的好处；另一方面，常态化防御措施会影响餐饮消费。比如，北京从 2020 年 6 月 1 日起施行的《北京市文明行为促进条例》，规定要推广分餐制，使用公勺公筷。再比如，厦门市正在加快推进的《餐饮业分餐制管理标准》，拟将餐饮业分餐模式规范为四种：分派式，菜点上席后由服务人员现场派菜；自助式，菜点上席后由就餐者各自使用公用餐具取用；位上式，菜点在烹饪过程中按人数分装成单人份上席；套餐式，服务人员将分好的不同菜品组合供给就餐者。这些都会给就餐消费者和餐饮经营者带来一定的挑战。

第三，餐饮消费的增长最终有赖于居民收入的持续增长。2019 年，全国居民人均可支配收入首次超过 3 万元，达到 30733 元，比上年增加 2505

元。特别是，居民收入增长与经济增长基本同步。2019 年，全国居民人均可支配收入名义增长 8.9%，比上年提高 0.2 个百分点，也是近 5 年来的相对较高水平。扣除价格因素影响后，全国居民人均可支配收入实际增长 5.8%，快于人均国内生产总值增速 0.1 个百分点，收入增长与经济增长基本同步。

展望 2020 年，根据国际货币基金组织最新发布的《世界经济展望》，我们对比如下（见表 15）：

表 15　国际货币基金组织的预测

单位：%

	2019 年	1 月份预测 2020 年	4 月份预测 2020 年	1 月份预测 2021 年	4 月份预测 2021 年
全球经济	2.9	3.3	-3.0	3.4	5.8
发达国家	1.7	1.6	-6.1	1.6	4.5
新兴市场与发展中国家	3.7	4.4	-1.0	4.6	6.6

资料来源：《世界经济展望》，国际货币基金组织，2020 年 1 月和 4 月。

国际货币基金组织基于全球多数国家疫情将在 2020 年第二季度达到峰值、下半年消退的基准情景假设，预计 2020 年全球经济将萎缩 3%，比 1 月份《国际经济展望》的全球经济 3.3% 的增速，大幅下调了 6.3 个百分点。其中，预计美国 2020 年经济将下降 5.9%，欧元区经济更惨，将要萎缩 7.5%，即使日本经济算比较好的，也是负增长 5.2%。而中国经济增长 1.2%，中国是全球主要经济体里少数预计为正增长的国家之一，此外，国际货币基金组织预计 2021 年中国经济增长速度是 9.2%。如此看来，2020 年中国经济增长不容乐观，2020 年《政府工作报告》没有给出明确的经济增长目标，一方面，这有利于我们告别传统的追求 GDP 增长的做法；另一方面，有利于让大家关注核心的问题，关注“六稳”问题，尤其是就业问题，与此紧密相关的是收入问题，是基本的民生问题。

2. 中国餐饮企业：要有所作为

中国餐饮企业需要提高自己的经营能力，关注现金流，我们在前面都讨论了。这里，我们再提出一些建议：

第一，加强全产业链的构建。众所周知，餐饮业涉及从农田到餐桌，背后涉及农产品、畜产品、水产品、辅料、酒水、饮料等，需要在终端加强与顾客的关系管理，这样，餐饮企业要逐步扩大视野，从全产业链的角度提升竞争力。

第二，强化外卖投入与运营管理。对于餐饮企业而言，一方面，要重视外卖业务的拓展，加强与外卖平台的合作，扩大收入来源；另一方面，要注重外卖食物的质量，提升服务标准。对于政府监管部门而言，一方面，要联合餐饮行业协会，加强外卖平台佣金管理，制定合理的外卖平台佣金费率，防止平台利用垄断来盘剥餐饮企业。另一方面，政府监管部门要加大检查力度，有效打击黑作坊，保护餐饮行业有序经营，保护消费者的合法权益。

第三，加强对顾客的研究。在过去的《餐饮蓝皮书》中，我们已多次建议餐饮企业要加强对顾客的需求研究，加大菜品的研发投入。特别是，在信息化时代，要充分利用大数据收集顾客信息、分析顾客行为。

总 报 告

General Reports

B.1

雄关漫道真如铁，而今迈步从头越

——2019 年中国餐饮产业宏观运行分析与“十四五”展望*

赵京桥　于干千**

摘　要： 2019 年餐饮业在宏观经济承压的形势下继续保持了较快增长，在稳增长、促消费、稳就业和惠民生领域继续做出了突出贡献，整个产业加快数字化发展，产业生态日益繁荣，发展质量有效提升。2020 年突如其来的新冠肺炎疫情对势头良好、平稳发展的餐饮业造成了巨大冲击，并对餐饮业发展面临的政法、经济、技术和社会环境等造成了一定程度的影响。

* 本报告系国家社科基金项目“我国餐饮业高质量发展的产业政策转型研究”（项目编号：19BJY181）的阶段性研究成果。

** 赵京桥，经济学博士，中国社会科学院财经战略研究院服务经济与餐饮产业研究中心执行主任，主要研究方向为服务经济与信息经济；于干千，理论经济学博士后、教授，普洱学院副院长，主要研究方向为餐饮产业经济。

但疫情不改餐饮业长期向好的发展趋势，因此餐饮业要深入研判发展环境变化，反思教训，深刻分析，积极应对，化危为机，以创新发展、协调发展、绿色发展、共享发展、开放发展为引领，加快推进高质量发展。

关键词： 餐饮业　发展环境　宏观运行　高质量发展

2019 年是中华人民共和国成立 70 周年。回望我国 70 年的发展，餐饮业在百废待兴的新中国成立初期重获动力，在改革开放中释放活力，从年收入规模不到 10 亿元的以国有经济为主的小产业一路成长为年收入规模超过 4.6 万亿元的以中小微民营经济为主体的全球第二大餐饮产业，取得了举世瞩目的成就：产业规模和速度实现超常规增长，内部结构和发展质量得到优化提升，不仅在稳增长、促消费、稳就业、惠民生等方面发挥着日益重要的作用，成为全球产品种类最齐全、业态最丰富、市场体系最完备的餐饮市场；而且其在创业创新、协同开放、行业监管、传承文化等方面的生动实践也成为中国服务业发展历程的缩影。

2020 年突如其来的新冠肺炎疫情对势头良好、平稳发展的餐饮业造成了巨大冲击。疫情防控需要和消费者公共卫生安全信心的缓慢恢复使得产业发展迅速跌落谷底，但疫情无法阻止中国建设社会主义现代化强国的步伐，疫情不改中国人民美好生活对高质量餐饮的需求，不改餐饮业长期向好的发展趋势。因此，餐饮业要从抗击新冠肺炎疫情中总结经验，反思教训，深刻分析，积极应对，化危为机，以创新发展、协调发展、绿色发展、共享发展、开放发展为引领，加快推进高质量发展。

一　2019年中国餐饮产业宏观运行分析

2019 年，在国际政治、经济挑战性明显上升，国内经济下行压力日益增加的宏观政治经济形势下，餐饮业围绕人民美好生活饮食服务需求，紧扣消费升级方向，持续推进供给侧结构性改革，实现餐饮收入创新高，达到了46721亿元，同比增长9.4%，总体继续保持了较快增长（见图1）。全年餐饮业发展主要呈现以下特点。

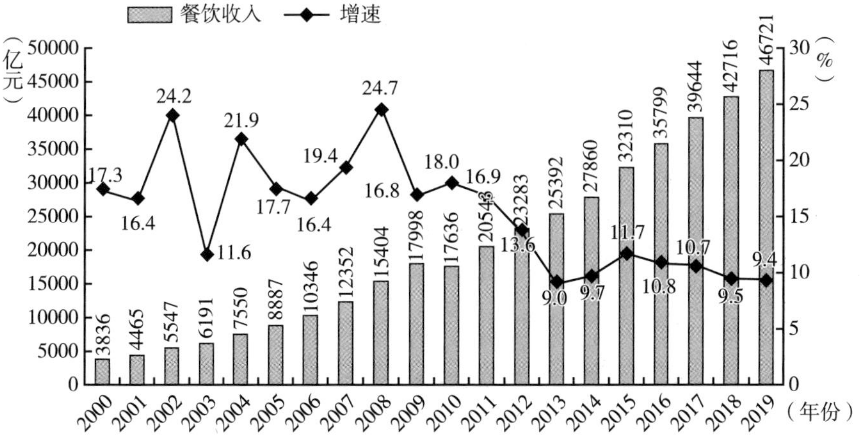

图1　中国餐饮业收入规模增长情况（2000～2019年）

注：1）2009年之前（包括2009年）数据为住宿与餐饮业零售总额，自2010年开始为餐饮收入统计数据。

2）由于价格等因素的影响，部分年份增速与实际计算结果不一致，但为了保持数据的完整性，本文对引用的国家统计局数据不做处理，仅供参考，下同。

资料来源：国家统计局 www. stats. gov. cn/。

（一）产业收入保持较快增长，但下行压力较大

伴随中国经济稳定增长，城镇化水平持续提高，人民生活水平快速提升，对外交流日益密切，社会化餐饮需求持续增长，餐饮市场突破4.6万亿元，继续保持9.4%的较快增速，比社会消费品零售总额增速高1.4个百分点，已经连续五年增速超过社会消费品零售总额增速。其中限额以上餐饮收入达到9444.9亿元，增长7.1%，比2018年增速回升0.7个百分点（见图2）。

但从近几年的餐饮收入增速变化趋势（见图3）来看，餐饮业增速自2013年反弹至2015年11.7%的高点后，连续四年呈现逐年下降趋势。在宏

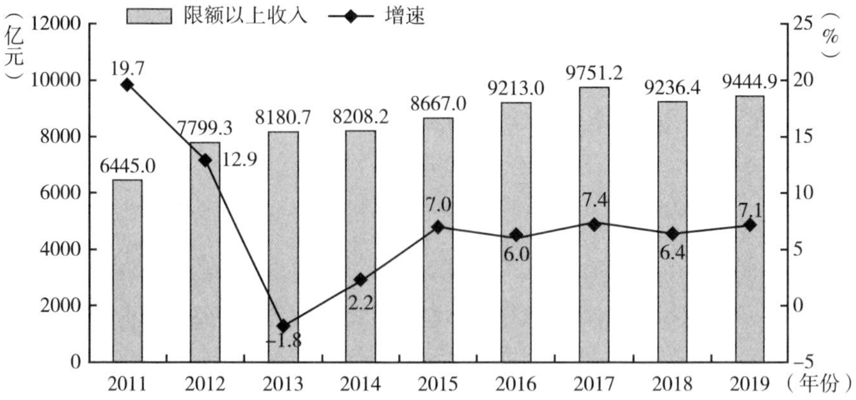

图 2　限额以上餐饮收入与增速（2011～2019 年）

资料来源：国家统计局 www. stats. gov. cn/。

观经济增长压力上升，国内消费增长放缓的形势下，餐饮业同样面临较大下行压力。

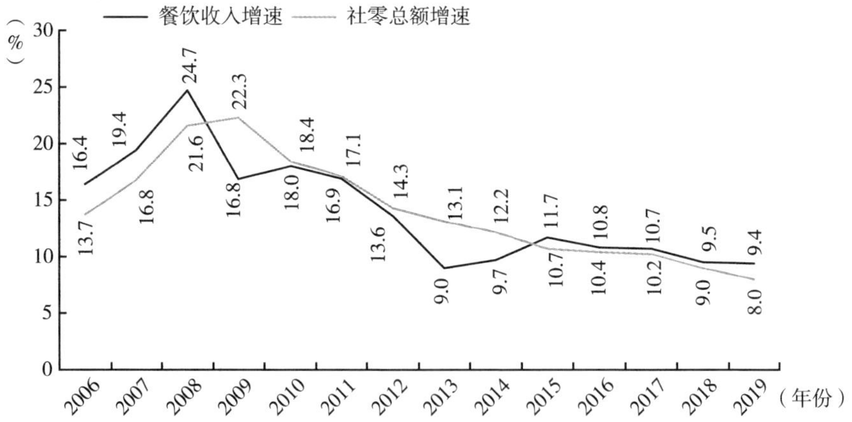

图 3　餐饮收入与社会消费品零售总额增速（2006～2019 年）

资料来源：国家统计局 www. stats. gov. cn/。

由于 2019 年食品类商品零售价格指数从 2018 年的 102. 1 迅速攀升至 107. 8，餐饮收入增速受到价格影响增大，餐饮收入实际增速进一步承压。

如果剔除食品类商品零售价格指数影响后，餐饮收入实际增速呈现了快速下滑趋势（见图4）[①]。

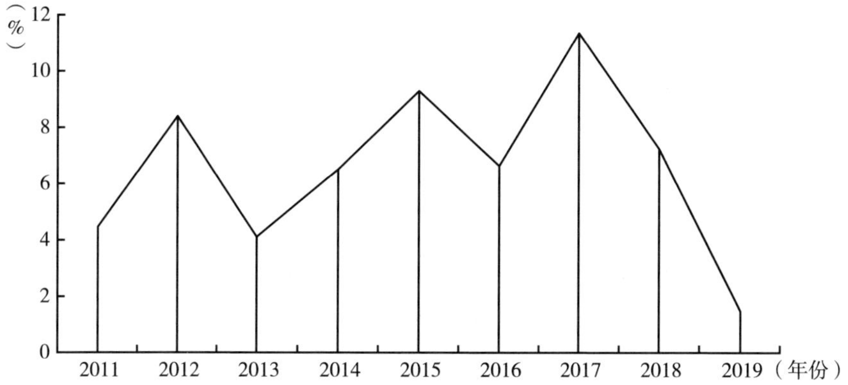

图4　餐饮收入实际增速变化趋势（2011～2019年）

资料来源：国家统计局 www. stats. gov. cn/。

（二）产业消费贡献持续提升

消费发展对于中国经济发展和人民美好生活需求具有越来越重要的作用。为进一步促进消费发展，优化消费环境，2019年国务院办公厅发布《关于加快发展流通促进商业消费的意见》，明确提出要从“促进流通新业态新模式发展”“推动传统流通企业创新转型升级”“改造提升商业步行街”“活跃夜间商业和市场”等二十个方面推动商业创新，繁荣消费市场，挖掘消费潜力。2019年全社会消费品零售总额突破40万亿元，达到了41.2万亿元，同比增长8%；最终消费支出对经济增长贡献率达到了57.8%，消费在经济增长中的作用突出。从居民消费情况来看，居民可支配收入的稳定增长推动居民消费支出的稳定增长和消费结构的持续升级，全年人均消费支出

① 由于食品类商品零售价格指数只能部分反映餐饮价格变化，剔除食品类商品零售价格指数的餐饮收入实际增速可在一定程度上反映趋势性变化，但并不能完全代表餐饮业收入的实际增长情况。

突破2万元，达到了21559元，同比增长8.9%，扣除价格因素，实际增长5.5%；恩格尔系数小幅下降至28.2%，医疗、教育等服务类消费比重保持上升趋势（见图5）。

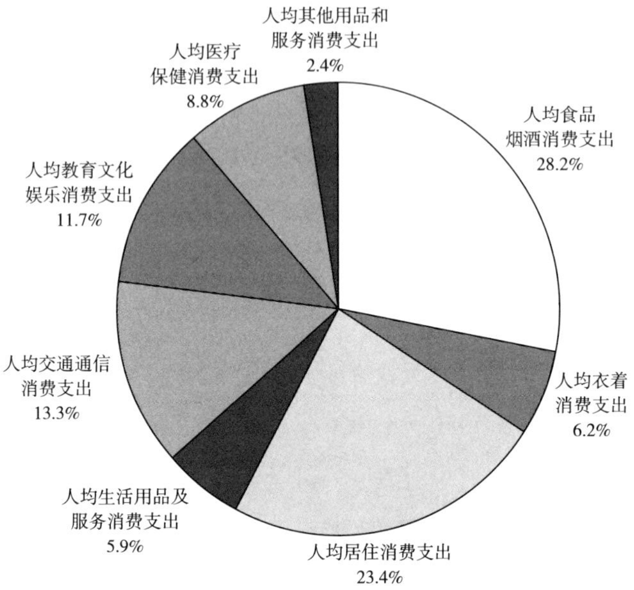

图5　2019年居民人均消费结构

资料来源：国家统计局 www.stats.gov.cn/。

餐饮业对消费的贡献主要体现在三个方面，一是餐饮消费对消费增长的压舱石作用明显。餐饮消费占社会消费品零售总额比重已经连续五年呈现上升趋势，达到11.35%，比2014年提高了1.1个百分点（见图6）；对社会消费品零售总额的增长贡献率上升至13.1%，为十年来新高（见图7）。

二是餐饮消费对消费升级的贡献进一步凸显。尽管在居民消费结构中，饮食类消费占比呈现持续下降趋势，但饮食类消费比重依然是所有消费中最大的，2019年居民饮食类消费支出达到6084元，同比增长8.0%，比上年提高3.2个百分点。因此饮食类消费的升级对整体消费升级具有重要作用。餐饮业高质量发展，更好地满足了居民社会化、品质化、多元化、个性化的

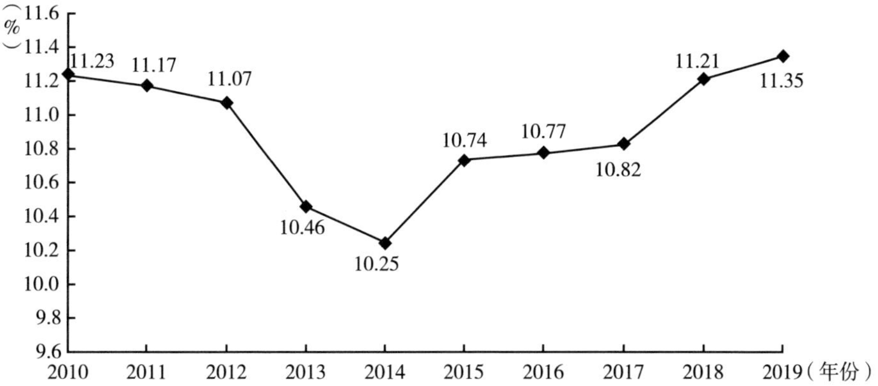

图6　餐饮消费占社会消费品零售总额比重（2010～2019年）

资料来源：国家统计局 www. stats. gov. cn/。

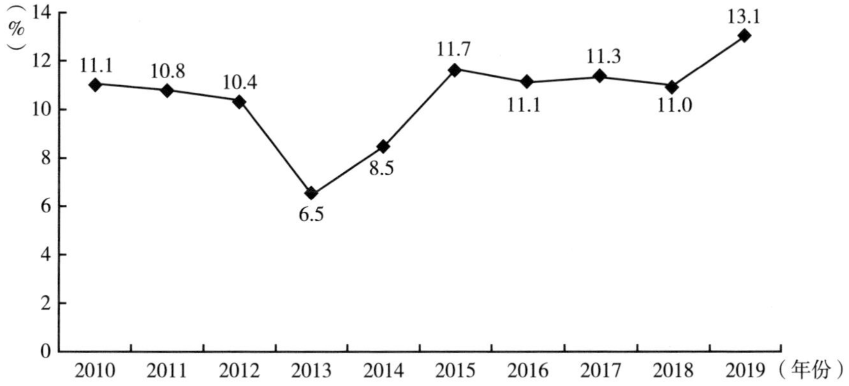

图7　餐饮消费对社会消费品零售总额的增长贡献率（2010～2019年）

资料来源：国家统计局 www. stats. gov. cn/。

饮食消费需求，推动了饮食类消费的升级。2019年人均餐饮消费达到了约3337元，占居民人均饮食类消费支出的约54.8%。

三是餐饮消费引领体验消费经济发展。色、香、味和饮食文化的全方位体验消费是餐饮经济所具有的独特优势，也成为吸引线下消费流量的重要竞争优势。在城市商业融合创新发展、商业街改造升级、城乡夜经济发展、全域旅游发展、乡村旅游发展中，餐饮业都成为重要的业态，引领体验消费经济发展。

（三）产业就业贡献稳定

餐饮业属于典型的劳动密集型服务行业，对整体就业贡献主要体现在两个方面。一是餐饮业对稳定就业发挥了重要作用。按照规模以上餐饮企业人均年餐费收入22万元推算，[①] 2019年规模以上餐饮业就业人数约为430万人；由于规模以上餐饮企业人效总体高于规模以下餐饮企业，而且规模以下餐饮企业收入在全行业占比已经接近80%，以人均年餐费收入16.5万元推算，2019年规模以下餐饮企业就业人员估计超过2200万人。餐饮业全产业就业人数估计会超过2600万人。如果加上外卖快递、流动饮食摊贩、农家乐等，提供餐饮服务的实际就业人数估计超过3000万人。除直接就业贡献外，餐饮业还带动围绕餐饮业发展的农业、食品加工业、餐饮设备制造业、餐饮信息服务业等产业的间接就业。

二是餐饮业为社会低收入群体、弱势群体提供了大量就业机会，在吸纳城镇闲暇劳动力和农村转移劳动力中贡献显著。一方面，餐饮业低技能门槛为广大来自农村的青年劳动力、城镇闲暇劳动力、文化程度不高的劳动力、女性劳动力提供了大量就业机会；另一方面，餐饮创业门槛较低，其个性化、年轻化发展趋势越来越成为吸引大学生创业的热门行业。此外，餐饮业在实施精准扶贫战略中，以餐饮农家乐、农村原辅食材种养殖及食品加工等方式，为农村贫困劳动力提供了就业机会。

（四）产业实施精准扶贫效果明显

2019年是实施精准扶贫战略的关键年，是脱贫攻坚的关键阶段。餐饮业连接着农田和餐桌，拥有超2万亿元的食材需求和超4万亿元的餐饮消费市场，同时又是农村劳动力就业的重要产业，是产业扶贫、消费扶贫和就业扶贫的重要产业。近年来，在政府、行业协会带领下，众多餐饮企业在帮扶贫困地区食材产业发展和销售、支持贫困地区劳动力就业上发挥了积极作用，取得了明显效果（见表1）。

---

① 2018年规模以上餐饮企业人均餐费收入为21.35万元，2019年估计值为22万元。

表 1　部分餐饮业精准扶贫项目

组织实施单位	精准扶贫项目(计划)	扶贫内容和效果
世界中餐业联合会组织会员企业	“授渔计划 · 平安成长”精准扶贫餐饮人助学行动	帮助贫困地区学生完成职业教育,并一键对接包括餐饮企业在内的实习工作单位,精准挖掘就业岗位
世界中餐业联合会与兰州市民族宗教事务委员会	“汇聚民族餐饮、助力脱贫攻坚”扶贫项目	开展少数民族餐饮业技能培训,为少数民族贫困群众提供就业和创业服务
中国烹饪协会组织会员企业	设立美食地标与餐饮产业扶贫委员会	帮助餐饮企业对接贫困地区食材
中国饭店协会组织会员企业	贫困地区食材展示活动	帮助餐饮企业对接贫困地区食材
甘肃商务厅	“千店万人”牛肉拉面扶贫计划	以政府推动、协会统筹、企业建店的模式,免费培训学员,奖励支持企业及个人在省外开设更多的牛肉拉面店面,着力提升兰州牛肉拉面的品质品牌和市场竞争力,全面带动贫困人员就业
西部马华	甘肃省会宁县产业扶贫项目	以“龙头企业 + 基地 + 农户”模式,发展会宁县种养殖业
千喜鹤	河北省隆化县产业扶贫项目	以“龙头企业 + 基地 + 农户”模式,发展隆化县扶贫支柱产业
百盛中国	“必胜客扶业计划”	挖掘贫困地区生态、优质食材,并研发菜肴带给消费者,已经完成云南松露和贵州火龙果项目

资料来源：根据政府、行业协会、企业公布材料整理。

（五）产业高质量发展取得积极成效

1. 产业数字化进程加速

基于互联网的云计算、大数据、人工智能等信息技术的兴起，智能终端、移动互联网的广泛应用，以及互联网平台经济的蓬勃发展，大大加快了传统餐饮业的数字化进程和创新数字化餐饮企业的发展。主要体现在以下三个方面。

一是餐饮门店快速上线，外卖业务蓬勃发展。在线消费渗透率的持续上升和以美团点评、饿了么为代表的互联网生活服务平台的快速发展推动了餐饮门店的线上化。线上门店已经成为餐饮企业销售和消费者关系管理的重要界面。门店线上化扩大了餐饮门店的服务半径，延长了消费时间，推动了在线外卖业务的高速发展，加快了传统餐饮门店的转型升级，催生了不少专注在线外卖商业模式的网络餐饮品牌。2019 年在线外卖交易额已经超过 6000 亿元，增速超过 30%（见图 8），远高于餐饮业的平均增速，在线外卖用户超过 4.2 亿，渗透率超过 49%（见图 9）。在线外卖服务已经成为餐饮业增长的重要动力之一，成为餐饮门店的重要利润增长点。从互联网外卖平台竞争格局来看，经过几年的激烈竞争，互联网外卖市场集中度非常高，美团、饿了么和饿了么星选（原百度外卖）三家占据了整体市场的 95% 以上。头部平台美团 2019 年餐饮外卖交易达到 87.22 亿笔，比 2018 年增长 36.4%（见图 10），交易额 3927 亿元，同比增长 38.9%，市场份额超过 65%。随着互联网外卖平台市场影响力越来越大，外卖佣金的上升引发了以中小微企业为主体的餐饮企业的担忧，如何更好地进行平台治理，实现平台、餐饮企业和消费者的多方共赢是需要合力解决的产业治理问题。

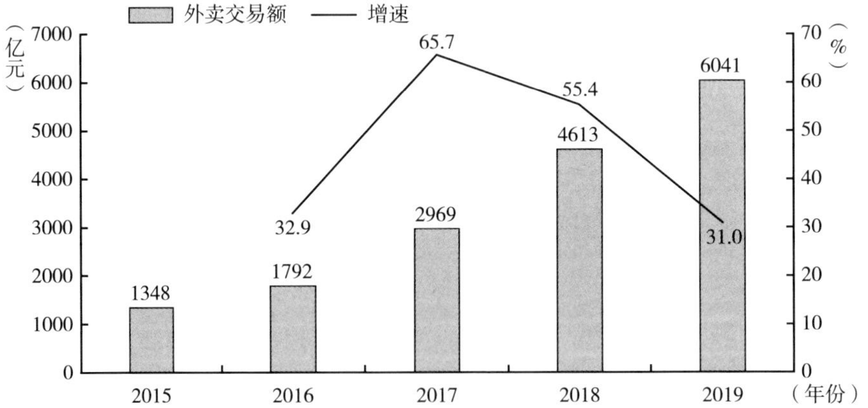

图 8　中国在线外卖交易额

资料来源；Trustdata：《2019 年 Q3 中国外卖行业发展分析报告》，《2019 年上半年中国外卖行业发展分析报告》。2019 年数据为课题组根据 Trustdata 预测数据和美团 2019 年餐饮外卖交易额估计数据。

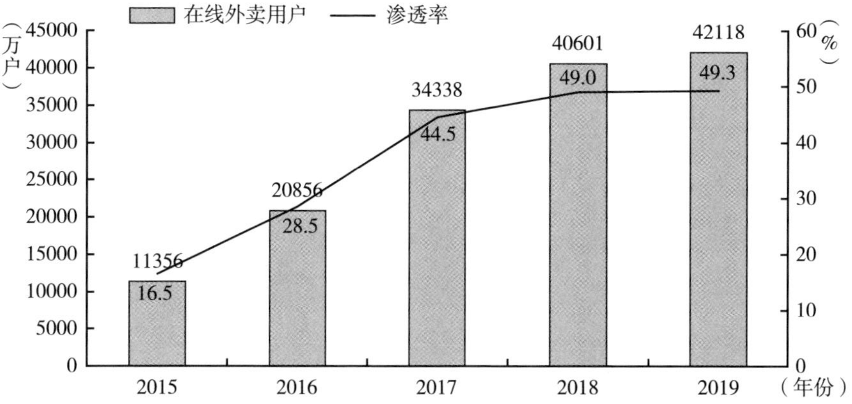

图 9　餐饮在线外卖用户增长情况及渗透率（2015～2019 年）

资料来源：中国互联网络信息中心：第 44 次《中国互联网络发展状况统计报告》，2019 年 8 月。

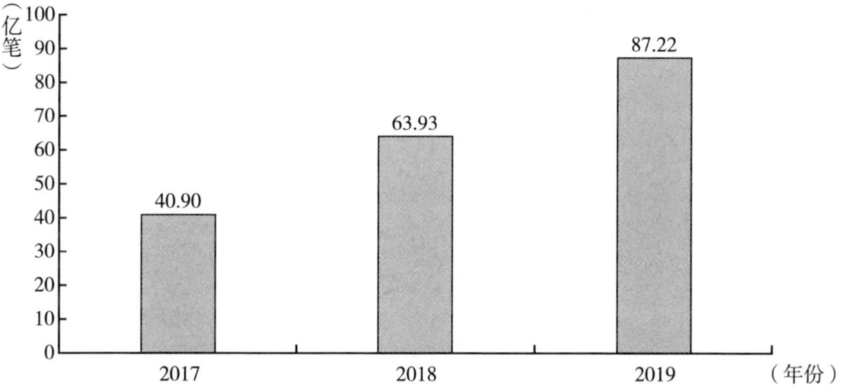

图 10　美团餐饮外卖交易笔数（2017～2019 年）

资料来源：根据美团年报整理。

二是餐饮 Saas 软件应用方兴未艾，餐饮数字化管理水平不断提升。以美团、饿了么等为代表的互联网生活服务平台正加快通过餐饮 Saas 软件实现对餐饮企业从前端向全流程服务管理。餐饮门店的线上化、消费者的在线化和支付的移动化，客观上推动了中小微餐饮企业对餐饮 Saas 软件的应用需求。中小微餐饮企业通过云端信息化解决方案，可以实现从 C 端订单到厨房生产、供应链管理等全流程和人、财、物全职能的数字化改造，以及构筑基于C端消费数据的餐饮企业决策体系。

三是智慧餐厅不断发展，餐饮生产服务智能化加速。智慧餐厅正在多个企业、地区不断探索、优化，其背后是餐饮科技的不断发展。智能厨房、智能厨师、智能服务员等数字化及智能化生产、服务系统和设备的发展与应用，提高了生产标准化、自动化和智能化水平，加快了餐饮业生产、服务智能化进程。

2. 产业分工持续推进，产业生态日益繁荣

由纵向餐饮服务商和横向协同产业构成的餐饮产业生态日益繁荣。一方面，随着餐饮业规模的持续扩大和数字化平台经济的快速发展，餐饮业吸引了越来越多的包括食材种养殖、调味料生产、食品加工、设备制造等在内的供应链服务商，人力资源、市场营销、菜品研发设计、食品安全等商务服务商，企业信息化服务、网络平台服务、数据服务等软件和信息服务商进入产业生态发展，产业内专业化分工水平日益提高，产业生产组织从家庭作坊式向现代化产业分工体系发展；另一方面，随着餐饮业体验消费带来的引流作用越来越重要，零售业、旅游业、文化娱乐业等产业不断深化与餐饮业的融合，推动形成互哺的产业协同效应。

3. 品牌餐饮企业发展质量持续提升，连锁发展加快

品牌餐饮企业在市场优胜劣汰中，显现出企业品牌化发展、标准化发展、连锁化发展的品牌优势，以及经营管理优势和效率优势。从限上餐饮企业经营数据来看，企业总体资产负债率依然较高，2018年达到了69.90%，但呈现了持续改善的趋势，比2014年降低了2个百分点（见图11）；营业收入保持了稳定增长，经营质量有了较大的提升，企业主营利润率从2015年的43.5%逐年升至2018年的48.7%，其中饮料及冷饮服务主营利润率高达68.9%，在餐饮各经营业态中处于较高水平（见图12）。

限上餐饮企业加快通过连锁经营模式扩大规模。连锁餐饮企业总店、门店、营业收入实现快速增长，经营效率持续提升。到2018年底，限上连锁餐饮企业总店增长至482家，新增连锁门店3523家，同比增长12.8%（见

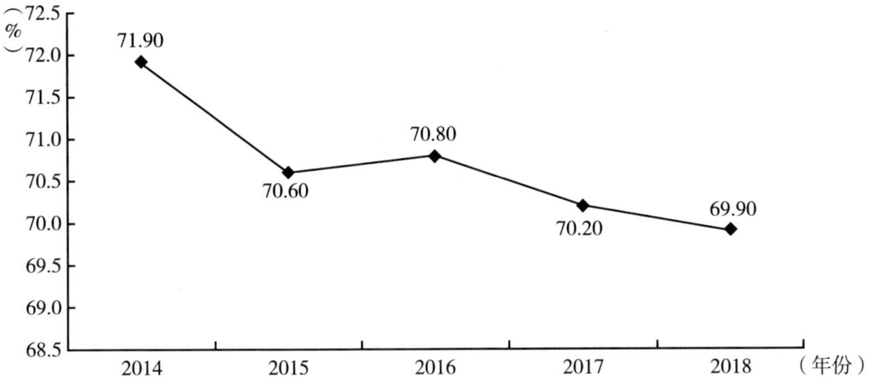

图 11　限上餐饮企业资产负债率（2014～2018 年）

资料来源：国家统计局 www. stats. gov. cn/。

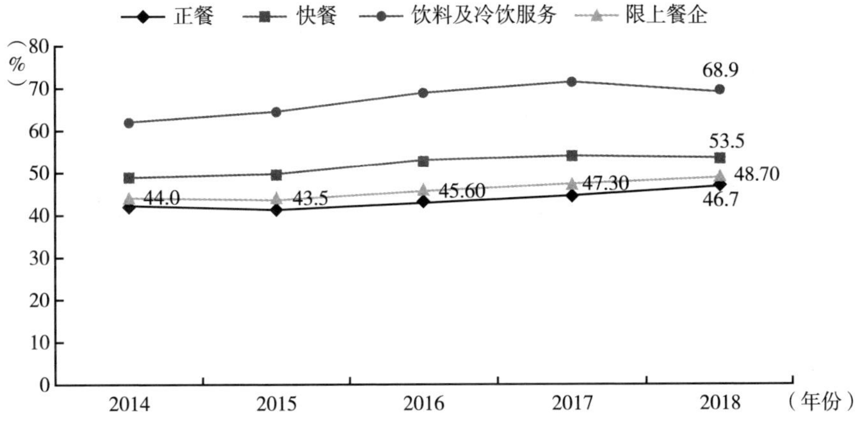

图 12　限上餐饮企业主营利润率（2014～2018 年）

资料来源：国家统计局 www. stats. gov. cn/。

表 2、图 13），营业收入达到了 1950. 01 亿元，同比增长 12. 4%，超过全国餐饮收入增长平均水平（见图 14）。品牌连锁餐饮企业占限上企业收入规模达到了 21. 1%，比重进一步提升，连锁化经营趋势愈加明显。在门店数量大幅扩张的同时，单店面积继续向小型化发展，年坪效大幅上升至 1. 81 万元（见表 2）。

表 2　限上连锁餐饮企业运行情况（2010～2018 年）

年份	2010	2011	2012	2013	2014	2015	2016	2017	2018
连锁总店(个)	415	428	456	454	465	455	459	463	482
连锁门店(个)	15333	16285	18153	20554	22494	23721	25634	27478	31001
营业面积(万平方米)	742.65	821.37	869.23	937.07	1020	970.89	1036.90	1075.40	1075.01
营业额(亿元)	955.42	1120.39	1283.26	1319.62	1391.02	1526.61	1635.15	1735.48	1950.01
就业人数(万人)	70.61	83.29	80.55	80.31	78	71.36	75.59	78	89.28
年坪效(万元)	1.29	1.36	1.48	1.41	1.36	1.57	1.58	1.61	1.81
单店面积(平方米)	484	504	479	456	453	409	405	391	347
单店就业人数(个)	47	52	45	40	35	31	30	29	29

资料来源：根据国家统计局 www.stats.gov.cn/数据统计。

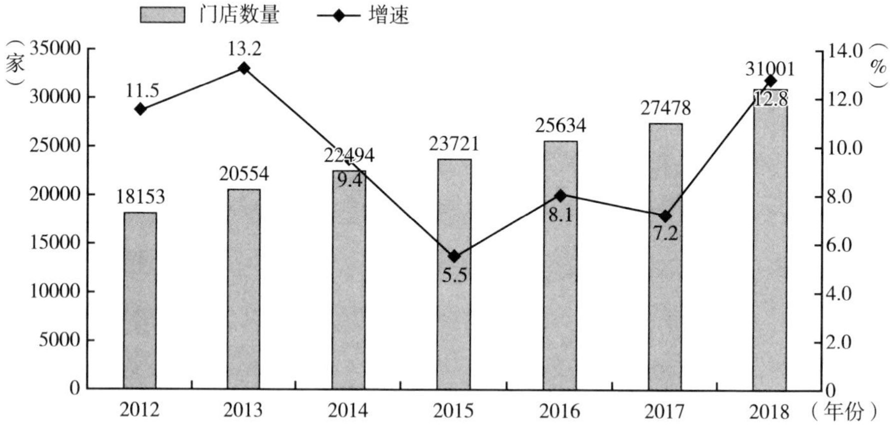

图 13　限上连锁餐饮企业门店数量（2012～2018 年）

资料来源：国家统计局 www.stats.gov.cn/。

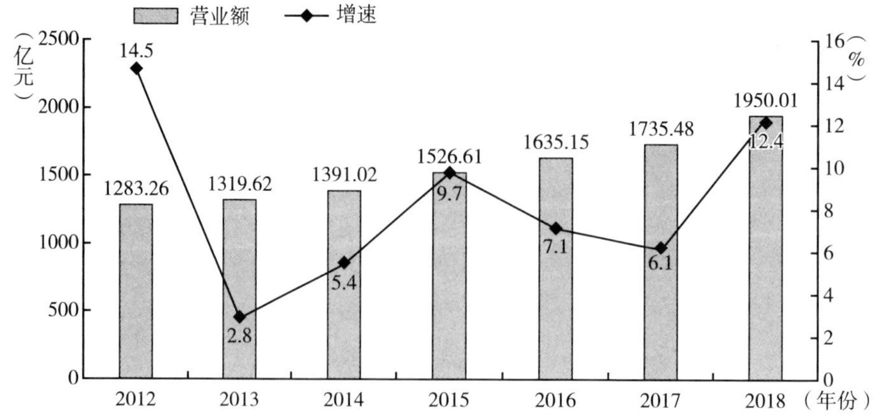

图 14　限上连锁餐饮企业营业额（2012～2018 年）

资料来源：国家统计局 www.stats.gov.cn/。

4. 产业食品安全监管进一步完善

食品安全是关系民族未来、人民健康的战略大事，是人民美好生活的基本要求，但当前我国食品安全工作仍面临不少困难和挑战，形势依然复杂严峻。为了加强食品安全工作，2019 年国家出台、修订了多项政策、法规。一是中共中央、国务院印发《关于深化改革加强食品安全工作的意见》（以下简称《加强食品安全的意见》）。《加强食品安全的意见》是第一个以中共中央、国务院名义出台的食品安全工作纲领性文件，明确了初步建立“基于风险分析和供应链管理的食品安全监管体系”（2020）的短期目标和“基本实现食品安全领域国家治理体系和治理能力现代化”（2035）的长期目标，要提高从农田到餐桌全过程的监管能力，提升食品全链条质量安全保障水平，提出了要“建立最严谨的标准”，“实施最严格的监管”，“实行最严厉的处罚”，“坚持最严肃的问责”，要“严把餐饮服务质量安全关”，实施“餐饮质量安全提升行动”，切实增强广大人民群众的获得感、幸福感、安全感。二是中共中央、国务院印发《地方党政领导干部食品安全责任制规定》（以下简称《规定》）。《规定》的出台标志着食品安全责任进一步明确落实到地方党政干部工作中，并加强考核和监督。三是国务院修订通过《中华人民共和国食品安全法实施条例》并于 2019 年 12 月 1 日起实施。新修订的《食品安全法实施条例》比原条例新增了 22 个条款，进一步细化明确了食品安全责任，进一步提高了食品安全违法成本。随着食品安全工作目标、原则和任务的明确，法律法规的完善和政府工作责任的落实，中国食品安全监管制度日益完善。

（六）产业资本市场表现分化

到 2020 年第一季度，中国内地现有上市餐饮企业 10 个：[①] 西安饮食、味千（中国）、全聚德、国际天食（原名小南国）、唐宫中国、呷哺呷哺、广州酒家、百福控股、海底捞和九毛九。

---

① 由于九毛九为 2020 年上市企业，2019 年市场表现并没有将其纳入研究。

从2019年上市餐饮企业的表现来看，5家企业年度股价表现上涨，4家企业年度股价表现下降，不同企业的表现分化严重（见表3）。其中，海底捞是中国上市餐饮企业市值最高的，达到1486.7亿元，年度增长高达83.21%，比上市开盘市值增长近一倍，成为资本市场最为看好的中国餐饮企业；国际天食在2017年由小南国更名为国际天食后，并没有扭转市场颓势，股价持续下跌，到2019年末，市值为3.41亿元，年度下降19.63%，比上市开盘市值下跌84%，是当前中国上市餐饮企业市值最低，也是2019年降幅最大的餐饮企业。

表3　2019年中国内地上市餐饮企业表现

	市值(亿元)	年度涨跌幅(%)
西安饮食(SZ000721)	20.66	4.28
味千(中国)(HK00538)	27.1	36.93
全聚德(SZ002186)	31.8	-7.90
百福控股(HK01488)	14.86	-11.02
国际天食(HK03666)	3.41	-19.63
唐宫中国(HK01181)	11.38	15.23
呷哺呷哺(HK00520)	98.9	-16.28
广州酒家(SH603043)	122.7	13.83
海底捞(HK06862)	1486.7	83.21

资料来源：市值根据2019年收盘价计算，香港上市企业按照2019年12月31日港币对人民币汇率0.8962计算。

与国际知名跨国餐饮企业相比（见图15），海底捞作为中国上市餐饮企业市值最高的企业，仅为麦当劳的1/7，第二梯队广州酒家、呷哺呷哺两家市值与海底捞差距巨大，市值均不到海底捞的1/10，与麦当劳、星巴克、百胜餐饮等国际知名跨国餐饮企业差距更大。

相对于中国经济持续稳定增长，在规模超过4.6万亿元的餐饮市场上，中国上市餐饮企业总体上并没有实现稳定的增长，相反，福记食品清盘，乡村基私有化退市，湘鄂情（现中科云网）、名轩控股（现中华燃气）退出原

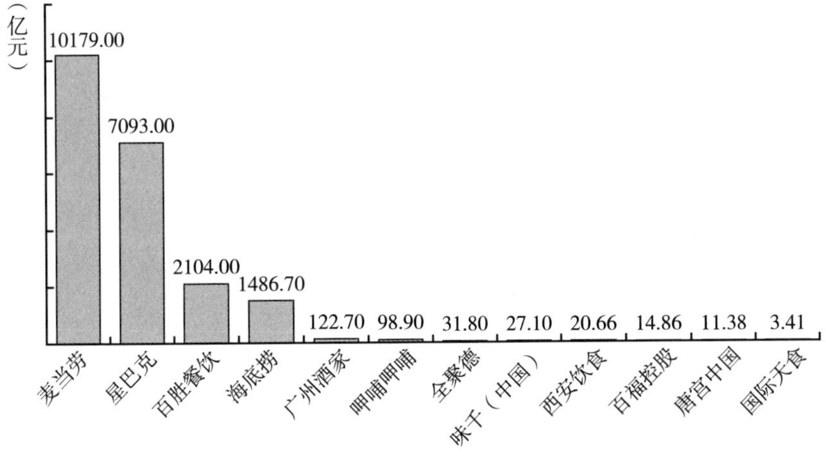

图 15　国内上市餐饮企业与知名国际餐饮企业市值比较

资料来源：根据相关上市公司 2019 年收盘价计算。

餐饮业务，给资本市场信心打击较大。

综上可以看出，餐饮业 2019 年在稳增长、稳消费、稳就业、惠民生方面做出了积极贡献，并且随着供给侧改革的持续推进，餐饮业高质量发展取得积极成效。一是餐饮业数字化改造快速推进，产业创新能力进一步提高；二是餐饮业产业内部分工体系更加完善，产业间协同水平有了较大的提升，产业生态日益完善、繁荣；三是餐饮企业经营管理质量提升，连锁化经营提速增效；四是食品安全监管进一步完善。此外，随着产业竞争格局从线下转向线上线下全面竞争，从产品、服务竞争转向企业生态系统综合能力竞争，在餐饮业实际增速放缓、增长压力加大的形势下，产业内竞争更加激烈，这也加速了市场的优胜劣汰和结构性分化。

二　中国餐饮业发展面临的新环境

2020 年春节，一场突如其来的新冠肺炎疫情拉响了全国公共卫生安全警报，各地纷纷启动重大突发公共卫生事件一级响应。在这样严峻的疫情防控形势下，餐饮业因其门店广、消费人群杂、就业人员多等特点，极易造成疫情扩散，因此成为了疫情防控的重要战场之一。为配合新冠肺炎疫情防控，大部分餐饮企业处于停摆和半停摆状态，不仅在往年最火热的春节市场颗粒无收，还要承担营运成本和存货损失，不少企业因此现金流濒临枯竭，还有不少企业及个体经营户退出市场。尽管随着中国疫情防控取得了积极成效，在复工复产政策推动下，社会、经济逐步恢复正常秩序，但全球其他国家疫情造成的境外输入压力依然巨大，餐饮门店面临着较高公共卫生安全风险，复工面临巨大疫情防控压力，而且消费者对公共卫生安全的信心依然不足，正常经营面临重重挑战，复工难复产现象普遍。整个产业的良好增长势头在此次全国公共卫生安全事件中被迅速遏制。2020 年第一季度，全国实现餐饮收入 6026. 3 亿元，同比下降 44. 3%，在疫情得到有效控制的 3 月份，餐饮收入下滑速度甚至进一步扩大至 46. 80%，超过了 1 ~ 2 月的下滑速度，创下餐饮产业收入下滑之最（见图 16）。疫情对产业的影响远超 2003 年的“非典”时期，而且更加深远。

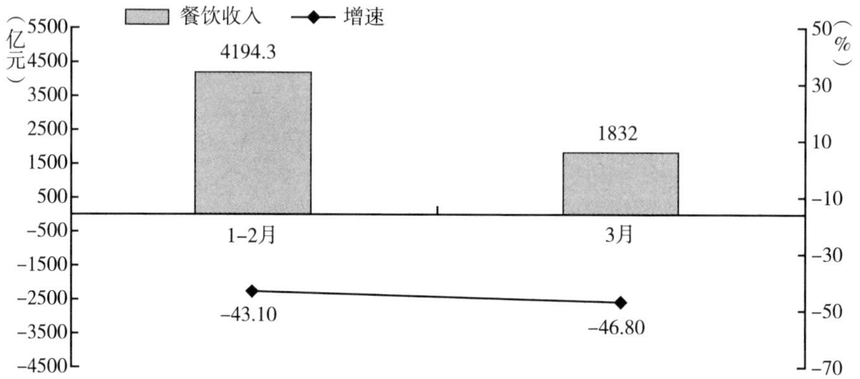

图 16　2020 年第一季度餐饮收入情况

资料来源：国家统计局 www. stats. gov. cn/。

新冠肺炎疫情在全球的肆虐，对餐饮业发展的政治、经济、社会和技术环境都造成了重要影响。餐饮业在受到严重冲击后，必须要冷静分析当前餐饮业发展环境的新变化，只有这样才能更好地制定应对措施，保障更长远的稳定、更高质量的发展。

（一）政策、法律环境

受到疫情冲击和影响，中国在公共卫生安全防控、扶持复工复产、促进消费以及保护野生动物等方面都出台了一系列政策，这对餐饮业未来经营发展将带来重大影响。

1. 餐饮业要加快适应常态化新冠肺炎疫情防控和更加严格、完善的公共卫生安全防控政策

新冠肺炎疫情给中国公共卫生安全体系和人民生命健康造成了严重冲击，同时也加快了中国疫病防控政策和国家公共卫生应急体系的完善。从短期来看，新冠肺炎疫情防控将成为中国社会经济活动的常态。随着 2020 年 4 月 8 日湖北武汉的解封，到 5 月 2 日，全国各省市突发公共卫生事件一级响应已经调整完毕，再到 5 月 7 日，全国中高风险区域全部清零，中国新冠肺炎疫情得到全面有效控制，这意味着从 2020 年 1 月份开始的应急性超常规疫情防控的终止。但是其他国家和地区的新冠肺炎疫情仍在肆虐，国内个别地区出现聚集性疫情的风险仍在，新冠肺炎疫情还有很大的不确定性，中国疫情防控仍然不可放松。因此在中央防控精神指引下，中国新冠肺炎疫情进入常态化防控阶段。国务院联防联控机制印发《关于做好新冠肺炎疫情常态化防控工作的指导意见》（以下称《常态化指导意见》）。《常态化指导意见》明确提出“按照相关技术指南，在落实防控措施前提下，全面开放商场、超市、宾馆、餐馆等生活场所”。对于餐饮业来说，必须按照《常态化指导意见》，以及商务部联合国家卫健委发布的由中国商业联合会、中国饭店协会、中国烹饪协会、全国酒家酒店等级评定委员会、美团点评集团联合制定的《餐饮企业在新型冠状病毒流行期间经营服务防控指南（暂行）》以及国务院在 2 月 22 日印发的《企事业单位复工复产疫情防控措施指南》落实好防控措施，才能真正实现全面开放。

从长期来看，研究和总结此次新冠肺炎疫情防控的经验和教训，完善中

国疫病防控体制机制和国家公共卫生应急管理体系成为当务之急。餐饮业作为公共饮食场所，是公共卫生安全防控的重要环节，也应加快产业公共卫生安全防控和应急管理体系的构建，增强产业应对公共卫生突发事件的能力。

2. 餐饮业复工复产要充分利用政府扶持政策，抓住国家促进消费发展的政策红利

从短期扶持政策来看，为帮助在此次疫情期间受到重创的餐饮企业，特别是中小微企业、个体工商户渡过难关，协助企业和个体工商户复工复产，恢复生机，中央及地方政府出台并落实了一系列扶持政策，包括复工复产便利化措施，降低运营成本、提高流动性、加大政府服务力度等政策，中央及部委的扶持政策大致可以分为财政扶持政策、金融扶持政策和其他扶持政策三类。

（1）中央及部委财政扶持政策

疫情发生后，党中央、国务院高度重视财政政策的直接扶持作用，财政部、国家税务总局牵头出台了包括减免增值税、延长亏损结转期限、减免和缓缴社保费、缓缴住房公积金、鼓励减免租金、减免检测和认证费用等在内的一系列财政扶持政策。

（2）中央及部委金融扶持政策

疫情暴发伊始，中国人民银行、财政部、银保监会等金融监管部门发布了诸多金融扶持政策，超预期提供流动性保障金融稳定，防范因疫情引发的金融风险，支持金融机构降低融资成本，有序复工复产。与餐饮业相关的金融扶持政策主要包括：加强制造业、小微企业、民营企业等重点领域信贷支持，不得盲目抽贷、断贷、压贷；提供临时性还本付息安排；提高金融服务效率；降低融资成本等。

（3）中央及部委其他扶持政策

除了财政和金融扶持政策，国家发改委、市场监督总局、人社部、商务部、民政局等部委在稳定就业，降低电、气价格，优惠租金，积极发挥行业协会作用，便利市场准入，优化行政服务等方面进一步落实中央抗疫精神。

地方扶持政策。在党中央、国务院的抗击疫情精神及各部委支持抗击疫情文件指引下，各地方陆续出台了地方应对疫情防控、稳定社会经济发展的

各项政策，其中部分省市与餐饮业相关的扶持政策，主要包括有序推进企业复工复产，以减税降费，延税延费，减免租金，降低水、电、气价等方式降低企业负担，加大金融支持力度，降低融资成本，支持企业稳岗，出台消费券促进消费恢复等措施。

从长期来看，促进消费发展是国家长期经济工作内容，特别是在外需不振的形势下，发展国内消费市场成为当前“六稳六保”工作——稳就业、稳金融、稳外贸、稳外资、稳投资、稳预期，保居民就业、保基本民生、保市场主体、保粮食能源安全、保产业链供应链稳定、保基层运转——的重要抓手。新冠肺炎疫情暴发以来，在中央“加快释放国内市场需求”，“扩大居民消费，合理增加公共消费”精神指引下，各部委陆续出台了促进消费发展的政策措施。如国家发展改革委等 23 个部委出台了《关于促进消费扩容提质加快形成强大国内市场的实施意见》，提出了优化国内市场供给、重点推进文旅休闲消费提质升级、着力建设城乡融合消费网络、加快构建“智能 +”消费生态体系、持续提升居民消费能力、全面营造放心消费环境六个方面工作和十九条任务来加快发展国内消费市场。商务部出台了《关于统筹推进商务系统消费促进重点工作的指导意见》，落实各省市促进消费发展的重点工作，并会同国家邮政局、中国消费者协会在 4 月 28 日至 5 月 10 日举行“双品购物节”，促进假期消费（见表 4）。在中央和各部委促进消费政策指导下，各省市也在积极落实地方促进消费发展的各项政策。

表 4　中央及部委出台的促进消费发展的重要文件

文件名	出台部门	时间
《关于加快发展流通促进商业消费的意见》	国务院	2019 年 8 月 27 日
《关于应对新冠肺炎疫情做好稳外贸稳外资促消费工作的通知》	商务部	2020 年 2 月 18 日
《关于促进消费扩容提质加快形成强大国内市场的实施意见》	国家发展改革委等 23 个部委	2020 年 2 月 28 日
《关于统筹推进商务系统消费促进重点工作的指导意见》	商务部	2020 年 4 月 22 日

资料来源：根据中央及各部委文件整理。

综合上述中央及地方出台的与餐饮业相关的复工复产扶持政策和促进消费政策，可以看出，尽管新冠肺炎疫情对餐饮业造成了巨大冲击，但是一系列扶持政策和促进消费发展政策会缓解当前企业困境，并给餐饮业未来发展带来政策红利。

3. 餐饮业要严格执行“禁野”政策

受到新冠肺炎疫情以及近年来全球公共安全事件的影响，消费者对禁止非法交易和滥食野生动物形成了广泛共识。全国人大出台了《关于全面禁止非法野生动物交易、革除滥食野生动物陋习、切实保障人民群众生命健康安全的决定》（以下简称《革除滥食野生动物陋习的决定》）。根据《革除滥食野生动物陋习的决定》和《中华人民共和国畜牧法》，农业农村部起草了《国家畜禽遗传资源目录（征求意见稿）》，包括猪、牛、羊、马、驴、骆驼、兔、家禽八类传统畜禽和梅花鹿、马鹿、驯鹿、羊驼、珍珠鸡、雉鸡、鹧鸪、绿头鸭、鸵鸟、水貂（非食用）、银狐（非食用）、蓝狐（非食用）、貉（非食用）十三类特种畜禽。湖北、广东、江西、北京、广西、湖南等省区市陆续在全国人大《革除滥食野生动物陋习的决定》指导下，积极推进地方立法工作，加大力度保护野生动物。深圳市人大常委会 3 月 31 日率先通过了《深圳经济特区全面禁止食用野生动物条例》（以下简称《深圳条例》），并自 5 月 1 日起实施。《深圳条例》明确规定的禁止食用野生动物及其制品包括：（1）国家重点保护野生动物以及其他在野外环境自然生长繁殖的陆生野生动物；（2）人工繁育、人工饲养的陆生野生动物；（3）用于科学实验、公众展示、宠物饲养等非食用性利用的动物及其制品。同时也明确了可食用动物为《国家畜禽遗传资源目录》中规定的可食用动物，以及依照法律、法规未禁止食用的水生动物。《深圳条例》还明确推行可食用动物冷链配送、禁止私宰家禽家畜及相关行为、禁止以提供食用为目的向消费者销售家禽家畜活体。

可以预见的是，随着各地方对于禁食野生动物的立法推进，全国范围内禁食野生动物是必然趋势，因此餐饮业要认真学习“禁野”法律法规并严格遵守。

（二）经济环境

新冠肺炎疫情在全球的蔓延，特别是在发达国家的肆虐，造成各国国内正常社会经济活动快速停摆，全球贸易、全球供应链和国际正常交往受到了严重威胁。国际货币基金组织在2020年4月发布的《世界经济展望：大封锁》中认为，新冠肺炎疫情大流行病正在全世界造成高昂的和不断上升的人力成本，必要的保护措施正在严重影响经济活动。由于这场大流行病，预计2020年全球经济将大幅萎缩3%，其中美国、欧元区经济分别萎缩5.90%和7.50%（见图17），要比2008~2009年金融危机期间严重得多。而国际货币基金组织在2020年1月新冠肺炎疫情全球暴发前预测2020年全球经济增长3.3%，可见新冠肺炎疫情对全球经济冲击之大。

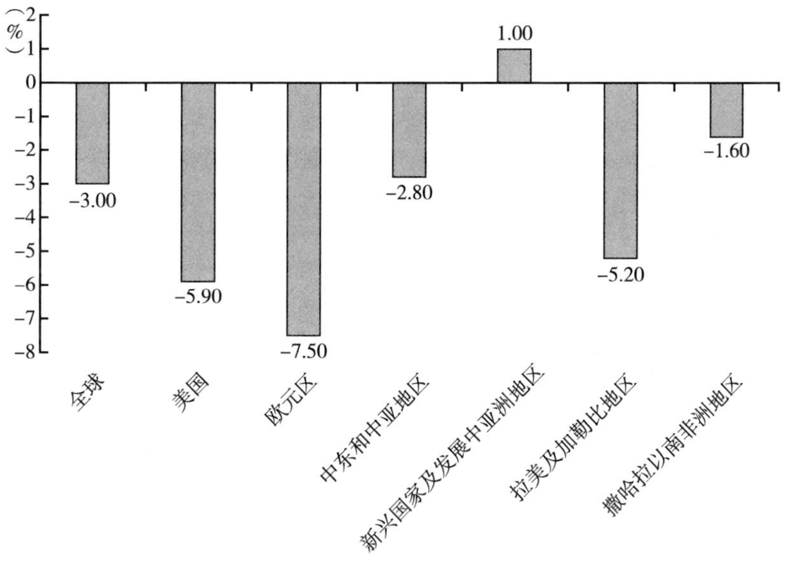

图17　全球及主要国家地区2020年经济增长预测

资料来源：《世界经济展望：大封锁》，国际货币基金组织，2020年4月。

在世界经济陷入衰退、不稳定不确定因素显著增多的非常时期，已经融入全球经济的中国很难独善其身。尽管中国相对较早地实现了对新冠肺炎疫情的全面有效控制，开始全面复工复产，但是新冠肺炎疫情对第一季度社会经济的严重冲击，以及世界经济衰退带来的外需不振，新冠肺炎疫情造成的全球供应链不畅等不利因素依然会对 2020 年中国经济增长带来严重不利影响。国际货币基金组织预计中国 2020 年全年实现经济增长 1.2%。

从 2020 第一季度来看，中国国内生产总值同比下降 6.8%，社会消费品零售总额同比下降 19.0%，全国居民人均消费支出同比实际下降 12.5%，货物进出口总额（按人民币计）同比下降 6.4%，实际使用外资同比下降 10.8%。积极的一面在于，在新冠肺炎疫情封锁下被动发展起来的宅经济，倒逼数字经济的快速发展，加快了全国消费线上化转移和产业的数字化改造进程。一季度，智能终端、服务器、电子商务、互联网教育、互联网医疗、云办公、在线外卖和快递物流呈现逆势增长。

2020 年是中国完成脱贫攻坚战、全面实现小康社会的收官之年。尽管面临严峻挑战和诸多全球不确定因素，但在以习近平同志为核心的党中央坚强领导下，充分发挥制度优势，坚持稳中求进，统筹疫情防控和社会经济发展，全力做好“六稳”“六保”工作，必定会完成 2020 年脱贫攻坚目标，全面实现小康社会。

对于 2021 年全球经济增长情况，国际货币基金组织认为，假设新冠肺炎疫情在 2020 年下半年消退，封锁逐步解除，经济活动在政策支持帮助下正常化，预计 2021 年全球经济将恢复增长 5.80%（见图 18），中国预计经济增长会反弹至 9.2%（见图 19）。

对于餐饮业来说，既要对 2020 年的经济困难和挑战做好充分的准备，先生存后发展，稳中求进，按照中央“六稳六保”工作要求，做好稳增长、稳消费、稳就业、惠民生工作，做出产业应有贡献，又要积极谋划，抓住未来全球经济复苏和中国经济大幅增长，全面建设现代化社会主义国家进程中的发展机会，加快实现高质量发展。

（三）技术环境

科技对餐饮业高质量发展的贡献越来越重要，产品、服务创新，商业模

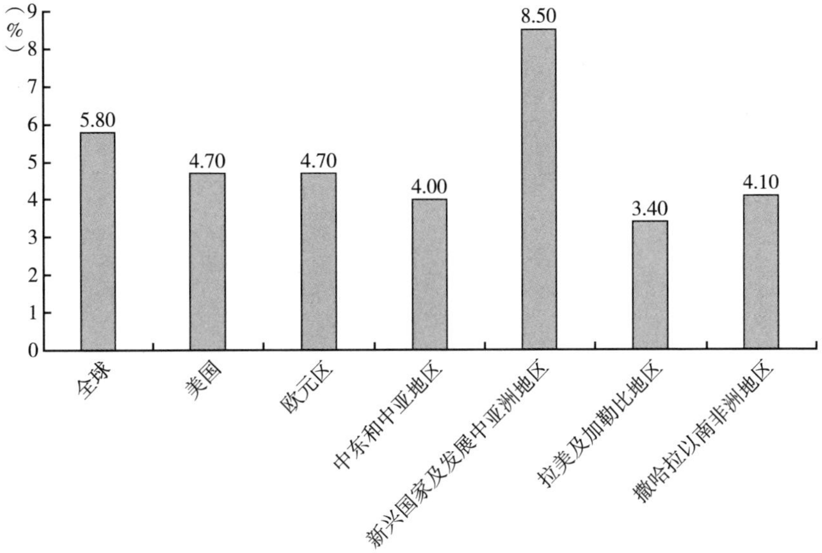

图 18　全球及主要国家地区 2021 年经济增长预测

资料来源：《世界经济展望：大封锁》，国际货币基金组织，2020 年 4 月。

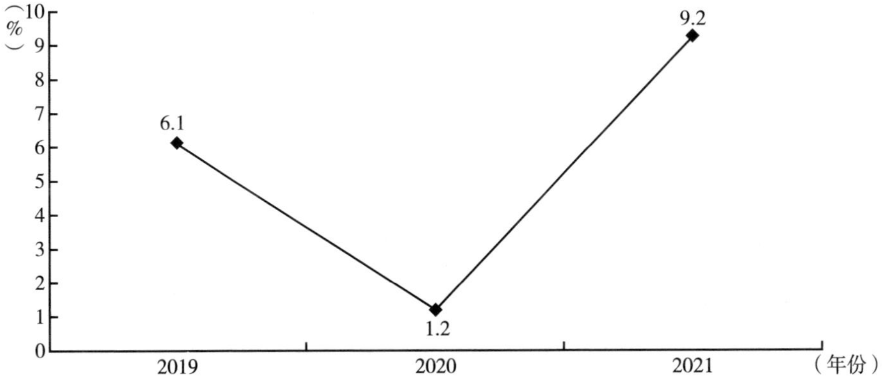

图 19　中国 2020～2021 年经济增长预测

注：2020 年和 2021 年为预测数据。
资料来源：《世界经济展望：大封锁》，国际货币基金组织，2020 年 4 月。

式创新，管理创新等都依赖于科技的快速发展。未来餐饮业面临技术环境的变化主要有信息技术和生物科技两个方面。

1. 信息技术基础设施升级扩容，信息应用水平提升

新冠肺炎疫情带来的封锁效应客观上推动了中国数字经济发展，加快了5G通信技术、云计算、人工智能、大数据和物联网等信息技术的应用和发展。消费的海量线上化转移和产业的大规模数字化转型，对信息基础设施提出了更多需求和更高要求。

2020年3月，中央政治局常委会会议强调要“加快5G网络、数据中心等新型基础设施建设进度”。新型基础设施建设已经成为中国占领新兴信息技术高地，加快数字经济发展，实现高质量发展的重要抓手。以5G、物联网、工业互联网、卫星互联网为代表的通信网络基础设施，以人工智能、云计算、区块链等为代表的新技术基础设施，以数据中心、智能计算中心为代表的算力基础设施，三大信息技术基础设施的完善发展，将会极大提高全社会信息生产力，加快社会数字化进程，提升社会智能化水平。

信息技术基础设施的升级扩容，将会支撑信息应用水平的大幅提升。主要体现在消费者应用和企业应用两个方面。

从消费者应用来看，随着信息技术基础设施的升级，网民规模的不断扩大和活跃程度的日益提高，移动智能终端的快速普及，基于用户需求的大量应用软件开发呈井喷式发展，呈现移动化、平台化、社交化、视频化四大升级方向。

- 移动化。移动互联网提速和移动智能终端升级，大幅提高了消费者的移动连接能力和信息获取与处理能力，加快了线上线下消费场景融合，进一步发挥了线上交易优势和线下体验优势，推动了消费场景的移动化。

- 平台化。互联网平台作为一种网络多边市场，可以充分发挥信息技术在供求中的高效匹配作用，降低社会交易成本，而且随着互联网平台的集聚能力越来越大，其匹配能力也越来越大，所产生的交易能力也越来越大。当前基于社会、经济活动需求形成的互联网消费平台已经有以天猫淘宝、拼多多为代表的网络零售平台，以美团、饿了么为代表的生活服务平台，以滴滴为代表的交通出行平台，并且已经基本覆盖了消费者的日常消费需求。疫情期间，消费的线上化进一步加快了互联网消费平台的发展。

• 社交化。随着微信、微博、QQ、钉钉、抖音、快手等不同应用形式、不同应用场景的社交软件的普及应用，以及各类消费、文娱平台的社交功能的完善，网络中存在的强连接和弱连接的消费者迅速形成了跨地域、全天候，具有快速传播能力和强黏性的消费社交网络。这使得社交化消费成为消费的重要特征，消费者不仅仅关注产品和服务本身，还关注消费行为是否可以获得更好的社交体验。

• 视频化。视频消费受制于网络传输速度和流媒体数据处理能力，随着云计算、5G 网络、数据中心，以及流媒体处理技术等软硬件能力的提升，信息传输和处理能力大幅提升，使得视频消费体验大幅提升，基于视频的信息应用快速发展，如短视频社交和直播电商。

从生产应用来看，物联网、大数据技术和人工智能技术的发展，加速了泛在智能生产网络的发展，大幅提升了基于动态数据的企业决策能力和市场反应速度，以及基于需求数据的智能化企业生产和供应链管理水平。

对于餐饮业来说，要充分认识新兴信息技术对餐饮生产、经营和消费的影响，重视互联网平台经济发展，加快线上消费与线下场景的融合，重视网络社区维护，提高消费的社交体验，重视短视频、直播等新兴传播手段，提升品牌传播能力，重视消费数据资源的挖掘和分析，推动经营管理信息化向经营管理决策数字化转变。

2. 生物科技发展对餐饮食材产生重要影响

食材是餐饮业发展的基础原料，因此生物科技发展对食材发展带来的影响会对餐饮业带来巨大影响。

2019 年，生产“人造肉”的美国超肉（Beyond Meat）公司成功在美国证券市场上市，引发了全球对“人造肉”生物技术的关注。肉是人类消费的重要食材，全球拥有万亿美元的市场。近年来，随着生物科技的发展，研发生产肉类替代品越来越受到生物科技创业企业和风险投资资金的青睐。从传统食材来看，利用大豆等植物蛋白、鸡蛋、明胶等原料生产的素肉已经进入消费食谱，可以在一定程度上解决素食需求，但无法满足肉食消费者对真肉口感和味道的需求，因此传统素肉仅能满足素食消费者的小众市场，并无法替代肉，没有对肉类市场产生巨大冲击。此外，还有利用动物干细胞制造人造肉的技术正在研发、探索中。中国南京农业大学就在2019年成功人工培养了人造肉。这种人造肉在细胞结构上与传统肉细胞结构一样，但要实现传统肉类口感还需要持续研发。

在生物科技飞速发展的环境下，餐饮业要积极关注生物科技对食材等原材料的影响，既要充分利用生物科技带来的食材创新，给消费者提供更多消费体验，同时也要积极关注生物科技对食材供应链和食品安全的全方位影响。

（四）社会环境

尽管新冠肺炎疫情已经在中国得到了全面有效控制，但新冠病毒对中国整个社会的影响非常深远。

从短期来看，新冠病毒的高隐匿性、高传播性和高危险性极大地削弱了中国消费者的公共卫生安全信心。在全国中高风险地区清零后，由于外部疫情依然严重，境外输入压力大，病毒造成的心理阴霾并没有完全消散，口罩、消毒液已经成为消费者防控必需品。

从长期来看，新冠肺炎疫情带来的公共卫生安全危机倒逼餐饮消费文化的转变。

一是坚决遏制野味饮食文化的发展。《中国—世界卫生组织新型冠状肺炎病毒（COVID－19）联合考察报告》明确了新型冠状病毒为动物源性病毒，可能宿主为蝙蝠。尽管中间宿主还未确定，但是病毒源于野生动物成为了共识，食用野生动物之风被广泛诟病。全国人大常委会通过了《革除滥食野生动物陋习的决定》，从国家层面坚决抵制滥食野生动物的陋习，在全国掀起了遏制野味饮食文化，提倡健康、生态的饮食文明的浪潮。

二是加速了双筷、公筷、分餐等文明餐饮社交文化的普及。在当前疫情防控背景下，单筷制、共餐制等中餐传统的餐饮社交习惯并不符合公共卫生安全要求。世界中餐业联合会倡议全球中餐业推动“分餐制、公筷制、双筷制”等文明聚餐方式进入餐厅服务规范，进一步提高中餐业公共卫生安全防范水平。

三是回归家庭厨房的亲情文化对餐饮社交文化的影响。由于疫情期间服务业全面停摆，平日忙碌的人们终于得以停下脚步宅在家里陪伴家人或自己独处。尤其恰逢春节这个中华民族最重要的节日，“人间烟火味，最抚凡人心”，一日三餐成为家人联络感情最重要的纽带，家庭成员的感情更加深厚，互相理解，家庭观念意识越来越强，随之将带动餐饮社交文化的改变，以及新餐饮业态的产生。

三　中国餐饮业“十四五”展望

2020 年是“十三五”规划收官之年，是全面建成小康社会的冲刺年，是实现第一个百年奋斗目标的决胜之年，也是脱贫攻坚战的达标之年；2020 年是展望“十四五”的规划之年，是迈向 2035 年基本实现社会主义现代化的新起点。尽管新冠肺炎疫情在 2020 年初给整个产业发展带来了巨大危机，但疫情不改中国长期发展目标和发展趋势，危机不改中国人民美好生活的高质量饮食需要。餐饮业作为国民经济中基础性的生活服务业，是满足人民美好生活需求的重要消费产业，是关系广大人民群众的获得感、幸福感、安全感的重要民生产业，在全面建设社会主义现代化进程中依然具有重要作用。习近平总书记强调，“危和机总是同生并存的，克服了危即是机”。因此餐饮业要充分研判新冠肺炎疫情对政策、法律、经济、技术和社会的全面影响，既要运用底线思维，做好应对严峻挑战的准备，从抗击新冠肺炎疫情中总结经验、反思教训，用好短期扶持政策，加快提质增效，强化食品安全管理；又要有战略视野，对餐饮业长期向好的发展趋势和对社会、经济、文化、生态的贡献有清晰的判断，把握长期政策红利，化危为机，以创新、协调、绿色、开放、共享发展理念为指导，加快转型升级，推动餐饮业高质量发展。

（一）创新发展

在开启全面建设社会主义现代化强国的道路上，在推进社会经济高质量发展的进程中，创新是第一动力。

创新发展是餐饮业持续高质量发展的第一动力。在劳动力、土地要素成本趋涨的形势下，餐饮业过去依赖的劳动力密集、粗放扩张型增长模式已经面临越来越严峻的挑战。餐饮业要抓住未来国家发展机遇，必须要加快发展动力从劳动力、土地、资本要素驱动向创新驱动、知识驱动、科技驱动转变，重视高端复合型、技能型、知识型人才引进和培养，重视信息技术、生物技术等科技与餐饮业的融合发展。

在政府层面，要更加注重营造适宜创新的餐饮营商环境，通过人才政策、创业政策、金融政策，吸引人才和资本进入餐饮业，鼓励符合数字经济发展趋势、满足人民消费升级需求、提升产业效率和提升产业附加值的产品和服务创新，管理创新，生产模式、商业模式及业态创新，以及烹饪技艺创新。

（二）协调发展

协调是中国特色社会主义建设总体目标，也是保障全面建设社会主义现代化道路的行稳致远的重要发展方式。

协调发展是餐饮业全面高质量发展的目标和平稳推进高质量发展的重要保障。当前餐饮业依然处于不平衡发展中，主要体现为城乡发展不平衡，东西部发展不平衡，发展速度与发展质量不平衡，产业发展与产业治理能力不平衡。这些发展矛盾成为餐饮业高质量发展的绊脚石，同时也是餐饮业发展的拓展空间和提升方向所在。

在政府层面，一要统筹协调区域发展不平衡，一方面鼓励符合中西部、乡村产业发展和生态保护需求的特色餐饮发展，另一方面鼓励品牌连锁餐饮企业，带动中西部、乡村地区食材产业链发展，尤其是支持有能力和需求的餐饮企业实施精准扶贫战略，带动脱贫攻坚地区食材产业发展；二要提升产业治理能力，提高依法监管、科技监管水平；三要充分发挥行业协会的自我约束和产业协调作用。

（三）绿色发展

绿色发展关系人民福祉，关乎民族未来①，是社会主义现代化事业可持续发展的要求。

绿色发展是餐饮业高质量发展的本质要求，也是人民美好生活的内在要求。当前中国绿色餐饮发展仍面临不少困难和挑战，一是中国微生物和重金属污染、农药兽药残留超标、添加剂使用不规范、制假售假等问题时有发生②，环境污染对食材安全的影响逐渐显现；二是绿色餐饮门店、绿色餐饮生产和服务缺乏高质量、可操作标准和监管措施，员工操作不当导致的食品安全事件和公共卫生担忧时有发生；三是新冠肺炎疫情导致的公共卫生安全风险给餐饮业发展带来了巨大的公共卫生安全冲击和防控挑战，并进一步加速了消费者对健康、绿色饮食的关注。因此，对餐饮业来说，绿色发展既是挑战，更是巨大的机遇。

在政府层面，要构建符合餐饮业绿色发展需要的法律法规体系，加快完善食品安全、保护野生动物、公共安全防控等方面的立法，推进依法监管，同时加快高质量标准体系制定，提升餐饮行业标准化水平，建立数字化监测机制和激励与约束机制，通过系统化产业规制方式护航餐饮业绿色发展；继续推广“明厨亮灶”、餐饮安全风险分级管理；鼓励餐饮外卖对配送食品进行封签，使用环保可降解的容器包装；大力推进餐厨废弃物资源化利用和无害化处理，防范“地沟油”流入餐桌；开展餐饮门店“厕所革命”，改善就餐环境卫生。③

---

① 2013 年 5 月 24 日，习近平在中共中央政治局第六次集体学习时强调“建设生态文明，关系人民福祉，关乎民族未来”。

② 中共中央、国务院《关于深化改革加强食品安全工作的意见》，2019 年 5 月 19 日。

③ 中共中央、国务院《关于深化改革加强食品安全工作的意见》，2019 年 5 月 19 日。

（四）共享发展

共享发展是中国特色社会主义的本质要求，是全面建设社会主义现代化是否惠及全体人民、是否符合最广大人民的根本利益的检验标准。

对于餐饮业来说，共享发展是餐饮业高质量发展的重要特征。作为以中小微企业为主体，以中低收入群体为主要就业群体的餐饮业，要坚持共享发展理念：一是坚持以人为本，发展大众化餐饮，着力满足人民对美好生活的饮食需求；二是抓住共享经济和平台经济发展带来的发展机遇，实现平台、企业和消费者的共赢；另外要规范和完善人力资源管理，让企业发展惠及全体员工，推动形成企业员工命运共同体。

在政府层面，一方面，要加大力度保护中小微餐饮企业合法利益，普惠提供政府公共服务，降低金融、法律服务等获取成本；另一方面，根据共享经济和平台经济发展需要，构建社会化多边治理体系，加强对外卖平台的公平性审查，维护共享市场和平台市场公平公正，保护中小餐饮企业的权益。

（五）开放发展

开放发展是建设人类命运共同体的内在要求，是向世界展示中国、让世界了解中国的重要发展理念。

中华饮食发展是在全球饮食文化交流中不断发展，饮食文明的融合发展与传播是构建人类命运共同体的重要内容。开放发展是中国餐饮业“走出去”实现全球高质量发展的内在要求，也是引进国际先进餐饮企业，丰富国内餐饮市场的内在需要。尽管餐饮市场“走出去”“引进来”已经具有较长历史进程，但是在“走出去”方面，依然面临诸多挑战，包括资金、人才、供应链，东道国的政治法律环境、经济社会环境等。特别是新冠肺炎疫情在全球暴发后，全球餐饮业面临巨大挑战，很多餐饮企业因陷入经营危机而倒闭。因此中国餐饮企业在实施“走出去”发展战略中，要充分研判国际疫情发展趋势、东道国的投资环境，以及自身国际竞争能力，制定可行、可控的国际化战略和实施策略。

在政府层面，一方面，要营造开放包容的外商投资环境，引进更多具有国际竞争力和东道国特色的餐饮企业，进一步丰富中国餐饮市场，满足中国消费者以及海外人士的餐饮需求；另一方面，搭建餐饮国际化公共服务平台，构建符合对外投资需要的人才、金融、商务、法律服务生态。

参考文献

[1] 习近平：《全面提高依法防控依法治理能力，健全国家公共卫生应急管理体系》，《求是》2020 年第 5 期。

[2] 宁吉喆：《如何全面辩证看待一季度经济形势》，《求是》2020 年第 9 期。

[3] IMF. World Economic Outlook：the Great Lockdown. https：//www. imf. org/en/Publications/WEO/Issues/2020/04/14/weo – april – 2020.

[4] 邢颖、于干千等主编《中国餐饮产业发展报告（2019）》，社会科学文献出版社，2019。

[5] 邢颖、于干千等主编《中国餐饮产业发展报告（2018）》，社会科学文献出版社，2018。

[6] 王雪峰等主编《中国商业发展报告（2019 ~ 2020）》，社会科学文献出版社，2019。

[7] 于干千、赵京桥：《新时代中国餐饮业的特征与趋势》，《商业经济研究》2019 年第 3 期。

[8] 于干千、赵京桥：《借得雄风成亿兆，何惧万里一征程——改革开放 40 年中国餐饮业发展回望与新时代高质量发展的战略思考》，《中国餐饮产业发展报告（2019）》，社会科学文献出版社，2019。

[9] 刘奕、夏杰长：《推动中国服务业高质量发展：主要任务与政策建议》，《国际贸易》2018 年第 8 期。

[10] 于干千、程小敏：《我国餐饮业供给侧结构性改革的实效与对策研究》，《商业经济研究》2017 年第 24 期。

[11] 于干千、王晋：《中国餐饮业供给侧改革策略研究》，《美食研究》2016 年第 4 期。

[12] 程小敏、于干千：《中国餐饮业发展“十二五”回顾与“十三五”展望》，

《经济与管理研究》2016 年第 11 期。
[13] 于干千、程小敏：《中国饮食文化申报世界非物质文化遗产的标准研究》，《思想战线》2015 年第 2 期。
[14] 赵京桥：《基于产业发展视角的中国餐饮业食品安全研究》，《商业研究》2014 年第 12 期。

B.2

餐饮业高质量发展的产业政策转型研究报告*

于干千　赵京桥　杨　遥**

摘　要： 本报告根据新冠肺炎疫情防控的进展，将与餐饮业相关的产业政策分为防控政策和扶持政策两大类，将扶持政策细分为中央财政扶持政策、中央金融扶持政策、中央其他扶持政策、地方扶持政策四种类型，归纳总结了全面严控、分区精准防控、有序复工复产等不同阶段的产业政策，并就产业政策的内容、实施效果进行了分析和研判，指出了产业政策需要持续改进的方向。本报告课题组结合餐饮业长期高质量发展和当前走出困境的需要，提出了短期产业政策调整需要从加大供给侧扶持力度和加强需求刺激两个方面入手，形成政策合力，提振行业信心和消费信心；长期产业政策需要从化危为机，以新发展理念引领产业政策转型着眼，通过不断完善餐饮业治理体系，制定餐饮业发展条例，谋划“十四五”发展规划等路径和举措，加快推进餐饮业高质量发展。

* 本报告是国家社会科学基金项目“我国餐饮业高质量发展的产业政策转型研究”（19BJY181）的阶段性研究成果。课题调研得到了世界中餐业联合会邢颖常务副会长的大力支持，报告撰写得到了中国社会科学院财经战略研究院宋则研究员的悉心指导，在此一并致谢！

** 于干千，理论经济学博士后、教授，普洱学院副院长，主要研究方向为餐饮产业经济；赵京桥，经济学博士，中国社会科学院财经战略研究院服务经济与餐饮产业研究中心执行主任，主要研究方向为服务经济与信息经济；杨遥，普洱学院讲师，主要研究方向为产业政策。

关键词： 餐饮业　高质量发展　产业政策

餐饮业是新冠肺炎疫情防控的重要阵地，也是复工复产、提振消费信心的主战场。餐饮业的高质量发展，既是满足人民美好生活新期待的必然要求，也是巩固抗疫成果、助推餐饮转型升级的迫切需求。新冠肺炎疫情致使餐饮业面临前所未有的信誉危机、生存危机，完全依靠市场实现自我恢复增长或寄希望于疫情过后出现“报复性消费反弹”是一种理想状态，政府更需要从“消费反弹有限、恢复增长乏力”的非理想市场状况考量，更加积极主动地就产业政策作出适时、适度的调整，以应对“市场失灵”时的“政策缺陷”，从抗击新冠肺炎疫情中总结经验、化危为机，提升治理效能。为此，国家社会科学基金项目“我国餐饮业高质量发展的产业政策转型研究”课题组和世界中餐业联合会组建的由业内知名研究机构和专家组成的团队，自 2020 年 1 月 24 日至 2020 年 4 月 1 日，以国务院、国家各相关部委以及各省市相继公开发布的文件为研究对象，组织全国餐饮行业的网络问卷调研和重点餐饮企业的访谈，形成以下研究报告。

一　新冠肺炎疫情对餐饮业的冲击与影响

新冠肺炎疫情引发的公共卫生安全危机对餐饮全产业链的冲击，致使全国几乎所有的餐饮门店和大部分上游企业、相关行业进入休业状态。2020 年春节至今，各地餐饮企业按照当地政府统一部署要求积极开展门店和就业人员的疫情防控工作，大量餐饮门店进入停摆或半停摆状态。这使得餐饮企业在本应火热的春节市场中进入凛冽寒冬，在面临极大疫情防控压力的同时，巨大的经营压力持续加码，引发生存危机。

从新冠肺炎疫情对餐饮业增速、就业及产业链的冲击情况来看，2020

年1~2月，餐饮收入4194亿元，同比下降43.1%①，降速是商品零售业降幅的近2.5倍，这种“断崖式”的骤降远远超过2003年“SARS”对餐饮业的影响，创下了新中国成立70年来餐饮产业经济降幅之最。餐饮市场成为受新冠肺炎疫情影响的重灾区，在全球疫情进一步恶化，国内没有相应消费刺激的情形下，预计2020年全年餐饮业增速将达历史“冰点”，负增长可能达到两位数以上。目前，餐饮业从业人员超过3000万人，在吸纳城镇闲暇劳动力和农村转移劳动力中贡献显著。疫情导致餐饮业“休克”会对低收入人群的社会稳定、家庭收入、就业机会造成较大的冲击，加大了以餐饮业相关产业链为依托的贫困地区精准脱贫的压力。在疫情造成产业停摆的状态下，餐饮业需求端受到抑制，供给端运转停顿。餐饮全产业链也受到了巨大冲击，其中既包括了食材种养殖、调味料生产、食品加工等供应链市场，又包括了餐饮业相关生产性服务市场和设备制造市场。

从新冠肺炎疫情对餐饮业的产业结构、产业文化等影响来看，生存和发展倒逼餐饮企业必须迅速适应当前社会经济数字化进程，加速推进新业态以及新需求热点的转换，必将对业界呼吁多年而未有实质进展的餐饮产业结构升级产生重要而深远的影响，特别是对食材来源、生产方式、餐饮网点布局，以及业态和商业模式四个方面的影响或将引发餐饮业的深刻变革。对餐饮产业文化的影响主要体现在：一是遏制了野味饮食文化的发展；二是加速了双筷、公筷、分餐等文明餐饮社交文化的普及；三是回归家庭厨房的亲情文化对餐饮社交文化的影响。

此次突发重大公共卫生事件对整个餐饮业的冲击，暴露了餐饮产业在防范突发公共卫生安全事件上的严重不足，同时对餐饮业产业安全内涵有了清晰和深刻的认识：一是食品安全治理体系和治理能力现代化进程加速，二是将餐饮业纳入公共健康体系建设形成广泛共识，三是把餐饮业纳入应急体系建设势在必行。

---

① 国家统计局：http://www.stats.gov.cn/tjsj/zxfb/202003/t20200316_1732236.html。

二 当前与餐饮业相关防控及扶持政策[①]

新冠肺炎疫情发生以来，党中央高度重视，餐饮业一直是疫情防控重点产业，因其对经济增长、保障民生、稳定就业、提振消费等具有重要而独特作用，成为政府重点扶持的生活服务业之一。

（一）防控政策

全面严格防控阶段：2020 年 1 月 24 日到 2020 年 2 月中旬。中国内地 31 个省区市都启动了重大突发公共卫生事件一级响应，按照各地疫情防控要求，除部分团餐企业继续提供饮食保障服务外，绝大多数餐饮企业配合政府抗疫要求，门店经营进入停业状态。在政府连续出台的政策文件指导下，部分餐饮企业为谋生存、保民生，在遵守各地防控要求的前提下，开展外卖、食材销售等业务，但总体防控依然处于严格防控阶段。

分级分区精准防控阶段：2020 年 2 月中旬 ~ 2020 年 6 月。从 2 月 21 日起，甘肃、辽宁、广东等省区市陆续降低重大突发公共卫生事件响应等级，这意味着部分省区市疫情风险降低，社会经济秩序正在逐步恢复。随着疫情防控取得积极进展，推进有序复工复产，抓紧恢复社会经济运行秩序，稳定经济、就业，有效刺激市场消费和提振市场信心成为重要工作。

在疫情防控期间，部分餐饮企业、互联网餐饮服务平台按照《商务部办公厅关于进一步强化生活必需品市场供应保障工作的通知》[②]，积极参与到抗疫民生保障工作中。

（二）扶持政策

为帮助在此次疫情中受到重创的餐饮企业，特别是中小微企业、个体工

① 本报告所涉及产业政策的成文时间自 2020 年 1 月 24 日起，截止时间为 2020 年 4 月 1 日。附表 1 ~ 附表 5 中涉及的主要政策内容完全来源于政策原文。

② 《商务部办公厅关于进一步强化生活必需品市场供应保障工作的通知》，2020 年 2 月 1 日。

商户渡过疫情难关，协助企业和个体工商户复工复产，恢复生机，中央及地方政府出台并落实了一系列扶持政策，主要分为以下四类：

1. 中央财政扶持政策

由财政部、国家税务总局牵头出台了一系列与餐饮业相关的财政扶持政策以税费减免和延长缓交为主，涉及增值税减免、亏损结转延长期限、社保费减免和缓缴、住房公积金缓缴、鼓励减免租金和检测及认证费用减免等六种类型，详见附表1。

2. 中央金融扶持政策

中国人民银行、财政部、银保监会等金融监管部门发布的与餐饮业相关的金融扶持政策主要有强化信贷支持，提供临时性还本付息安排，提高金融服务效率和降低融资成本四个方面，详见附表2。

3. 中央其他扶持政策

国家发改委、市场监督总局、人社部、商务部、民政局等部委发布的与餐饮业相关的政策主要涉及促进消费、稳定就业、降低用电用气价格、积极发挥行业协会作用、减免个体工商户房租、便利个体工商户市场准入和加大对个体工商户的服务力度七个方面，详见附表3。

4. 地方扶持政策

各地方陆续出台的与餐饮业相关的扶持政策主要包括：加大企业复工复产工作力度，进一步降低企业用工成本，进一步减轻企业经营负担，进一步加大财政金融支持和进一步优化政府服务等五个方面，详见附表4、附表5。

（三）产业政策需要持续改进的方向

中央及地方出台的与餐饮业相关的防控和扶持政策，结合餐饮业长期高质量发展和当前走出困境的需要，产业政策依然存在需要进一步改进之处。

第一，政策以短期应急为主，长期发展规划不足。当前出台的防控和扶持政策多为应对新冠肺炎疫情防控和企业经营困境的短期应急政策；但在后新冠肺炎疫情时期，鉴于餐饮业在社会、经济、文化、健康、国家应急保障等多个领域的重要作用，更需要着眼长远发展的产业发展政策，吸引产业投资，提振产业发展信心。

第二，政策缺乏统筹，协同效应不足。当前餐饮业防控和扶持政策分布在多个政府部门出台的多个政策文件中，缺乏政策统筹，难以发挥协同效应。餐饮业经过改革开放四十多年的发展，已经形成了从农、林、牧、渔到餐桌，从设备制造到生产服务的较为完备的产业生态体系，因此需统筹出台餐饮业防控和扶持政策。

第三，政策的着力点都是供给侧，需求侧政策仍需强化。当前扶持政策主要着力点在于企业，帮助企业渡过难关，但对提振消费信心、优化消费环境的政策涉及不多。餐饮业既面临各地疫情防控压力，又面临消费环境剧烈变化。而在当前全球疫情暴发，中国防控外部输入压力持续增加的形势下，国内消费者对公共卫生安全信心不足，消费动力不强，导致餐饮业复工难复产，复产难以为继的现象普遍存在，因此政策要兼顾供给侧挑战和需求侧提振。

第四，政策分类指导、差异化政策设计与实施、适时动态调整的能力及水平与产业发展和消费需求还存在较大差距。餐饮业具有分布广、主体和从业人员多、业态多样、生产消费连接紧密等产业特点，客观上要求顶层设计，统筹规划，又要求因地制宜，实现更精准化施政，加速推进餐饮业治理体系和治理能力现代化的进程。

三　加快推进餐饮业高质量发展的政策转型建议

为了帮助餐饮企业渡过此次疫情难关，中央及地方政府出台了大量直接或间接扶持政策，这些扶持政策有助于缓解当前的短期困难，但是要帮助餐饮产业走出此次疫情冲击，更好地应对未来可能发生的公共卫生安全事件，重新步入稳定、健康的产业发展轨道，实现高质量发展，不仅需要政府适时、适度调整短期扶持政策，而且需要政府以高质量发展为指引促进长期产业发展政策的转型。

（一）短期扶持政策调整

在当前中央及地方出台的抗击新冠肺炎疫情、稳定社会经济发展的各项扶持政策中，虽然可以找到不少与餐饮业相关的扶持政策，但对于受到疫情影响严重的餐饮业，仍缺乏针对性的系列扶持政策组合拳。因此对于面临供给侧持续经营困难和需求侧消费信心低迷的餐饮业，政府应从加大供给侧扶持力度和加强需求刺激两个方面入手，形成政策合力，提振行业信心和消费信心。

1. 落实分级分区，有序复工复产

在中央“分级分区精准防控”精神指导下，各地应尽快出台餐饮业分级分区复工复产指导意见。餐饮业当前最大的困难是经营无法正常开展，这既有政府疫情防控因素，也有舆论因素，以及消费者心理因素，因此在无疫情风险地区和低疫情风险地区，应尽快恢复正常社会、经济运行秩序。

2. 有效防控境外输入，恢复消费信心

消费信心不足是餐饮业在后新冠肺炎疫情时期面临的严峻挑战。在国内疫情得到有效控制后，预期中的消费反弹并没有出现。由于受到疫情在全球暴发的影响，外防疫情输入压力骤增，未来经济预期变坏，这对逐步恢复的消费信心带来巨大打击。因此尽管在中央推动尽快复工复产，恢复正常社会、经济运行秩序的号召下，各地出台了稳定社会经济、支持复工复产的各项措施，但没有足够消费需求支撑，餐饮业仍然处于难复工或者复工难复产的状态。因此必须加大有效外防力度，加强舆论宣传，提高消费者对国内公共卫生安全的信心，让消费者重归餐饮业。

3. 出台短期刺激餐饮消费措施

各地应根据自身财政状况和地方疫情防控情况，以消费券形式定向刺激餐饮消费；在符合国家三公经费使用标准的情况下，鼓励各地政府采购社会化餐饮服务，弥补居民消费不足，帮助企业复工复产。

4. 加大对餐饮业财政扶持政策力度

在落实当前中央财政扶持政策的基础上，进一步加大对餐饮业的专项财政扶持力度。一是免征餐饮业 2020 年全年增值税，并延长属于一般纳税人的餐饮企业在 2020 年取得的增值税进项税额抵扣期限；二是自 2020 年 2 月起，免征中小微餐饮企业三项社会保险单位缴费部分，免征期限不超过 6 个月，大型餐饮企业三项社会保险单位缴费部分减半征收，期限不超过 6 个月；三是免征餐饮业 2020 年涉企政府性基金和行政事业收费。

5. 加大对餐饮业金融扶持政策力度

在落实当前中央金融扶持政策的基础上，进一步加大对餐饮业的专项金融扶持力度。一是建议协调政策性银行、疫情专项贷款尽快为餐饮企业稳定就业提供贴息或低息贷款。二是建议银行业金融机构主动为中小微餐饮企业提供智慧化便利化服务，审批流程做减法，纾解企业资金困难，应贷尽贷快贷；积极配合政策性银行的新增信贷计划，以优惠利率向餐饮企业发放贷款。三是建议国有融资担保机构给予稳定就业餐饮企业短期流动资金贷款担保支持，并给予担保费率优惠。四是发挥互联网餐饮服务平台等平台机构信用信息优势，联合互联网银行、中小银行，帮助中小微餐饮企业、个体餐饮商户拓展融资渠道，提供定期免息或低息贷款。五是考虑到餐饮企业复工复产进度缓慢，建议进一步延长银行业金融机构给予贷款餐饮企业临时性还本付息安排的时间至 2020 年 9 月 30 日。

6. 加大餐饮企业稳岗支持力度

在落实现有中央稳岗政策基础上，加大对餐饮企业稳岗支持力度。一是对坚持不裁员或少裁员的参保餐饮企业，加大稳岗补贴力度，并给予各项扶持政策倾斜。二是稳岗餐饮企业缴纳社会保险费、住房公积金确有困难的，建议相关机构审核备案后，可延长至 2020 年 9 月 30 日。延期缴费期间，不收取滞纳金，不影响职工个人权益。三是加大对餐饮企业员工新冠肺炎疫情培训支持，提高餐饮企业疫情防控能力。

7. 进一步减轻餐饮企业成本压力

在落实当前中央价格、就业扶持政策的基础上，进一步减轻餐饮企业成本压力。一是建议加大对餐饮企业的水、电、气、有线电视及垃圾清运等费用的优惠力度，优惠时间延长至 2020 年 12 月 31 日。二是建议政府相关部门召集美团、阿里口碑、饿了么等大型互联网餐饮服务平台，协商降低平台佣金费率，与餐饮企业共渡难关。

（二）长期政策转型的路径和举措

1. 新发展理念引领餐饮业高质量发展的政策转型

疫情冲击不改餐饮业长期发展趋势。为更好地推动餐饮业创新、协调、绿色、共享和开放发展，构建现代化餐饮产业体系，实现高质量发展，餐饮产业政策需要加快转型。

一是适应餐饮业创新发展的政策转型。创新发展是餐饮业持续高质量发展的重要动能。产业政策转型要深入推进“放管服”改革，营造适宜创新的餐饮营商环境，通过人才政策、创业政策、金融政策，吸引人才和资本进入餐饮业，鼓励符合数字经济发展趋势、满足人民消费升级需求、提升产业效率的数字化餐饮服务创新、业态创新、生产方式创新和商业模式创新。

二是适应餐饮业协调发展的政策转型。协调发展是餐饮业全面高质量发展的保障。产业政策要顶层设计，统筹推进解决产业发展中的各种矛盾，实现城乡一体化发展和产业发展规模、速度与质量的均衡发展以及产业发展与产业治理的协同。

三是适应餐饮业绿色发展的政策转型。绿色发展是餐饮业高质量发展的本质要求。产业政策要构建符合餐饮业绿色发展需要的法律法规体系、绿色标准体系和食材负面清单等，建立数字化监测机制和激励与约束机制，通过系统化产业规制方式护航餐饮业绿色发展。

四是适应餐饮业共享发展的政策转型。共享发展是餐饮业高质量发展的重要特征。共享经济、平台经济发展是数字经济重要发展模式，是餐饮业高质量发展的重要特征。产业政策要符合共享经济和平台经济发展需要，构建社会化多元共治体系，加强对外卖平台的公平性审查，维护共享市场和平台市场的透明、公平、公正，保护中小餐饮企业的权益。

五是适应餐饮业开放发展的政策转型。开放发展是餐饮业实现全球高质量发展的内在要求。中华饮食发展是在全球饮食文化交流中不断发展，饮食文明的融合发展与传播是构建人类命运共同体的重要内容。产业政策既要营造开放包容的外商投资环境和符合对外投资需要的人才、金融、商务、法律服务生态，又要加强对海外中餐企业技术、管理、安全、文化等方面的指引与规范。

2. 不断完善餐饮业治理体系，提升治理能力和效能

餐饮业作为国民经济中关系民生的基础性消费产业，历经了改革开放40多年的跨越式发展，产业规模和增速实现高速增长，并在供给侧结构性改革战略引领下，内部结构和发展质量得到优化提升，成为继美国之后全球第二大餐饮市场。餐饮业在国家公共卫生安全体系中的重要责任和国家应急保障体系中的重要作用通过此次疫情得到凸显。因此，应把餐饮业列入实施健康中国战略的重要产业，纳入国家公共卫生安全体系和国家应急保障体系的重要组成部分，不断完善治理体系，全面提升餐饮业治理效能。

一是建立餐饮业公共卫生安全防控和应急管理体系。以商务部门牵头，联合卫生健康、食药监管、市场监督、人力资源等部门建立国家、省级、市县三级餐饮业公共卫生安全防控和应急管理体系，通过建立制度、出台指南、完善基础设施和应急措施、落实行业教育培训等方式，强化餐饮业公共卫生监管，提高餐饮业公共卫生水平，提高餐饮业应对突发公共卫生事件的能力。

二是建立国家应急餐饮保障体系。除原有的工业化方便食品储备供给、居民生活食材储备供给等传统餐饮保障形式外，应着眼于餐饮业高质量发展的需求，加强餐饮专业化和餐饮服务保障体系的建设，提升应急保障的质量和水平。中央厨房的规模化、标准化饮食供应，具有保障成本相对较低、保障能力强、保障期限长、风险更加可控的特点。可以中央国家单位、地方机关单位、社区餐饮为依托，按照平时市场化运营，应急服从保障原则，联合有能力的餐饮企业建设不同规模应急餐饮保障中央厨房、社区食堂，在应急响应状态下提供安全、营养、可口、数量充足、稳定供应的餐饮产品，满足集体餐饮需求和社区餐饮需求。此外还应支持与餐饮应急保障设备设施相关

的科技研发、推广应用及合理布局，如无接触式餐饮外卖、应急保障餐饮机器人、餐饮消毒包装设备设施等。

三是建立公共餐饮服务平台。餐饮业是以中小微企业、个体工商户为主体的行业，对于公共、准公共服务平台具有大量需求，同时餐饮企业要接受公共卫生、食品安全监管。因此应支持各地建立集监管与服务于一体的公共餐饮服务平台，积极引入商务服务、信息服务、供应链服务企业，搭建餐饮监管和服务生态圈，提高餐饮业治理现代化水平。

3. 依托政策法律化途径，制定餐饮业发展条例，依法推进餐饮业高质量发展

依法治国是中国特色社会主义发展的本质要求和重要保障，以法治化思维和法治手段推进餐饮业高质量发展是提升治理体系和治理能力现代化的必然要求。然而，在餐饮业高质量发展的进程中，暴露出诸多现实治理困境，诸如法律体系不健全，市场竞争的公平、规范性需要持续改进，餐饮资源利用不足与浪费严重，创意知识产权法律保护机制不完善，餐饮文明素养滞后，公共服务保障落后于产业发展速度，餐饮应急体制机制不健全，促进餐饮业高质量发展的投融资和税收法律保障不健全等都成为制约餐饮业高质量发展的体制机制障碍。这些治理困境追根溯源，很大程度上生发于法治保障的缺失，亟待以法律这一具有国家强制力的手段予以规制，从源头治理影响餐饮业高质量发展的体制机制问题。依托政策法律化途径，将行得通、真管用、有效率的政策规章上升为法律，制定促进餐饮业发展条例，并将其纳入相关法律议程依法推进改革，是餐饮业治理体系和治理能力现代化的现实要求，将为构建餐饮业高质量发展的长效机制提供法律保障。

4. 顶层谋划餐饮业“十四五”发展规划，依规推进餐饮业高质量发展

目前餐饮业复工复产有序推进，一方面，受到全球疫情暴发的影响，外防输入压力大增，消费者对公共卫生安全信心一时难以恢复；另一方面，全球疫情导致经济衰退，外需下降会对国内消费预期产生重大影响，消费反弹未及常态，国内餐饮收入很可能出现大幅回落，导致大量企业倒闭和低收入群体失业，产业恢复增长期会进一步延长，预计2021年将实现恢复性增长。

基于餐饮业系基础性生活服务业，是满足人民美好生活新期待的幸福产业，也是巩固脱贫攻坚成果吸纳稳定社会就业的产业定位，政府需要强化顶层设计，研究“十四五”乃至更长时期内餐饮业发展规划，着力在消费升级、数字经济、绿色生态、餐饮文明等方面进一步提升餐饮业发展质量，指导产业科学、稳定、健康发展。

一是提振消费信心，回应消费升级。应着眼于满足人民美好生活饮食需求，紧扣消费群体变化和消费升级的长期趋势，科学规划餐饮网点布局，优化消费环境，进一步完善多元化餐饮服务体系。

二是发展数字经济，力促产业转型。应着眼于构建现代化产业体系需要，紧扣信息技术变革和数字经济发展的长期趋势，大力发展餐饮平台经济、共享经济，鼓励餐饮业信息技术研发投入和服务创新，加快餐饮业数字化和智能化发展进程。

三是发展绿色餐饮，重构产业生态。应着眼于完善国家公共健康体系需要，紧扣绿色生态发展的长期趋势，完善餐饮食材负面清单制度，加快绿色餐饮标准制定、实施和落实有效监管；加大全民饮食素养培育，倡导新时代餐饮文明，引领绿色消费；完善餐饮业公共卫生安全应急管理。

四是坚持包容开放，打造中餐形象。应着眼于构建人类命运共同体的需要，紧扣中外饮食文化融合发展趋势，加大力度保护中华饮食文化，鼓励和扶持饮食类非物质文化遗产活化；建设和完善餐饮业海外投资服务平台，鼓励和支持具有国际竞争力的餐饮企业“走出去”，树立现代中餐新形象；加快国际化餐饮人才培育，繁荣中外餐饮文化交流。

附表 1　与餐饮业相关的中央财政扶持政策

政策文件名称	主要政策内容	发布单位	时间
《关于支持新型冠状病毒感染的肺炎疫情防控有关税收政策的公告》	1. 受疫情影响较大的困难行业企业 2020 年度发生的亏损，最长结转年限由 5 年延长至 8 年。 2. 对纳税人提供公共交通运输服务、生活服务，以及为居民提供必需生活物资快递收派服务取得的收入，免征增值税。	财政部、税务总局	2020 年 2 月 6 日

续表

政策文件名称	主要政策内容	发布单位	时间
《关于阶段性减免企业社会保险费的通知》	1. 自2020年2月起，除湖北省外，可免征中小微企业三项社会保险单位缴费部分，免征期限不超过5个月；对大型企业等其他参保单位可减半征收，减征期限不超过3个月。 2. 自2020年2月起，湖北省可免征各类参保单位（不含机关事业单位）三项社会保险单位缴费部分，免征期限不超过5个月。 3. 受疫情影响生产经营出现严重困难的企业，可申请缓缴社会保险费，缓缴期限原则上不超过6个月，缓缴期间免收滞纳金。	国家税务总局	2020年2月21日
《关于妥善应对新冠肺炎疫情实施住房公积金阶段性支持政策的通知》	受新冠肺炎疫情影响的企业，可按规定申请在2020年6月30日前缓缴住房公积金，缓缴期间缴存时间连续计算，不影响职工正常提取和申请住房公积金贷款。	住建部、财政部、人民银行	2020年2月21日
《关于应对疫情影响加大对个体工商户扶持力度的指导意见》	1. 减免社保费用。个体工商户以个人身份自愿参加企业职工基本养老保险或居民养老保险的，可在年内按规定自主选择缴费基数（档次）和缴费时间。对受疫情影响无法按时办理参保登记的个体工商户，允许其在疫情结束后补办登记，不影响参保人员待遇。 2. 实行税费减免。继续执行公共交通运输服务、生活服务以及为居民提供必需生活物资快递收派服务收入免征增值税政策。对疫情期间为个体工商户减免租金的大型商务楼宇、商场、市场和产业园区等出租方，当年缴纳房产税、城镇土地使用税确有困难的，可申请困难减免。政府机关所属事业单位、国有企业法人性质的产品质量检验检测机构、认证认可机构，减免个体工商户疫情期间的相关检验检测和认证认可费用。	市场监管总局、国家发展改革委、财政部、人力资源和社会保障部、商务部、中国人民银行	2020年2月28日
《关于支持个体工商户复工复业增值税政策的公告》	自2020年3月1日至5月31日，对湖北省增值税小规模纳税人，适用3%征收率的应税销售收入，免征增值税；适用3%预征率的预缴增值税项目，暂停预缴增值税。除湖北省外，其他省、自治区、直辖市的增值税小规模纳税人，适用3%征收率的应税销售收入，减按1%征收率征收增值税；适用3%预征率的预缴增值税项目，减按1%预征率预缴增值税。	财政部、税务总局	2020年2月28日

资料来源：课题组根据各部委网站资料整理。

附表 2　与餐饮业相关的中央金融扶持政策

政策文件名称	主要政策内容	发布部门	时间
《关于进一步强化金融支持防控新型冠状病毒感染肺炎疫情的通知》	1. 不得盲目抽贷、断贷、压贷。对受疫情影响严重的企业到期还款有困难的,可予以展期或续贷。 2. 加强制造业、小微企业、民营企业等重点领域信贷支持。 3. 建立金融服务"绿色通道",简化业务流程,提高审批放款等金融服务效率。	中国人民银行、财政部、银保监会、证监会、国家外汇管理局	2020 年 1 月 31 日
《关于支持金融强化服务做好新型冠状病毒感染肺炎疫情防控工作的通知》	1. 加大对受疫情影响个人和企业的创业担保贷款贴息支持力度。 2. 优化对受疫情影响企业的融资担保服务。各级政府性融资担保、再担保机构应当提高业务办理效率,取消反担保要求,降低担保和再担保费率。	财政部	2020 年 2 月 1 日
《关于对中小微企业贷款实施临时性延期还本付息的通知》	1. 银行业金融机构给予贷款企业一定期限的临时性还本付息安排。对于 2020 年 1 月 25 日以来到期的困难中小微企业(含小微企业主、个体工商户)贷款本金,银行业金融机构应根据企业延期还本付息申请,结合企业受疫情影响情况和经营状况,通过贷款展期、续贷等方式,给予企业一定期限的临时性延期还本付息安排。最长可延至 2020 年 6 月 30 日,免收罚息。 2. 降低湖北地区小微企业融资成本。银行业金融机构应为湖北地区配备专项信贷规模,实施内部资金转移定价优惠,力争 2020 年普惠型小微企业综合融资成本较上年平均水平降低 1 个百分点以上。 3. 银行业金融机构应积极对接中小微企业融资需求,建立绿色通道,简化贷款审批流程,适度下放审批权限,应贷尽贷快贷;努力提高小微企业信用贷款、中长期贷款占比和"首贷率";积极配合政策性银行的新增信贷计划,以优惠利率向民营、中小微企业发放贷款。	银保监会、中国人民银行、国家发展改革委、工业和信息化部、财政部	2020 年 3 月 1 日

资料来源:课题组根据各部委网站资料整理。

附表 3　与餐饮业相关的中央其他扶持政策

政策文件名称	主要政策内容	发布部门	时间
《关于妥善处理新型冠状病毒感染的肺炎疫情防控期间劳动关系问题的通知》	受疫情影响生产经营困难的企业,可以通过与职工协商一致采取调整薪酬、轮岗轮休、缩短工时等方式稳定工作岗位,尽量不裁员或者少裁员。符合条件的企业,可按规定享受稳岗补贴。	人力资源和社会保障部	2020 年 1 月 24 日

续表

政策文件名称	主要政策内容	发布部门	时间
《关于阶段性降低非居民用气成本支持企业复工复产的通知》	至2020年6月30日，非居民用气门站价格提前执行淡季价格政策；及时降低天然气终端销售价格。	国家发展改革委	2020年2月22日
《关于阶段性降低企业用电成本支持企业复工复产的通知》	自2020年2月1日起至6月30日止，电网企业在计收上述电力用户（含已参与市场交易用户）电费时，统一按原到户电价水平的95%结算。	国家发展改革委	2020年2月22日
《关于积极发挥行业协会商会作用，支持民营中小企业复工复产的通知》	1. 推动企业分区分类分批复工复产；2. 协助保障企业复工复产防疫需求；3. 协调解决用工用料用能用运困难；4. 提供专业化高质量支援服务；5. 精准施策全力救助受困企业；6. 及时反映行业诉求，有力支撑政府决策；7. 自觉维护行业市场秩序；8. 创新推广新模式新业态；9. 积极做好舆论宣传引导。	国家发展改革委、民政部	2020年2月27日
《关于应对疫情影响加大对个体工商户扶持力度的指导意见》	1. 个体工商户房租； 2. 个体工商户进入市场； 3. 对个体工商户的服务力度：商贸流通、餐饮食品、旅游住宿、交通运输等行业个体工商户用电、用气价格按照相关部门出台的阶段性降低用电、用气成本的政策执行。	市场监管总局、国家发展改革委、财政部、人力资源和社会保障部、商务部、人民银行	2020年2月28日
《关于促进消费扩容提质加快形成强大国内市场的实施意见》	1. 大力优化国内市场供给；2. 重点推进文旅休闲消费提质升级；3. 着力建设城乡融合消费网络；4. 加快构建“智能+”消费生态体系；5. 持续提升居民消费能力；6. 全面营造放心消费环境。	国家发展改革委等23个部委	2020年2月28日
《国务院办公厅关于进一步精简审批优化服务精准稳妥推进企业复工复产的通知》	1. 提高复工复产服务便利度：简化复工复产审批和条件，优化复工复产办理流程。 2. 大力推行政务服务网上办：加快实现复工复产等重点事项网上办，依托线上平台促进惠企政策落地，围绕复工复产需求抓紧推动政务数据共享。 3. 完善为复工复产企业服务机制：提升企业投资生产经营事项审批效率，为推进全产业链协同复工复产提供服务保障，建立健全企业复工复产诉求响应机制。 4. 及时纠正不合理的人流物流管控措施：清理取消阻碍劳动力有序返岗和物资运输的烦琐手续。 5. 加强对复工复产企业防疫工作的监管服务：督促和帮助复工复产企业落实防疫安全措施。	国务院办公厅	2020年3月3日

续表

政策文件名称	主要政策内容	发布部门	时间
《关于应对新冠肺炎疫情影响强化稳就业举措的实施意见》	1. 更好实施就业优先政策：推动企业复工复产，加大减负稳岗力度，提升投资和产业带动就业能力，优化自主创业环境，支持多渠道灵活就业。 2. 引导农民工安全有序转移就业：引导有序外出就业，支持就地就近就业，优先支持贫困劳动力就业。 3. 拓宽高校毕业生就业渠道：扩大企业吸纳规模，扩大基层就业规模，扩大招生入伍规模，扩大就业见习规模，适当延迟录用接收。 4. 加强困难人员兜底保障：保障失业人员基本生活，强化困难人员就业援助，加大对湖北等疫情严重地区就业支持。 5. 完善职业培训和就业服务：大规模开展职业技能培训，优化就业服务。 6. 压实就业工作责任：强化组织领导，加强资金保障，强化表扬激励，加强督促落实。	国务院办公厅	2020 年 3 月 20 日

资料来源：课题组根据各部委网站资料整理。

附表 4　部分省市出台的与餐饮业相关的通用扶持政策

<table>
<tr><th>政策文件名称</th><th>相关政策内容</th></tr>
<tr><td>《关于应对新型冠状病毒感染的肺炎疫情影响促进中小微企业持续健康发展的若干措施》</td><td rowspan="9">（一）保障企业复工复产工作力度
1. 加强防疫指引
2. 落实复工条件
3. 统筹做好防护
4. 拓宽招工渠道
（二）进一步降低企业用工成本
5. 减轻社会保险负担
6. 实施失业保险稳岗返还
7. 发放援企稳岗补贴
（三）进一步减轻企业经营负担
8. 减轻企业税费负担
9. 减轻企业租金负担
10. 加大技改资金支持
11. 发挥国有企业关键作用</td></tr>
<tr><td>《关于应对新型冠状病毒感染的肺炎疫情支持中小企业共渡难关的二十条政策措施》</td></tr>
<tr><td>《重庆市人民政府办公厅关于印发重庆市支持企业复工复产和生产经营若干政策措施的通知》</td></tr>
<tr><td>《关于有效应对疫情稳定经济增长 20 条政策措施》</td></tr>
<tr><td>《浙江省新型冠状病毒感染的肺炎疫情防控领导小组关于支持小微企业渡过难关的意见》</td></tr>
<tr><td>《关于坚决打赢新冠肺炎疫情防控阻击战全力稳企业稳经济稳发展的若干意见》</td></tr>
<tr><td>《关于应对新型冠状病毒肺炎疫情缓解中小企业生产经营困难的政策措施》</td></tr>
<tr><td>《关于应对新型冠状病毒感染的肺炎疫情扎实做好“六稳“工作的若干措施》</td></tr>
<tr><td>《海南省应对新型冠状病毒感染的肺炎疫情支持中小企业共渡难关的八条措施》</td></tr>
</table>

续表

<table>
<tr><th>政策文件名称</th><th>相关政策内容</th></tr>
<tr><td>《黑龙江省人民政府办公厅关于应对新型冠状病毒感染的肺炎疫情支持中小企业健康发展的政策意见》</td><td rowspan="13">(四)进一步加大财政金融支持
12. 加强金融纾困
13. 加大财政支持力度
14. 支持企业担保融资和租赁融资
15. 优化企业小额贷款服务
16. 优化企业征信管理
(五)进一步优化政府服务
17. 强化项目建设要素保障
18. 完善审批工作"直通车"制度
19. 建立疫情防控物资境外采购快速通道
20. 强化涉企信息服务支撑</td></tr>
<tr><td>《天津市打赢新型冠状病毒感染肺炎疫情防控阻击战进一步促进经济社会持续健康发展的若干措施》</td></tr>
<tr><td>《关于应对新型冠状病毒感染的肺炎疫情支持企业复工复产促进经济稳定运行的若干政策措施》</td></tr>
<tr><td>《关于支持打赢疫情防控阻击战促进经济平稳运行若干措施的通知》</td></tr>
<tr><td>《吉林省人民政府办公厅关于应对新型冠状病毒感染的肺炎疫情支持中小企业保经营稳发展若干措施》</td></tr>
<tr><td>《关于支持防控疫情重点保障企业和受疫情影响生产经营困难中小企业健康发展政策措施》</td></tr>
<tr><td>《关于印发应对新型冠状病毒肺炎疫情支持中小微企业共渡难关有关政策措施》</td></tr>
<tr><td>《关于应对疫情有序推动中小企业复工复产相关工作的通知》</td></tr>
<tr><td>《关于应对新冠肺炎疫情稳定经济运行22条措施的意见》</td></tr>
<tr><td>《贵州省人民政府办公厅关于应对新型冠状病毒感染肺炎疫情促进中小企业平稳健康发展的通知》</td></tr>
<tr><td>《陕西省人民政府关于坚决打赢疫情防控阻击战促进经济平稳健康发展的意见》</td></tr>
<tr><td>《关于应对新冠肺炎疫情支持生活服务业批发零售业展览业及电影放映业健康发展的若干意见》</td></tr>
<tr><td>《河南省应对疫情影响支持中小微企业平稳健康发展的若干政策措施》</td></tr>
</table>

资料来源：课题组根据部分省市政府网站发布资料整理。

附表 5　部分省市出台的与餐饮业相关的差异化扶持政策

政策文件名称	相关政策内容
《北京市人民政府办公厅关于进一步支持打好新型冠状病毒感染的肺炎疫情防控阻击战若干措施》	延迟缴纳社会保险费。将1月、2月应缴社会保险费征收期延长至3月底。对于旅游、住宿、餐饮、会展、商贸流通、交通运输、教育培训、文艺演出、影视剧院、冰雪体育等受影响较大的行业企业，经相关行业主管部门确认，可将疫情影响期间应缴社会保险费征收期延长至7月底。 鼓励大型商务楼宇、商场、市场运营方对中小微租户适度减免疫情期间的租金，各区对采取减免租金措施的租赁企业可给予适度财政补贴。

续表

政策文件名称	相关政策内容
《上海市全力防控疫情支持服务企业平稳健康发展若干政策措施的通知》	加大对流动资金困难企业的支持力度。加大对旅游、住宿餐饮、批发零售、交通运输、物流仓储、文化娱乐、会展等受疫情影响较大行业的信贷支持，通过变更还款安排、延长还款期限、无还本续贷等方式，对到期还款困难企业予以支持，不抽贷、不断贷、不压贷。加快建立线上续贷机制。如受疫情影响贷款逾期，可合理调整有关贷款分类评级标准。
《关于打好新型冠状病毒感染的肺炎疫情防控阻击战促进经济社会平稳健康发展的若干措施》	积极培育消费热点：制定支持受疫情冲击的餐饮、住宿、零售等行业恢复运营平稳发展的政策措施，推动生活服务企业实现线上交易和线下服务相结合，推进电子商务企业与社区商业网店融合。
《河北省疫情防控期间社会化团餐供餐服务方案》	设立团餐供应名单，制订团餐服务方案。
《关于统筹推进新冠肺炎疫情防控和经济社会发展工作的若干措施》	促销费，出台针对性措施，帮扶住宿餐饮等受疫情影响较大的服务业。
《山西省应对疫情支持中小企业共渡难关的若干措施》	2020 年，省内各类金融机构对中小微企业新增贷款利率，同比下降幅度不低于 10%；对受疫情影响较大的批发零售、住宿餐饮、物流运输、文化娱乐和旅游等行业的中小微企业新增贷款利率，同比下降幅度不低于 20%。
《辽宁省应对新型冠状病毒感染的肺炎疫情支持中小企业生产经营若干政策措施》	对旅游、住宿、餐饮、会展、商贸流通、交通运输、教育培训、文艺演出、影视剧院、冰雪体育等受损严重行业企业，经相关行业主管部门确认，可将疫情影响期间应缴社会保险费征收期延长至 6 月底。缓缴期间免征滞纳金。缓缴期满后，企业足额补缴缓缴的社会保险费，不影响参保人员个人权益。
《陕西省应对新冠肺炎疫情支持中小微企业稳定健康发展的若干措施》	严格落实交通运输部关于疫情防控期间免收车辆通行费政策。旅游、住宿、餐饮、会展、商贸流通、交通运输、教育培训、文艺演出、影视剧院等受疫情影响较大的行业企业，可向主管税务部门申请免征水利建设基金和残疾人就业保障金。
《关于加快外商投资企业复工复产推进外商投资的若干措施的通知》	协调提供餐饮服务：联系对接餐饮企业、连锁快餐企业，为不具备餐饮防疫条件的复工复产企业提供餐饮配送服务。
《关于应对新型冠状病毒肺炎疫情影响推动经济循环畅通和稳定持续发展的若干政策措施》并配套出台《"苏政 50 条"服务指南》	1. 规范引导文化旅游、住宿餐饮等服务行业有序复工； 2. 研究制定推动传统消费业态复苏的政策措施，积极引导消费预期，加快新兴消费业态成长，进一步培育居民健康生活习惯。

续表

政策文件名称	相关政策内容
《云南省人民政府关于应对新冠肺炎疫情稳定经济运行22条措施的意见》	1. 降低实体企业成本。批发零售、住宿餐饮、物流运输、文化旅游等行业非电力市场化交易用户，2020年2~3月用电按目录电价标准的90%结算；疫情防控期间采取支持性两部制电价政策，降低企业用电成本。对疫情防控物资重点保障企业和受疫情影响较大的批发零售、住宿餐饮、旅游演艺和旅游运输企业，确有困难的，可申请减免城镇土地使用税和房产税。 2. 加大中小微企业信贷支持。对受疫情影响较大的批发零售、住宿餐饮、物流运输、文化旅游等行业和“三农”领域行业，以及有发展前景的企业和合作社，金融机构不得盲目抽贷、断贷、压贷；对受疫情影响严重的企业和合作社，到期还款困难的，予以展期或续贷。 3. 加快现代服务业发展。深入实施云南省《服务经济倍增计划(2017~2021年)》。促进“食、住、行、游、购、娱”等传统业态优化升级，打造生态游览、休闲康养、露营自驾、文化演艺、边跨境游等重点产品。
《云南省财政厅　云南省商务厅　云南省文化和旅游厅关于支持住宿餐饮业复工营业加快发展12条实施意见》	1. 全面落实减税降费和稳岗就业政策，切实减轻住宿餐饮企业成本负担； 2. 全面落实企业融资财政支持政策，积极支持住宿餐饮业复工营业； 3. 全面落实财政专项扶持措施，全力支持住宿餐饮业提速增效发展。
山东省济南市(2020年3月2日，文件名称略，下同)	发放2000万元消费券，拉动文旅消费
浙江省建德市(2020年3月5日)	向外地游客发放1000万元旅游消费券
山东省济宁市(2020年3月11日)	发放文化惠民优惠券10万元
江苏省南京市(2020年3月12日)	向市民和困难群体发放3.18亿元消费券
浙江省(2020年3月12日)	推出总价达10亿元的文旅消费券和1亿元的文旅消费大红包
安徽省(2020年3月16日)	联动企业将共同推出1亿元消费补贴
湖南省(2020年3月17日)	湖南省总工会向全体职工工会会员发放消费券
河北省(2020年3月18日)	河北省将发放1500万元的体育消费券
宁夏回族自治区银川市(2020年3月18日)	分批发放消费券
山东省青岛市(2020年3月18日)	城阳区将向全区市民发放总价值1000万元的电子消费券
浙江省杭州市(2020年3月19日)	淳安县第1批5万份旅游消费券，优惠额度达千万元
北京市(2020年3月19日)	联合300余家企业将向市民发放1.5亿元消费券
山东省青岛市(2020年3月20日)	拟发放总额3.4亿元的健身消费券
辽宁省沈阳市(2020年3月21日)	和平区首期派发100万元电子消费券

续表

政策文件名称	相关政策内容
江苏省南京市(2020年3月22日)	向市民摇号发放体育券
江苏省常州市(2020年3月23日)	推出3000万元“常州旅游消费券”
四川省德阳市(2020年3与23日)	发放4万张餐饮优惠惠民消费券
安徽省合肥市(2020年3月23日)	庐阳区向市民发放1000万元消费券
江西省(2020年3月23日)	4月起将面向全省发放电子消费券
广西壮族自治区(2020年3月24日)	通过支付宝发放亿元消费券,26日可上支付宝申领
浙江省杭州市(2020年3月27日)	向全体在杭人员发放消费券,总金额达16.8亿元
重庆市(2020年3月27日)	渝中区发放七大类消费券,近千万元
浙江省杭州市(2020年4月1日)	追加发放消费券5000万元
广东省佛山市(2020年4月1日)	率先发放亿元消费券,可支付宝上领取
河南省郑州市(2020年4月1日)	发放4亿元消费券,4月3日起可领取

资料来源：课题组根据部分省市政府网站发布资料整理。

区域发展篇

Development of the Regional Catering Industry

B.3
2019年北京餐饮产业发展报告*

云 程　韩 朔　宗志伟**

摘　要： 2019年，北京市餐饮行业连续三年营收超千亿元，在保持稳定增长态势的同时，行业增长逐步放缓，进入转型升级新阶段。一年间，全市夜间经济持续升温，餐饮行业借力深夜食堂深入挖掘市场潜力，行业管理逐步迈入精细化、规范化轨道，老字号触网新潮流，品牌建设深入发力，餐饮与科技融合开启智能化管理新篇章。聚焦“十三五”收官之年，在推动餐饮业高质量发展的进程中，北京餐饮业将在京菜文化传

* 本文由北京烹饪协会与民生智库联合推出。

** 云程，北京烹饪协会会长，高级政工师，在职教育研究生学历。长期从事商业和餐饮服务业管理工作，对北京市餐饮业发展有较深研究，熟悉行业发展，曾参与北京奥运会餐饮服务，先后主持完成多项课题；韩朔，北京民生智库科技信息咨询有限公司研究总监，法学硕士，研究领域涉及行业研究、政策研究、公众需求调查、政府绩效评估等；宗志伟，北京烹饪协会秘书长，北京市职业技能竞赛高级裁判，组织参与多项餐饮业大型活动。

承、个性化创新改革、食品安全建设等方面继续深入探索，在不断优化的营商环境中，构建符合北京“四个中心”城市战略定位的北京餐饮新的“生态圈”。

关键词： 深夜食堂 京菜文化 创新转型餐饮生态圈

一 北京餐饮发展概况

（一）餐饮市场保持增长势头，行业发展迎转型新阶段

1. 餐饮市场持续增长，连续三年营收超千亿元

2019 年，我国社会消费品零售总额继 2018 年跨过 5.5 万亿美元大关后，继续稳定增长，我国已成为全球首屈一指的消费大国。作为稳定经济增长的压舱石，2019 年，北京市社会消费品零售总额达 1.2 万亿元，同比增长 4.4%。其中，全市食品烟酒类人均消费支出达 8489 元，同比增长 6.1%，与扣除价格因素影响后的全市居民人均可支配收入增长变化基本持平。[①] 人均食品烟酒类消费支出从 2017 年的 7549 元，到 2018 年的 8065 元，再到 2019 年的 8489 元，首都群众在饮食领域的消费持续上升，继居住、医疗、教育娱乐之后，饮食消费成为首都群众第四大生活支出项（见图 1）。

作为食品烟酒类消费支出的重要贡献体，近年来，餐饮业在拉动社会消费方面的作用逐步显现。2019 年，北京市餐饮业收入持续增长，年营收再次保持在千亿元以上，并实现自 2017 年突破千亿元大关以来的两连升，年累计营收达 1204.5 亿元，较上年增长 6.1%，增长高于北京市同期社会消费品零售总额同比增长（见图 2）。2019 年，全市餐饮业呈现规模不断扩

① 2019 年全市居民人均可支配收入为 67756 元，扣除价格因素后，实际增长 6.3%。

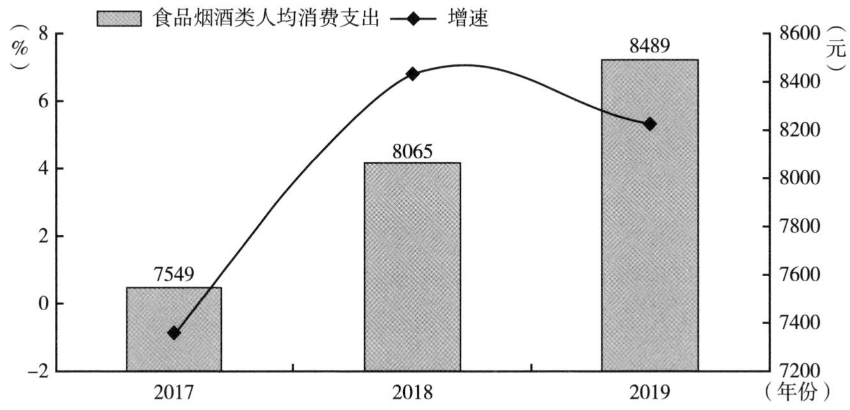

图1　2017～2019年北京市居民食品烟酒类人均消费支出及变化情况

资料来源：北京市统计局。

大、风味业态日益多样化、个性化餐饮数量倍增、消费升级及大众餐饮发展加快、餐饮网点良性增长、互联网与餐饮营销深度融合等发展态势，行业整体持续繁荣向前发展。

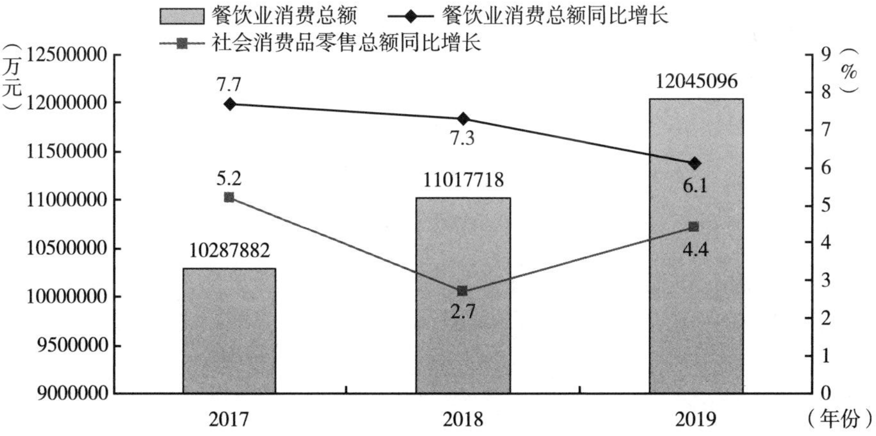

图2　2017～2019年北京市餐饮业消费总额及增长变化情况

注：增长数据为扣除价格因素影响后的数据。下同。

资料来源：北京市统计局。

2. 整体增长略有放缓，餐饮业发展进入转型升级期

经历了2017、2018两年的井喷式增长期，2019年北京市餐饮行业在保持持续向好发展势头的同时，整体增长略有放缓。餐饮业消费总额同比增长由2017年的7.7%逐步降低至6.1%，行业发展进入提质增效新阶段（见图3）。

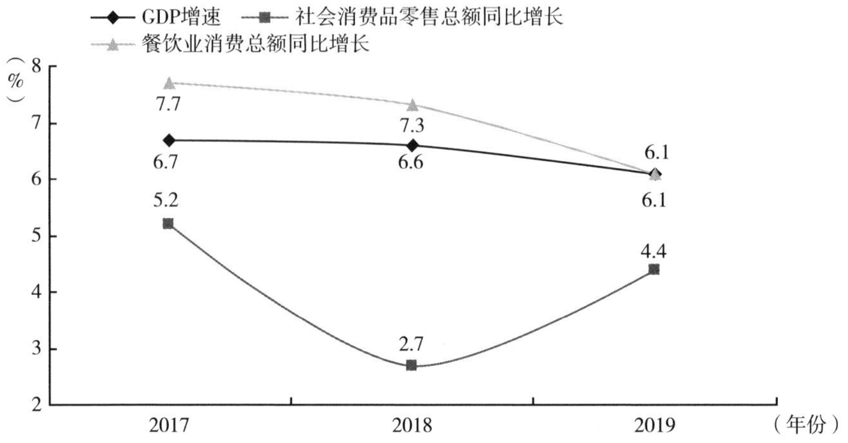

图3　2017～2019年北京市主要指标增长变化情况

资料来源：北京市统计局。

北京市餐饮业在过去二十年发展的起伏波折中，完成了从高端消费转型到大众消费，从“大而全”转型到“小而美”的过程，实现了从粗放型增长向精细化运营的过渡。在国家高质量发展的大趋势下，北京市餐饮业在增速放缓的同时，也在快速调整自身，以适应由高速增长向高质量增长转向、由规模速度型发展向质量效率型过渡的行业发展要求，不断向规范化、连锁化、便利化、品牌化、特色化、智能化方向迈进，以满足首都群众日益增长的饮食消费需求以及对美好生活的向往。

目前，北京餐饮行业正在经历新一轮的转型升级，在首都政治中心、文化中心、国际交往中心、科技创新中心建设的支撑下，首都餐饮企业将面临更具挑战性同时更具包容性的发展新机遇和空间。

（二）业态发展步速各异，饮料及外卖异军突起

1. 正餐及快餐服务盈利空间进一步压缩

在新的转型发展阶段，北京市餐饮业各细分行业面临不同的发展境遇。整体来看，限额以上餐饮企业营收上升 7.3%，成本上升，利润总额出现小幅下滑。其中正餐及快餐服务利润空间被进一步压缩，2019 年利润总额均出现负增长（见图 4）。

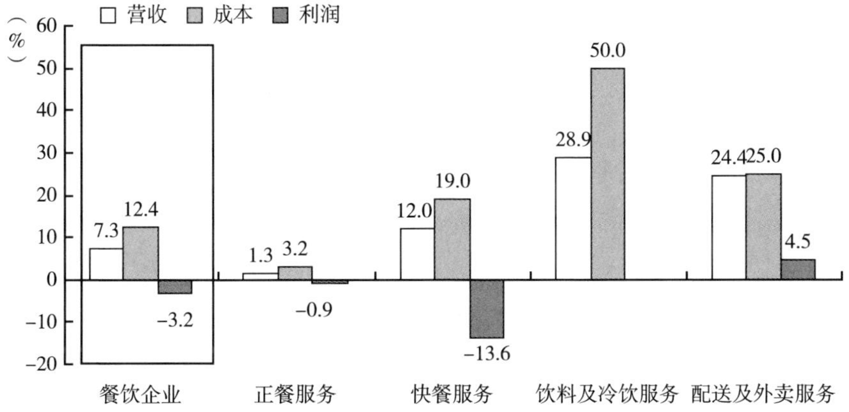

图 4　2019 年北京市餐饮业主要细分行业营收、成本、利润变化情况

资料来源：北京市统计局。

以正餐企业为例，2017 年以来，北京市正餐企业在经历了 2017 ~ 2018 两年利润大幅起落之后，整体发展趋于平稳，进入营收、成本、利润缓增长阶段。纵观近 3 年北京市限额以上正餐服务餐饮企业（简称正餐服务或正餐企业）经营数据，成本增长稳定在 3% ~ 6%，营收增长逐年降低，2019 年营收同比增长 1.3%，利润空间被进一步压缩（见表 1）。与此同时，北京各正餐企业也在通过改善服务环境、强化企业内控管理、提高管理效率、加强数字化建设等多种方式，探索走出“微利”时代的可行路径。数据显示，2019 年，北京市辖区内限额以上正餐企业从业人员为 14.2 万人，较上年下降 4.6%。

表 1 2017 ~2019 年北京市正餐服务营收、成本、利润总额变化情况

单位：%

正餐服务	营收同比增长	成本同比增长	利润总额同比增长
2017 年	4.7	5.3	90.2
2018 年	4.3	4.5	-35.8
2019 年	1.3	3.2	-0.9

资料来源：北京市统计局。

2. 饮料及冷饮服务、配送及外卖服务进入快速增长期

在正餐、快餐服务面临发展瓶颈的同时，饮料及冷饮服务、配送及外卖服务作为后起之秀，迎来快速增长期。其中，饮料及冷饮服务、配送及外卖服务 2019 年营收增长分别达到 28.9% 和 24.4%，配送及外卖服务实现利润总额 4.5% 的增长。上述两类细分产业的发展，与线上消费发展息息相关。2019 年，全市实现网上零售 3100 亿元，增长 25.0% 左右，[①] 消费者线上消费习惯的养成，在不同程度上促进了饮料及冷饮服务、配送及外卖服务的发展。

研究表明，从增长速度看，电商已成为中国社会消费品零售总额增长的重要引擎。2015 ~2018 年，我国实物商品网上零售额增速在 25.0% 以上，远高于同期社会消费品零售总额增速。2019 年，实物商品网上零售额增速达 19.5%，在线销售的影响力可见一斑（见图 5）。依托在线销售的蓬勃发展，饮料及冷饮服务、配送及外卖服务在 2019 年迈入快速发展期，其已成为首都餐饮行业的两匹“黑马”。

二 2019年北京餐饮产业发展特点

（一）夜间经济持续升温，深夜食堂激活巨大消费潜力

2019 年北京市出台《关于进一步繁荣夜间经济促进消费增长的措施》

① 北京市商务局局长在 2020 年全市商务工作会议上的报告，2020。

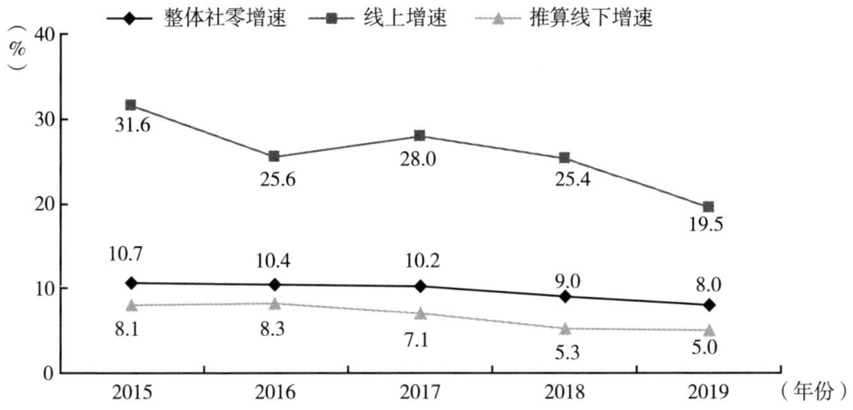

图 5　2015～2019 年社零增速及线上线下增速

资料来源：国金证券研究所消费升级与娱乐研究中心：《阿里京东拼多多卖流量还是卖货》，2020 年 2 月 12 日。

（以下简称《措施》），推出优化夜间公共交通服务、点亮夜间消费场景、打造 10 条深夜食堂特色餐饮街区、提倡商业场所延长营业时间、开展晚间促销活动等 13 项措施，多措并举“点亮夜京城”，激发了新一轮消费升级潜力。

随着《措施》的出台，北京的夜间经济逐步沿着政策引导、市场导向、民众需求的方向有序推进，作为夜间经济的主要载体，餐饮业迎来新一轮发展机遇。《措施》要求，要织密“夜京城”地标、商圈、生活圈网络布局，用三年左右的时间，在全市打造 10 条较为知名的深夜食堂特色餐饮街区（商圈），其区域覆盖东西城、朝阳、海淀、丰台、石景山、行政副中心、回龙观天通苑地区、亦庄经济开发区、怀柔科学城、昌平未来科学城等多个重点区域，鼓励有条件的品牌餐饮企业夜间延时经营，鼓励网络外卖平台和餐饮企业开展夜宵外送服务。

在一系列利好政策的影响下，北京市夜间消费增长明显。2019 年端午节期间，全市重点商圈夜间消费持续升温，网络消费、服务消费再掀高潮。大数据显示，望京、中关村和五道口等商圈 18 点至次日早晨 6 点夜间消费尤为活跃，客单价在 75 元左右，饮品消费同比增长 1.2 倍，特色菜、火锅品类消费增长49.0%，快餐小吃同比增长35.0%。① 各商圈在挖掘深夜食堂消费巨大潜力的过程中，不断推陈出新，联合餐饮、百货等跨界融合，创新夜间生活新方式，借力消费升级推动餐饮业转型升级，逐步打造出有品质、有特色、有温度的夜间经济2.0版。

（二）全市餐饮业步入精细化、规范化、标准化发展轨道

2019年，北京市餐饮行业继续向精细化、规范化、标准化方向迈进。一是将阳光餐饮列入全市民生工程，继续深入推进阳光餐饮建设。2019年，全市餐饮服务单位阳光餐饮工程建设完成率达96%以上，其中中小学校食堂、托幼机构食堂、养老机构食堂、中央厨房和集体用餐配送单位阳光餐饮工程建设完成率达到100%。在16个区及5个重点区域的3457家餐饮企业和街（区）、村开展专业培训、自查自纠和专业评审。截至2019年底，全市共有3014家餐饮门店通过“品质餐饮示范店”验收，14条街（区）达标“阳光餐饮示范街（区）”，② 首都餐饮品质得到全面提升。

二是重视特殊人群餐饮安全保障，率先推出老年餐桌等级评定标准。快速老龄化进程中，为解决老年人吃饭难问题，北京市构建起“三边四级”的养老服务体系，以养老照料中心、养老驿站等专业服务场所为依托，自2009年开始，探索建立老年餐桌模式。经过10年的发展，已总结探索出“中央厨房制作分餐+社区配送+集中就餐”“老北京+老字号+老年餐”“中央厨房+冷链运输+社区配餐”“政府+协会+公司+老年餐”等助餐服务模式。在构建覆盖全市城乡老年人供餐体系，老年助残服务日趋多样化的基础上，北京市深入关注老年助餐服务标准化建设，于2019年10月在全国范围内率先发布《老年餐桌等级划分与评定》。该标准是北京首个关于老年餐桌的专项团体标准，对老年餐服务企业的设备设施、膳食品质、服务质

---

① 数据来源：北京烹饪协会内部统计数据。

② 《北京新增三千家“品质餐饮示范店”》，《中国食品报》2019年12月2日。

量等进行量化评分。其中，最高等级的老年餐桌餐厅要有素食、适合少数民族的特殊食谱等。该标准对解决北京市当前老年餐桌市场质量参差不齐、服务规范性不足等主要问题，强化老年餐服务企业规范化管理，提升菜品质量、保障老年人群体饮食健康安全等具有重要意义，在全国老年餐服务管理方面尚属首创。

三是强化中餐技术标准建设，制定一批京菜团体标准。《2019 中国餐饮加盟行业白皮书》指出，中国餐饮行业连锁化率仅为5.0%，同期美国约70万餐饮门店的连锁化率已达到30.0%。与西餐相比，中餐制作对厨师的依赖更重，菜品的标准化制作难度更高，整体标准化程度偏低，成为多数中餐企业难以推行连锁化的关键。为进一步提升中餐制作的标准化水平，2019年，北京市将中餐标准化建设与振兴京菜工程相结合，在京菜名菜中选取涮羊肉、红烧牛尾、烤羊肉、烤牛肉、烧麦、炒肝、鱼头泡饼、砂锅白肉、干炸丸子、炸烹虾 10 道名菜编写团体标准，按照“企业牵头起草标准草案—技术权威把脉评定—菜品主要经营企业修改完善”的路径，编制、修改完成，并于年底公开发布。利用行业主导、多重审核、逐渐渗透的方式，北京市将在京菜团体标准编制上继续深入探索，以求逐步建立起具有规范性、代表性和引领性的中国京菜标准体系。

（三）创新“触网”新潮流，餐饮老字号焕发新活力

随着振兴发展京菜工程的深入推进，“京菜”已成为首都文化传播的又一响亮品牌。2019 年，首都餐饮文化研究发展基地成立，聚焦京菜文化传承、传播和传习三大责任，通过抢救、整理和研究北京饮食文化资料，利用新媒体加强首都餐饮文化宣传，传授餐饮文化知识和烹饪技能，加强科技在餐饮行业的应用研究等多种方式，大力推进京菜振兴发展。

作为京菜振兴的重要主体，首都 234 家老字号餐饮门店，在探索创新发展上，紧跟市场潮流，创新营销模式，逐步迈上创新发展新轨道。当前，“80 后”“90 后”已成为餐饮消费市场的中坚力量，其消费特征与诉求已成为餐饮行业发展的主要风向标，越来越多的餐饮品牌加大力度研究年轻消费

群体的消费心理、消费需求和消费趋势，希望能够契合年轻群体的消费喜好。同时，新媒体营销对餐饮业引流的重要性也日益增强。为进一步适应新的市场需求，北京的餐饮老字号企业也在努力学习年轻人的话语体系。2019年，CBNData 联合阿里本地生活发布《中华餐饮老字号城市创新报告》，从市场竞争力、品牌吸引力、消费者新生力、平台拓展力和社媒覆盖力五大维度评估国内主要餐饮老字号"触网创新能力"。作为"触网"的先驱者，稻香村、全聚德、护国寺小吃（北京）、天兴居炒肝店（北京）、便宜坊烤鸭（北京）5 家北京老字号榜上有名。稻香村借力互联网趋势，利用电商渠道、本地生活平台等多种途径，丰富销售渠道，成功推动品牌转型。最优"社交体质"的老字号全聚德，在微博、微信和抖音等平台同步布局，不断拓宽与年轻消费者的对话渠道。老字号的一系列"触网"创新，促进了餐饮老字号的传承与发展，同时也将京菜文化的影响力进一步向全国乃至世界传播。

（四）品牌建设提速，重大活动保障助推餐饮品牌国际化

为进一步提升"四个中心"建设水平，适应供给侧改革的需求，推动首都餐饮品质高质量发展，2019 年北京市继续深化餐饮品质提升工作，通过举办"2019 年北京餐饮品牌大会""第十届北京餐饮优秀品牌评选"，起草《北京餐饮业十大品牌评选管理办法》等一系列品牌建设工作，树立品牌典型和建设标杆，展现北京餐饮业品牌形象，推动全市餐饮行业的品质提升工作驶入快车道。首届餐饮红鹰奖评选结果显示，在 2019 中国餐饮企业 100 强名单中，分别有 18 家和 4 家北京餐饮企业上榜"2019 中国餐饮企业 100 强名单"及"2019 中国杰出餐饮品牌名单"。

2019 年是新中国成立 70 周年，随着各种大型国际性活动的不断开展，北京作为国际交往中心的定位日益凸显。重大活动中的餐饮保障工作，让京菜成为增进世界人民相互了解、交流体验的重要媒介。5 月，北京亚洲美食节圆满收官，主场馆吸引客流近 8 万人，累计实现营收 223 万元；6 个参与商圈客流累计超过 213 万人，同比增长 9.3%，累计实现营收 3830.6 万元，

同比增长9.1%。[①] 品牌建设为北京餐饮构筑了坚实的质量基础，重大活动保障为其提供了充分展示的国际舞台，在上述两翼的协同推进下，北京餐饮品牌在开放与互鉴中得到不断的创新与发展。

（五）强化科技支撑，餐饮业开启数字化、智能化转型

在餐饮企业向精细化、数字化、智能化方向转型的大趋势下，北京餐饮行业不断加强自身科技支撑能力建设，行业科技化水平明显提升，数字化正成为众多餐饮企业提升自身精细化运营水平的重要抓手。2019年亚洲美食节专门设立餐饮新科技展馆，充分展示近年来国内餐饮行业的科技巨变。

当前，数字化技术成为北京餐饮企业对餐饮消费行为数据集成分析的基础，线上线下全渠道的食客大数据汇总分析，帮助餐饮企业形成食客画像，掌握食客消费场景、习惯与喜好，以进一步精准匹配营销策略。眉州东坡自建数字化体系，利用大数据帮助餐饮企业获取门店用户画像、门店管理运营情况，帮助企业逐步向精细化运营过渡，荣膺“2018年度北京餐饮十年成就奖”。新成立的首都餐饮文化研究发展基地也将加强科技在餐饮行业应用研究作为“传习”的重点研究课题，探索科技与北京餐饮业的深度融合方式。

三　2020年北京餐饮产业发展趋势

2020年初，在新冠肺炎疫情影响下，以百姓消费、线下流量营收为主的餐饮业遭受重创。调查结果显示，疫情以来，餐饮行业春节预订单取消，88.5%的餐饮企业春节预订单完成量不足10.0%。线下客流骤减、外卖业务暂停，88.3%的企业线下客流量下降超80.0%。各营收指标同步走低，91.8%的企业疫情以来营收同比下降80.0%以上。疫情煽动餐饮行业“蝴蝶效应”，企业运营动力系统受损。[②] 对北京餐饮而言，新冠肺炎疫情成为

① 《亚洲美食节精彩汇编》，北京烹饪协会。

② 《疫情对餐饮行业的影响调查》，北京民生智库科技信息咨询有限公司、北京烹饪协会，数据采集时间2月8日～19日。

行业携手应对的共同危机，成为餐饮行业变革的重要驱动。疫情后，北京餐饮行业将迎来洗牌、重塑、模式变革的新挑战。

（一）深度聚焦食品安全，标准化、可追溯管理刻不容缓

从“舌尖上的安全”到“舌尖上的生命”，强化监管刻不容缓。疫情影响下，“舌尖上的安全”再掀全民话题热潮，作为“农田到餐桌”的最后一个环节，强化餐饮业食品安全监管、推动食材可追溯管理、规范各类农副食品经营相关场所等工作刻不容缓，对北京餐饮保障首都群众“舌尖上的安全”提出了新的责任要求。总体来看，疫情影响下，首都餐饮业的食品安全将呈现以下三个层次的发展趋势：

第一，食品安全管理焦点前移，消费者从关注菜品本身质量，前移至对原材料的安全、品质追求。在此次疫情影响下，首都群众的食品安全意识、农产品质量安全意识日益增强，消费者对餐饮食品安全的纵向管理需求呈上涨趋势，餐饮食材源头可追溯管理势在必行。调查显示，疫情期间，36.2%的企业已开始重视内控管理，加快内部食材可追溯体系建设，61.5%的餐饮企业支持并积极落实原材料可追溯管理。[①] 首届进博会推出的餐饮食品原料可追溯系统为餐饮食品可追溯管理树立了良好的示范标杆，北京市在农产品质量安全可追溯管理领域的各种实践，也为餐饮食品安全可追溯管理提供了有效的经验借鉴。

第二，餐饮企业自身运作的全环节质量监管重要性不断凸显。餐饮企业在食材初加工、冷链运输及烹饪制作等全环节的管理有待向规范化、标准化方向提升。引导餐饮企业做好安全内控管理，加强对中央厨房、标准化生产线的规范管理，将成为保证菜品质量，提升企业抗风险能力和竞争力的关键。

第三，进一步鼓励首都餐饮企业强化科技力量。一直以来，科技对餐饮行业发展的驱动作用明显，从点菜宝到 SaaS，科技推动行业的服务效率提

---

① 《疫情对餐饮行业的影响调查》，北京民生智库科技信息咨询有限公司、北京烹饪协会，数据采集时间 2 月 8 日 ~19 日。

升，带来行业营销方式及全民餐饮消费习惯的革新。在此形势下，北京餐饮业将借助自身“科技创新中心”的优势，鼓励餐饮行业与科技企业强强联合，利用大数据、区块链等技术，引导餐饮与科技企业在餐饮食品原材料可追溯等领域加强专利研究、科技成果转化，形成成果应用案例，并鼓励研发成果在餐饮行业中试点应用，助推餐饮行业利用科技力量构筑坚实的食品安全屏障。

（二）疫情引爆个性化餐饮需求，餐饮业变革面临新浪潮

消费升级趋势下，我国餐饮市场规模不断扩大，消费者正变得越来越“挑剔”，对菜品质量、食材选择、价格、就餐环境、服务体验、店铺口碑等不断提出新要求，进而催生餐饮企业的经营理念与模式创新。与此同时，此次疫情的暴发，使得消费者在就餐环境、菜品质量、外卖配送、服务模式等领域又有了新的需求，从而引导餐饮业继续向个性化方向深入发展。在此大趋势下，北京餐饮业同样面临行业变革新浪潮。

首先，“一人食”经济将引领餐饮模式进一步创新。单身人口数量的递增为单身经济崛起提供了契机，“一人食”餐饮新模式应运而生。疫情发生以来，随着堂食服务的逐步开放，“一人一桌”“间隔一米”“独立单人餐位”等形式的堂食服务不断涌现。单人就餐对就餐环境、菜品类型、菜量设计、安全保障的新需求，引导餐饮企业在“一人食”方面大做文章，将在就餐便捷性、菜品设计灵活性等方面不断尝试，“小店铺”“小份菜”“小套餐”“单人座”以及其他新型餐饮服务模式将陆续出现。针对“一人食”的餐饮需求，未来一段时间内或将形成一股新的“单人餐饮文化”风潮及与之配套的餐饮服务模式创新。

其次，以创新求生存，疫情将推动餐饮行业对管理和经营模式的探索性变革。疫情影响下，各类餐饮企业在经营模式、菜品研发、产品营销等方面不断求变，以适应社会需要和化解企业的生存困境。以眉州东坡为例，从“战地食堂”到平价菜店；从“眉州东坡菜站”小程序上线到研发由超市到餐桌的方便菜系；从全员餐饮直播到“店长带货”；再到打通企业中央厨

房、物流配送、出口全球的工厂全链条，疫情期间眉州东坡的危机革新，助推其走出业绩大幅下滑的阴影，提升了自身抗风险能力和综合竞争力。后疫情时代，餐饮行业在此次疫情中积累起的风险应对能力、创新思维能力，将推动整个行业的变革步伐提速，以更好地适应环境变化和发展需要。

最后，科技创新将在餐饮应用场景建设中继续探寻发力点。从团购、外卖到智能点餐、收银系统，再到迎宾机器人、服务机器人、智能炒菜机器人，科技创新正在引领餐饮行业变革发展。疫情影响下，外卖经济进一步崛起，新技术研发应用加快，餐饮 O2O 模式飞速增长且不再局限于外卖领域，纯线上服务型餐饮品牌及订单式外卖服务或将出现。[①] 在此趋势下，科技引导餐饮应用场景建设也将迎来新的发展机遇，将科技和餐饮的深度融合引入新的阶段。

（三）借力“宅家经济”崛起，构筑北京餐饮业全新“生态圈”

2019 年，夜间经济点亮首都夜空，北京正探索推进让深夜食堂走出商圈，与临街街区、社区个体餐饮深度融合。同年 12 月，李克强总理在国务院常务会议上指出，“改造提升步行街，要与发展‘小店经济’相结合，要以更有针对性的政策措施，发展‘小店经济’。”

目前，我国餐饮企业中个体工商户占比超过 95.0%[②]，餐饮小店在业态中占据绝对数量。小餐饮是满足百姓就近消费需求，便利性及适应性较强的餐饮服务业态，尤其是“小而精”“小而美”的餐饮门店越来越受到市场青睐，个性化小型餐饮门店的活力逐步彰显。国家提出发展小店经济，为餐饮业发展提供了新的契机。同时，北京市大力推进社区服务圈建设，在构建“一刻钟社区服务圈”基础上，确定打造“10 分钟便民商业服务圈”的工作目标，利用疏解整治腾退出空间资源，在每个社区建设不少于 1 个便民服务早餐点，将便民餐饮进一步融入社区服务，构建社区餐饮的综合有机体。

---

① 《疫情对餐饮行业的影响调查》，北京民生智库科技信息咨询有限公司、北京烹饪协会，数据采集时间 2 月 8 日 ~19 日。

② 数据来源：天眼查。

疫情以来，“宅家经济”迅速崛起，消费者在线消费习惯逐渐养成，线上消费需求日趋多样化，层次化差异逐渐分明。同时，“宅家”期间，老年人、残疾人等特殊人群餐饮需求被疫情放大，社区成为解决“最后一公里”吃饭问题的关键环节。在国家大力发展“小店经济”和疫情期间“宅家经济”崛起的外部环境下，在社区餐饮逐步发展的基础上，未来，北京市将进一步探索“小店经济”与“宅家经济”的融合点，立足城乡社区餐饮的庞大需求，聚焦社区特殊人群保障，借力“平台经济”的技术支持，在政策扶持、财政支持、灵活用工等方面进行深入实践，依托优化营商环境、平台技术环境、宅家市场环境、社区服务环境，构建“宅家经济 + 小店经济 + 社区餐饮”的餐饮新生态圈。

B.4
2019年上海餐饮产业发展报告

上海商情信息中心*

摘　要： 2019年上海餐饮市场持续扩大，成为上海消费市场的重要力量，从高速增长阶段转变为高品质发展阶段。政策助力，餐饮夜经济引爆城市消费新蓝海。围绕“国际范”“上海味”“时尚潮”，打造夜间餐饮集聚区。上海餐饮老字号主动出击，创新谋变。乘着“互联网+”东风，菜品大胆尝新，拥抱“新客群”。餐饮首店，为城市注入新鲜活力。上海餐饮首店汇集全球各地口味，将上海打造成为环球美食之都。餐饮试炼场、竞技场、传奇场成就上海成为“最会吃”的城市之一。抓住进博会机遇，“上海味道”传遍全球。通过“三名”特色即“名菜”“名厨”“名店”，上海餐饮成为打造城市名片和服务品牌的重要行业，成为展示上海作为一个国际大都市核心价值的行业。

关键词： 餐饮业　创新转型　夜间经济　首店经济　上海

一　2019年上海餐饮产业发展概况

2019年上海餐饮市场坚持高质量发展，规模持续扩大。2019年，上海

* 上海商情信息中心（简称上海商情）成立于1993年，多年来，上海商情专注于农产品、快速消费品及零售、餐饮等流通行业，深刻理解行业竞争环境，熟悉商业流通模式。在监测上海商贸流通运行信息过程中积累了丰富的数据监测及分析研究经验。

餐饮市场以供给侧结构性改革为主线，重点着力于激发餐饮市场活力、消费者需求潜力和企业内生动力三个方面。根据《中国餐饮报告2019》，上海在线餐饮总店铺数量居全国四大一线城市第一位。该报告显示，上海餐饮业态呈现“三高”特点——高人均、高格调和高增速，上海餐饮市场从高速增长阶段迈向高品质发展阶段。2019年上海社会消费品零售总额达13497.21亿元，比上年同期增长6.5%，分行业看，住宿和餐饮业零售额1190.25亿元，增长4.3%。上海餐饮市场更加多元，在较大规模基数上继续保持稳中有进的发展态势，成为上海消费市场的重要力量。

2019年上海餐饮市场持续扩大，餐厅总量达到十万家以上，餐厅数量和密度位居全国城市第一，餐饮年收入超过千亿元。每平方公里平均拥有15家餐馆，其中小吃、快餐超过5家；步行在上海，每2分钟就有一家饭馆、3分钟有一家小吃快餐店，5分钟就能买到面包点心。① 上海在外就餐的比例达到61%，远高于全国城市平均42%的水平。假日经济、会展经济、旅游经济、商务经济的高速增长，使得餐饮经济有了新的发展。

二 2019年上海餐饮产业创新发展

在“海纳百川”的文化积淀和“优胜劣汰”的市场法则下，上海餐饮市场汇聚了全国和世界的菜肴风味，展现了“行业昌盛，市场繁荣，味集天下，吃在上海”的风貌。上海餐饮成为打造城市名片和服务品牌的重要行业，成为展示上海作为一个国际大都市核心价值的行业。餐饮“试炼场”、竞技场、传奇场成就上海成为“最会吃”的城市之一。

（一）政策助力，餐饮夜间经济引爆城市消费新蓝海

“夜间经济”的繁荣程度是一座城市经济开放度、活跃度的重要标志。

① 《吃在上海，步行两分钟就有家饭馆》，新华网，http：//www.sh.xinhuanet.com/2019－07/08/c_138208090.htm。

2019 年 5 月，上海市九部门响应商务部号召，出台了《关于上海推动夜间经济发展的指导意见》，指出要围绕“国际范”“上海味”“时尚潮”三个特点，打造一批夜生活集聚区。上海夜间餐饮原本就有相当好的消费基础和消费需求，酒吧、烧烤、小龙虾、深夜食堂等各种夜间餐饮火爆上海大街小巷，该指导意见的出台更是给“夜间经济”带来了新的活力。

在市场需求的倒逼下，越来越多的区域和品牌，加入“消夜大战”。以上海黄浦区为例，该区在全市范围内推出“夜间区长”“夜生活首席执行官”，成为了整个上海第一个建立“夜生活首席执行官”制度的城区。在进一步提升成熟示范区品质的同时，黄浦区聚焦餐饮，推出更多特色商圈让市民品味夜生活，如老码头滨江特色餐饮酒吧街区、云南路老字号美食街、圆明园路等，进一步丰富黄浦“夜间经济”的内涵，扩大夜间消费的影响力。① 另外，巨鹿路 158 美食夜市、锦江乐园夜市、静安国际起泡酒节、浦东慕尼黑啤酒节、肇周路美食街等传统夜市，以举办市集、主题节日等方式吸引食客。不仅如此，拥有大量餐饮品牌的购物中心也开始围绕“食”做文章。2019 年 9 月开业的九亭金地广场利用室外街区的建筑优势，引进湊湊火锅·茶憩、有喜屋深夜食堂、茶米茶、火太久火锅音乐餐厅等可延长营业时间的餐饮品牌，为周边客群的夜间就餐提供了好去处；大宁国际广场集合了 50 余家各大品牌餐饮商户，选择在周末延长营业时间至 24 点，除了火锅、烧烤外，还提供简餐、甜品、小食等餐饮选择；BFC 外滩金融中心则推出“HAPPY HOUR & LIVE NIGHT OUT”夜间主题活动，以特色户外餐饮吸引喜欢在夜景中享受美食的消费者。

城郊夜间外卖增速超市区，夜间餐饮外卖火爆，郊区增速明显。除去线下餐饮的火爆，“夜间经济”对线上消费的拉动作用也凸显出来。阿里本地生活饿了么口碑发布的《2019 年上海本地生活年度消费报告》数据显示，上海夜间外卖消费增速明显。上海郊区的夜宵订单已占全市的 58%，超越

① 《打造“夜上海”，让黄浦“最上海”》，上海市黄浦区人民政府，https：//www.shhuangpu.gov.cn/xw/001009/20190604/88a11e40-29a7-4d05-93e8-416a98827cf2.html。

静安区等核心城区。同时，夜宵订单的增速显示，上海郊区的夜宵增速领先核心城区近 20 个百分点。从夜宵单量占全天的比重来看，上海郊区夜宵外卖占全天的比重为 10.1%，以 1.1 个百分点的微弱优势超过了核心城区①。

（二）创新谋变，餐饮老字号有“新鲜事”

上海经商务部认定的“中华老字号”有 180 家，占全国的 16%，在各省市中位居第一。另有上海市认定的上海老字号 42 家。在这 222 家老字号中，零售业、餐饮业占大部分，餐饮业老字号约占五分之一。为了激励、激发老字号们创新前行，促进中华老字号餐饮品牌改革发展，打响上海餐饮老字号品牌，在上海市发改委和商务委的指导下，饿了么、口碑平台联合上海财经大学电子商务研究所共同设计、推出了“上海餐饮业老字号 IN 指数”，希望基于大数据发现这些老字号的发展变化②。

老字号创新不断，菜品大胆尝新。至今已有 119 年历史的豫园南翔馒头店，请来香港设计师升级店面，焕然一新的店铺，吸引了一批新的消费者前来体验。除了店面风格，产品也有了一定改善，在传承海派特色的同时更与时俱进地开发出了一系列当季新品，以限时限购的方式，激发了顾客的购买欲。比如香辣小龙虾口味的小笼馒头，2019 年首次推出，便以其外形小巧、内里丰富、辣而不辛的优势得到了年轻消费群体的青睐。除了推出新口味，属于老上海的夏天的美食记忆也得到了还原升级，老物新做，带顾客体验曾经的味道，如：作为国家级非物质文化遗产“上海本帮菜肴传统烹饪技艺”保护单位的上海老饭店在端午节期间，在传承之余更不忘突破传统，首次将镇店之宝——名菜八宝鸭和八宝辣酱包入粽子里；进入夏季还推出了以鲜活红膏蟹搭配五花肉末、山药调制而成的肉饼做成的古法蒸膏蟹，梨膏露水果冻也是一道创意十足的新中式甜品。

老字号拥抱“新客群”，做外卖追求“年轻化”。很多老字号开始通过

---

① 《2019 年上海本地生活年度消费报告》，阿里本地生活饿了么口碑，2020 年 4 月 19 日。

② 《上海餐饮业老字号哪家强?》，https：//finance. sina. com. cn/roll/2019 - 04 - 08/doc - ihvhiqax0915008. shtml，2020 年 4 月 8 日。

跨界、混搭的方式，借助电商平台尝试不同玩法，吸引了不少年轻人埋单。如新雅茶室瞄准年轻消费人群推出了中西式点心与茶、咖啡搭配的下午茶套餐；杏花楼与网红茶饮品牌合作，推出下午茶外卖套餐等。

创新经营业态，传统老店“旧店新开”。上海餐饮老字号主动开拓新市场、提升购物体验。一是汇集上海风味美食，上海本地老字号演绎新传奇。新雅粤菜馆在丰盛里恢复了92年历史的广式茶馆——新雅茶室；王家沙在虹桥机场开出2.0版时尚分店；徐汇乔家栅食府老店新开，一派市井弄堂风；大富贵开发了轻食、传统等几种不同形态的门店，2019年新开“丹凤楼”（雅宴），重新定义海派徽菜。2019年9月，大壶春、小绍兴、小金陵位于浦东世纪汇广场B2层的独立专营店相继开业，成为老上海风情街最具代表性的商业单体。二是打造豫园老字号美食一条街。2019年国庆节前夕，位于豫园商圈的核心地段九曲桥旁的大壶春和鲜得来成功开业，这次杏花楼集团与豫园商城联手合作，响应“上海购物”品牌发展战略的号召，在人气最旺的旅游集散地——豫园，联手打造了老字号美食一条街。2019年9月，经过半年升级改造，被称为“国宴饭店”的绿波廊，菜品环境大升级，散发出更加潮流年轻的活力，做到了“传承不传统，创新不守旧”。江苏的松鹤楼苏式汤面馆2019年老店新开张，第一家“首店”面馆入驻上海豫园商圈。

老字号非遗美食秀技艺，展海派餐饮新魅力。2019年11月，上海市餐饮烹饪行业协会和博华国际共同举办的上海非遗美食技艺展示在2019上海国际食品饮料及餐饮设备展览会——FHC首次显秀，通过非遗菜点、图片展示，非遗传承人现场表演讲解等形式，荟萃精品，为观众展示上海有名的非遗餐饮文化，上海老饭店、功德林、古猗园南翔小笼、乐满家、周舍、老正兴、杏花楼、凯司令、王宝和、国际饭店、沈大成、一心斋、王家沙、绿杨村、南翔馒头店、东泰祥、小绍兴、宝山鮰鱼、下沙烧麦、云丽莎、大富贵、金山堰菜、上海老八样、颛桥米糕、松江广利粽子等国家级、市级、区级非遗项目参加了展示。展位体现了上海餐饮非遗的“传承延续、博采众长、贯通中西、创新发展”及“经典和时尚，大众和品质”的潮流。同期举办的“非遗与上海餐饮发展”高峰论坛大力宣传海派文化为上海餐饮市场服务，呼吁社会各界把保护、传承上海菜的烹饪技艺变成一种社会责任，一种当务之急。

（三）餐饮首店，为城市注入新鲜活力

据中商数据统计，上海 2019 年第三季度新开业首店数量达 258 家，预计全年首店数量可达近千家，再创新高；而从首店的业态构成看，餐饮一直是首店品牌的热门业态，占比达到 51.2%，餐饮首店占“首店经济”半壁江山，为城市注入新鲜活力。

海纳百川的上海，餐饮首店也是汇集全球各地口味，将上海打造成为环球美食之都。上海餐饮海纳百川的特点从餐饮首店的构成可见一斑，餐饮首店前十大业种中，不仅有来自大江南北的小吃简餐、刺激的火锅、上海人偏爱的粤菜、本帮特色上海菜、遍布全市的饮品店，海外风味的日料、咖啡、甜品、西餐、烘焙同样受到追捧。风格各异的餐饮店 2019 年加速在上海寻找机会：具有 139 年历史的中华老字号陶陶居 2019 年首度进驻华东，首店选择上海新天地，第二家餐厅选择新世界城。

国际饮食持续看好上海，各国各地风味齐聚。Chili’s、纽约神级汉堡品牌 Shake Shack、云上钱屋（日本米其林二星怀石料理）、宜家“烘焙工坊”、二次元主题的“一乐拉面”等都在上海开了国内第一家店。加拿大国民咖啡 Tim Hortons、火遍东京的冰淇淋蛋糕 GLACIEL、意大利米其林三星餐厅 DA VITTORIO、百味堂冰淇淋、Grom Gelato 冰淇淋、37 Steakhouse & Bar、乐乐茶制茶乐园亚洲旗舰店、The Wang 顶级牛排不断在上海掀起排队热潮。星巴克、喜茶等分别推出中国首个星巴克臻选咖啡·焙烤坊、上海首家喜茶 LAB 旗舰店，Super Emoji 超级喵の茶、《名侦探柯南》主题咖啡馆等都频繁刷新饮品消费体验。

众多全国乃至全球的餐饮新品牌集群化入驻上海，“上海首店”效应释放。周杰伦的奶茶店在外滩开业后，“粉丝”排队 4 小时购买一杯奶茶；“双十一”当天，林俊杰的咖啡店在长乐路开业，也迎来“粉丝”彻夜等

待；来自纽约的汉堡店 Shake Shack 开业当天售卖了 2998 个汉堡、1499 杯奶昔，营业额超过 30 万元；截至 2019 年年末，Shake Shack 在上海开设了三家门店。许多大牌餐饮集团秉持“多品牌”战略，纷纷开出新副牌首店。比如王品旗下日料新品牌海狸家与川菜新品牌“就是川”的全国首店，分别进驻百联又一城与陆家嘴中心广场 L + MALL 等。

（四）抓住进博会机遇，“上海味道”传遍全球

上海特色小吃馆再次升级。在首届进博会及之后的国家馆延展期间，上海特色小吃馆受到好评，日均供应特色小吃约 2 万份；在第二届进博会上，上海特色小吃馆不仅对硬件设施进行了提升，还引入了更多体现上海餐饮文化的品牌，提供366 种单品、73 种套餐，品种比上年增加了将近 10%①。在发挥餐饮供应保障主力军作用的同时，打造上海特色餐饮名片，向中外来宾展现海派餐饮文化和形象。观众争相排队进入特色小吃馆一饱口福的景象，成为进博会期间展馆内又一道亮丽的风景线。

引进特色餐饮，建立特色餐厅目录。进博会期间，上海市商务委及上海市餐饮烹饪行业协会主动向参展商、专业观众和各领馆发放用餐需求征询表，了解、分析清真、犹太洁食等餐饮需求情况。在展馆内引入耶里夏丽清真餐饮、哈玛那犹太洁食，日均供应 2.1 万份清真餐饮、1000 份犹太洁食，满足了各方宾客不同的餐饮需求。同时，根据美团点评等提供的在口味、环境、服务等方面消费者综合评价高的餐厅，经信用信息比对及食品安全等级比对，推出了诚信度高、食品安全状况好、市场口碑佳的特色餐厅目录。制作进博会餐饮攻略 App 和手册，让各方宾客随时能了解展馆内各类餐饮服务分布，向与会海内外客商大力推介中西餐饮文化。

“上海味道”主题活动打造上海餐饮“三名”特色。2019“上海味道”海派餐饮文化系列推广活动全新升级，由上海市商务委指导，上海旅

① 《特色小吃入驻进博会“上海味道”传遍全球》，人民网，http：//finance.people.com.cn/n1/2019/1016/c1004 - 31402802.htm。

游节组委会办公室支持，上海市餐饮烹饪行业协会、上海商情信息中心共同打造2019“上海味道”餐饮评价规范、“上海味道”美食地图及2019“上海味道”餐厅年度榜单。在进博会辐射区和全市层面，通过一个“规范”、一张“美食地图”向来宾推荐一套“美食名单”，推动上海餐饮企业形成比学赶超的良好竞争氛围，形成上海餐饮“三名”特色即“名菜”“名厨”“名店”，以更好的质量和更好的服务迎接八方来客，展示上海餐饮文化特色。

（五）假日经济带动餐饮

旅游带动餐饮市场火爆。据统计，2019年春节期间，上海市共接待游客509.2万人次，实现旅游收入66.2亿元。[①] 据抽样调查统计，春节期间在本市过夜游客的人均消费为1157元/人·天，同比增长6%。据市商务委统计，大富贵酒楼、红房子、绿波廊等10家纳入统计的餐饮企业共实现营业额0.71亿元，同比增长9.4%。年夜饭和半成品家宴热销，一些知名大饭店的年夜饭一如既往地“一座难求”。在年夜饭有市无位的背景下，部分饭店开始推出半成品，给了市民不一样的选择。新雅粤菜馆2018年开始对家宴进行革新，将生鲜的理念融进产品中，2019年设置了6套半成品家宴，在所有菜品中配好各种配料、辅料、调料，甚至是葱姜，每套产品限量2000套。消费者需要预约提货时间，当天凌晨3点多，半成品将从工厂直接配送到总店。家宴的价格从700余元到2000余元不等，最贵的套餐中包含了牛排、龙虾、鹅掌等诸多“硬菜”。

国庆黄金周带动餐饮消费。2019年国庆假期，消费市场兴旺红火，带动餐饮经济发展。上海市商务委统计数据显示，国庆七天假期产生消费252.9亿元，其中大富贵酒楼、杏花楼、南新雅等10家纳入统计的餐饮企业共实现0.77亿元营业额。

---

① 《上海春节期间接待游客509.2万人次，同比增长15%》，新浪财经，https：//finance.sina.com.cn/roll/2019-02-10/doc-ihrfqzka4723318.shtml。

（六）外卖彰显上海吃货战斗力

阿里本地生活饿了么口碑发布的《2019年上海本地生活年度消费报告》显示，2019年上海共有93种菜肴销量居全国第一。以咖啡为例，上海是全国咖啡外卖的第一大城市，光拿铁就消费了300多万杯。上海的国际化在外卖菜式上也有所体现，泰国菜、日料、韩料的消费量均排名全国第一，韩式烤肉一年就售出200万份。松江大学城一举拿下了最强汉堡、最强撸串、最强麻辣烫、最强奶茶的大学城称号，2019年，有12万份香辣鸡腿堡、3.4万份烤羊肉串、7万份麻辣烫、5.4万杯珍珠奶茶被送往此地。而陆家嘴软件园的白领们最能吃辣，是上海川湘菜外卖销量最高的地点，仅麻婆豆腐就售出3.4万份。位于豫园路上的东海广场白领们吃得最健康，是上海色拉外卖销量最高的地方，以金枪鱼色拉为例，一年来外卖销售了3.6万份。位于陆家嘴的国金中心是全上海咖啡外卖销量最高的地点，一年有2.6万杯拿铁被送往此地。上海人能吃，还体现在非正餐时段的外卖订单猛增，下午茶、夜宵、早餐等非正餐时段增长分别为33.4%、15%和22%。同时，上海的2019年外卖人群中，增长最快的是“95后”的年轻人与“60后”的中老年人。“95后”年轻用户同比增长了24%，“60后”中老年人群体同比增长了7%。

三　2019年上海餐饮业高质量发展

（一）问题导向，高度重视食品安全

食品安全责任重于泰山！在食品安全监管上，上海坚持问题导向，回应百姓期待，政府监管实现三个转变：在监管模式上从“重频次”向“重实效”转变；在监管手段上从“倚重人力”向“注重科技”转变；在监管力量上从“单纯靠自己”向“善于借外力”转变。[①] 针对地沟油、无证摊贩

① 《食品药品安全责任重于泰山！上海市委书记要求“放在心上、扛在肩上”》，人民网上海频道，http://sh.people.com.cn/n2/2019/0320/c138654-32757291.html。

等食品安全顽疾，上海200多个加油站可以供应生物柴油，阻断了“地沟油”回流餐桌，实现了“闭环”管理；对无证照食品摊贩做到无死角、百分之百清理，关停一批、纳管一批、规范一批，既守住安全底线，又尽量便利百姓生活，留住城市“老味道”。在小餐饮监管难问题上，2019年9月，黄浦区以食品安全“四个最严”、垃圾分类、生态环境、文明城区建设等要求为基础，推出了《小餐饮店管理规范》2.0版。

（二）提高早餐供给品质，扩大“上海早餐”城市名片知名度

按照李强书记关于早餐工程工作“要针对需求多样化的实际，努力改善供给侧结构，积极扶持品牌优势企业做大做强，在好不好上下功夫”的批示精神，市区两级商务部门共同努力，加快完善本市早餐服务体系，推进在早餐“有没有”上进一步提高覆盖率，在早餐“好不好”上进一步提高满意度。目前，上海有供应早餐的网点2万多家，70%以上为民营企业和个体工商户，包括早餐摊点、早餐门店、便利店超市、西式点心店等，其中80%供应中式早餐，20%供应西式早点。上海已初步形成了“经营集约、布局合理、模式多元、品种丰富”的早餐供应体系，基本满足了2400万常住人口对早餐的多样化需求。

2019年上海市商务委引导企业创新服务，提升服务品质，一是运用互联网拓展网点服务半径。推动早餐企业与饿了么、美团等互联网外卖送餐平台合作，清美、巴比等企业统筹利用自有电商平台和配送资源，拓展早餐网点的服务半径，向居民社区、商务楼宇提供“互联网+早餐服务”。二是提高产品品种丰富度。在传统上海中式早餐基础上，鼓励企业开发受市民喜爱的各地特色早点小吃，扩大早餐工程建设品种。把肯德基、必胜客、牛奶棚、廿一客等西式早餐，新雅等广式早餐纳入早餐工程体系，形成品种丰富、口味齐全、中西合璧、各具特色的早餐产品供应格局。三是推动早餐品质升级。坚持美好的一天从品质早餐开始，支持光明乳业、牛奶棚等有条件的企业开展“烘焙+乳品”等早餐组合升级改造，满足多样化早餐消费需求。四是提高服务质量满意度。联合上海市市场监管局针对提升早餐行业服

务的标准化水平，开展联合培训，督促早餐工程企业建立服务质量责任制度、服务质量评价监测制度，提高服务质量满意度。五是推进早餐消费扶贫。2019 年，梳理有条件的早餐企业与扶贫地区农产品企业对接，推动在有条件的早餐企业发挥研发能力，试点将农产品制作成餐品。目前，永和、珍鼎等餐饮企业已率先研发出青稞餐品，在企业门店、美食节等活动中进行试点推广。六是完善从源头到终端早餐全产业链管控模式。引导早餐工程企业升级信息系统，将原产地采购、工厂化生产、标准化出品、就近化配送等环节，通过信息技术高效串联，完善以集约化生产为核心、连锁化经营为发展方式的早餐企业发展模式。

（三）引导企业贯彻落实“餐厨垃圾管理规定”

《上海市生活垃圾管理条例》自 2019 年 7 月 1 日正式开始实施。上海市餐饮烹饪行业协会通过专题宣讲，要求上海餐饮业要认真用心地做好餐厨垃圾的分类放置、专项申报和依法处理，同时讲解了餐饮企业做好餐厨垃圾分类工作对创建绿色餐厅、提升行业绿色生态的意义。让餐饮企业更加认识到依法对餐厨垃圾进行处置具有更加专业性的要求，为今后在实际操作中怎样分类放置生活垃圾、怎样处理餐厨垃圾获得了指导性和适用性的知识。结合垃圾分类的宣讲，协会就今后如何依法执行、加大行业自律力度提出三点意见：一是创建绿色餐厅过程中要细化餐厨垃圾“四分类”要求，明确责任人，执行实施到位。二是各餐饮企业要结合自身经营管理的特点，对餐厨垃圾的分类和专项处理，形成可操作、可检查、有记录、有反馈的管理制度及流程。三是行业各单位要认真用心地对待垃圾分类工作，创新探索、落地践行，总结好经验，交流好方式。

（四）发展后街经济，特色美食小店重焕新生

2019 年，上海发布了《关于进一步优化供给促进消费增长的实施方案》，将允许在特色小店集中街区，规范调整房屋使用性质，允许“居改非”试点，允许有条件的特色小店开展外摆位试点。同时，上海还将试点

在夜间特定时段，将部分夜宵街、酒吧街所属道路改为分时制步行街。① 可以预见，随着上海发展厚街经济步伐的加快，上海特色美食小店将获益匪浅获得新生。

（五）深化绿色餐厅创建，提升行业能级

上海市餐饮烹饪行业协会坚持创建绿色餐厅是提升行业能级的工作主导和重要抓手，截至2019年年底，五年多来，以每年创建500家绿色餐厅的计划，共实现绿色餐厅挂牌2800余个、绿色餐厅示范店50个、绿色餐厅示范商区2个。上海创建绿色餐厅推进行业规范、提升行业能级的作用明显，餐饮企业的改变显著，大家用“窗口亮了，能耗降了，排放减了，效益好了”概括创绿成果。其中，2019年的创绿深化有以下几个突破。

一是在制定行业团体标准上有突破。2019年协会制定实施《绿色餐厅标准》；从实施“六T实务”（升级版）先行，到《小餐饮管理规范（2.0升级版）》《团餐经营服务管理规范》《商用厨房设计规范》，明确了多个团体标准的专业规范范畴。

二是“创绿”在西式快餐国际品牌上的突破。协会创建绿色餐厅得到上海外资国际快餐品牌的响应。百胜集团的肯德基、必胜客，麦当劳，汉堡王、达美乐等品牌都加入了创建绿色餐厅行列。截至2019年底，外资西餐连锁店的绿色餐厅总数已达650家。其中上海肯德基餐厅不仅实现餐厅总数“满堂绿”，而且把企业流程和标准与行业绿色餐厅标准一起考核。

三是“创绿”在新餐饮外卖业态上的突破。协会与“盒马鲜生”合作，探索新零售餐饮创绿新路子。已对其上海的36家门店进行了“六T”培训，对“先建几家绿色示范店，再全面推进”形成共识，由协会对“盒马鲜生”全国现有160家门店进行“六T”培训。

四是“创绿”在厨房建设标准化上的突破。2019年，协会餐饮酒店设

① 《中共上海市委办公厅上海市人民政府办公厅印发〈关于进一步优化供给促进消费增长的实施方案〉的通知》，上海市商务委员会，http://sww.sh.gov.cn/ghjh/20191017/0023-247023.html。

备专委会努力推进商用厨房标准化，得到了上海市场监督管理局、上海市建委等部门，以及多家高等院校的支持，制定了《商用厨房设计规范》，并作为团体标准在政府平台发布，印制成册，推广践行。同时与同济大学、工程技术学院等院校专家，共同翻译编写《智慧商用厨房设计》的系列教材，并在工程技术学院开办大学本科专业，填补了国内该专业的空白。

参考文献

［1］上海市餐饮烹饪行业协会：《上海市餐饮烹饪行业协会 2019 年工作总结》。
［2］美团点评：《中国餐饮报告 2019》。
［3］阿里本地生活饿了么口碑：《2019 年上海本地生活年度消费报告》。
［4］王翔：《试炼场、竞技场、传奇场　上海缘何成为“最会吃”城市》，《文汇报》2019 年 12 月 31 日。

B.5

2019年广东餐饮产业发展报告

程 钢*

摘 要： 2019年，广东餐饮产业总收入首次突破4000亿元大关，全年营收总额达4307.23亿元，占全国市场的份额回升到9.2%；广东餐饮产业营收增速重振雄风，再次回归到10%以上，实现11%的高速增长，高于全国餐饮产业平均增速1.6个百分点，领先广东社会消费品零售总额增速3个百分点，领跑广东GDP增速近5个百分点，再次显现出带动广东社会经济发展的引擎作用。通过对广东21个地市餐饮发展、企业年度注册、个体工商户占比等维度的数据对比分析，找出各地餐饮产业发展的潜在问题与机遇。政府、行业协会积极整合社会资源，激发餐饮市场活力，组织开展广州亚洲美食节、食在广东美食节、商业模式论坛等一系列活动；联动各方大数据资源，发布广东餐饮百强报告、粤港澳大湾区餐饮发展报告与广州餐饮大数据报告等研究成果。广大餐饮人也凭借敏锐的市场洞察力和高标准的品控管理，创新管理模式，回归餐饮本质，共同推动广东餐饮行业和谐、持续、健康发展。

关键词： 餐饮产业 粤港澳大湾区餐饮产业 亚洲美食节 广东

---

* 程钢，MPA硕士，广东省餐饮服务行业协会秘书长，专注研究餐饮产业大数据应用与商业模式设计。

一 2019年广东餐饮产业发展概况

2019 年，广东餐饮产业在行业自律的自我觉醒之中，呈现出了从未有过的创新朝气与蓬勃生机，而扎根广东的餐饮人也纷纷在变革中实现了各种全新突破。

广东省作为改革开放的前沿阵地，扼守中国餐饮产业发展最前线，各种风味特色、各种经营形式、各种组织结构的餐饮企业星罗棋布，广大餐饮人凭借敏锐的市场洞察力、高标准的品控管理、创新的管理模式，在市场份额、用户规模与用户满意度等方面均跑赢同类企业。更难能可贵的是，在高速发展的同时，不忘抓精品、优服务，回归餐饮本质；敢于打破常规，坚持强管理、提素质，注重内功修为，能做到在市场顺境中勤起奋进，在逆境中砥砺前行。

这一系列积极有益的探索，对于弘扬优秀中华饮食传统文化、促消费、拉内需都具有举足轻重的意义，也为广东餐饮产业升级探索出一条新的改革方向和发展路径。

（一）2019年广东餐饮产业市场规模

2019 年广东餐饮产业总收入首次突破 4000 亿元大关，较 2018 年增长超过 422.64 亿元，营收总额达 4307.23 亿元（见图 1）；广东餐饮产业同比增速止跌回升，结束了自 2016 年以来的持续下跌，重新回归到 10% 以上，全年增速较 2018 年几乎翻番，高达 11%。

2019 年，全国餐饮产业营收总额 46721.00 亿元，同比增长 9.4%。广东餐饮产业增速领先全国餐饮增速 1.6 个百分点，广东餐饮营收占全国市场的份额也从 9.1% 回升到 9.2%（见图 2）。

（二）广东餐饮产业带动社会经济发展

2019 年，广东全省地区生产总值 107671 亿元，GDP 增速持续下降至

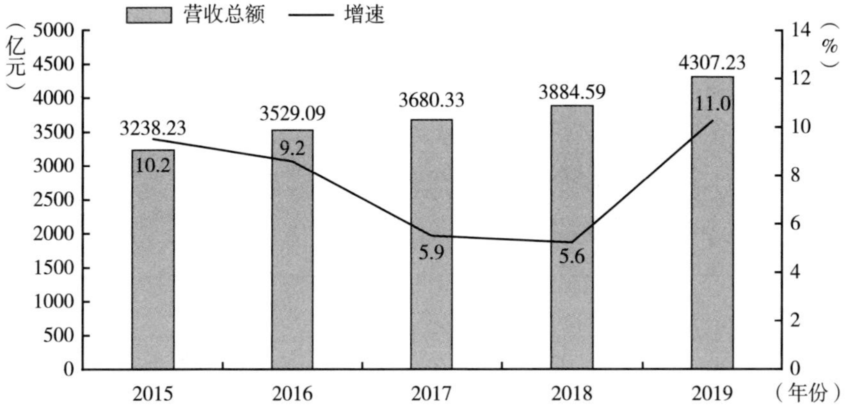

图 1　2015～2019 年广东餐饮市场规模与发展趋势

注：由于价格等因素的影响，部分年份增速与实际计算结果不一致，但为了保持数据的完整性，本文对引用的统计局数据不做修改。下同。

资料来源：广东省统计局。

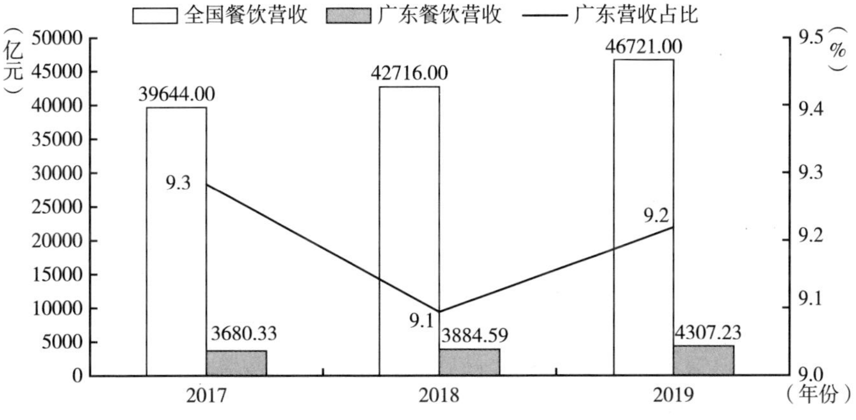

图 2　2017～2019 年广东餐饮产业占全国市场份额变化趋势

资料来源：国家统计局、广东省统计局。

6.2%，餐饮产业增速领跑 GDP 增速近 5 个百分点；2019 年广东省社会消费品零售总额为 42664 亿元，餐饮占社零份额回升至 10% 以上，达到 10.1%（见表 1）。

表 1　2015～2019 年广东餐饮产业占社会消费品零售总额比重

年份	餐饮营收(亿元)	社会消费品零售总额(亿元)	餐饮占比(%)
2015	3238.23	31517	10.3
2016	3529.09	34739	10.2
2017	3680.33	38200	9.6
2018	3884.59	41561	9.3
2019	4307.23	42664	10.1

资料来源：广东省统计局。

改革开放以来，广东餐饮产业增速持续高于社零增速，然而，2016～2018 年，广东餐饮营收增速反向拖累了社零增速；2019 年，广东餐饮产业营收增速重振雄风，领先广东社零增速 3 个百分点，再次显现出带动广东社会经济发展的引擎作用（见图 3）。

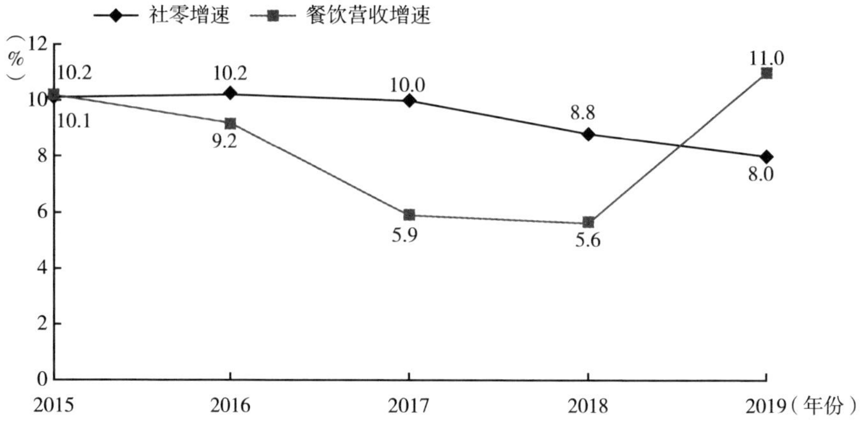

图 3　2015～2019 年广东餐饮营收增速与社零增速对比

资料来源：广东省统计局。

（三）广东各地市餐饮产业营收分析

2019 年，广东省 21 个地市餐饮产业发展水平依旧呈现不平衡的状况，超过百亿元餐饮营收的城市共计 11 个，合计份额约占广东餐饮总营收的 86.02%，后 10 位城市总营收份额占比略有提升（见表 2）。

表 2　2019 年广东各地市餐饮营收占全省份额及净增加值、2019 年与 2018 年增速对比

排名	区域	占全省份额（%）	净增加值（亿元）	2019 年增速（%）	2018 年增速（%）
1	广州	29.68	95.25	8.1	5.8
2	深圳	19.35	83.62	11.2	8.4
3	佛山	8.78	17.08	6.8	8.3
4	东莞	4.94	27.54	11.1	7.2
5	湛江	4.86	14.49	7.5	8.6
6	江门	3.36	11.76	8.9	9.3
7	茂名	3.29	9.08	6.9	5.4
8	中山	3.14	9.59	7.7	6.1
9	惠州	3.10	7.96	6.4	6.6
10	珠海	2.93	12.18	10.8	9.9
11	汕头	2.59	8.75	8.6	8.7
12	肇庆	2.19	8.41	10.6	7.6
13	韶关	2.08	6.4	7.8	8.3
14	阳江	1.79	2.66	3.6	5.0
15	汕尾	1.50	3.78	6.3	7.0
16	清远	1.50	14.60	10.3	8.4
17	梅州	1.21	3.06	6.7	5.7
18	潮州	1.20	3.22	6.8	7.8
19	揭阳	1.09	0.3	0.7	2.1
20	云浮	0.75	1.35	4.1	2.6
21	河源	0.67	2.12	8.0	6.7

资料来源：广东省统计局、广东各地市统计局。

广州与深圳约占广东全省餐饮营收的一半份额，依然保持着较大的净增长量，分别达到 95.25 亿元和 83.62 亿元。2019 年，广州实现餐饮收入总额高达 1270 亿元，同比增长 8.1%；深圳餐饮增速依然强劲，成为广东餐饮营收增长最快的城市。相比 2018 年，东莞餐饮产业营收超过湛江，净增加值达 27.54 亿元，排名上升一位，其他城市排名不变；年营收增加值超过 10 亿元的还有佛山、湛江、清远、珠海和江门；有 1/3 的城市年净增加值低于 4 亿元，相比全省年增长 422 亿元，贡献极其微小。

2019 年广东各地市餐饮营收占全省比重如图 4 所示。

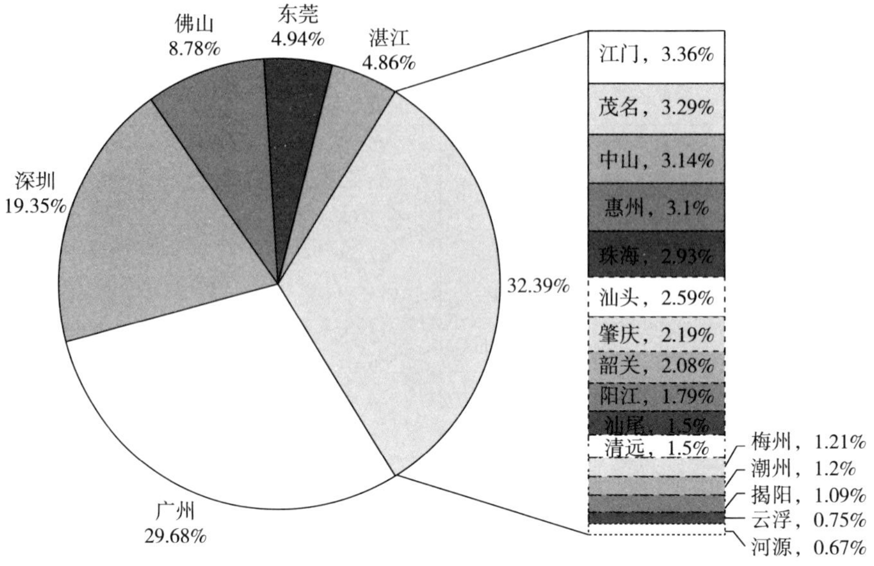

图 4　2019 年广东各地市餐饮营收占全省比重

资料来源：广东省统计局、广东各地市统计局。

2019 年广东全省有 11 个城市餐饮产业增速增长超过 1 个百分点，东莞增长最快，提升近 4 个百分点，佛山、揭阳、阳江、湛江与潮州的餐饮产业增速下滑相对显著（见图 5）。

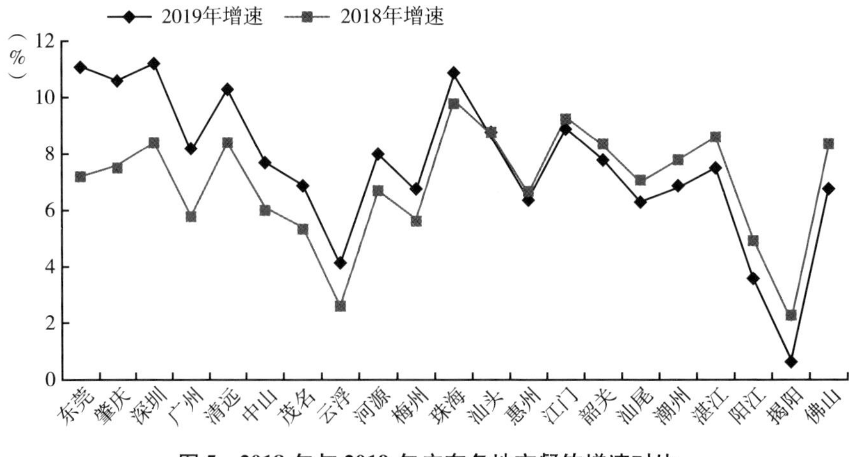

图 5　2018 年与 2019 年广东各地市餐饮增速对比

资料来源：广东省统计局、广东各地市统计局。

（四）广东各地市餐饮企业存量与发展分析

1. 广东餐饮产业门店存量情况

截止到2019年12月31日，天眼查数据显示，广东全省在业与存续餐饮企业总数为1033575家，21个地市存量分布极度不均，深圳、广州与东莞超过10万家，合计份额超过广东总量的50%，深圳在业与存续餐饮企业占比近1/4（见表3）。

广东非个体餐饮企业有69407家，其中，以“分公司”注册的企业数为17199家，占比1.7%；个体工商户总数为964168家，占比高达93.3%。分公司和个体工商户占比高低直接反映地区餐饮产业品牌连锁发展水平，只有深圳、广州个体工商户占比低于全省平均数，分别为87.4%和90.6%，深圳、广州的分公司数分别为8043家和4073家。

表3　截止到2019年12月31日广东各地市餐饮产业门店存量

单位：家，%

排名	城市	在业与存续企业总数	占全省份额	个体合计	个体占比
1	深圳	257551	24.9	224980	87.4
2	广州	164463	15.9	149038	90.6
3	东莞	107415	10.4	103196	96.1
4	佛山	86276	8.3	80552	93.4
5	惠州	65715	6.4	63943	97.3
6	中山	44633	4.3	42902	96.1
7	江门	35689	3.5	34690	97.2
8	汕头	28708	2.8	27348	95.3
9	湛江	26222	2.5	25280	96.4
10	梅州	24308	2.4	24034	98.9
11	肇庆	23685	2.3	23330	98.5
12	茂名	22834	2.2	22398	98.1
13	清远	22147	2.1	21823	98.5
14	揭阳	19470	1.9	19194	98.6
15	珠海	18840	1.8	17741	94.2

续表

排名	城市	在业与存续企业总数	占全省份额	个体合计	个体占比
16	河源	18814	1.8	18457	98.1
17	韶关	17082	1.7	16788	98.3
18	汕尾	16724	1.6	16267	97.3
19	阳江	13958	1.4	13547	97.1
20	云浮	9715	0.9	9557	98.4
21	潮州	9326	0.9	9103	97.6

资料来源：天眼查。

2. 2019年广东餐饮产业新注册企业

2019 年全年，广东餐饮产业新注册企业总量达 264987 家，较 2018 年增加近 1.6 万家（见图 6）。广东全省新注册餐饮企业中，个体工商户占比呈逐年上升趋势，只有广州个体工商户占比下降显著，2017、2018、2019 年个体工商户占比分别为 90.6%、89.1% 和 83.1%。

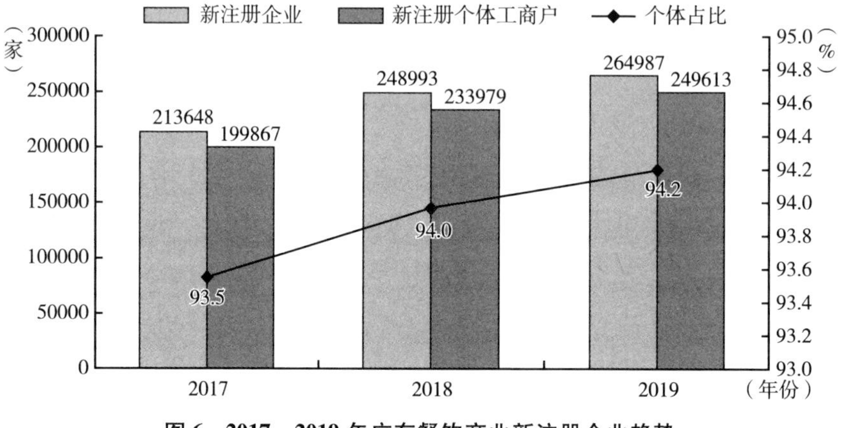

图 6　2017 ~ 2019 年广东餐饮产业新注册企业趋势

资料来源：天眼查。

根据广东 2019 年底近 103.4 万家存量餐饮企业和 2019 年全年新注册 26.5 万家数据，可推算出广东餐饮企业年度“更新率”为 34.5%。更新率越高反映出当地餐饮产业的不稳定性越大。

2019 年广东餐饮产业新注册企业趋势如图 7 所示。

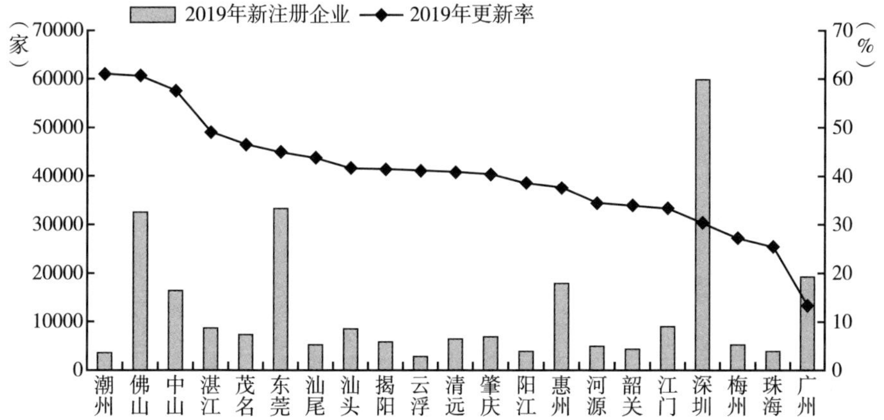

图7　2019 年广东餐饮产业新注册企业趋势

资料来源：天眼查。

二　2019年广东餐饮产业重要事件

（一）盛大召开广州亚洲美食节系列活动

作为亚洲文明对话大会的重要配套活动，2019 年 5 月，广州举办了以“展示亚洲美食文化，推进文明交流互鉴”为主题的亚洲美食节系列活动，旨在以美食为媒介，充分展示亚洲文明的包容性、多样性，促进亚洲文明交流互鉴，上演亚洲“文明盛宴”，进一步擦亮“食在广州”金字招牌，提升广州“美食之都”品牌国际影响力，展现中华美食文化兼容并蓄的博大胸怀，推动形成亚洲美食文明大发展、文化大交流、人民大联欢的盛世景象，助力推进亚洲各国人民团结友爱，为推动构建亚洲和人类命运共同体贡献广州力量。①

---

① 《广州亚洲美食节“开宴”以“共享亚洲美食文化、推进文明交流互鉴”为主题》，广东省人民政府网，http：//www. gd. gov. cn/zjgd/lyxx/lydt/content/post_ 2465769. html，2019 年 5 月 17 日。

广州亚洲美食节围绕美食文化展示、历史文明传承、文明交流互鉴等内容，举办了包括开幕式、“美食与健康养生”论坛、“美食与产业发展”论坛、“美食与文化文明”论坛、美食故事会、“品鉴花城·广府家宴”——广州城市欢迎晚宴、美食节文化文艺展演、美食文明对话、乐享亚洲美食体验活动等在内的5大系列共42项活动。在广东省餐饮服务行业协会的牵头组织下，成立了亚洲美食文化产业发展战略联盟与粤港澳大湾区餐饮文化产业联盟，发布了《2018年度广州市餐饮产业大数据分析报告》，并正式筹备广州世界美食之都促进会。

值广州亚洲美食节之际，广州市着力打造“精品珠江·亚洲美食文化长廊”。以“一江两岸”精品珠江景观带为主场，构建以“水上、空中、两岸”等为主体的亚洲美食文化展览展示活动，彰显珠江文化魅力，打造流动的亚洲美食盛宴。还分别打造了亚洲美食精品长廊、亚洲美食主题灯光秀，推出水上流动的亚洲美食餐厅等。具体项目见表4。

表4　2019广州亚洲美食节系列活动项目

序号	项目名称	序号	项目名称
1	亚洲美食节开幕仪式、全体大会	9-3	推出水上流动的亚洲美食餐厅
2	平行分论坛	10	世界美食集锦
2-1	分论坛一:“美食与健康养生”论坛	11	“食神打卡花城”——亚洲美食传播活动
2-2	分论坛二:“美食与产业发展”论坛	12	“醉享花城”——2019广州·亚洲啤酒节
2-3	分论坛三:“美食与文化文明”论坛	13	“共享花城”——舌尖上的亚洲美食时光
3	“我与亚洲美食的故事”——故事会	14	“我和亚洲有个约会”——亚洲美食主宾日活动
4	“品鉴花城·广府家宴”——广州城市欢迎晚宴	15	“乐游花城”——美食点亮美好生活
		16	“药食同源·健康养生”体验活动
5	“我们的亚洲·我们的城”——亚洲美食节文化文艺展演	17	“美食丹青”——亚洲美食文化作品展
		18	“科技花城”——亚洲美食与智慧生活
6	“亚洲美食文明对话”系列展示	19	“大爱花城”——粤菜师傅亚洲美食行动
7	“闻香识花城”——乐享亚洲美食体验活动	20	“文明花城”——亚洲美食文明周活动
8	亚洲美食节闭幕仪式	21	海陆空“全域”美食文化交流活动
9	打造精品珠江·亚洲美食文化长廊	22	漫“话”美食
9-1	打造亚洲美食精品长廊	23	邮“品”美食
9-2	打造亚洲美食主题灯光秀	24	咖“说”美食

续表

序号	项目名称	序号	项目名称
25	“悦”读美食	33	广州美食记忆展示平台建设
26	“视”享美食	34	推进“粤菜博物馆”建设
27	亚洲美食节 VI 设计征集、宣传片制作	35	我最喜欢的亚洲美食系列品牌发布
27-1	亚洲美食节 VI 设计征集	36	推进成立亚洲美食文化产业发展战略联盟
27-2	亚洲美食节宣传片制作	37	推进成立粤港澳大湾区餐饮文化产业联盟
28	网上亚洲美食节	38	发布《2018 年度广州市餐饮产业大数据分析报告》
29	举办亚洲美食节系列推介活动	39	发布中国餐桌体验报告
30	“寻访粤菜的亚洲足迹”系列报道	40	发布粤菜海外影响力和产业发展报告
31	亚洲美食节社会宣传	41	推进成立亚洲美食文化教育联盟
32	亚洲美食节视频产品制作	42	推进成立广州世界美食之都促进会

（二）广东省餐饮服务行业协会成功换届

2019 年 11 月，广东省餐饮服务行业协会第三届会员大会成功举办。广东餐协成立 11 年来，成功实现了向现代社会组织法人治理结构的转型和协会管理格局的自我完善与创新，协会能引领行业积极面对新时代、新格局、新消费提出的新挑战；广东餐协积极与广东各地市区级协会精诚协作，形成了全省餐饮产业协同发展、团结呼应的和谐发展格局；在服务会员的过程中，努力调整发展新思路，优化会员新格局，部署品牌新战略，提升服务新形象，同时，坚持“做好企业，服务行业”的宗旨，紧紧围绕中心工作，传承延续、博采众长、创新发展、合作共赢，全力构建好全省餐饮企业的“家”。

换届大会同期还举办了“2019 广东餐饮产业发展大会”“第五届中国餐饮产业商业模式高峰论坛”“新中国成立 70 周年广东餐饮产业表彰大会”“广东省粤菜产业发展促进会年会”等一系列活动。

（三）成立广东福宴产业基金

在广东省餐饮服务行业协会、广东省创业投资协会的直接支持下，广州酒家集团股份有限公司联合广东盛宴投资管理有限公司、广东创投会资产管理股份有限公司和千行商联资产管理（珠海横琴）有限公司计划共同设立广东福宴产业基金管理有限公司，作为广州酒家产业资本投资并购的平台，引入社会资本与政府引导基金，通过专业化、市场化的投资并购，支持主业发展，做大做强国有资本。

该基金规模为 2 亿元，广州酒家将作为有限合伙人认缴出资 6000 万元，千行盛泰作为有限合伙人认缴出资 1.39 亿元，千行资本作为普通合伙人出资 100 万元。

（四）开展50m^2以下小餐饮审批改备案试点工作

为贯彻落实国务院和广东省关于推进“证照分离”改革试点工作，广东省食品药品监督管理局发布的《关于 50m^2（含 50m^2）以下小餐饮审批改备案试点工作规定》（以下简称《规定》），对 50m^2（含 50m^2）以下小餐饮服务提供者（简称小餐饮）准入由审批改为备案制度工作有序推进。将小餐饮准入审批改为备案制度工作是落实简政放权、放管结合、优化服务、减少重复监管的重要举措，有利于减轻企业负担，激发市场活力。

《规定》强调各级食品药品监管部门要增强服务意识，逐户排摸和梳理辖区小餐饮经营户情况，使小餐饮经营者熟悉政策，按要求办理备案，依法依规经营，并积极提前介入，协助其设计和优化餐饮加工布局流程，降低食品安全风险。要求相关部门改进监管方式，将监管网格化与“双随机”有机结合，加强综合治理，加大事中事后的监管力度，落实日常监督检查，依法取缔未经许可和备案的餐饮经营活动，及时纠正和查处小餐饮违法行为。另外，《规定》要求经备案的小餐饮应当严格落实主体责任，留存备案凭据，及时公示备案凭据和从业人员健康证明等文件，并按照规定定期开展自查，落实食品经营主体责任。①

---

① 广东省食品药品监督管理局：《关于 50m^2（含 50m^2）以下小餐饮审批改备案试点工作规定》，2018 年 6 月 29 日。

（五）大力推进餐饮污染防治与垃圾分类工作

2019 年 7 月 5 日，广州市环保工作领导小组办公室印发了《广州市环保工作领导小组办公室关于印发广州市餐饮场所污染防治管理要求指引（试行）的通知》，进一步规范餐饮场所污染防治管理，对选址、环保手续、污染防治等作出了具体要求。7 月 17 日，广州市商务局为落实市委、市政府部署和《广州市生活垃圾分类管理条例》的要求，发布了《关于全市住宿餐饮行业开展生活垃圾分类工作的通知》，要求餐饮产业要做好生活垃圾源头减量、分类投放收集贮存与服务清理等相关工作。

三 2019年广东餐饮产业发展特征与趋势

（一）广东百强餐饮特征分析

2019 年 5 月，广东省餐饮服务行业协会发布了《2018 年度广东餐饮百强分析报告》。协会餐数大数据工作室通过多种数据渠道选取入围品牌，初步筛选出广东境内 200 多家规模以上餐饮品牌与快速成长型企业，多方邀约企业参与申报，自主书面申报率已从五年前的 30%，大幅提升至 2019 年的 95% 以上。企业填报的数据评价指标包含但不限于企业整体规模、营收、品牌影响力、社会贡献度、特许经营比例等，协会组织行业各领域专家学者，审核并客观评价所有餐饮品牌综合实力，设计合理权重，并最终得出排名榜单。

1. 广东餐饮百强集中度持续提升

2018 年广东餐饮百强入围营收门槛大幅提高 38.6%，百强总体营收规模提升至 702 亿元，除去物价因素，较 2017 年增长约 16%；占广东全年营收比重为 18%，相比 2017 年上升 2 个百分点，百强集中度逐年提升（见图 8）。

广东餐饮百强榜单多年来一直验证着“三七定律”，2018 年，排名前

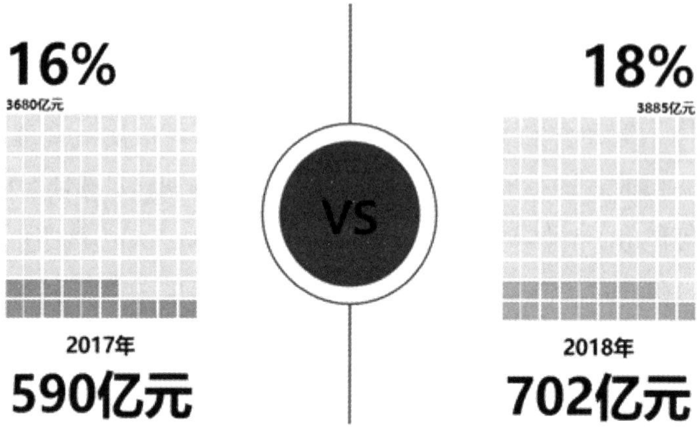

图 8　2018 年度广东餐饮百强营收分析

资料来源：广东省餐饮服务行业协会、《餐数》。

30%的百强企业总收入高达 485 亿元，为百强总营收贡献了近 70%的市场份额，占广东全省营收的 12.5%（见图 9）。

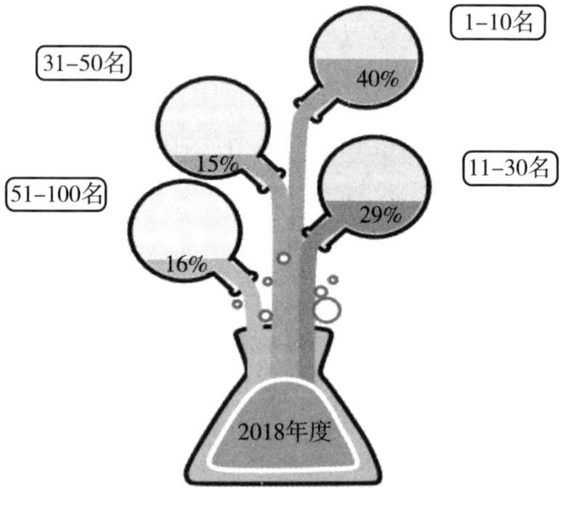

图 9　2018 年度广东餐饮百强集中度分析

资料来源：广东省餐饮服务行业协会、《餐数》。

2. 广东百强餐饮企业发展持续稳定向好

2017 年广东百强餐饮企业有 79% 继续登上 2018 年百强榜单，其中，近 90% 的登榜企业实现了年度稳定增长，近半数登榜企业年度增速超过 21%，年度增速超过 50% 的登榜企业多达 21 家，显现出广东餐饮百强持续引领行业高速发展的龙头作用。

3. 采取跨业态、多品牌战略比例提升

广东百强餐饮企业有 1/3 的企业采取集团化、跨业态、多品牌经营战略，呈逐年提升趋势，此类集团平均运营多达 4 个以上的子品牌；采取单一业态经营战略的百强企业，平均运营品牌数为 1.6 个；60% 的广东百强餐饮企业运营 2 个以上品牌，运营 6 个以上品牌的企业则相对较少，仅占 5%。

4. 广东百强餐饮企业各业态发展趋势

广东百强正餐企业 2018 年比 2017 年增加 3 家，达到 32 家，但总营收只有 145 亿元，贡献率仅占 20%；17 家快餐企业贡献率却高达 30%（见图 10）。

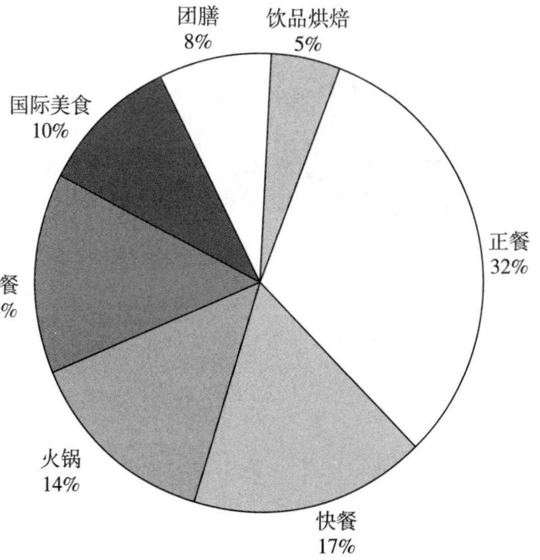

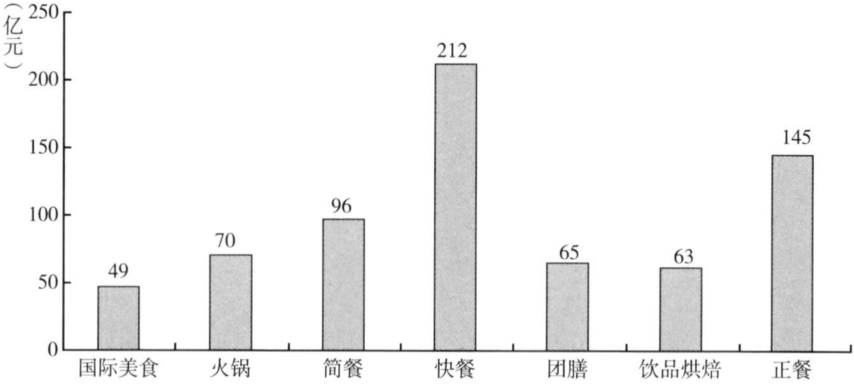

图 10　2018 年广东餐饮百强企业业态分布占比及营收情况分析

资料来源：广东省餐饮服务行业协会、《餐数》。

广东餐饮百强企业总门店数达 9275 家（不包含团膳），平均门店数首次突破百家。其中，快餐业态门店总量最大，达到 3854 家；饮品烘焙则成为后起之秀，平均门店数高达 291 家（见图 11）。

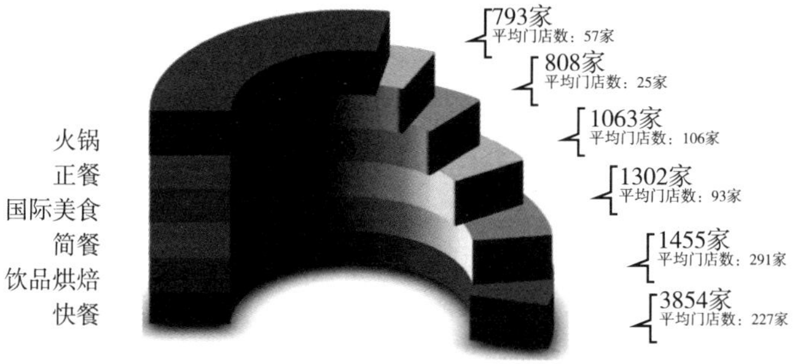

图 11　2018 年度广东餐饮百强企业门店存量分析

资料来源：广东省餐饮服务行业协会、《餐数》。

2018 年，广东餐饮百强企业平均开设新门店数量为 16 家，其中，饮品烘焙和火锅业态增速强劲，呈现欣欣向荣的快速发展态势，饮品烘焙年度开店量更是高达 73 家，正餐因投资大、标准化程度低，平均开店量仅为 4 家，其他业态开店数量基本与百强企业平均数持平。相比2017年，火锅业态企业的门店增速最快，达到45%的高速增长（见图12）。

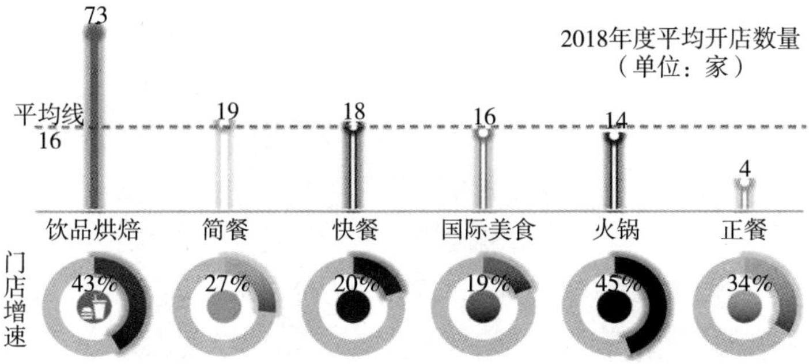

图12　2018年度广东餐饮百强企业新开门店数量与增速分析

资料来源：广东省餐饮服务行业协会、《餐数》。

饮品烘焙与快餐业态企业年度平均营收规模分别达到12.6亿元和12.5亿元，正餐业态平均营收仅为3.8亿元（见图13）。

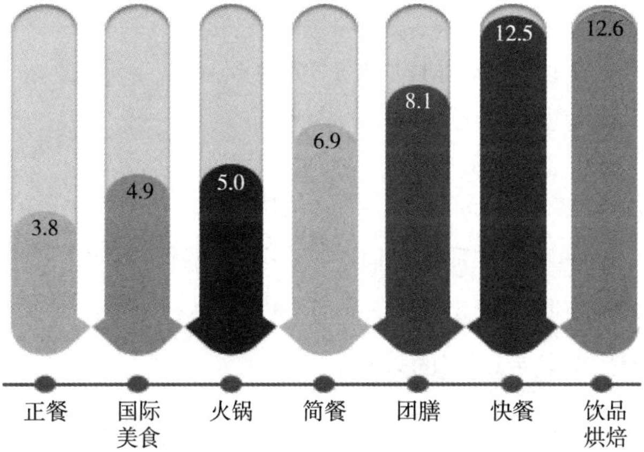

图13　2018年度广东餐饮百强企业平均营收规模（亿元）

资料来源：广东省餐饮服务行业协会、《餐数》。

2018年，快餐与国际美食类百强企业的年度营收增长较为疲软，平均增速仅为5%，而饮品烘焙、简餐、火锅增速则极为迅猛（见图14）。

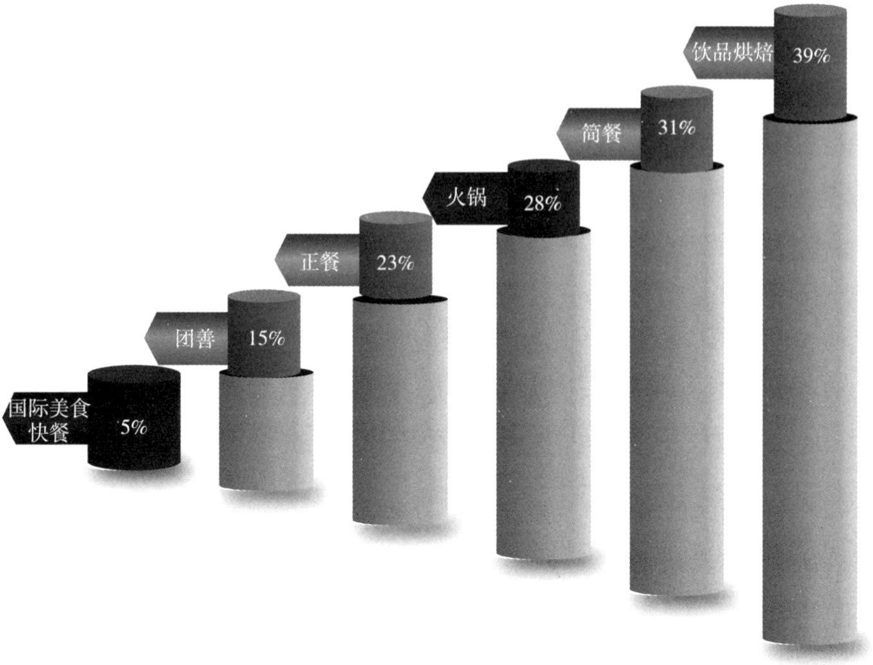

图 14　2018 年度广东餐饮百强企业营收平均增速

资料来源：广东省餐饮服务行业协会、《餐数》。

5. 广东餐饮百强企业总部分布与拓展趋势

广东餐饮百强企业总部所在地在广州的依旧保持绝对领先，占据 45 个席位，总部设在深圳、东莞的百强企业分别有 24 家和 9 家，总部在广东以外的百强企业依然保持 13 家的规模。

广东餐饮百强企业出省比重为 46%，31 家广东本地正餐企业在省外拓展业务的占比仅为 19%；有开展跨省经营的广东籍百强餐饮企业总收入为 301 亿元，其中，省外营业收入占比为 35%，即 105 亿元；而非广东籍百强餐饮企业在广东省内创造的营收则为 191 亿元，由此可以推算出广东百强餐饮企业的营收逆差高达 86 亿元，可见，广东籍餐饮品牌跨省连锁发展水平还相对落后，建议相关政府部门应制定鼓励优秀餐饮连锁品牌跨省发展的扶持政策①。

2018 年，依然有 17 家餐饮百强企业仅在一个城市默默耕耘，多达近 2/3的百强企业发展版图局限于 10 个城市以内。从业态来看，正餐企业平均跨城市布局规模仅为 3 城，形成鲜明对比的是饮品烘焙类企业平均跨城市布局规模则高达 90 城，其余业态平均跨城市布局规模基本相当（见图 15）。

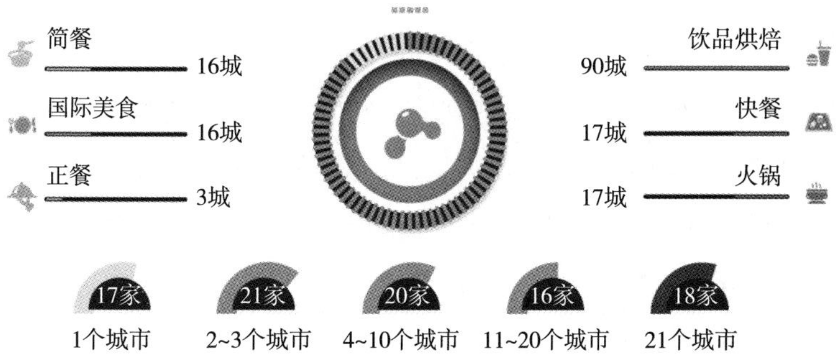

图 15　2018 年度广东餐饮百强跨市级发展分析

资料来源：广东省餐饮服务行业协会、《餐数》。

越来越多的餐饮企业选择在购物中心开设门店，100% 的国际美食类百强餐饮企业只选择购物中心开店，正餐类百强餐饮企业也有 2/3 开始在购物中心开设简约型正餐门店。

火锅、国际美食与简餐业态开展加盟业务的比重较高，而标准化程度更高的快餐和饮品烘焙反而更多选择直营为主要发展方式，究其原因，应该是餐饮企业更加希望通过直营管控，强化食品安全风险防范，着重提升品牌资本价值。

（二）广州市餐饮产业数据报告

值广州亚洲美食节之际，广东省餐饮服务行业协会联合美团点评、阿里本地生活、微信、餐数等机构，共同发布了《广州市餐饮产业数据报告》

① 数据来源：广东省餐饮服务行业协会、《餐数》。

（以下简称《报告》），《报告》首次整合多方平台数据，分别从广州餐饮产业发展概况、产业消费趋势、数字化时代特征、“一江两岸”国际美食长廊解读、亚洲15国风味美食发展状况、各业态品类发展趋势与外卖消费等维度综合性地解读了广州餐饮产业发展优势与机遇。

（三）粤港澳大湾区餐饮产业融合发展迎来新机遇

随着国家“粤港澳大湾区战略”的提出与实施，为将粤港澳大湾区建设成为更具活力的经济区、更能宜居宜业宜游的优质生活圈，构建大湾区餐饮服务业发展长效合作机制势在必行。应充分利用现有条件促进区域产业合作多元化发展，进一步加强政府在合作发展中的推动作用，充分反映各方的经济诉求，研究如何共同规划、共同建设、共同营销，明确大湾区内不同城市群旅游在发展合作角色上的差异，以市场为导向来推进大湾区餐饮融合发展，发挥好大湾区餐饮产业协同效益。

粤港澳大湾区不仅是一个经济上的概念，更是一个文化上的概念。文化是经济崛起的必然产物，也是促进经济融合发展的必要引擎。要充分发挥文化引领功能，将提升大湾区各城市美食文化软实力上升为城市发展战略决策。挖掘岭南美食文化精髓，以文化传承与创新作为餐饮创新的第一要素，在大湾区培育餐饮文化品牌城市群，提升粤港澳地区美食文化影响力。

广泛发动社会各界力量，建立现代餐饮产业服务体系，支撑产业科学发展。通过“政府支持、市场运作、服务完善”的运作模式，构建多功能产业服务中心，在人才培训、美食会展、饮食文化推广、资本运营方面整合社会资源，加快培育各类市场中介机构和服务体系，使其成为产业健康发展的重要力量，建立符合大湾区整体战略的餐饮产业长效发展机制，融合各城市交通、资金、技术、人力等方面的优势，早日将粤港澳大湾区打造成为具有国际知名度的“国际化美食湾区”。

2019年11月，广东首次发布《粤港澳大湾区餐饮产业发展报告》，该报告注重对粤港澳大湾区餐饮产业发展现状的数据解读，着重分析大湾区餐饮产业发展的最新动态与热点，展望未来发展趋势，直击大湾区餐饮产业关联行业发展的焦点和前沿问题，提出提升粤港澳大湾区餐饮产业竞争力的思路与对策，对于大湾区餐饮产业研究、文化交融、经济互通与企业发展具有重要的参考价值和借鉴意义。

结 语

广东餐饮产业界众多优秀品牌从未停止对产业创新升级的积极探索和尝试，时刻展现着广东这个中国餐饮大省“排头兵”的活跃姿态，广东餐饮产业从未熄灭创业创新精神，广东餐饮人必将良好践行“不忘初心、牢记使命”的核心价值观，逐步适应餐饮市场诚信自律、个性消费、跨界合作、科技应用、品牌优化、模式创新、产业集聚、平稳发展的新常态，抓住新机遇，实现新梦想，共同推动广东餐饮行业的和谐、持续、健康发展。

参考文献

1. 广东省食品药品监督管理局：《关于 $50m^2$（含 $50m^2$）以下小餐饮审批改备案试点工作规定》，2019。
2. 广州市委宣传部：《2019 广州亚洲美食节总体方案》，2019。
3. 广东省餐饮服务行业协会：《2018 年度广东餐饮百强分析报告》，2019。
4. 程钢：《广州市餐饮产业数据报告》，2019。
5. 程钢：《粤港澳大湾区餐饮产业发展报告》，2019。

B.6

2019年陕西餐饮产业发展报告

王喜庆　张 艳　姜 楠*

摘　要： 本文从产业地位比较、餐饮市场块状描述、餐饮企业生态分析、餐饮产品市场谱系、市场空间五个方面系统剖析，得出陕西餐饮市场基本特征。通过对陕西餐饮发展状况的回顾，预测了陕西餐饮产业的发展趋势：头部企业依旧表现出较弱的市场突破力，数字化餐饮形态仍被传统餐饮形态压制，陕西餐饮空间布局分布与区域经济格局演变呈现一致性，小吃快餐门店数量优势仍无可撼动，等等。

关键词： 餐饮产业　企业生态　市场谱系　陕西

"国际美食之都"西安领衔的陕西餐饮市场，2019年以"基盘稳健、上行缓慢、下探活跃"的运行曲线和"传统惯性与新经济引擎"共同驱动的内在成长力，呈现稳变博弈、新旧交织、大势未现、头部仍弱的市场特征。

一　陕西餐饮产业地位比较研究

（一）2019年陕西餐饮产业发展情况

2018年我国餐饮产业规模比1978年增长780倍，复合增长率达到

* 王喜庆，研究员，享受国务院特殊津贴专家，西安欧亚学院中国国际食学研究所所长；张艳，西安欧亚学院副教授，研究方向为餐饮经济管理；姜楠，西安欧亚学院讲师，研究方向为餐饮管理。

18.1%，已成为仅次于美国的世界第二大餐饮市场。研究表明，中国有望在2023年成为全球第一大餐饮市场。根据《2019中国餐饮业年度报告》，2018年陕西餐饮收入以947亿元列全国第22位，在各业态领跑者的相关排名中，陕西餐饮企业鲜见身影，市场地位尴尬。但以区域产业发展视角评价，仍不乏亮点。

1. 外卖业务持续保持高速增长

根据饿了么口碑发布的《2019年陕西本地生活年度消费报告》，从全省来看，西安占据全省外卖订单量的第一名。但以咸阳、榆林为代表的省内其他城市外卖需求依然很大。阿里本地生活数据证明，在陕西省内，二线城市的消费内需被进一步释放，展现出的消费活力不输西安。2019年，陕西的二线城市深夜时段外卖订单同比增速显著高于西安。其中，咸阳过去一年夜宵订单量同比增长2.4倍以上，榆林、延安的百元订单数量在省内分别排名第一和第二。“90后”“95后”是陕西外卖消费的主力，其中“95后”订单占比超过三分之一。

2. 美食潮流化趋势凸显

当西安成为“网红”后，潮流化也成为西安餐饮行业一个显著的趋势。摔碗酒、肉夹馍、毛笔酥等迅速成为西安美食网红，陕西美食也正在以另外一种潮流化的营销方式和传播途径走向全国。

（二）陕西餐饮产业发展特征

近两年随着旅游经济的发展，西安已经成为全国人民的网红美食打卡地，而在这其中，包含特色菜品和经典名吃的陕菜，就起到了至关重要的作用。经过不断创新融合，陕菜目前已经形成了陕西官府菜、家常陕菜、陕府小吃组成的产品矩阵。白云章等一些老字号品牌的复出，有力推动了陕菜的进一步发展。再加上部分陕菜企业通过连锁经营和品牌经营的方式，将陕菜带出陕西，走出国门，也进一步提升了陕菜的影响力。

1. 消费市场持续增长

陕西人口3876万，2019年，居民人均可支配收入24666元，同比实际增长 6.4%，高于全国 5.8% 的平均水平，居民收入在全国 31 个省份中居第 19 位，餐饮市场远非饱和。可以说，餐饮业是真正成为消费升级背景下拉动内需的重要产业，和其他餐饮大省相比陕西餐饮成长空间非常大。

2. 新消费群体正在崛起

根据美团点评线上数据，西安女性、“90 后”正在成为餐饮消费主力军。“90 后”是在互联网环境中成长起来的一代，他们是互联网消费的主力人群，其不仅对餐饮有着更丰富、更多元的需求，同时也热衷于通过互联网寻找新的消费目标，这将推动经营者不断寻求变革。

3. 网红美食为陕西添彩

近两年，西安市借力互联网成为了国内的“网红城市”，除了历史文化底蕴外，与丰富多彩的陕西美食有很大关系。在 2018 年西安热搜餐饮品类中，泡馍排名第二位，受到外地游客的喜爱。牛排和冒菜分别排在第一位和第三位。著名的“三秦套餐”，是游客到西安必打卡的美食，名扬海外。西安连锁餐饮品牌“魏家凉皮”仅次于海底捞火锅，荣登 2018 年西安餐饮品牌热搜榜第二位。西安餐饮业已经形成了包括老字号、陕菜系、本地快餐小吃等在内的丰富多元的餐饮品牌体系。

4. 餐饮正在经历新一轮变革

2019 年数字化已经成为餐饮行业的新模式，以大数据为基础，美团 RMS、智能收单为代表的供给侧数字化，成为餐饮行业未来发展的新动能。此外，行业结构转向、商业模式升维、智能商业、餐饮零售、精细化运营将成为陕西餐饮行业未来发展的大趋势。

二　陕西餐饮市场块状描述

（一）陕西餐饮市场横向分析

如表 1 所示，截至 2018 年底陕西省限额以上法人餐饮企业共 1246 家，其中陕北 162 家，关中 730 家，陕南 354 家；陕北地区（延安、榆林、铜川）餐饮收入共计123.14亿元，同比平均增长13.3%；关中地区（西安、咸阳、宝鸡、渭南）餐饮收入共计685.34亿元，同比平均增长13.9%；陕南地区（汉中、安康、商洛）餐饮收入共计137.28亿元，同比平均增长12.5%。

从陕西省餐饮状况可以看出关中地区餐饮规模较大，增长速度快，餐饮企业数量多，是陕西省餐饮的主要分布地区。

表1　2018年陕西省各市限额以上法人餐饮企业状况统计

地区	城市	餐饮业法人企业数(家)	餐饮收入(亿元)	增长率(%)
陕北	延安	63	33.46	12.5
	榆林	69	58.30	16.2
	铜川	30	31.38	11.2
合计	—	162	123.14	13.3
关中	西安	380	372.51	11.5
	咸阳	153	127.07	12.4
	宝鸡	177	99.50	14.7
	渭南	20	86.26	17
合计	—	730	685.34	13.9
陕南	汉中	115	58.9	15.8
	安康	212	55.31	10.2
	商洛	27	23.07	11.4
合计	—	354	137.28	12.5

资料来源：陕西省统计局。

1. 陕南餐饮现状

陕南菜作为品牌“大餐”在陕西影响较大，“菜豆腐”、民间八大件、紫阳蒸盆子、金牌羊腿等在陕西省饮食中占有重要地位。竹园村、小六汤包、小杨烤肉、乡野富绅、莲花餐饮、安康会馆、陕南香、五味居、丹江家宴等以经营陕南菜为主的餐饮企业在陕西餐饮产业中占据重要地位。

2. 陕北餐饮现状

陕北粗粮多，知名粗粮有榆林的马蹄酥、塞上香，也有不少名宴、名菜，如醋泼羊肉串、蜜汁八宝南瓜、猪肉撬板粉、炸豆浆等。榆林的豆腐宴更是被称为中国名宴，在经营中，陕北餐饮文化更是把陕北的剪纸艺术、秧歌、民歌与美食、美酒融为一体，赋予了饮食更强更富感染力的艺术内容。陕西著名作家陈忠实、贾平凹很少给企业写文章，但却给经营陕北菜的“荞麦园”“兰花花”等饭店写过不少文章和题词，足见陕北饮食文化的魅力。同时，也反映了陕北饮食文化具有强大的生命力，特别是具有地域文化影响力。

3. 关中餐饮现状

提到陕西美食，很多人会想到肉夹馍、凉皮、牛羊肉泡馍，关中饮食是陕西饮食的代表，西安是中国的小吃王国。“腊牛羊肉”“面皮子”“泡泡油糕”“金线油塔”“黄桂柿子饼”“岐山臊子面”都是老少皆知的名吃。近几年随着西安成为网红城市，陕菜馆有了极大的发展和自己的特色。如长安大排档，由于菜品的不断创新，其已成为西安的网红打卡地。

从餐饮市场横向来看，陕西餐饮市场的现代意识在不断增强，各地在发展餐饮的过程中注重文化氛围的营造。陕南餐饮注重品牌和产业链的发展，而陕北和关中则凭借各自独特的文化，在餐饮发展中不断创新。特别是西安成为网红城市后，更加注重销售方式和传播途径，这些对陕菜的发展起到了极大的推动作用。

（二）陕西纵向餐饮市场分析

1. 线上餐饮市场分析

根据 2020 年 1 月饿了么口碑发布的《2019 年陕西本地生活年度消费报告》数据，2019 年，“90 后”“95 后”是陕西外卖消费的主力，其中“95 后”订单占比超过三分之一。

从全省来看，2019 年，西安依然占据全省外卖订单量的第一位。而以咸阳、榆林为代表的省内三四线城市也表现不俗，三四线城市的消费内需进一步被释放，咸阳、榆林分列订单总量第二位和第三位。榆林、延安百元订单数量分列全省第一位和第二位。在西安，2019 年订单总量最高的区域是雁塔区，未央区、碑林区紧随其后。

2020 年 3 月 11 日，美团披露的《餐饮外卖复工消费报告》显示，据美团大数据不完全统计，2 月 17 日至 3 月 1 日以来，餐饮商户复工率已超过 55%。餐饮外卖交易额和订单量两个主要数据呈现大幅增长态势。其中，西安市增长尤为明显，订单量超越疫前。

2. 线下餐饮市场分析

线下餐饮竞争激烈，餐饮行业在不断地发展和进步，却始终形不成一家独大的局面，百家争鸣一直是餐饮行业的常态。

常规的餐厅都开设在商圈里、写字楼附近、居民区附近，或者景区附近。而 2019 年的趋势是，很多餐饮品牌已经跳出原有的经营场景。比如有些原先开设在写字楼周边的餐饮品牌，已经将自己的品牌包装进入写字楼，做起了轻食。

餐饮不再是线下为王，实现了线上线下无缝结合。线上虚拟店营销宣传扩大品牌影响力为线下倒流，线下吸纳人流为线上反哺，形成一个完整闭环。线下餐饮产品在创新的同时，还在进行不断的细化，而且产品还增加了仪式感、参与感和体验感。

三　陕西餐饮企业生态分析

（一）陕西餐饮政策环境分析

为了支持餐饮行业的发展，2018～2019 年陕西省政府部门出台了《关于印发〈陕西省食品生产经营企业食品安全管理人员管理办法〉的通知》（陕食药监发〔2018〕62 号）（生效日期：2019－01－01）；《关于印发〈陕西省食品生产经营企业食品安全风险隐患排查管理办法〉的通知》（陕食药监发〔2018〕64 号）等相关政策，保障了餐饮行业的持续有序发展。

（二）陕西餐饮消费环境分析

2018 年，我国社会消费品零售总额达 380957 亿元，较上年增长 9.0%。其中，陕西省社会消费品零售总额 8938.27 亿元，较上年增长 10.2%，居全国第九位，增速高于全国1.2个百分点。2019年陕西省社会消费品零售总额9598.73亿元，比上年增长7.4%（修正后数据）。餐饮收入1044.41亿元，增长10.3%。陕西餐饮消费保持了良好的增长态势。

（三）陕西餐饮竞争环境分析

2018年全国餐饮收入42716亿元，同比增长9.5%，在31个省、自治区、直辖市餐饮收入排名中，陕西仅排名第22位。根据2019年最新统计的中国大陆城市餐饮企业数量排名，西安市以163144家列全国第四位，仅次于重庆、深圳和成都。而在2019年中国餐饮百强企业名单中无一家陕西餐饮品牌。

虽然近年来陕西餐饮企业和行业在发展陕菜、发展企业等方面做出了很大的努力，也取得了很好的成绩，但是上述数据表明，陕西的餐饮行业和企业仍然呈现品牌影响力不大、实力不强、规模不够、知名餐饮企业不多的总体状况，比起先进省区，陕西餐饮企业和行业还有很大的差距。

（四）陕西餐饮创新环境分析

2018年起餐饮行业创新不断，海底捞无人餐厅在北京中骏世界城开业，“日食记”线下店试营业，必胜客首家“悦读食光”主题餐厅落地杭州，喜茶重庆首店落户龙湖北城天街。相比其他城市而言，陕西餐饮的创新力度还不够。虽然2018年5月中国西安杰食特无人智能餐厅高新店开门营业，开启了陕西无人智能餐饮新时代，但跟全国其他地方相比，陕西餐饮的创新环境还有待改善。

四　餐饮产品市场谱系

（一）餐饮业与经济总量增速的对比分析

1. 中国餐饮收入与经济总量增速的对比

2010年以来，国民经济稳步发展，全国国内生产总值稳步增长，平均年增长率为7.68%。2019年全国社会消费品零售总额411649亿元，比上年增长8.0%。其中餐饮收入额46721.0亿元，增长9.4%。如图1所示，全国餐饮收入2013年以来稳定增长，年增长率基本维持在10%左右。2010年以来全国餐饮收入年平均增长率为11.94%。

图1　2010～2019年全国餐饮收入及其增长率

注：由于价格等因素的影响，部分年份增速与实际计算结果不一致，但为了保持数据的完整性，本文对引用的国家统计局数据不做修改，下同。

资料来源：国家统计局。

2. 陕西省餐饮收入与经济总量增速的对比

陕西省餐饮市场继续呈现稳中向好态势，继续发挥其在经济发展中的重要作用。2018年陕西省餐饮收入947.03亿元，同比增长12.70%，增速较上年同期提高0.8个百分点。

如图2所示，2010年以来，陕西省国内生产总值年平均增长率为10.4%，同期陕西省餐饮收入年平均增长率为12.3%，餐饮收入年平均增长率高于陕西省GDP增速1.9个百分点。同时，2010年以来陕西餐饮收入的增长率近似呈现“W”形变化。

（二）市场业态对比分析

1. 陕西省限额以上餐饮各业态营业额对比

根据陕西统计年鉴（2019）数据，如表2所示，2018年陕西省餐饮营

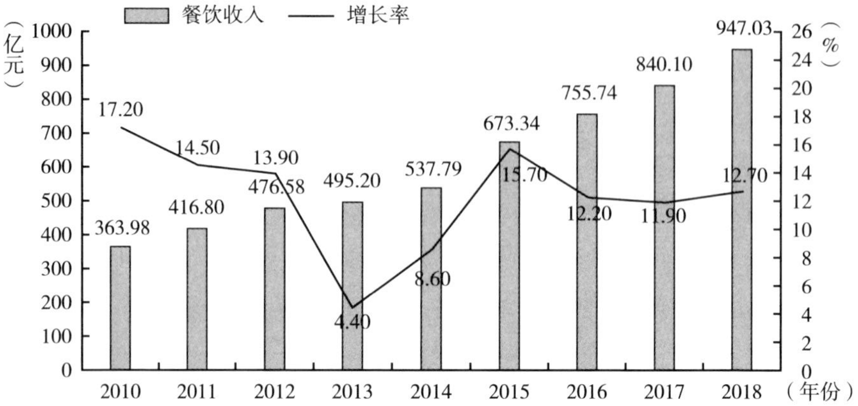

图2　2010～2018年陕西省餐饮收入及其增长率

资料来源：陕西省统计局。

业额为324714万元，比2017年下降了0.21%。其中限额以上产业活动单位和个体户中，正餐营业额增长3.77%，快餐增长23.64%，饮料及冷饮服务保持不变。

表2　陕西省限额以上产业活动单位和个体户餐饮营业额年度对比

单位：万元

指　标	2018年营业额	2017年营业额
正餐服务	319598	318398
快餐服务	1391	1125
饮料及冷饮服务	299	299
其他餐饮业	3426	5588
总　计	324714	325410

资料来源：陕西省统计局。

正餐服务占陕西省限额以上产业活动单位和个体户餐饮营业额的98.42%，是陕西省限额以上餐饮业的主体。正餐服务营业额比2017年增长3.77%，正餐服务在陕西省限额以上餐饮业营业额下降的背景下，依然保持可喜的增长率，说明正餐企业不断适应外在环境变化，积极转型，已经产生一定成效。

2018 年陕西省限额以上快餐服务实现营业额 1391 万元，虽然在全省限额以上餐饮业营业额中占比很小，但是其相对于 2017 年增长了 23.64%。说明随着人们生活节奏的加快、家庭规模的缩小，人们对快餐的需求量日趋增大，快餐市场前景广阔。

2. 陕西餐饮各业态营业网点数对比

据大众点评网的不完全统计，如表 3 所示，陕西省小吃快餐营业网点是各业态中营业网点数最多的，共 90233 个，占总量的 50% 左右，占据陕西餐饮的半壁江山。其次是面馆营业网点数，共 17240 个，占总量的 10% 左右，显示出陕西人的饮食特点以面食为主。

表 3　陕西省各市餐饮主要业态营业网点数统计

单位：个

区域	小吃快餐	火锅	面馆	水果生鲜	面包甜点
西安	14721	1545	2907	1403	1141
咸阳	13664	2907	6536	1986	1303
宝鸡	9080	1967	1043	1080	912
延安	9094	1703	919	1112	606
榆林	11094	2112	1529	1858	1081
渭南	12859	2119	1887	1964	897
铜川	2317	580	304	266	195
汉中	7587	1727	1049	827	660
安康	5944	1056	607	659	458
商洛	3873	579	459	633	331
合计	90233	16295	17240	11788	7584

资料来源：大众点评网。

3. 陕西餐饮市场菜系营业网点数对比

从菜系分布来看，虽然全国各地的风味饮食不断进入陕西市场，但陕西餐饮类型还是川菜营业网店最多，总数达到 9930 个，在各主要地市的营业网点数量明显多于其他菜系。其次是西北菜，全省共有3406个营业网点。湘菜和粤菜营业网点相对较少（见表4）。同时从营业网点的分布情况来看，以上四种菜系在陕西各主要地市的分布比较均匀。

基于此，川菜在陕西的营业网点最多主要是陕西人的饮食习惯决定的，民谚有“油泼辣子一道菜”之说，因此以“辣”闻名的川菜在陕西各市域分布最为普遍，表现为川菜在西安各区域的餐馆数量最多。粤菜口味偏清淡，与陕西人“口味重”的饮食传统差别很大，因此粤菜在西安的数量较少。

表4　陕西省各市餐饮市场菜系营业网点数统计

单位：个

区域	川菜	西北菜	湘菜	粤菜
西安	1427	335	237	126
咸阳	1736	215	145	90
宝鸡	1256	349	116	61
延安	962	435	110	63
榆林	895	999	58	76
渭南	1032	544	106	58
铜川	293	80	11	11
汉中	1198	116	76	52
安康	785	170	73	35
商洛	346	163	67	22
合计	9930	3406	999	594

资料来源：大众点评网。

4. 陕西本土餐饮与外来餐饮的对比

本次共统计陕西省餐饮营业网点数169614个，其中本土餐饮营业网店数168120个，占陕西省餐饮营业网点数的99.12%，是陕西餐饮的主力。其中外来餐饮营业网点数1394个，占陕西省餐饮营业网点数的0.82%。

如表5所示，陕西省各市餐饮市场外来餐饮营业网点数较少，其中韩国料理800个，日本菜528个，东南亚菜66个。可见，陕西餐饮中外来餐饮以亚洲餐饮为主。

表 5 陕西省各市餐饮市场外来餐饮营业网点数统计

单位：个

区域	韩国料理	日本菜	东南亚菜
西安	257	180	27
咸阳	114	71	13
宝鸡	71	80	3
延安	73	25	4
榆林	93	42	6
渭南	67	46	4
铜川	26	13	1
汉中	41	31	3
安康	34	28	3
商洛	24	12	2
合计	800	528	66

资料来源：大众点评网。

五 餐饮市场空间分析

（一）地店空间

1. 陕西餐饮缺少头部企业的带动

从限额以上餐饮业法人企业分布情况来看，根据《陕西统计年鉴（2019）》数据，2018 年全省限额以上餐饮业法人企业数仅为 1379 个。其中西安市限额以上餐饮业法人企业数为 380 个，是全省限额以上餐饮业法人企业数最多的；安康市限额以上餐饮业法人企业数为 220 个，限额以上餐饮业法人企业数排全省第二；全省限额以上餐饮业法人企业数在 100 ~ 200 个之间的有宝鸡市、咸阳市、渭南市、汉中市，其限额以上餐饮业法人企业数分别为 177 个、153 个、143 个、115 个；其余市区限额以上餐饮业法人企业数均在 100 个以下，其中杨凌示范区限额以上餐饮业法人企业数最少，仅有 10 个。

从以上数据中可以看出，关中地区占全省餐饮业法人企业数过半，是陕西省限额以上餐饮业分布的核心区域；其次是陕南限额以上餐饮业法人数有300多个，陕北地区限额以上餐饮业法人数最少，仅有100余个。陕西餐饮企业持续占头部地位的企业数量较少，但其发展比较平稳。餐饮企业的各个要素齐头并进，只有头部企业所占数量达到一定标准时，才能使其发展壮大。

2. 陕西省餐饮业营业网点区域分布

据大众点评网不完全统计，西安餐饮的业态分布状况与陕西其他主要市区相似，在此，以西安的餐饮业态营业网点数为例，对陕西的这一情况进行分析。

西安市餐饮业态分布情况如下：西安市餐饮营业网点从地区分布来看，碑林区、高新区、莲湖区、新城区、雁塔区、未央区、长安区及灞桥区均在10000个以上，其中未央区33178个，是西安市餐饮网点最多的区。其次是雁塔区24246个，第三梯队的长安区和莲湖区营业网点数量相当，为19000余个。

随着城市的发展，西安餐饮业的空间布局正逐渐向多极格局演变，说明西安餐饮呈现地区分布更加合理的态势，西安餐饮业的发展与城市拓展方向基本相同。

（二）电商空间

餐饮经营者以前往往将电商空间单一理解为外卖或者网络销售，实际上，餐饮企业电商包括了食材、传播、接受、市场突围等餐饮全流程。电商不是手段，而是一种思维方式。餐饮企业电商空间主要是通过网络来实现餐饮活动每个环节的电子网络化，包括信息发布、交流、产品宣传、售前售后服务、交易和企业内部业务流程的进行等。

在陕西餐饮中，西安地区以外的其他地区做得比西安地区好。比如，在宝鸡的几平方米的擀面皮店铺，对电商入口、店铺信息、外卖入口、公众号等均进行公布。虽然这些餐饮企业知名度并不高，但是它们在自觉地运用这些电商的思维方式。

2020年4月20日，在柞水县小岭镇金米村，习近平总书记走进了当地农产品的电商直播间，他说了四个字：大有可为。在此次疫情影响期间，陕西餐饮企业如何创新思路，化“危”为“机”，这可能才是总书记点赞新业态背后更希望传递出的信号。因此，电商将成为2020年餐饮行业的新风口。

（三）产品空间

1. 各业态的人均消费情况

根据大众点评网数据，本次统计239家快餐、217家川菜、158家面馆、239家火锅，涵盖了陕西省各市的餐饮营业网点。调研的人均消费结果：川菜人均消费47元，快餐人均消费25元，面馆人均消费18元，火锅人均消费55元。

2. 各业态消费者评价

根据大众点评网数据，调研的样本数量如上。调研的陕西省消费者满意度情况如下：川菜消费者满意度平均值为4.04分，快餐消费者满意度平均值为3.87分，面馆消费者满意度平均值为3.96分，火锅消费者满意度平均值为4.26分。可见，在陕西餐饮各业态中，消费者对火锅的满意度最高，其次是川菜，对快餐的满意度最低。

3. 产品是餐饮矩阵中最硬核的元素

在所有业态中，产品是餐饮企业所有矩阵中最核心的元素，“产品为王”“产品至上”等在陕西餐饮企业中体现得淋漓尽致。

“产品为王”表现在产品技术容量的挖掘、产品文化的创新方面。非常多新的餐饮形式会涌入西安，人们对于安全与健康的追求，会成为一种潮流。陕西快餐市场产品同质化比较严重，导致消费者满意度较低。因此在陕西餐饮市场中同质化产品已经没有了生存空间。

（四）形态空间

1. 新文化创意

许多受欢迎的餐饮企业充满文化创意，表现在外卖器具、产品盛具、就餐环境、就餐方式的创新。比如，西安十三潮餐厅，菜系以陕菜为主，菜品丰富，简洁大气的新中式装修风格，处处匠心独运，突显了中国特色。餐厅摆放国学经典，是一家蕴含陕西历史文化、有着独特魅力的餐厅。

2. 销售与传播的创意

在销售与传播的创意方面，陕西餐饮行业比较欠缺。比如，行业巨头海底捞的营销传播值得学习，海底捞打造极致的用户体验，消费者越来越倾向于在购买产品时有“体验”的过程，并且体验还会成为最终是否产生购买意向的关键。关注如何提升用户体验，学习优秀的销售与传播创意是陕西餐饮企业思考的重要方向。

六 陕西餐饮产业发展趋势分析

（一）餐饮产业头部企业占比不足，表现出较弱的市场突破力

陕西餐饮市场头部企业在陕西餐饮企业总量中占比严重不足，同时在中国正餐 TOP50 中，仅有一家（西安饮食服务集团股份有限公司）是陕西餐饮企业。在中国火锅 TOP20、中国小吃 TOP10、中国团餐 TOP10 等均没有陕西餐饮企业，陕西餐饮头部企业表现出较弱的市场突破力。可见，陕西餐饮产业头部企业占比不足，对于陕西餐饮发展的带动力量较弱。

（二）数字化餐饮形态仍被传统餐饮形态压制

在北京、上海、广州、深圳等地区，大量餐饮企业能够运用数据支撑餐饮企业的生产、传播、运营等决策，餐饮企业的管理已经逐渐从经验判断转变为数字化决策。而在陕西本土企业中，很难找出数字化转型成功的餐饮企业，陕西餐饮企业的采购、加工、销售等环节并没有形成合力，运营决策依旧以经验决策为主，数字化管理形态仍被压制。

（三）餐饮产业持续稳定增长，市场潜力大

陕西餐饮市场保持平稳状态，持续稳定增长，其在经济发展中的重要作用不可忽视。近年来陕西餐饮收入年平均增长率高于全国餐饮收入，可见，其市场潜力巨大，是国民经济中的重要组成部分，在经济增长中发挥着重要作用。

（四）陕西餐饮空间布局分布与区域经济格局演变呈现一致性

餐饮业由于具有较强的人口依赖性，区域经济发展水平高的区域一般人口密度较大，餐饮业的空间格局与区域格局演变呈现较强的一致性（上文以省会城市西安为例进行了说明）。随着经济的发展，频繁的商务活动与高密度的人口流动，促进区域餐饮的空间发展。在城市中心商务区，一般都是各类餐饮的聚集地。

（五）小吃快餐门店数量优势仍无可撼动

陕西小吃快餐门店数量占据餐饮业的半壁江山，其地位仍无可撼动。小吃快餐由于其便利性，深受人们的欢迎。

但是从上文调研的几种业态的满意度结果来看，人们对于陕西的小吃快餐的满意度最低，一定程度上反映出其存在的问题。陕西小吃快餐想要发展，必须结合区域具体情况探索出中式快餐发展的路子，必须在吸收外来西餐成功的、成熟的整套经验的基础上，在生产、经营、管理等方面借鉴国际标准。

（六）餐饮 O2O 规模飞速增长

随着互联网的发展，餐饮行业的经营模式也在不断调整，“线上 + 线下”混合式经营模式越来越多。从最初的点评模式开始，团购、外卖等诸多模式不断涌现，当前，订外卖、在线预订、团购都已成为消费者就餐的常规选择，餐饮行业已成为生活服务行业中互联网化程度最高的行业之一。餐饮 O2O 不再局限于外卖，其模式发生了巨大裂变，出现了餐饮晚宴私人化

上门定制服务、私厨上门、共享厨房、在线订座，甚至还会出现更多类似盒马鲜生、永辉超市、基于 LBS 技术的营销方案等 O2O 闭环业务。

（七）新冠肺炎疫情对陕西餐饮企业的影响

根据《2020 年新冠肺炎疫情对中国餐饮业影响报告》，相比上年春节，疫情期间 78% 的餐饮企业营收损失达 100%。2020 年一季度，陕西居民人均可支配收入 6566 元，与全国平均水平相比，实际下降 4.0%。一季度，受疫情影响，消费支出实际下降 16.5%。为应对消费不振，陕西餐饮企业在政府扶持、企业自救、因市而变、积极进取等方面，把握契机，努力转型。电商意识、食品安全意识、规避风险意识、品牌意识、产品结构意识等现代企业经营必备思维成为企业自觉经营思想和实践指南。从长期看，陕西餐饮企业整体性提升或可预期，其发展持续向好趋势不会改变。

参考文献

[1] 国家统计局：《中华人民共和国 2019 年国民经济和社会发展统计公报》，2019。
[2] 陕西统计局：《2019 年陕西省国民经济和社会发展统计公报》，2019。
[3] 陕西统计局：《陕西统计年鉴 2010～2019》，中国统计出版社，2010～2019。

B.7

2019年澳门餐饮产业发展报告

唐继宗*

摘　要： 2020年澳门餐饮业受困于入境旅客人次及旅客人均餐饮消费预期下滑，同时，本地居民在疫情期间外出用餐减少，以及用餐消费因收入受压而趋于谨慎，全年餐饮业营收呈较大幅度下跌。为降低疫情对经济及餐饮市场供给侧与需求侧的影响，以及避免一些短期打击成为中长期影响，建议政府及时在疫情期间及疫后实施积极财政政策、稳定金融市场措施，以及制定具针对性的产业/行业援助与振兴政策，以保存及发展餐饮市场的供给与需求能力。疫情也不可避免地改变了餐饮市场一些消费行为，消费者会更在意餐饮产品本身的卫生与健康因素和用餐环境的整洁、卫生条件，餐饮行业需要总结本次疫情防控经验，关注消费者消费行为的改变并予以积极配合，同时亦需提升在线与消费者对话、沟通和外卖配送的能力。

关键词： 餐饮产业　旅游　餐饮经济　澳门

引　言

2020年澳门餐饮业遭受新冠肺炎疫情沉重打击。疫情期间入境旅客数

---

* 唐继宗，清华大学经济学学士、中山大学管理学硕士、中国社会科学院研究生院经济学博士。现任中国社会科学院旅游研究中心副秘书长，澳门特区政府经济发展委员会委员、旅游发展委员会委员、人才发展委员会委员。长期从事有关产业发展、区域合作、旅游、民航运输、公共政策、制度经济学及政治经济学等范畴的研究。

量大幅下滑，本地顾客则响应政府呼吁避免人群聚集减少外出用餐，以中小型规模为主体的澳门餐饮行业外需与内需均急速萎缩，现金流入骤降，但同时却仍需负担租金及员工薪酬等成本支出，资金链断裂走向停业或结业的餐饮商户数字不断上升。此外，从观察发现其中也有少数规模较小、主要服务同一小区顾客以提供基础餐点服务为主的商户，则通过顾客自取或与电商平台合作，加大外卖业务比例，得以维持基本营运，但总体营业额还是未能达到疫情前水平。

一　新冠肺炎疫情对经济的影响

（一）全球经济展望

预计2020年全球产出将收缩，国际旅游市场预期将显著下跌，餐饮行业受此次疫情打击较大。

2020年4月9日，国际货币基金组织（IMF）发文指出，2020年全球经济将急剧跌入负增长，预计2020年基金组织成员中将有超过170个国家出现人均收入负增长。发达和发展中经济体都将面临暗淡的经济前景。这次危机不分国界，每个人都身受其害。考虑到各国推出防控病毒传播的必要人流限制及经济活动的措施，世界经济遭受沉重打击，特别是零售、餐饮、住宿、交通运输和旅游业。在多数国家，大多数劳动者或从事个体经营，或受雇于中小型企业，这些企业和员工受到的影响尤甚。同时，正如卫生危机对脆弱群体的打击最为沉重一样，预计经济危机对脆弱国家的打击也是最沉重的。非洲、拉丁美洲和亚洲多数地区的新兴市场和低收入国家面临较高的风险。这些地区的很多国家首先卫生体系较为薄弱，资源较少，面临目前的需求和供给冲击以及金融条件急剧收紧的风险，部分国家的债务负担可能难以持续。

世界旅游组织（UNWTO）于2020年3月26日发布了COVID－19（新冠肺炎）对国际旅游市场可能产生影响的最新评估，考虑到全球对旅行限制前所未见，UNWTO 预计 2020 年国际游客人数同比将下降 20% 至 30%，这意味着国际旅游收入（出口）将下跌 300 亿至 450 亿美元。

2020 年 4 月，国际劳工组织预测，2020 年第二季度全球总工作时数缩减 6.7%，相当于 1.95 亿人的工作时数，其中亚太地区占 1.25 亿。国际劳工组织公布的最新研究报告指出，在新冠肺炎疫情下全球有 81% 的雇员受影响，失业人数则明显会比较早前预测的 2500 万人增多，是自第二次世界大战以来最严重的失业危机。报告指出，在疫情期间最受冲击的行业包括住宿、餐饮、制造及零售业。

（二）澳门经济展望

2020 年初暴发疫情前，澳门特区 GDP 已经出现按年实质收缩 4.7%。2019 年第 4 季度澳门本地生产总值（GDP）按年实质收缩 8.1%，较前一季度跌幅扩大，主要是服务出口进一步下跌所致。

2019 年第 4 季度私人消费的增长平稳。居民耐用品消费跌幅收紧，但在外消费支出由升转跌，整体私人消费支出按年增长 2.7%，升幅较上季度微跌；住户在本地最终消费支出上升 3.1%，在外地最终消费支出则下跌 1.9%。政府最终消费支出保持增长，按年上升 1.9%，其中雇员报酬增加 2.4%，购入货物及服务净值上升 1.5%。固定资产投资跌幅扩大，2019 年第 4 季度固定资本形成总额按年实质下跌 14.5%，其中建筑投资及设备投资分别按年收缩 16.4% 及 6.7%。住宅项目投资减少以及不动产经营毛利相应下跌，致使私人建筑投资下跌 30.0%；私人设备投资则增加 0.7%。一方面，政府建筑投资上升 23.5%，设备投资则减少 16.5%。货物贸易表现疲软。私人消费虽维持增长，但投资持续下跌，令货物进口温和上升 2.8%；外部需求放缓，货物出口下跌 6.2%。服务出口跌幅扩大，受外围因素影响，旅客入境人次及人均消费均下跌，其他旅游服务出口按年下跌 7.0%。另一方面，受贵宾厅业务拖累，博彩服务出口按年下跌 9.8%；服务进口亦按年下跌 4.5%。

由于澳门特区经济增长主要依赖博彩旅游服务出口带动，2020 年 1 至 2

月累计，入境旅客为3006859人次，同比大幅下跌56.9%。2020年首季幸运博彩毛收入累计仅有304.86亿澳元，同比大幅下跌60%。展望2020年澳门本地生产总值预期将有双位数跌幅。

二　澳门餐饮市场现况与经营展望

根据澳门统计局公布的有关特区产业结构最新（2018）统计，三次产业结构比重分别是0∶5.1∶94.9。其中，餐饮业比重为1.63%（见表1）。

表1　澳门特区产业结构（2018）

单位：%

行业	比重	行业	比重
博彩及博彩中介业	50.52	餐租赁及工商服务业	4.74
不动产业务	9.59	餐饮业	1.63
批发及零售业	5.83	其他行业	22.37
银行业	5.32		

资料来源：澳门特区统计局。

根据第16/96/M号法令第六条，澳门特区餐饮类场所分为第一组——餐厅：豪华、一级及二级；第四组——饮料场所，第五组——饮食场所。第一组为提供主餐业务之场所，尤其是指国际上通称为咖啡屋、自助餐厅及同类之场所。第四组为以提供饮料为基本业务并可提供简单餐食之场所，尤其是指称为咖啡室、冰室、饼店及茶馆之场所。第五组为提供餐食业务而设施及设备不符合可定为餐厅之规定，但符合规章所定最低要求之场所，尤其是指称为粥面店及饭店之场所。

2020年3月31日由澳门特区政府监管部门发出之各类餐饮营业场所牌照共有2694个。

2019年12月至2020年2月，共有22800人从事餐饮行业，人数较上一期（2019年11月至2020年1月）下跌了4.4%。

为了解疫情期间澳门餐饮业经营状态，澳门餐饮业联合商会于2020年

2 月 12 日通过电话成功访问 922 家当地持牌餐饮商户，受访商户数量占行业商户总数的约 34%。

受访商户中有 30.04% 表示因疫情影响需暂停营业（见表 2），澳门餐饮业遭受到新冠肺炎疫情沉重打击。疫情期间外需及内需同时大幅下滑，现金流入骤降，资金链断裂走向停业或歇业的餐饮商户数字不断上升。其中也有少数规模较小、主要服务同一小区顾客以提供基础餐点服务为主的商户，则通过顾客自取或与电商平台合作，加大外卖业务比例，得以维持基本营运，但由于一般传统餐饮商户业务当中外卖仅占二至三成，总体营业额不太可能回复正常水平。

表 2　疫情期间受访澳门餐饮业营业状态

单位：%

疫情期间营业状态	比重
正常营业	68.54
仅外卖	1.4
暂停营业	30.04

资料来源：澳门餐饮业联合商会。

受访餐饮商户提出希望政府推出以下 6 项应对疫情援助业界措施：贷款利息补贴，并放宽政府现有各项中小企业援助计划申请条件；原有外雇配额未及填补人手可做弹性处理，并在疫后加快处理业界的外雇配额申请；减免政府各项税费，以及加大补贴水电费；管理好疫情期间高涨的尤其是食品物价；适时推出消费券，资助社团为本澳居民举办本地游活动等以盘活疫后内需经济；提供一次性无偿经济援助。

澳门餐饮市场同时需要内需及外需的支持。根据最新的统计数据，2017 年，澳门餐饮业的旅游比重为 47.4%。旅游比重是直接旅游消费占供应的百分比，用以反映旅客需求的重要性，行业比重越高，意味着该行业的营收越依赖游客的消费贡献。

2019 年入境澳门旅客总消费为 64077000000 澳元，同比下跌 8.05%；

同期，旅客留澳期间用于餐饮的人均消费为604澳元，同比下跌8.9%。

展望2020年，澳门餐饮业入境旅客人次及旅客人均用于餐饮消费预期均会下滑，同时，本地居民在疫情期间外出用餐减少，用餐消费因收入受压而趋于谨慎，全年餐饮业营收呈较大幅度下跌的机会随疫情未能在短期内结束而增加。

三 澳门特区政府应对疫情的经济政策措施

根据疫情发展形势，2020年2月3日，中共中央政治局常务委员会召开会议，研究加强新型冠状病毒感染的肺炎疫情防控工作。会议明确指出，各级党委和政府要继续为实现2020年经济社会发展目标任务而努力。要密切监测经济运行状况，聚焦疫情对经济运行带来的冲击和影响，围绕做好“六稳”工作，做好应对各种复杂困难局面的准备。提出防控疫情是当前最重要的工作，但不意味着不要经济、不要发展。在防控疫情阻击战的关键时刻，既要一手抓防疫，也要一手抓经济，才能保障疫情防控工作的迅速推进和保证如期完成发展的既定目标。①

2020年4月上旬，中央应对新冠肺炎疫情工作领导小组印发《关于在有效防控疫情的同时积极有序推进复工复产的指导意见》（以下简称《意见》）。《意见》指出，各地区各部门要按照党中央、国务院决策部署，贯彻“外防输入、内防反弹”的总体防控策略，统筹疫情防控和经济社会发展，在防控常态化条件下加快恢复生产生活秩序，积极有序推进复工复产。

从经济层面分析，特区经济增长主要靠外需带动，内地是本澳服务贸易出口最大市场，在疫情期间本地经济活动不可避免减慢或暂停，与旅游相关的行业包括博彩、交通客运、景点区的餐饮、住宿、零售等行业首当其冲。

在中央的支持下，特区政府在疫情期间及时采取了有效应对措施，采购

① 中华人民共和国中央人民政府网站2020年2月3日关于“中共中央政治局常务委员会召开会议研究加强新型冠状病毒感染的肺炎疫情防控工作习近平主持会议”报道（http://www.gov.cn/xinwen/2020-02/03/content_5474309.htm）。

充足的防疫物资让前线医护人员及市民安心工作与生活，又管控好出入境人流和暂时关闭部分人流集中场所，并推出减免税费与刺激消费等积极财政政策，让疫情至今未见在小区蔓延，同时借此舒缓经济下行压力。

为应对此次新型冠状病毒肺炎疫情对市民生活和中小企业经营带来的影响，澳门特区政府于2020年初采取了首轮减免税费、支持信贷、鼓励消费的措施，涉及金额将近四百亿澳元。

随着国外新冠肺炎疫情不断扩散，为防止境外输入性病例的增加，香港特区和广东省都采取了新的出入境管控防疫措施，使澳门经济进一步受到影响。特区政府随即安排第二轮抗疫援助专项基金，对受疫情影响而在生活或经营上有困难的澳门居民和企业商户提供援助，以及对防疫抗疫工作给予财政上更有力、更快捷的支持。

因此次疫情，截至2020年4月，澳门特区政府采取稳定经济与扶助企业的财政政策（替代针对特定行业的措施），详列如下：

消费补贴计划：向每位澳门居民派发合计8000澳元的消费补贴（电子消费卡）。

提前发放现金分享：提前于本年四月起依次发放。每名永久性居民发放MOP10000及每名非永久性居民发放MOP6000。

住宅水电费减免措施：减免住宅用户本年3至4月发单月份所涉及的水费，以及5至6月发单月份所涉及的一半水费。减免住宅用户本年3至5月发单月份所涉及的电费。

企业商号水电费补贴措施：本年5至6月发单月份所涉及的水费，以及7至8月发单月份所涉及的一半水费，水费补贴上限为每户每月3000元；补贴非住宅用户本年3至5月发单月份所涉及的电费，电费补贴上限则为每户每月10000澳元。

调整各项援助计划的还款措施：经济局推出“调整各项援助计划的还款”短期措施。对于尚未完成还款的《中小企业援助计划》、《青年创业援助计划》及《受〈天鸽〉风灾影响的中小企业特别援助计划》的受惠企业，可向经济局提出将最近一期未偿还的援助款项申请下调至1000澳元，余欠款项将在余下的还款期内平均摊还。

中小企业援助计划：经济局工商业发展基金为中小企业提供免息财务援助，最长 8 年，最高 60 万澳元。

修改《中小企业银行贷款利息补贴计划》：由经济局工商业发展基金负责。《中小企业信用保证计划》为每一受惠企业提供上限为所申请的银行贷款额 70% 的信用保证；最高信用保证额达澳门币 490 万元。《中小企业专项信用保证计划》为中小企业专项资金需求提供最高达 100% 的银行信贷保证。每笔承保贷款上限为澳门币 100 万元。

利息补贴贷款计划：符合资格的澳门中小企业，如于 2020 年 2 月 1 日或之后获得澳门持牌银行贷放一笔用于应对新型冠状肺炎病毒感染的款项，可自 2020 年 3 月 17 日起的 6 个月内通过银行申请利息补贴。利息补贴贷款金额上限为 200 万澳元，补贴期最长为 3 年，年补贴率上限为四厘，计划申请期由 2020 年 3 月 17 日开始至 9 月 17 日结束。

抗疫援助专项基金：第二轮抗疫经济援助措施，涉及 136 亿澳元，包括向符合资格本地雇员派 15000 澳元，自由职业者派 10000 澳元，企业按雇员人数获派 15000 澳元至 20 万澳元。

四　政策建议

2009 年甲型 H1N1 流感在美洲地区暴发，当年美国有 101182 宗确诊个案，导致 2544 人死亡，有美国研究机构于 2010 年 3 月发表一份关于大型传染病对经济和政策影响的研究报告提出，疫情是通过：一是供给侧，劳动力及生产活动受压导致生产力和产量下降；二是需求侧，收入和消费活动减少，总体需求下跌；三是供给与需求侧，所造成的人命损失令总体供给和需求同时受损，抑制了经济发展。

疫情始终会结束，为降低疫情对经济及餐饮市场的供给侧与需求侧的影响，以及避免一些短期打击成为中长期影响，建议政府及时在疫情期间及疫后实施积极财政政策、稳定金融市场措施，以及制定具有针对性的产业/行业援助与振兴政策，以保存和发展餐饮市场的供给与需求能力。疫情也不可避免地改变了餐饮市场的一些消费行为，消费者会更在意餐饮产品本身的卫生与健康因素和用餐环境的整洁、卫生条件，餐饮行业需要总结本次疫情防控经验，关注消费者消费行为的改变并予以积极配合，同时亦需提升在线与消费者对话、沟通和外卖配送的能力。

以旅游服务贸易出口为主要推动经济增长动力的澳门特区经济受到疫情较大的冲击，食、住、行、游、购、娱等与旅游相关的供给侧与需求侧受到不同程度的冲击，澳门各界积极配合政府防控措施，同时，有序恢复各类内需经济活动，以及加大公共财政支出，尤其是用于市内道路与跨境基建设施，尽量降低疫情对供给侧的冲击，并同时为迎来在疫情结束后本澳旅游服务贸易出口增长奠定良好的发展基础。

B.8

2019年东北三省餐饮产业发展报告

朱桂凤　于晓非　梁国庆*

摘　要： 2014～2019年，中国餐饮业迎来了前所未有的发展新阶段，面对这样的黄金周期，东北三省的餐饮业虽有个案的繁荣和增长，但整体却呈现下滑态势，并且与内地发展快速省份的差距逐步拉大。根据东北三省餐饮业方面的具体数据，我们以动态的方式观察分析东北三省餐饮业各项指标的变化，以此剖析东北三省餐饮产业的营收规模、投资主体、消费结构等方面的发展现状；通过对东北三省餐饮业不同细分行业的研究，得出东北三省呈现不同的消费结构和趋势，并衍生出递进的发展模式；在东北三省投资主体上，也表现出具有差异化的多元投资主体的特征；在恩格尔系数表现上，东北三省历年来城乡恩格尔系数均高于全国城乡恩格尔系数，这表明东北三省城乡内的家庭面临着品质化消费转变的新机遇。

关键词： 东北三省　餐饮产业　消费结构　恩格尔系数

---

* 朱桂凤，黑龙江大学历史文化旅游学院教授，中国史硕士生导师，旅游文化产业发展教研室主任，黑龙江大学中华饮食文化研究中心主任，主要从事饮食文化、文化遗产、文化产业等内容的教学和科研工作；于晓非，黑龙江广播电视台记者，世界中餐业联合会东北亚餐饮产业委员会秘书长，主要从事东北地区旅游、绿色食材、餐饮行业发展传播工作，推动饮食文化、文化遗产、文化产业等融合发展；梁国庆，黑龙江大学中国史专业2018级硕士研究生，主要从事旅游投融资、旅游文化研究。
特别鸣谢：黑龙江省商务厅、吉林省商务厅、辽宁省商务厅，黑龙江省餐饮烹饪行业协会、吉林省饭店餐饮协会、辽宁省饭店餐饮协会、花椒学院创始人滕飞、老厨家·滨江官膳传统厨艺非遗代表性传承人郑树国先生、餐企问道创始人刘春年先生对本文的贡献。

一　东北三省针对餐饮业出台的相关政策

东北三省结合各自省的经济发展基础和现状，针对文旅和餐饮出台的政策有着明显的不同之处。总体来看，三省对第三产业的发展都很重视，并对餐饮业也有所侧重和给予了一定的支持，但基本都是作为“旅游+”“生态+”“文创+”等项目的附属品出现的，这表明，餐饮业在东北三省省级政府推动地方经济发展的战略中，并没有成为重要的内容和手段。

1. 黑龙江省“旅游+餐饮”的政策

一直以来，黑龙江省始终是中国重要的粮食生产基地，作为国家粮仓的“压舱石”，农业生产一直是区域经济发展的重中之重。随着人民日益增长的对美好生活的需要和不平衡不充分的发展之间的这一矛盾问题的提出，全国产业结构进行了大的调整，以文旅业为龙头的第三产业已经上升为国民经济的支柱产业。因而黑龙江省区域经济发展同样面临新的发展机遇和挑战。结合本区域自然环境和资源优势，在重视农业发展的基础上，针对如何发展第三产业，黑龙江省“十三五”规划中指出：将推动农业发展方式从数量向数量、质量并重转变，打造国家现代农业生产基地，实现建设农业强省的目标要求。《黑龙江省旅游业“十三五”发展规划》（黑旅规发〔2018〕3号）文件指出：“‘发展旅游+餐饮’，推动产业融合发展。发挥黑龙江省绿色资源优势，做精、做细、做优龙江特色餐饮品牌以及开展旅游食品聚集街（区）、特色街（区）建设。”①

2. 吉林省服务体系发展规划中的餐饮政策

吉林省地处东北三省的中间，承上黑龙江省，启下辽宁省，成为中国“一带一路”向北开放的重要窗口。近些年在产业结构调整中，吉林省在保留了原有老工业基地中汽车、石化、食品、装备制造和医药保健这五大产业重点优势项目的基础上，加快发展加工制造业，并将生态建设作为发展的重

① 摘自《黑龙江省旅游业“十三五”发展规划》（黑旅规发〔2018〕3号）文件。

中之重。做好第三产业中生态旅游这一亮点，吉林省从服务入手，在服务业方面出台的政策较多，先后出台了《关于印发〈吉林省服务业发展三年行动计划〉的通知》（吉政办发〔2014〕30号）、《吉林省人民政府关于加快发展生产性服务业促进产业结构调整升级的实施意见》（吉政发〔2015〕23号）等一系列政策，集中各类要素向服务业倾斜。《吉林省服务业发展“十三五”规划》（吉政办发〔2017〕26号）中直接指出：“积极构建多层次、多样化的住宿餐饮业发展格局，以快餐、连锁餐饮龙头企业为依托，加快推进大众餐饮的规模化发展，推动早餐示范工程建设。”

3. 辽宁省绿色发展道路中的餐饮政策

同样是中国老工业基地的辽宁省，几乎拥有全国工业行业最全的门类；“六山一水三分田”的地貌形态，是该省发展农业、畜牧业、渔业、海产、水果等特种产品的先天良好的自然条件；由于地理位置的优势，辽宁省又是中国东部地区对外开放的窗口；沈阳、锦州等纵横交错便捷的铁路和公路网，大连港、营口港、丹东港、锦州港、葫芦岛港等对外、对内港口组成的港口群，使得辽宁省当之无愧地成为东北地区通往关内、关外的交通要道和连接欧亚大陆桥的重要门户。在多种产业结构并存的优势下，辽宁省坚持走绿色发展道路，推进蓝天工程，并在加快推进美丽辽宁建设中，对餐饮业和住宿业给予了一定的关注，出台的《辽宁省服务业发展“十三五”规划》（辽政办发〔2016〕76号）指出：“要创新经营服务方式，加快餐饮等传统行业转型升级。发展大众化餐饮，推行连锁等现代经营方式，重点培育建设50家主食加工配送中心和早餐龙头企业，引导扶持100家有特色、有品牌的餐饮连锁企业集团。”

二　多重数据下的东北三省餐饮业发展现状

总体看，虽然黑、吉、辽三省的餐饮业在区域经济发展中没有成为第三产业中的重要产业，但凭借餐饮业自身的行业特点和借势其他行业的发展，餐饮业仍然取得了良好的成效，并越来越彰显出其自身的潜力和即将成为拉动地方经济发展的强力。对此，我们通过分析2014～2019年东北三省餐饮业市场的规模状况，以及对东北三省餐饮业各项指标的动态与变化分析，剖析东北三省餐饮业流量特征、消费结构情况等，以期从东北三省餐饮业动态变化的视角，宏观分析认识东北三省餐饮业在全国餐饮市场的现实状况和发展趋势，以此来使地方政府在今后的经济发展中能够给予餐饮业一个正确的定位，使其发挥出更大的作用。

（一）黑龙江省餐饮业发展现状

1. 餐饮产业已成为拉动地区 GDP 增长的新引擎

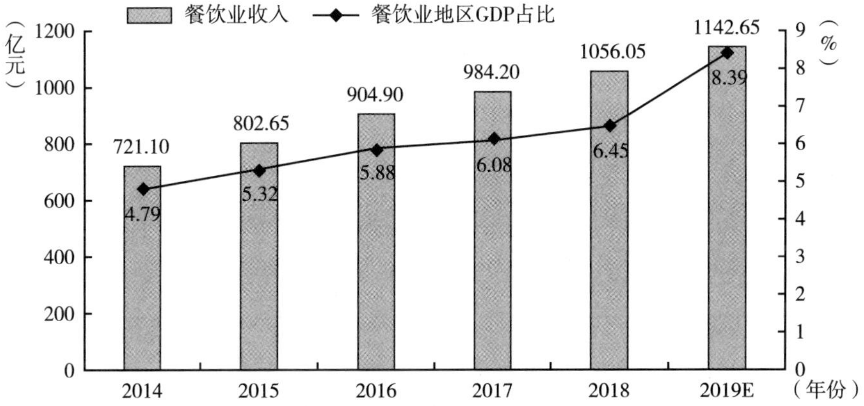

图1　2014～2019年黑龙江省餐饮业市场规模与地区 GDP 占比

注：由于价格等因素的影响，部分年份增速与实际计算结果不一致，但为了保持数据的完整性，本文对引用的统计公报数据均不做处理，下同。

资料来源：黑龙江省2014～2019年国民经济和社会发展统计公报。

从图1可以看出，餐饮业不仅是第三产业中的重要组成部分，而且已成为拉动黑龙江 GDP 增长的新引擎。2014～2019年，黑龙江省餐饮业不论是产业规模还是 GDP 占比，甚至是增速，均呈现较好的增长势头。近4年的数据情况如下：

（1）2015年，产业规模为802.65亿元，占地区 GDP 的5.32%；

（2）2016年，产业规模为904.90亿元，占地区 GDP 的5.88%；

（3）2017 年，产业规模为 984.20 亿元，占地区 GDP 的 6.08%；

（4）2018 年，产业规模为 1056.05 亿元，占地区 GDP 的 6.45%。

2. 城乡居民恩格尔系数呈下降趋势

恩格尔系数自 19 世纪被提出以来，已经被作为衡量一个家庭或一个国家富裕程度的主要标准之一。恩格尔系数是一个家庭食品支出总额占个人消费支出总额的比重。一般而言，在其他条件相同的情况下，恩格尔系数越高，说明家庭用在食物支出上的金额越多，家庭越穷；反之，恩格尔系数越低，说明家庭用在食物支出上的金额越少，家庭越富裕。

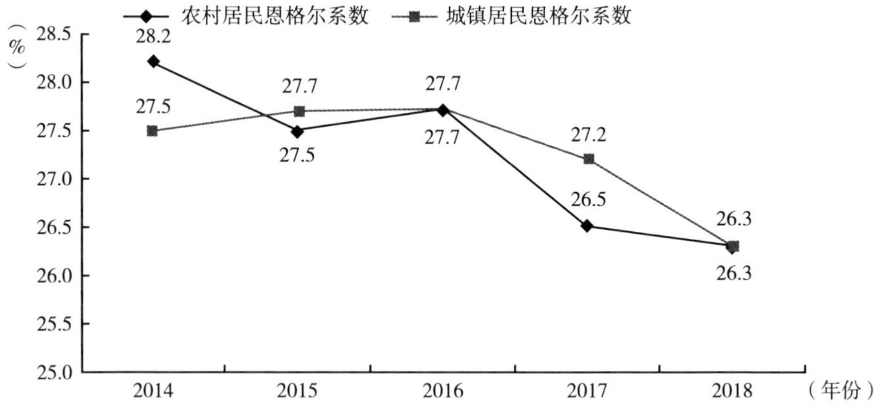

图 2　2014～2018 年黑龙江省城乡恩格尔系数

资料来源：黑龙江省统计局。

从图 2 数据来看，在 2014～2018 年间，起初黑龙江省农村恩格尔系数高于城镇恩格尔系数；随后城镇恩格尔系数高于农村恩格尔系数，而后两者相交达到平衡。自 1985 年黑龙江省有城乡恩格尔系数统计以来，黑龙江省农村和城镇恩格尔系数分别下降 31 个百分点和 26 个百分点。总体而言，黑龙江省城镇恩格尔系数呈现抛物线形状；农村恩格尔系数呈现不规则梯形，且低于城镇，但城乡恩格尔系数总体呈现下降趋势。

3. 形成以正餐服务业为主导，整体餐饮体量较小的局面

我们再通过表 1　2017 年黑龙江省限额以上餐饮企业财务主要数据情

况，对正餐服务、快餐服务、饮料及冷饮服务、其他餐饮服务所获取的数据进行对比分析。

表 1　2017 年黑龙江省限额以上餐饮企业财务主要数据情况

项目	从业人数(人)	营业额(万元)	餐费收入(万元)
正餐服务	4523	96570	74625
快餐服务	911	20148	20148
饮料及冷饮服务	28	239	239
其他餐饮服务	28	420	420

资料来源：黑龙江省 2018 年统计年鉴。

数据显示，2017 年，黑龙江省限额以上餐饮企业除正餐规模较大外，其余体量均较小。总体而言，黑龙江省餐饮业形成了以正餐服务业为主导，整体体量较小的局面。

（二）吉林省餐饮业发展现状

1. 餐饮产业规模总量和地区 GDP 占比稳定增长

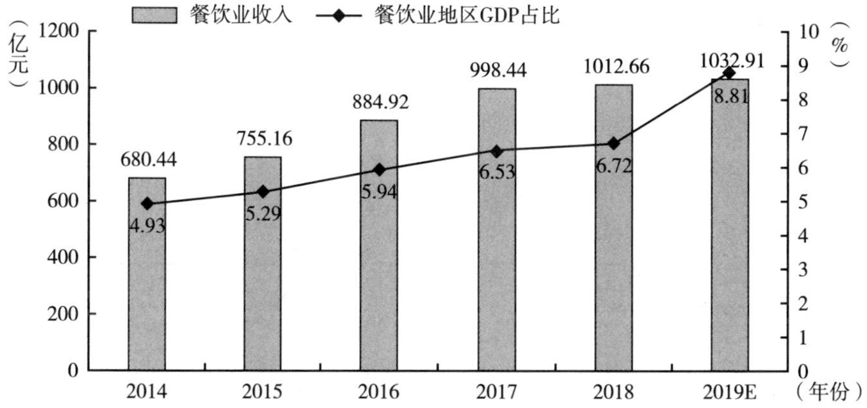

图 3　2014～2019 年吉林省餐饮业市场规模与地区 GDP 占比

资料来源：吉林省 2014～2019 年国民经济和社会发展统计公报。

从图 3 数据可以看出，在 2014～2019 年，吉林省餐饮业收入在整体上呈现增长趋势的同时，在地区产值中的占比也在稳步增长。2015～2018 年的数据情况如下：

（1）2015年，产业规模为755.16亿元，占地区GDP的5.29%；

（2）2016年，产业规模为884.92亿元，占地区GDP的5.94%；

（3）2017年，产业规模为998.44亿元，占地区GDP的6.53%；

（4）2018年，产业规模为1012.66亿元，占地区GDP的6.72%。

2. 民营餐饮企业成为吉林省餐饮业中坚力量

表2　2017年吉林省城镇非私营*餐饮业从业人数及占比

项目	餐饮业(人)	比重(%)
从业人员人数合计	9381	100.00
国有经济单位	1361	14.51
城镇集体经济单位	237	2.53
民营经济单位	7783	82.96

资料来源：吉林省2018年统计年鉴。

*城镇地区全部非私营法人单位，具体包括国有单位、城镇集体单位、联营经济、股份制经济（非私营）、外商投资经济、港澳台投资经济等法人单位。

表2数据显示，2017年吉林省城镇非私营餐饮业从业人员约有9381人，其中国有和城镇集体经济餐饮从业人员为1598人，占比约为17.04%；其余约82.96%在民营餐饮企业。由此可见，吉林省民营餐饮企业已经成长为吉林省餐饮业的中坚力量。

表3　2017年吉林省城镇非私营餐饮业年人均工资

单位：元，%

项目	餐饮业	比重
从业人员年均工资	37062	—
国有经济单位	41465	111.88
城镇集体经济单位	30536	82.39
其他经济单位	36464	98.39

资料来源：吉林省2018年统计年鉴。

表3数据显示，2017年吉林省城镇非私营餐饮业从业人员年均工资约为3.71万元。而国有经济单位餐饮人员年均工资最高约为4.15万元，其次

是民营餐饮企业和城镇集体经济餐饮企业，年人均工资分别为3.65万元和3.05万元。可见，民营餐饮企业年人均工资已经超越城镇集体经济餐饮企业，且增长空间还有望进一步提升。

3. 城乡居民恩格尔系数逐年下降，且城镇小于农村

图4数据显示，2014～2018年，吉林省城乡居民恩格尔系数整体呈现下降趋势，且农村恩格尔系数下降幅度大于城镇，城镇恩格尔系数整体小于农村恩格尔系数。总体而言，吉林省城乡居民在家庭食品支出上的比重逐年减少，但城镇和农村家庭在食品开支上尚存在较大差距。

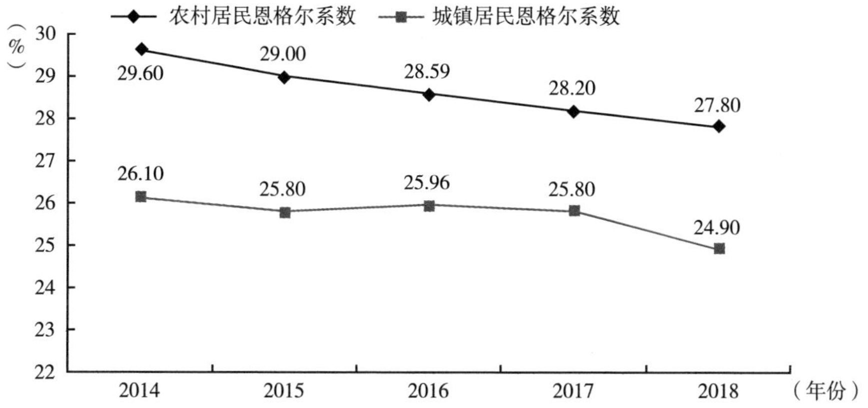

图4　2014～2018年吉林省城乡恩格尔系数

资料来源：辽宁省2018年统计年鉴。

4. 形成以正餐服务业为主导、快餐服务业辅之的局面

表4　2017年吉林省限额以上餐饮企业财务主要数据情况

单位：万元

项目	餐费收入	主营业务收入	营业利润
正餐服务	177545	223747	1961
快餐服务	31480	30673	1435
饮料及冷饮服务	254	247	9
其他餐饮服务	6726	6091	221

资料来源：吉林省2018年统计年鉴。

表4数据显示，2017年，吉林省限额以上餐饮企业不同细分行业主要财务数据呈现上下波动的状况，尤其是正餐服务包括餐费收入和主营业务收入在内的核心财务数据均出现下滑趋势，但饮料及冷饮服务和其他餐饮服务核心财务数据呈现上升趋势。总体而言，吉林省餐饮业形成了以正餐服务业为主导、快餐服务业辅之的局面。

（三）辽宁省餐饮业发展现状

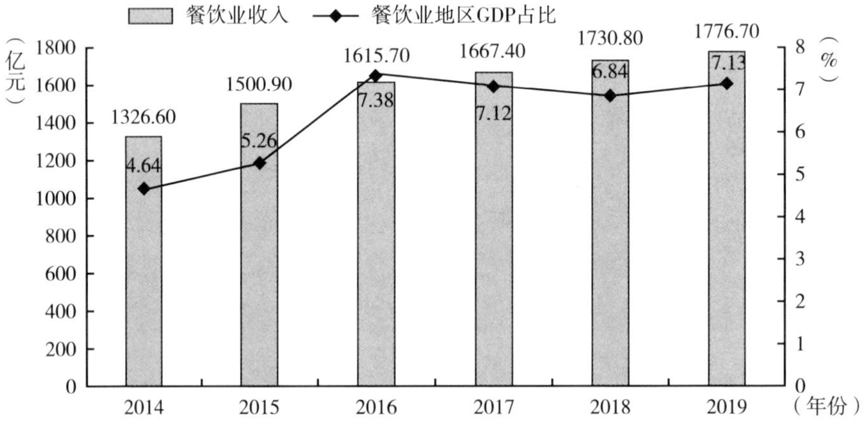

图5　2014～2019年辽宁省餐饮业市场规模与地区GDP占比

资料来源：辽宁省2014～2019年国民经济和社会发展统计公报。

1. 餐饮产业规模总量稳定增长

从图5可以看出，2014～2019年，辽宁省餐饮业收入整体呈现增长趋势，但在地区GDP占比中呈现先增长后下降的趋势。辽宁省近5年餐饮业年均增长率为7.10%，远高于地区生产总值的3.18%。近5年数据情况如下：

（1）2015年，产业规模为1500.90亿元，占地区GDP的5.26%；

（2）2016年，产业规模为1615.70亿元，占地区GDP的7.38%；

（3）2017年，产业规模为1667.40亿元，占地区GDP的7.12%；

（4）2018年，产业规模为1730.80亿元，占地区GDP的6.84%；

（5）2019年，产业规模为1776.70亿元，占地区GDP的7.13%。

2. 民营餐饮企业成为辽宁省餐饮业中坚力量

表 5　2017 年辽宁省城镇非私营餐饮业从业人数及占比

项目	餐饮业(人)	比重(%)
从业人员人数合计	19726	100.00
国有经济单位	3148	15.96
城镇集体经济单位	178	0.90
民营经济单位	16400	83.14

资料来源：辽宁省 2018 年统计年鉴。

表 5 数据显示，2017 年辽宁省城镇非私营餐饮业从业人员约有 1.97 万人，其中国有和城镇集体经济餐饮从业人员为 3326 人，占比约为 16.86%；剩余约 1.64 万人、占比约 83.14% 的是民营餐饮企业。显然，辽宁省民营餐饮企业已经成长为辽宁省餐饮业的中坚力量。

表 6　2017 年辽宁省城镇非私营餐饮业年人均工资

单位：元，%

项目	餐饮业	比重
从业人员年均工资	39963	—
国有经济单位	58424	146.20
城镇集体经济单位	32952	82.46
民营经济单位	36600	91.58

资料来源：辽宁省 2018 年统计年鉴。

表 6 数据显示，2017 年辽宁省城镇非私营餐饮业从业人员年均工资约为 4.00 万元。而国有经济单位餐饮人员年均工资最高约为 5.84 万元，其次是民营餐饮企业和城镇集体经济餐饮企业，年人均工资分别为 3.66 万元和 3.30 万元。可见，民营餐饮企业年人均工资已经超越城镇集体经济餐饮企业，且增长空间有望进一步提升。

3. 形成以固定资产投资为主的地方内资自筹投资主体

表 7　2017 年辽宁省餐饮业固定资产投资用途、隶属和来源

单位：万元，%

项目	餐饮业	比重
固定资产投资额合计	67953	100.00
用途:(1)建筑安装工程投资	53907	79.33
(2)设备工器具购置	9237	13.59
(3)其他费用	4809	7.08
隶属:(1)地方	67953	100.00
(2)地方内资	61033	89.82
(3)个体经营	6920	10.18
来源:(1):资金来源合计	69607	100.00
(2)国家预算资金	500	0.72
(3)自筹资金	69107	99.28

资料来源：辽宁省 2018 年统计年鉴。

表 7 数据显示，2017 年辽宁省餐饮业固定资产投资金额为 67953 万元，其中 79.33% 的资金用于建筑安装工程投资。从资金隶属关系来看，89.82% 的资金隶属于地方内资，且无外资参与；资金来源方面，主要有国家预算资金和自筹资金两种途径，其中 99.28% 的资金是自筹资金。总体而言，辽宁省餐饮业已经形成以固定资产投资为主的地方内资自筹投资主体。

4. 城乡居民恩格尔系数逐年下降，且农村小于城镇

图 6 数据显示，2014～2018 年，辽宁省城乡居民恩格尔系数整体呈现下降趋势，且农村恩格尔系数下降幅度大于城镇。自 1985 年辽宁省有城乡恩格尔系数统计以来，辽宁省农村和城镇恩格尔系数分别下降 25 个百分点和 27 个百分点。总体而言，辽宁省城乡居民在家庭食品支出上的比重逐年减少，人民在解决温饱的同时，逐步走上小康社会。2019 年，辽宁省居民人均可支配收入为 31820 元。其中，城镇居民人均可支配收入为 39777 元，农村居民人均可支配收入为 16108 元，城乡居民人均可支配收入差额为 23669 元。

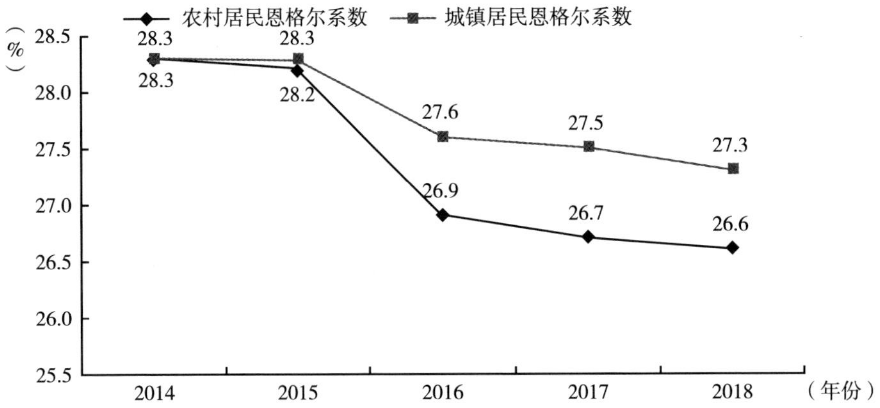

图6　2014～2018年辽宁省城乡恩格尔系数

资料来源：辽宁省2018年统计年鉴。

5. 正餐依然占据就业主导地位，但快餐成消费主流

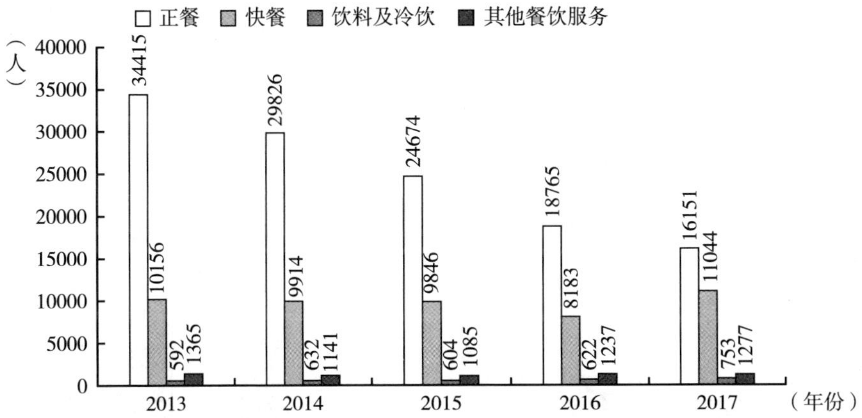

图7　2013～2017年辽宁省限额以上餐饮企业就业人数

资料来源：辽宁省2018年统计年鉴。

图7数据显示，2013～2017年，辽宁省限额以上[①]餐饮业的就业情况不容乐观，总体就业人数呈现大幅下降趋势。尤其是正餐就业人数逐年下降，

① 我国餐饮业统计报表制度，对纳入定期统计报表范围的餐饮企业的销售（营业）额及从业人员标准作出了明确的规定：餐饮业：年营业总收入200万元以上，同时年末从业人员40人以上。

2017 年正餐就业人数仅为 2013 年的 46.93%。其余，快餐、饮料及冷饮等餐饮企业就业人数基本稳定。另外，根据 2017 年的数据，快餐服务业的餐费收入是正餐的 3 倍左右，营业利润是正餐的 2.7 倍左右，且为正向盈利。总而言之，辽宁省在限额以上餐饮企业方面呈现整体带动就业人数逐年减少的同时，快餐餐费收入和营业利润占主导地位趋势，正餐屈居第二位。这表明，在信息“快消时代”，餐饮消费结构也在悄然发生变化，逐步走向快消费时尚的轨道。

三 东北三省餐饮业发展情况分析

（一）东北三省餐饮业整体呈下滑态势

从 2014 年至 2019 年东北三省餐饮业收入情况来看，辽宁省餐饮业收入最高，三省餐饮业总收入均处于稳定增长中，但与全国餐饮业相比仍有较大差距。自 2014 年占全国餐饮业的 9.79% 下降到 2019 年的 8.46%，6 年时间，下降了约 1.33 个百分点（见图 8）。

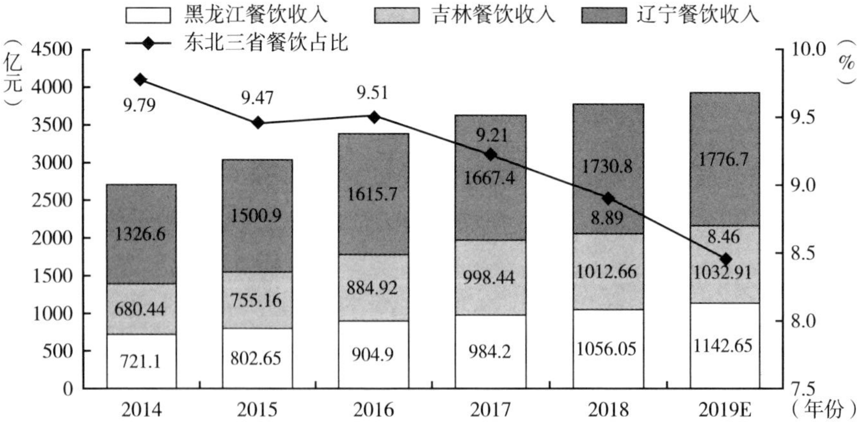

图 8 2014～2019 年东北三省餐饮业市场规模与全国占比

资料来源：东北三省 2014～2019 年国民经济和社会发展统计公报。

（二）东北三省餐饮业消费增速与全国差距正逐步拉大

从2014年至2019年东北三省餐饮业消费增速上来看，黑龙江省先是经历上升阶段，后下降，目前处于上升状态；辽宁省先是经历一段下坡阶段，目前处于上升爬坡阶段；而吉林省在初期经历一段上升期后，目前处于持续下降状态。总体而言，东北三省餐饮业增速处于较稳定状态，但与全国餐饮业增长形势相比，2017年成为分水岭，2017年前东北三省餐饮业平均增速基本高于全国餐饮业增速；2017年后，东北三省餐饮业平均增速均远低于全国餐饮业增速，且差距逐步拉大，整体形势不容乐观。振兴东北三省餐饮消费及相关产业，已成为当下亟待解决的问题（见图9）。

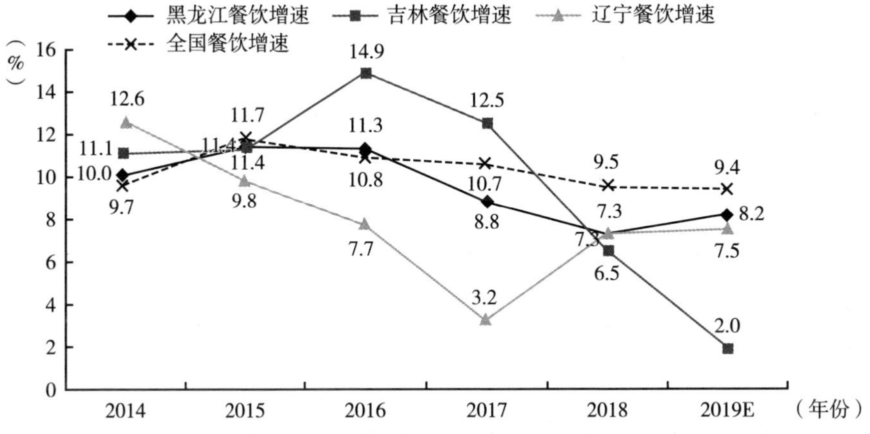

图9　2014～2019年东北三省与全国餐饮业增速对比

资料来源：东北三省、全国2014～2019年国民经济和社会发展统计公报。

（三）东北三省餐饮消费结构差异化较大

东北三省在餐饮消费结构方面，也呈现不同趋势。黑龙江省形成了以正餐服务业为主导的消费格局；吉林省形成了以正餐服务业为主导、快餐服务业辅之的局面；辽宁省形成了以快餐服务业为消费主流、正餐主导就业的格局。东北三省餐饮消费结构的变化，与当地居民的生活习惯、消费习惯、餐饮文化以及对外界消费观念的接纳程度等诸多方面有着密不可分的联系。由东北三省呈现的演进式餐饮消费趋势，并由此形成的东北三省特色迥异的消费结构，可以预见东北三省未来餐饮消费的主体将发生变化，这对于投资和研究东北三省餐饮市场具有较强的借鉴意义。

（四）东北三省餐饮投资差异多元化

餐饮业作为重资产投资项目，固定资产的投入是保证其能够长期运营的基石。东北三省近年来在餐饮企业固定资产的投资上也呈现不同的投资结构。黑龙江省餐饮业形成以地方内资为主导、个体经营投资为辅助的投资主体；吉林省餐饮业形成以内资私人控股投资为主体的投资结构；辽宁省餐饮业形成以地方内资自筹投资为主体的投资结构。东北三省在餐饮企业固定资产方面的投资结构，一定程度上反映了当地对餐饮业消费的重视和关注程度以及地方政府的开放力度，这对于引导外来资本进入具有一定的意义。

（五）东北三省本土成长的餐饮品牌在国内不乏佼佼者

近些年立足东北本土成长起来并在国内餐饮行业有着良好口碑和影响力的餐饮品牌主要有：黑龙江省走出来的喜家德水饺、杨国福麻辣烫、张亮麻辣烫、辣莊、无名缘米粉、将军牛排，吉林省的咱屯子锅台鱼、吉妈妈手擀面、伟大航路、米村，辽宁省的满宝馄饨、悦荟牛排、700cc。其中杨国福麻辣烫、张亮麻辣烫连锁店数量均超过5000家、无名缘米粉连锁店有3500家、喜家德水饺直营店超过500家。这些品牌在门店数量、年营业额、品类品牌影响力等方面均成为全国同品类的佼佼者。它们的经营规模从几百家店到几千家店不等，连锁加盟是其主要的经营模式。其经营特色或将非本土品类小吃做到极致，或将地方特色美食以长期主义理念做成精品，这种把住一条赛道将一个品类做深做透的坚持，彰显出东北餐饮人的执着。

（六）东北三省非遗、老字号餐饮品牌稳步发展，特色品类厚积薄发

在东北三省餐饮业中，非遗和老字号仍然占据重要地位，它们是地域特色餐饮的代表，是传承中华饮食文化、讲好中国故事的主力军。代表品牌有："沈阳市宝发园名菜馆，品牌名称'宝发园'；沈阳市沈河区马家烧麦馆，品牌名称'马烧麦'；沈阳市甘露饺子馆，品牌名称'甘露饺子'；沈阳老边饺子馆，品牌名称'老边饺子'。吉林省辽源市龙山区王宝长天津卫炭锅文化餐饮有限公司，品牌名称'宝长碳锅'；四平市李连贵风味大酒楼，品牌名称'李连贵'。黑龙江省哈尔滨老都一处餐饮有限责任公司，品牌名称'老都一处'；哈尔滨华梅西餐有限公司，品牌名称'华梅'；哈尔滨市北来顺餐饮有限责任公司，品牌名称'古教北来顺'；哈尔滨市老厨家道台食府，品牌名称'老厨家'；哈尔滨鲁福楼餐饮有限公司，品牌名称'鲁福楼'"①。另外还有哈尔滨金春大酒店，品牌名称"北派满汉全席"；黑龙江省年记餐饮管理有限公司，品牌名称"千叟宴火锅"；等等。其中"甘露饺子""老边饺子""马烧麦""李连贵""老都一处"为"中华老字号"。"辽菜传统烹饪技艺"在2014年被列入国家级非遗项目。

东北三省自古就有11个少数民族在此定居，它们的特色饮食成为餐饮行业中不可或缺的亮点。其中以满族、朝鲜族、回族等为代表，在辽宁、吉林和黑龙江都有其代表性的店面，特别是清真美食，不仅有厚重历史传承下来的老字号，更不乏充满活力的后起之秀，如哈尔滨的缤圣源，以经营清真菜为主，其菜品承袭了传统清真菜的本真，又与时俱进增加了新的内容，成为东北地区清真菜的代表。

此外，东北三省的西式餐饮在全国餐饮行业中，有着先天的优势，并且发展的趋势更加看好。2017年哈尔滨市被中国饭店协会授予"中国西餐之

---

① 朱桂凤、郑树国：《文化"三自"视野下的东北餐饮业老字号的发展之路》，《中国餐饮产业发展报告（2017）》，社会科学文献出版社，2017。

都”的称号，许多代表性店面如马迭尔、华梅、波特曼、塔道斯、露西亚、欧罗巴、92°俄式厨房等，都已经根植于食客的心中。

（七）东北三省政企校等多方助力餐饮业发展

1. 政府主导下的主要活动

2010～2019年在各级政府的主导下，东北美食节已经持续举办九届，以黑龙江、吉林、辽宁三省轮流坐庄的方式进行举办，极大促进了东北地区餐饮行业的发展。

黑龙江省在2016年、2017年连续两年举办餐饮博览会，2019年黑龙江省旅游发展大会也将饮食文化、烹饪大赛作为大会的重要组成部分。“龙菜”已成为黑龙江地方菜品牌，黑龙江省已成立龙菜产业协会、黑龙江省食文化研究会等行业、文化民间组织，编辑出版的《龙江饮食文化》，详细介绍了“龙菜”的历史与发展传承。2020年1月5日成功举办了首届“东北亚饮食文化高峰论坛”，从理论上强化餐饮业作为拉动地方经济发展引擎的作用，为东北地区文旅发展注入了新的内容和形式。除此之外，黑龙江省还充分发挥产粮大省的优势，贯彻黑龙江省委省政府“粮头食尾”战略，加快食材供应端与餐饮供应链结合上的布局，举办黑龙江省绿博会、黑龙江大米节、奶业展等供应链展会，针对餐饮集采定向举办东北（国际）好食材大会、中国农垦食材交易会。

吉林省2019年举办了吉菜发展20年庆典暨第四届冰雪美食节。延边州举办了2019年东北亚文化（中国·延边）旅游美食周。为推广和传播吉菜，吉林省2014年制定了10个吉菜省级标准，2015年又申请立项10个省级标准。1999～2008年，连续举办了十届吉菜美食节。吉林省还编辑出版了《中国吉菜》《中国吉林名厨大典》《吉菜故事》《吉林菜谱》《吉林面点》《吉林烹饪原料集》《满汉全席——传承与发展》等10余种吉菜文化类书籍。

辽宁省先后举办了辽宁美食节、厨师节，百强企业评定，老字号评定及研讨会，特色商业街区评定，大连国际海鲜产品博览会，大连国际啤酒节等活动，加快推进辽宁省餐饮业的发展步伐。通过辽宁国际投资贸易暨特色产品采购洽谈会和全省农产品产销对接会，实现一产、二产、三产产业链的建立；通过全省农商互联产销对接会推动餐饮供应链的建设。在饮食文化研究领域出版发行辽沈餐饮同盟编写的《美食家》、辽菜大师李春祥编写的《辽菜文化》、张奔腾大师编写的《红楼宴》等。

2. 多平台、多渠道联合行动

2018 年 1 月，在世界中餐业联合会的指导下，由花椒学院与东北三省头部餐饮企业创始人牵头，联合日本、韩国、俄罗斯、蒙古国、朝鲜等周边国家中餐业从业者，成立了世界中餐业联合会东北亚餐饮产业委员会，这为东北亚地区中餐文化推广交流搭建了一个全新的国际化平台，并将视野在立足东北三省的基础上，放眼于东北亚区域，扩大了格局。截至目前，花椒餐博大会业已成功举办了五届，这是东北亚地区规模最大的餐饮全产业盛会。每年全世界及国内 5 万余家餐饮企业与 1000 家严选食材供给链企业、数百家主流媒体，共襄盛会。大会由世界论坛、食材供应链博览会、连锁加盟展、东北亚颁奖盛典四部分组成。花椒餐博大会为东北餐饮产业的发展开启了新的对话窗口，输送了新的供应链，产生了新的共识圈，规划了新的强网络。

另外，哈尔滨商业大学旅游烹饪学院作为中国烹饪高等教育的发源地，一直在为中国的烹饪事业输送人才，在全国烹饪高等教育中占有举足轻重的地位。2019 年，黑龙江大学成立了“黑龙江大学中华饮食文化研究中心”，致力于区域饮食文化研究，做好基础调研，为政府决策提供有效的资料数据和建议，当好参谋，为餐饮行业发展助力。

3. 加大地方城市美食名片的扶持和推广力度

哈尔滨西式餐饮、齐齐哈尔烤肉美食、鸡西冷面、延边朝鲜风味、锦州烧烤、大连海鲜等等，这些东北各地种类繁多的美食，是极具地方城市基因的美食名片，但在发展中有的只是在本地享有名气，基本处于不温不火的状态，在国内难以与沙县小吃、兰州拉面、陕西肉夹馍、盱眙龙虾等相提并论。对这些特色美食的挖掘和整理，一定会成为带动地方经济发展的新增长点。各地美食节、啤酒节也要增加创新内容，去掉同质化的不利因素，将原有的不利条件变成有利因素，补齐制约东北三省餐饮业发展的短板，让东北三省的餐饮市场繁荣发展起来。

结语：餐饮业作为第三产业的重要行业之一，对扩大内需、安置就业、繁荣市场以及提高人民生活满足感等发挥了重要的作用。但从东北三省针对餐饮业方面出台的政策来看，显然与餐饮业发展需求并不匹配，尤其是缺少直接针对餐饮业的政策措施。因此建议东北三省加大政府在政策、财政方面的支持力度，包括规范制定区域餐饮行业标准，引导餐饮业健康有序发展，政府出资设立产业引导基金，加快区域餐饮业产业链升级换代，将三省现有的优势发挥出来，实现与国内乃至国际餐饮行业标准、服务、流程等多方面接轨。

年度热点篇

Annual Hot Topics

B.9

抓住机遇　调整策略，实现餐饮业高质量增长

王文江*

摘　要： 本年度餐饮业，遭受了新冠肺炎疫情的严重冲击。在国内疫情防控形势持续向好的背景下，复工复产正在逐步接近或达到正常水平，我国经济的巨大潜力与内在韧性正在显现，中国餐饮业的市场需求将逐步释放。中国餐饮业只要紧紧抓住机遇，认真反思、科学研判，就会迈出高质量发展的更大步伐。

关键词： 高质量发展　营养健康　餐桌文明　餐饮业

* 王文江，应用经济学博士后，世界中餐业联合会副秘书长兼行业发展与品牌建设办公室主任，主要研究领域为餐饮产业发展。

当前，国内疫情防控形势持续向好，本土疫情传播基本阻断；经济社会大局保持稳定，但境外疫情持续蔓延，世界经济陷入衰退，不稳定不确定因素显著增多，中国餐饮业面临新的困难和挑战。在新的形势下，餐饮业如何凭借特定的区域环境、自身的资源优势、创新的发展理念得以恢复与发展，是中国餐饮人面临的迫切课题。

一　国内市场消费降低，行业遭受严重冲击

（一）总结近年来春节消费经验，疫情之前餐饮业积极迎接黄金周

春节是一年之中的消费旺季，更是餐饮业的黄金周。近三年来，该时段全国零售与餐饮业表现不俗。据商务部监测，2017 年 1 月 27 日至 2 月 2 日（除夕至正月初六），全国零售和餐饮企业实现销售额约 8400 亿元，同比增长 11.4%；2018 年 2 月 15 日至 21 日（除夕至正月初六），同比增长 10.2%；2019 年 2 月 4 日至 10 日（除夕至正月初六），全国零售和餐饮业实现收入 10050 亿元，首次突破万亿元，同比增长 8.5%。餐饮业的年夜饭、团圆饭、亲朋宴成为餐饮消费的市场主角。为了迎接 2020 年春节黄金周的到来，餐饮业认真研发菜品、大力提升服务水平、创新营销模式、购买原辅料等，期望为消费者带来优质的用餐体验。

（二）从业务关停限到逐步放开堂食，餐饮业经历了难熬的历史时期

新冠肺炎疫情暴发后，全国 31 个省、自治区、直辖市陆续宣布启动公共卫生事件一级响应机制。根据要求，居民大幅减少外出和就餐活动，对餐饮消费市场短期形成较大影响。2 月份中国餐饮业市场跌至历史最低点，1 ~ 2 月餐饮收入仅为 4194 亿元，同比下降 43.1%。随着全国疫情防控形势持续向好，多地下调应急响应级别，生产生活秩序有序恢复，堂食逐步放开，部分消费得到回补，餐饮市场活力逐步回升。3 月份，疫

情防控形势持续向好，餐饮企业陆续开始复工，餐饮收入为1832亿元，下降46.8%。由于1月份前20余天的正常经营，3月份虽然餐饮业开始陆续恢复正常，但降幅比1~2月份仍扩大了3.7个百分点。一季度，社会消费品零售总额同比下降19.0%，其中餐饮收入额下降44.3%，比社会消费品零售总额下降低25.3个百分点。[①] 这是自改革开放以来，餐饮业经历的最艰难时期。

二 政府与市场共同努力，行业信心在恢复

3月份以来，中央和地方密集出台减税降费、减免租金、稳岗补贴和金融支持等多项政策措施，在做好疫情防控的同时，有序推进企业复工复市。国家统计局快速调查结果显示，截至4月9日，住宿和餐饮业企业开工率超过85%，比2月底大幅提升50多个百分点。

疫情发生后，世界中餐业联合会一方面积极发挥扎根行业、贴近企业的优势，主动联系会员、行业、企业，深入开展调查研究，详细、准确摸底行业受疫情影响和冲击情况，向国家发改委、国资委、商务部等部门反映行业情况，报送餐饮业发展形势分析报告，提出政策建议，为政府决策提供参考。另一方面发挥行业发展、政策法规等研究优势，通过为企业提供咨询服务、餐桌文明引导、网络直播等多种形式，引导会员企业复工、加强全面质量管理，提高中餐品牌知名度和影响力。

许多餐饮企业自身积极调整。第一，客观分析疫情对自身的影响，重新对企业进行定位，盘点自身业务、资金、产业链条等，恢复经营，平稳渡过难关。第二，通过缩小经营规模、减少经营门店、开拓业务渠道、调整管理模式、共享员工等，主动应对，消减疫情负面影响。第三，一些品牌企业通过打通全产业链、经营半成品、预包装食品等，扩大商品生产，实现逆势增长。另外，餐饮企业也积极争取广泛合作与支持。一是认真研究并充分利用

① 数据来源：国家统计局。

政策，减少压力。二是主动与商业银行对接，争取贷款支持。三是争取行业组织的支持，向它们反映困难、反映诉求，寻求咨询服务和政策协调。四是争取合作伙伴的支持，包括房地产商（减免或缓交房租）、供应商（缓交货款）、第三方平台（降低外卖扣点）等等。

三　正确认识发展形势，不断提振发展信心

（一）中国经济的行稳致远和疫情影响的短期性，为餐饮业发展确定了方向标

我国经济已经进入新的发展时期，增长速度从高速转向中高速，发展方式从规模速度型转向质量效率型，发展动力从主要依靠资源和低成本劳动力等投入转向创新驱动。当前，我国发展仍处于重要战略机遇期，从长期看中国经济长期向好的趋势不会改变，疫情对中国经济的影响也是短期的。中国经济具有的内生韧性、逆周期宏观政策发挥的作用及两者的结合，将支持和保障中国经济平稳运行。就餐饮消费而言，疫情期间会受到很大冲击，随着国内疫情得到有效控制，餐饮企业复工复产进程加快，市场需求不断释放，中国餐饮业经济指数将不断上升。

（二）餐饮业长期的快速发展为恢复发展奠定了良好基础

新中国成立70多年来，我国经济规模不断扩大，经济实力日益增强，人民生活水平大幅提升。1952年GDP总量仅为679亿元，2019年接近100万亿元，人均GDP已经突破1万美元。从餐饮行业发展来看，1952年中国餐饮业收入约为14.1亿元，1978年达到54.8亿元，是1952年的约3.9倍；1983年突破百亿元，1994年突破千亿元，2006年突破万亿元，2011年超过2万亿元，2015年超过3万亿元。从消费上看，餐饮收入占社会消费品零售总额的比重从1978年的3.5%开始快速上升，到1992年超过了5%，2001年超过10%，2019年达到11.3%，而且餐饮收入增速在较长时期内高于社

会消费品零售增速。[①] 历史上，餐饮业一次次地创造奇迹，为行业渡过难关提供了宝贵经验。

（三）饮食是人们的基本生活需求，内在动力强劲

饮食的“刚需”特性及其作为人们美好生活需要的重要尺度之一，决定了其消费基础雄厚，市场前景广阔。“民以食为天”，餐饮是人们生存、发展的基础。另外，根据马斯洛的需求层次理论，人们的需求分为五个方面，即生理需求、安全需求、社交需求、自尊需求、自我实现需求。在人均GDP不足9000美元时，特别是在发展的初期阶段，人们的需求更多地集中在生理需求和安全需求上。超过9000美元之后，人们开始追求美好生活需要，需求将更多体现在社交需求、自尊需求与自我实现需求方面，而这些需求对餐饮消费的支出都比较高。目前，中国人均GDP已经超过10000美元，社交需求、自尊需求和自我实现需求会越来越普遍，因此产生的餐饮消费将会越来越高。

同时，政府会把疫情影响降到最低，以保促稳、稳中求进，来稳住经济基本盘，通过稳就业、保民生、促消费等方式，促进经济社会的良性发展，餐饮消费的动能将逐步释放。

四　转危为机，实现行业的高质量发展

（一）认真研究国家政策文件，树立营养健康的发展理念

2016年8月19日，党中央召开全国卫生与健康大会，发布《“健康中国2030”规划纲要》，明确要深入开展食物（农产品、食品）营养功能评价研究，全面普及膳食营养知识，引导居民形成科学的膳食习惯，推进健康

① 于干千、赵京桥：《借得雄风成亿兆，何惧万里一征程——改革开放40年中国餐饮业发展回望与新时代高质量发展的战略思考》，《中国餐饮产业发展报告（2019）》，社会科学文献出版社，2019。

饮食文化建设。2017 年 7 月 13 日，国务院办公厅发布《国民营养计划（2017～2030 年）》，提出要将营养融入所有健康政策，不断满足人民群众营养健康需求，提高全民健康水平，为建设健康中国奠定坚实基础。2019 年 6 月 24 日，国务院发布《关于实施健康中国行动的意见》，明确要实施合理膳食行动，聚焦食堂、餐厅等场所，加强营养和膳食指导。2019 年 7 月 9 日，健康中国行动推进委员会发布《健康中国行动（2019～2030 年）》，要求全面实施健康中国行动，大力推进合理膳食行动，不断提高全民健康水平。根据上述文件，国家卫生健康委正在抓紧制定餐饮食品营养标识、营养健康食堂、营养健康餐厅等规范文件，引导餐饮业开展合理膳食行动，提高全民健康水平，促进餐饮业高质量发展。

在 2019 年 9 月 26 日举行的健康中国行动——合理膳食行动推进会议上，世界中餐业联合会代表中国食品工业协会、中国肉类协会、中国蔬菜流通协会等单位，向全国餐饮企业、食品企业、肉类食品加工企业、蔬菜流通企业发出倡议，号召大家行动起来，以新时代的责任感、使命感，推进合理膳食和国民营养计划的实施，当好推动营养健康科普宣传常态化的宣传者、提高创新发展水平的管理者和开启全面行动的带动者，为满足人们美好饮食生活需要、实现国民健康长寿做出积极贡献。

（二）积极倡导餐桌文明，引导社会文明食尚

饮食文明是一个不断演进的历史过程，在不同的历史条件下会有不同的饮食方式。在中国古代，由于社会生产力水平低，物质基础匮乏，社会交往有限，再加上森严的等级制度，人们饮食实施的是分餐制。北宋之后，合餐制取代了分餐制，但在上层社会，特别是宫廷礼食场合则采用分餐的方式，一直持续到清朝灭亡。合餐制出现于北宋，主要原因是其经济的繁荣发展、社会交往的增多和饮食文化的商业化。合餐制的进步意义在于其带有平等、分享的强烈意蕴，使社会关系更融洽，大家围在一张桌子上，一起用餐，隆重的仪式感、热烈的气氛，能够感染每一位用餐者。

1910 年，东北暴发鼠疫，东北三省防鼠疫全权总医官伍连德开创了双

筷进食方式，成为防治鼠疫的有效措施之一，也是中国最早对饮食方式的研究和反思。2003 年，“非典”疫情消失后，一些社会组织和地方倡导实行分餐制，但很快就销声匿迹了。这次疫情发生后，再次验证了餐桌文明的重要性。世界中餐业联合会于 2020 年 2 月 17 日向海外中餐业、中国餐饮业、各地行业组织和广大消费者提出倡议，呼吁大家培养健康饮食习惯，阻断餐桌上的疾病传播路径，共创中华餐桌文明，积极实行分餐制、公筷制、双筷制，助力健康中国行动，不断提高全民健康水平。2020 年 3 月 18 日，世界中餐业联合会和中国贸促会商业行业委员会顺应健康饮食生活的新需要，指导餐饮企业推进餐桌文明，联合发布《中餐分餐制、公筷制、双筷制服务规范》，为推进海内外中餐业和中国餐饮业实现高质量发展，找到了着力点和抓手。

这次疫情的影响具有历史性，社会消费习惯和理念正在发生深刻变化。一是更加关注食品安全、营养健康、菜品质量、食材安全等；二是饮食方式更加文明，一些文明的消费方式，比如分餐制、公筷制、公勺制等将越来越受到消费者的青睐；三是更加关注产业链条、菜品生产过程、服务环境、服务品质等；四是期待餐饮业提供高品质餐饮服务的同时，能够引导社会饮食健康水平走上新台阶。

（三）严格遵守规范性文件要求，进一步提升规则意识

中国的法制体系已经健全，法治成为治国理政的基本共识。以《食品安全法》、《价格法》、《消费者权益保护法》、《食品安全法实施条例》、《食品生产许可管理办法》（国家市场监督总局于 2020 年 1 月 3 日发布，自 3 月 1 日起施行）、《餐饮服务食品安全操作规范》为基础的餐饮业相关规范体系已经建立，明确了餐饮企业的权利、义务与责任。受疫情的影响，国家将会强化公共卫生法制保障，全面加强和完善公共卫生领域相关法律法规建设，修改、完善传染病防治法、野生动物保护法等法律法规，并将加快建构国家生物法律法规体系，这对于餐饮业发展将会起到规范引领作用。餐饮业需要进一步提升规范意识水平，严格遵守法律法规等规范性文件要求。

（四）坚持守正创新，满足人们美好饮食需要

如何传承和发展中华饮食文化，是当前摆在全行业面前的一项重要课题。中国饮食文化凝练了中华民族五千年的饮食生活，是中华优秀文化的重要组成部分，已成为增强消费基础性作用、推动经济高质量发展的重要力量，也是坚持以人民为中心、满足人民美好生活需要的重要载体和增进文明交流互鉴、促进中外民心相通的重要基础。餐饮企业只有既坚守中华饮食文化数千年凝聚与延续下来的经典元素、优秀基因，又善于运用新思维、新技术、新方式，丰富并拓展其内涵与外延，才能够让中华饮食文化真正“活起来”，在新时代迸发出澎湃的生命力。

（五）加强质量管理，建立健全质量管理体系

餐饮企业一是要牢固树立质量第一的强烈意识，坚持优质发展、以质取胜，实行先进质量管理方法，逐步提高全员全过程全方位质量控制水平。二是要弘扬企业家精神与工匠精神，增强质量意识，提高质量素养，打造质量标杆企业，加强品牌建设，不断提高企业核心竞争力。三是要构建以菜品质量、服务质量为核心的企业文化，有条件的企业应设立首席质量官。四是要深入开展标准比对、质量攻关、质量创新等活动，找准比较优势、质量短板，研究解决质量问题方案。五是要把各种创新要素集聚到菜品与服务的供给端，提升质量创新能力，以新技术新业态改造提升发展质量和水平。

（六）加强风险管理，不断提升发展潜能

企业发展的风险无处不在，但主要包括社会性风险与个体性风险两类。社会性风险主要是指整个社会面临的风险，社会中的每个个体都要面对，比如新冠肺炎疫情、SARS、艾滋病扩散、社会性冲突等。个体性风险是指某些社会个体可能遇到但又不是每个社会个体都可能遇到的各类风险。由于个体的生活经历、资源条件、经营状态等不同，个体性风险会有不同的表现形

式。餐饮企业既要面对社会性风险，又要面对个体性风险，所以只有通过不断增强风险防范能力，加强风险管理，才能减少损失，增进效益，不断提升竞争力。

中国餐饮业已经发展到一个新的历史阶段，即从满足人们的基本饮食生活需要向满足人们的美好生活需要转变，从达到食品安全水平到实现营养健康状态转变。疫情是一次历史性危机，中国餐饮业遭受严重冲击。越是在这个时候，我们越要用全面、辩证和长远的眼光看待行业发展，越要增强信念、坚定信心，探索健康发展新方式、新业态、新路径，创造市场条件，打通生产、流通和消费，让优质的餐饮服务与饮食生活需求有效对接，餐饮业高质量发展的道路一定会越走越宽广。

B.10

加速转型，逆境中紧抓新机遇

——以眉州东坡为例

赵文珂*

摘　要： 新冠肺炎疫情的暴发和防控常态化给餐饮企业带来了前所未有的挑战。面临危机，眉州东坡积极作为，通过及时响应研发菜篮子小程序，内部供应链转型推出迷你店，挖掘公共平台和私域流量资源直播带货，坚守企业社会责任开辟战地食堂等举措，不仅为企业赢得了时间和生机，也为未来发展开辟了新的模式。其成功得益于顺应了移动互联发展的大趋势，得益于从可选消费领域进军不可选消费领域实现全产业链布局，得益于多年打造的积极奋进勇于承担的企业文化，也得益于其积极向平台型企业转型，广泛合作，抱团取暖。眉州东坡的抗“疫”实战经验，对其他餐饮企业有重要的启示和借鉴意义，为释放被疫情抑制的消费需求起到了积极的作用。

关键词： 眉州东坡　移动互联　平台型餐饮企业

受新冠肺炎疫情的影响，我国餐饮行业收入出现了断崖式下跌，餐饮业全产业链遭受了剧烈冲击。随着疫情持续，整个行业进入了寒冬，对很多餐饮企业而言说是正在面临生死危局也不为过。但是，“危”中有“机”，在

* 赵文珂，世界中餐业联合会副秘书长，主要研究领域为餐饮产业经济、企业文化。

应对疫情的过程中，涌现了一批优秀餐饮企业主动践行社会责任，广泛合作，积极自救，转变经营理念和方法，不仅为本企业赢得了时间和生机，也为未来发展开辟了新的蓝海，同时为以后行业复苏、产业升级和高质量发展奠定了基础，眉州东坡即是这其中的优秀代表之一。

一　眉州东坡的抗“疫”实战

2020年4月11日央视新闻联播关注并用长达3分18秒的时间播报了眉州东坡在疫情期间的新举措、新思路，其不仅在疫情期间选择继续开门营业，还在应对挑战的过程中，开发新产品、新渠道，创新经营模式；不仅坚持了下来，还适应了新的消费需求，开拓了新市场。显然，眉州东坡在疫情期间所做的努力得到了大众及官方媒体的认可。世界中餐业联合会川菜产业委员会主席、眉州东坡董事长王刚在接受中央电视台采访时表示，“通过企业自救、金融输血、政府扶持形成合力，这次疫情中，眉州东坡打通了全产业链，真正实现了从田间地头到百姓餐桌的全产业链布局”[①]。

（一）及时响应，研发菜篮子小程序

疫情伊始，眉州东坡便开始思索如何在有限的时间和空间里实现自救，并把其作为从老板到员工共同思考的课题。最初在店面门口销售因退订、停止堂食而囤积的食材，后来演变为平价菜站，进而催生了眉州东坡菜篮子小程序。随着疫情防控力度的增强，在顾客大规模减少外出用餐、餐饮企业根据管控措施关闭堂食的情况下，眉州东坡利用企业自身独有的供应链和资源，把库房积压的来自四川的蔬菜、水果、生鲜等成品、半成品以低价的方式回馈顾客，形成了平价菜站。平价菜站启动以来，单北京的门店每天便可向社区提供新鲜蔬菜水果超过500公斤，不仅甩掉了积压的库存，也切实方便了民众的生活。随着平价菜站的声名鹊起，开始有顾客建议“是否能将

---

① 2020年4月11日中央电视台综合频套《新闻联播》。

菜品外送至家中”，足不出户也能享受到平价菜站的优惠。在分析了疫情情况与外卖平台的前景之后，眉州东坡决定研发菜篮子小程序，彻底将便民服务落到实处，给消费者送货到家。眉州东坡总裁梁棣带领集团电商团队设计商品及送货流程，仅一天时间，菜篮子小程序便启动了，其任务就是服务全北京，让消费者坐在家里动动手指就能吃到新鲜的蔬果禽蛋。实践证明，菜篮子小程序取得了成功，上线不久就实现了每天销售新鲜蔬菜超过 10 万元。截至目前，菜篮子小程序每天仍在不断更新中，每日上新和每日优惠提升了顾客的购物体验。

（二）内部供应链转型，推出迷你店

在平价菜站取得良好反响后，眉州东坡开始了将中央厨房的成品、半成品和食材直接卖到商超和社区的积极探索。一方面，与物美、超市发等连锁商超积极合作，共同探索“零售＋餐饮”模式；另一方面，餐厅主动“走出去”直接进社区，为顾客提供更加便捷的服务。销售成品和半成品需要的营业执照与餐饮企业不同，眉州东坡立即向北京市商务局申请办理相关手续，在政府的支持下，很快获得了“生产食品许可证”，北京市商务局还为眉州东坡送来了便民车，鼓励他们把产品销售到社区、园区以及人流密集的区域。在商超和社区的这些眉州东坡迷你店中，销售的产品包括蔬菜等食材、回家简单加工的半成品和包子、甜烧白等即食产品三大类。很多原本只能供应店面的食材也有了商标和包装，从饭店后厨延伸到家庭厨房，价格比堂食或外卖还便宜三成。[①]

迷你店的优势逐渐显现，一是中央厨房的利用效率大幅提高；二是流动性大且成本较低，能在很大程度上缓解店铺租金和人员配置给企业带来的压力；三是疫情期间人力资源得以优化，门店服务员变成了流水线上的打包员。因此，眉州东坡加快了迷你店的发展步伐，至 2020 年底，预计将开出 500 家迷你店铺。

① 《单月损失过亿元眉州东坡生死考验中蹚出新路》，中国新闻网：http：//www.chinanews.com/cj/2020/03－18/9128901.shtml。

（三）挖掘公共平台和私域流量资源，直播带货发力

2019年“双十一”，知名淘宝主播李佳琦以一人之力带货数亿元，引发了大众对电商平台的关注与思考。疫情期间，眉州东坡通过淘宝、京东、抖音等平台直播带货打开了企业的新销路。2020年2月16日晚，眉州东坡首度开启淘宝直播卖货，是首个开设直播卖货的大型餐饮企业。正值元宵佳节，眉州东坡大厨在直播间教“粉丝”做汤圆、东坡肉等眉州特色小吃与菜品，得到了广泛的关注。此外眉州东坡还大力推动其线上天猫旗舰店的发展，紧跟时下热点，积极参与天猫为商家准备的“暖春战役”专项活动，以降价或满减的方式回馈消费者。2月17日0点至19点，仅天猫旗舰店销售额就较上年增长1400%。京东、抖音等平台也表现不俗。3月4日，眉州东坡创始人、董事长王刚现身“我们在行动——世界中餐业联合会线上大讲堂”，这场直播在西瓜视频、一直播、今日头条同步上线，在业界引发了积极反响，眉州东坡的种种抗疫举措为萎靡不振的餐饮市场注入了正能量。董事长上直播、老板娘亲自带货，会员和社群营销活跃，从公共平台流量到私域流量，眉州东坡在网络平台上做足了文章。事实证明，眉州东坡大力发展电商平台，紧跟时下潮流热点，不仅扩大了自身的知名度，还增加了销量，这对疫情期间其他餐饮企业的发展具有借鉴和启示意义。

（四）坚守企业社会责任，开辟战地食堂

眉州东坡是一家四川籍企业，为了回报大众在汶川地震、雅安地震期间对四川的支持，新冠肺炎疫情期间眉州东坡参考雅安地震期间的措施，再次设置了“战地食堂”，目的是给医护工作者、媒体工作者及消费者及时送上“热菜、热饭、热汤”。旗下五家门店（武汉两家、黄冈两家、麻城一家）开展志愿服务活动，主动联系当地新冠肺炎重点医院，围绕医院一线的需求，以最快的速度为医护工作人员提供免费餐食，得到了一线医护工作者的广泛好评。不止湖北，在北京、四川眉山等地也开设了战地食堂，为疫情管控相关部门送餐上门，截至目前，眉州东坡在疫情期间的供餐数量已达

20000 余份。除此之外，疫情发生后，眉州东坡要求全国 100 多家门店，主动联系当地一线医护人员、官兵、社区、政府部门等，紧贴需求，协助做好免费供餐服务。①

通过以上措施，眉州东坡不仅缓解了疫情对企业的打击，保障了企业的现金流，也真正实现了从田间地头到百姓餐桌的全产业链布局。同时，践行了企业的社会责任，为企业带来了美誉度、知名度和忠诚度，为企业未来发展开辟新的道路奠定了坚实的基础。

二　启示

当前，整个餐饮行业面临着一个严峻的现实，疫情对产业的负面影响或将长期存在。疫情之初业界普遍期望的“报复性消费”或“V 型反转”，随着疫情防控常态化，越来越广泛的共识是：不会到来了。基于此，餐饮企业做了诸多尝试，有的尝试未被认可，譬如海底捞和西贝的涨价风波；有的尝试仍有待检验，譬如中式正餐转战快餐业态；有的尝试则成功了，譬如眉州东坡上述所列的四大举措。然而，成功的经验可以学习，成功的方法却未必可以复制。只有从本企业实际出发、从行业发展趋势出发、从社会经济运行规律出发，才能有的放矢。因此，研究成功企业背后的逻辑才能获得启发。

（一）学会并用好移动互联网

在深受疫情负面影响的第一季度，移动经济表现尤为抢眼。第一，移动互联网流量保持快速增长。根据工信部统计公布的数据，一季度，移动互联网累计流量达 357 亿 GB，同比增长 39.3%，在上年同期三位数增长的基础上继续保持较快增长态势；其中，通过手机上网的流量达到 344 亿 GB，同比增长 34.9%，占移动互联网总流量的 96.4%，3 月当月户均移动互联网接入流量（DOU）达到 9.5GB，同比增长 30.6%，较上年 12 月提高

① 彭程：《王刚、梁棣：疫情战场上的“夫妻战士”》，《餐饮世界》2020 年第 2 期。

0.91GB，达到近12个月以来最高点。[①] 第二，移动互联网的用户数量巨大，并略有增加。截止到3月底，中国移动、中国联通、中国电信三家基础电信企业手机上网用户规模达129786万户，较上年同期的129119万户增加了667万户。[②] 第三，社交、电商、短视频等移动App的活跃用户数均出现了大幅度的增长。在移动经济迅速发展的同时，快递服务行业业务量也实现了较快发展。从邮政总局公布的数据来看，1季度全国快递服务企业业务量累计完成125.3亿件，同比增长3.2%；其中3月份完成59.8亿件，同比增长23%。[③] 基于移动经济和快递行业的发展，根据国家统计局公布的数据，第一季度实物商品网上零售额实现18536亿元，增长5.9%，其增速远高于社会消费品零售总额的同比下滑19%，占社会消费品零售总额的比重升至23.6%，较1至2月的21.5%高出2.1个百分点[④]。移动互联网的活跃，显示着移动经济的发展，进而带动了相关行业的收入增长。在疫情最严重的一2月份，一位快递小哥在采访中说，“只要我在送货，这个城市就是活的”，移动互联和快递行业的影响力可见一斑。

眉州东坡在疫情期间对移动互联网的运用较之前有了突飞猛进的突破，依托移动互联，走出了最困难的阶段，董事长王刚感叹：“互联网诞生了这么多年，我们现在才学会运用它！”无论是外卖、菜篮子小程序还是直播带货，既借助了各移动平台的东风，也盘活了企业自己的私域流量，为企业带来了现金流的同时，目标客户范围进一步扩大，为企业未来的发展开辟了新渠道。

---

① 数据来源：中华人民共和国工业和信息化部《2020年一季度通信业经济运行情况》，2020年4月21日。

② 数据来源：中华人民共和国工业和信息化部《2020年一季度通信业经济运行情况》，2020年4月21日。

③ 数据来源：中华人民共和国国家邮政局《2020年一季度邮政行业运行情况》，2020年4月13日。

④ 数据来源：国家统计局《统筹疫情防控和经济社会发展成效显著3月份主要经济指标降幅明显收窄》，2020年4月17日。

（二）全产业链布局，从可选消费领域进军不可选消费领域

在新冠肺炎疫情的负面影响下，消费整体下滑，但是不可选消费基本稳定，可选消费则普遍大幅下滑。同时，受疫情影响，外出堂食用餐受损失最为严重，外卖和外带在疫情之初也很不乐观，随后缓慢回暖。与之相对应的，在家用餐则大幅增加。除价格上涨因素之外，粮油食品类商品零售作为不可选消费品受益于此。根据国家统计局公布的数据，第一季度限额以上粮油食品类商品零售同比实现了 12.6% 的增长，其中 3 月份的增速高达 19.2%，在 1～2 月 9.7% 的基础上得以进一步大幅提高。餐饮服务作为可选消费品则出现断崖式下跌，餐饮收入 6026 亿元，下降高达 44.3%[①]。

在眉州东坡推出的菜篮子小程序、平价菜站、迷你店之中，食材都是重要的商品类型，这就意味着眉州东坡通过企业内部产业链面向社会开放，从可选消费领域向不可选消费领域进军，完成了全产业链布局，获得了销售不可选消费品的红利，在一定程度上弥补了餐饮服务收入的损失，为企业带来了现金流。而且，眉州东坡销售的食材，因为质量上乘、有品牌背书，所以也获得了品牌溢价。与此同时，由于增加销售这类商品，企业的运转效率和人力效率也得以进一步提高。

（三）积极奋进、勇于承担的企业文化

企业文化是在深层次的价值观层面得到全体员工认同的文化，各项制度建设得再完备、再严谨也不能使企业获得持久的发展和稳定，餐饮企业只有在文化层面激发员工树立强烈的群体意识和岗位责任感，才能使企业产生强大的向心力和凝聚力，发挥出巨大的整体效应，找到不竭的动力。眉州东坡自 1996 年诞生以来，一直在打造积极奋进、勇于承担的企业文化。

美国社会心理学家费斯汀格（Festinger）提出了著名的费斯汀格法则：

① 数据来源：国家统计局《统筹疫情防控和经济社会发展成效显著 3 月份主要经济指标降幅明显收窄》，2020 年 4 月 17 日。

“生活中的10%是由发生在你身上的事情组成，而另外的90%则是由你对所发生的事情如何反应所决定。”也就是说，虽然事情的发生我们无法控制，但是事情发生后以怎样的心态和行为去应对却是可以控制的。新冠肺炎疫情暴发后，眉州东坡除了按照所在地要求关停和按照甲方物业要求关停的店面外，没有主动关闭一家门店，既没有萎靡不振怨天尤人，也没有消极怠工被动等待，与面对金融危机、“非典”疫情、禽流感疫情等的挑战相同，采取了最积极的态度最迅速的反应来应对疫情，这一点从他们提出的几个战斗口号可见一斑：“我们虽然水深火热，但是我们必须奋不顾身!”“宁愿战死沙场，也不愿坐等结果!”此次新冠疫情暴发后，在领导团队的带领下，全员应战，如何变“危”为“机”成了全员共同思考的问题。亦庄店最先想到了销售积压菜品，进而催生了眉州东坡平价菜站。电商团队迅速反应，在此基础上推出了菜篮子小程序。全员一心，疫情既考验了队伍，也磨炼了队伍的高效率。

注重社会责任的餐饮企业往往拥有强大的生命力，可以抵抗洪流。勇于承担企业的社会责任是眉州东坡企业文化的重要特征之一。汶川地震、雅安地震发生后，植根四川的眉州东坡慷慨解囊反哺乡里；在奥运会餐饮服务中，高标准严要求地为奥运运行团队提供餐饮服务，荣获了“中国味道，奥运标准”称号。此次新冠肺炎疫情期间眉州东坡再次设置战地食堂，为在重灾区的工作人员送去温暖，对外这是一种对社会的回馈，感恩社会给予眉州东坡的信任和支持，提升了消费者对整个企业的好感，一传十十传百，眉州东坡的知名度和美誉度也随之增强；对内，这种回馈措施也在员工中间形成一股强大的凝聚力，增强了员工对企业的忠诚度和责任感，使得员工的工作目的不只是为企业发展服务，还有了更强的使命感，通过服务与企业实现为社会贡献自己的力量。

基于强大的企业文化，眉州东坡也从一家传播味道的餐饮企业向一家传播价值观的现代集团迈进。

（四）打造平台型企业，广泛合作，抱团取暖

2012年起，随着全国餐饮产业进入转型发展的快车道，眉州东坡开始

向平台型企业转型，其中一个核心目标就是把眉州东坡打造为餐饮产业上下游企业，包括食材、辅材、食品生产、餐饮服务、物流、金融、电商、零售等各种合作单位共有共建共赢的平台。经过 8 年的建设和努力，眉州东坡凝聚的合作伙伴越来越多。此次新冠肺炎疫情期间，平台型企业的优势得以体现。第一，在产品端，高效聚集起已有资源，从农户、食品厂到中央厨房迅速反应，推出了食材、半成品和即食品等各类适应消费者当前需求的商品。第二，在渠道端，多家合作单位跨界合作抱团取暖，通过与物美、超市发等商超合作，在“共享员工”基础上演变为“来料加工”，进而深化合作，以“餐饮 + 零售”模式推出了商超迷你店；通过进驻电商平台，以“线上 + 线下”模式打开了更广的大众销路。第三，在资金端，多家金融机构为其“开源”，光大银行、北京银行、华夏银行等 25 家银行伸出援手，不仅全部续贷，还新增了近 1 亿元的低息贷款，北京银行等 6 家金融机构还提供了“无还本续贷”服务；多家物业为其“节流”，全国 20 余家房东，为眉州东坡免除 400 多万元租金。眉州东坡以自身为平台，广泛凝聚各方力量，共同抵御疫情冲击，也借此进一步加强和巩固了平台型企业的建设。

三　结语

打铁还需自身硬！新冠肺炎疫情发生以来，餐饮企业一直是疫情防控的重点对象，传统的主要依靠堂食的经营方式其局限性更加突出。当前，在防控疫情常态化和复工复产的过程中，尽管国家层面和地方层面把餐饮产业作为政府重点扶持的生活服务业之一，在一定程度上缓解了餐饮企业的压力，然而从长远角度来说，只有根据消费者的新需求，从自身实际出发，通过创新经营模式、开发新产品、提供新服务方式、开辟新市场、拓展新渠道，才能找到并把握住此次新冠肺炎疫情的“危”中之“机”。每个餐饮企业所做的努力，都将对释放被疫情抑制乃至冻结的消费需求产生积极作用，整个餐饮产业将由此为社会经济的发展提供创新动能，迎来高质量发展的新拐点。

B.11
餐饮服务的数字化升级研究

张瑞东　张　程*

摘　要： 新冠肺炎疫情的发生让以餐饮业为代表的生活服务业遭受严重冲击，经营者普遍面临需求萎缩带来的现金流紧张、原材料积压致使残败成本激增等问题的考验。短期内，互联网餐饮平台在为企业对接需求、降低成本支出方面发挥了“生命线”的作用。长期看，疫情的发生客观上重塑了人们对互联网餐饮的消费习惯，也加速了中小餐饮商户拥抱数字化平台的进程。本文首先梳理了疫情期间互联网餐饮消费的结构特征，分析了餐饮业数字化的现状和问题，提出了以“平台”为核心的数字化新基建概念和内涵，阐释了餐饮业实现数字化的社会价值，最后给出了相关政策建议。

关键词： 本地生活　餐饮服务　数字化平台

新冠肺炎疫情的发生，让以餐饮业为代表的服务业数字化升级的紧迫性回到政府和业界视野。服务业数字化原本就是我国服务业实现更高质量发展的题中应有之义：2019 年年底召开的中央经济工作会议上，“服务升级”是焦点议题之一，其中的服务业数字化新图景更是引发了广泛讨论；疫情发生后，数字化的生活服务凝聚成抗“疫”的坚实力量，互联网领军企业的表

* 张瑞东，阿里新服务研究中心主任、资深专家；张程，阿里新服务研究中心高级专家，专注于本地生活服务数字化的社会价值研究和政策研究。

现得到了社会的一致认可；近期，中央密集点题部署“新基建”，互联网、信息类的基础设施在其中占据主要位置；2020年3月17日，李克强总理主持的国务院常务会议再次明确指出，“要对‘互联网+’、平台经济等加大支持力度，发展数字经济新业态”、“发展线上线下融合的生活服务业”[①]。疫情的发生，客观上重塑了人们对互联网餐饮的消费习惯，从观察消费结构的变化入手，可以挖掘出餐饮业数字化升级的方向和价值。

一　疫情期间反映出的餐饮消费结构变化

2020年春节以来，“全民宅家云购物”促成了商贸零售和生活服务的新业态场景，“万物皆可送”的本地即时配送网络为消费模式的转变提供了保障。饿了么平台数据显示，疫情期间仍有供给能力的餐饮商户，其外卖收入占总收入的比重达到60%～70%，是平日的5～6倍[②]。以生鲜为主的饿了么新零售业务、盒马鲜生的网上订单均较上年同期猛增200%以上。

从品类结构看，饿了么和盒马平台的畅销商品随着宅家时间的拉长而发生着变化。最初抢手的商品以生鲜果蔬和肉类为主，大闸蟹等水产品订单增长近2倍；1～2周后，面点材料、烘焙工具等订单激增，自制面点、凉皮、油条开始火爆，饿了么平台上高筋面粉的外卖单量增长了10倍；2～3周后，半成品和火锅食材需求旺盛，盒马自有的半成品供应链提供了胡椒猪肚鸡锅、罗宋汤、韩式部队锅、日式寿喜烧等丰富选择，日订单超过平日10倍，饿了么平台新零售的方便面销量环比翻倍。

除了餐饮外，饿了么新零售业务中的药品和消毒液销量同比分别增长了3倍和9倍；棋牌游戏用品搜索量增长了8倍；宠物超市的订单量增长了近5倍。

从用户结构看，“95后”是外卖订奶茶等饮品、订夜宵的绝对主力，

---

① 《李克强主持召开国务院常务会议部署深入推进“放管服”改革培育壮大新动能促进稳就业等》，中国政府网，http：//www.gov.cn/premier/2020－03/17/content_5492384.htm。

② 数据来源为阿里本地生活饿了么平台统计。本部分内容其他数据来源同。

“80 后”则集中光顾线上商超、采购日用品，而 50 岁以上的中老年群体订单量和购买频率都有显著提升。不同地域的消费品类特点也有明显的不同，上海的面包点心、广州的汽水、成都的火锅和辣椒、深圳的各类水果都是当地最受欢迎的品类。

二 餐饮服务数字化的现状

现阶段，我国已迈入消费主导经济的新时代：第三产业增加值占 GDP 的比重超过 50%，最终消费支出对经济增长的贡献率接近 60%，人均 GDP 于 2019 年首超 1 万美元①。

但同时，也应注意到，餐饮业等传统生活服务业的数字化程度整体偏低。从艾瑞咨询等研究机构测算的互联网餐饮外卖市场交易规模与餐饮业总收入的比值看，我国餐饮业的互联网渗透率由 2014 年的 0.5% 提升到了 2019 年的 13.5%②（见图 1）。与我国 60% 以上的互联网普及率③，以及 30.9% 的实物商品网上零售渗透率④相比，仍明显较低。麦肯锡全球研究院在 2017 年发布的《数字时代的中国：打造具有全球竞争力的新经济》报告中，对我国各行业数字化水平的测度结果显示，与批发零售、娱乐休闲等服务行业相比，“个人与本地生活”服务在国民经济中的占比更高，但数字化水平则与农业、建筑业等同属最低一档。

餐饮业数字化程度低的原因，可以从供给和需求两端来看。供给方面，从事餐饮业的经营主体以小微企业为主，面广、量大、规模小、资金少，普

① 《国家统计局局长就 2019 年全年国民经济运行情况答记者问》，国家统计局，http://www.stats.gov.cn/tjsj/sjjd/202001/t20200117_1723470.html。

② 互联网餐饮市场交易规模数据来源于易观《互联网餐饮外卖市场年度综合分析 2019》，https://headscm.com/uploads/file1/20190412/5cb007108dcf6.pdf。

③ 中国互联网络信息中心（CNNIC）第 44 次《中国互联网络发展状况统计报告》，https://www.cnnic.net.cn/hlwfzyj/hlwxzbg/hlwtjbg/201908/P020190830356787490958.pdf。

④ 互联网餐饮市场交易规模数据来源于易观《互联网餐饮外卖市场年度综合分析 2019》，https://headscm.com/uploads/file1/20190412/5cb007108dcf6.pdf。

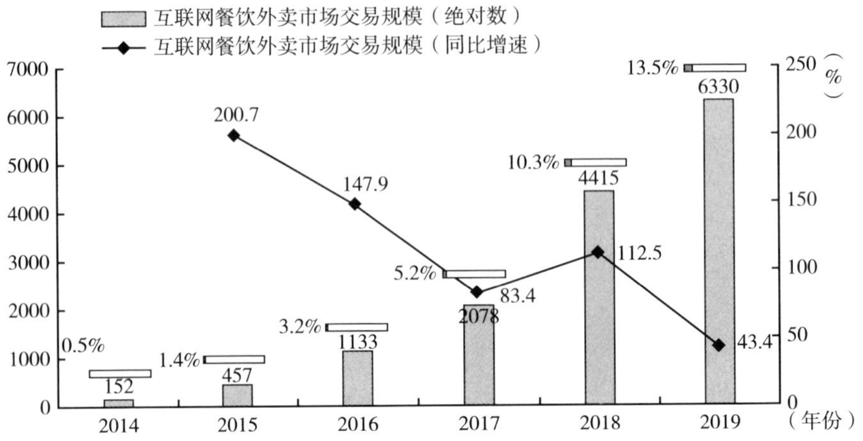

图 1　互联网餐饮外卖市场交易规模与同比增速

资料来源：易观《互联网餐饮外卖市场年度综合分析 2019》。

遍难以通过自身能力实现数字化转型，数字技术的软硬件应用成为其拓宽获客渠道、参与市场竞争的壁垒。需求方面，首先是普惠不足，线上餐饮服务在不同群体中的渗透率差异极大，银发群体和下沉市场存在新数字鸿沟，需求挖掘不足，服务能力存在短板弱项；其次，即便在数字化程度较高的一线城市，也存在着资源分散、平台割据且封闭的局面，各类线上餐饮服务繁杂，且质量参差不齐。因此，强调以“平台”为核心的数字化“新基建”就成为了餐饮等生活服务业转型升级的必然选择和必由之路。

三　餐饮业数字化“新基建”的内涵与实践

餐饮业数字化“新基建”包括平台、硬件和软件。平台是连接供给和需求、商户和消费者的中枢，基于大数据、云计算等数字技术赋能商户、调度运力、为消费者提供服务。硬件包括智能取餐柜等末端交付设备、配餐车等运输工具、智慧餐厅管理终端等。软件则包括放心码、健康码、食安封签、终端及网络软件服务系统等。

1. 平台

基础设施建设具有强外部性和公共产品属性，在经济和产业发展中起到了辐射范围广、规模效应强的托底作用。而平台经济的核心价值在于通过信息对接来实现资源配置的降本增效。可以说，在互联网经济时代，平台本身就是必不可缺的“基础设施”之一。从过去两年的实践来看，阿里巴巴在本地生活服务数字化领域建立的“数智中台”，可以很好地诠释平台角色的重要意义。“数智中台”建立了包括选址、供应链、预订、点单、配送、支付、评价在内的全链路数字化体系，形成了服务于平台各类商户的数字化新工具：工具能够赋予每个商户独立中台，商户能够管理饿了么、口碑、支付宝、淘宝等多渠道流量入口，实现阿里生态内的账户、营销、交流和流量的“四通”。2020 年，阿里本地生活致力于为 100 万商户搭载匹配“数智中台”，全面提升生活服务业中小微商户的数字化能力。

• 案例：汉堡王与阿里经济体多平台互动带来新增长

汉堡王通过与阿里经济体内的多个平台联动，实现了线上和到家场景的打通：支付宝侧重于新客户触达，天猫侧重于引入电商测用户流量，饿了么负责到家配送，口碑则侧重于门店营销。通过阿里生态内流量、自运营工具和商业能力，汉堡王实现了全链路的数字化闭环，获得了纯增量流量。2019 年，汉堡王通过阿里经济体获得新增会员用户超过 700 万；“双 12”期间，汉堡王推出的“买套餐送小皇堡以及薯霸王”引爆支付宝，400 万支付宝会员领取优惠，汉堡王由此渠道吸纳了 200 万品牌新会员，销售额达到 1000 多万元。

2. 硬件

此次疫情迅速推进了各类数字化设备在生活服务领域的应用和普及，以餐饮行业为例，我们看到了智能无接触取餐柜、无人配餐车、智慧餐厅管理设备等逐渐成为生活服务的载体。

智能无接触取餐柜。功能和应用场景类似于目前在快递末端配送中广泛使用的智能快件箱。柜体布设在人口密集的社区、校区、商区外围的露天或半露天区域，外卖骑手通过手机客户端扫描取餐柜屏幕二维码，根据提示信息将外卖放进指定柜格，整个过程在 10～30 秒；取餐柜第一时间向下单客户拨打电话和发送短信，客户接收到信息后至取餐柜输入提供的取餐码或手机号码后 4 位进行取餐，整个过程在 5～15 秒。对消费者而言，“一单一柜”解决找餐难题、有效避免接触和丢失错拿风险，联络取餐的方式和时间灵活多样；对小区物业而言，外卖取餐交接零等待、无滞留，减少人员进出，提升了小区管理品质和形象。

无人配餐车。由阿里巴巴菜鸟 ET 实验室完全自主研发的新一代低速无人驾驶车 G3 系列，目前已经试点应用于本地生活的外卖配送服务当中。车辆具备定位、感知、规划、决策、控制等技术，可实现复杂地形的通行、感知避障、规划调度等功能，能实现实时监控，提供全方位安全保障。在快递的无人配送场景中，无人车已在上海交通大学等多所高校提供常态化服务，包裹收取时间从常规的 2 小时降低到平均 30 分钟左右。疫情期间，无人车也为被隔离社区和酒店提供配餐服务，有效提升了单位时间的配餐效率、极大地降低了交叉感染的风险。

智慧餐厅管理设备。包括智能收银和门店管理机、自助下单收银机（立式、移动式）以及厨房管理系统搭载的各类硬件设备。智能收银和门店管理机可以实现称重、扫描商品码、打印价签和账单、扫码收银等功能一体化。自助下单收银机与门店管理系统对接，实现点单结账、会员信息收集、卡券发放、消费记录和个性化推荐等功能。

3. 软件

同样，疫情也促进了生活服务领域各类数字化软件的普及，我们仍以餐饮行业为例。

智能餐厅管理系统。（1）智能 POS + SaaS 系统。基于数据库和算法支持的智能 POS + SaaS 系统，赋能商户归集订单信息、实时生成立体化个性化的数据经营报告，辅助商户的线上产品设计、原材料储备、定价等经营决策。（2）后厨管理系统 KMS。自动分配档口，统筹订单制作，优化后厨流程，各厨位备餐信息清晰展示，菜品合计和倒计时系统提高出餐效率。（3）基于RFID和图像识别的自助结算系统。餐盘加装RFID后，消费者将餐盘放置在对应区域即可秒级识别、快速生成账单；亦可通过图像识别对所选菜品进行结账，同时可以扫码观看餐食制作过程。

到店点餐码、商户放心码等码类服务。点餐码能够关联商品的自动推荐，根据消费者的历史订单数据，向不同消费者展示不同商品，实现千人千面的“服务找人”。商户放心码能够让消费者在进入相关经营场所时，使用支付宝扫描店内张贴的“放心码”，授权并快速登记个人信息。通过扫码动作建立“人—地点—时间”的完整数据关系，有利于政府掌握人员流动信息，同时帮助消费者建立到店消费信息。

“明厨亮灶”视频系统和VR实景餐厅。平台通过“明厨亮灶”视频信号接入，使消费者能够实时在线观看门店后厨操作。饿了么口碑与支付宝平台联动，与商户建立“透明餐厅”联盟，通过VR全景技术赋能，使消费者可线上查看餐厅堂食区域的实景。

“智慧菜场”。在传统实体农贸市场中，通过数字化手段打通线上与线下，实现全方位的数字化，有效帮助管控菜场和菜品溯源。“智慧菜场”可以将菜品通过外卖送货上门，扩充菜场的服务范围、提高便利性；政府可以借助数据中台、大屏幕等设备观察每个摊位的经营执照信息、商品信息、单价和产地；菜场运营者和商户通过大数据更好地匹配菜品的供需，减少采购浪费，最终推动传统农贸市场采购规模化、标准化。

四　餐饮业数字化升级的社会价值

（一）促进消费，扩大内需

历经多年的高速增长，我国的消费市场已经进入结构日益多元、形态不断升级的新阶段。结构上，满足基本生活需求的消费品（粮油食品饮料烟酒、服装鞋帽针纺织品）零售额占比逐年下降，用于居住、医疗保健、交通通信、教育文化娱乐服务等项目的支出占比明显提升。形态上，正在由实物消费加快向服务消费转变，2019 年首次实现了服务消费占居民消费支出比重突破 50%，餐饮收入增速高于商品零售收入增速，文化旅游、演出票房收入逐年增长。[①] 但同时也要看到，服务消费的数字化进程明显较慢，互联网渗透率低于实物商品零售。可以认为，服务的数字化程度有着巨大的提升空间。这一进程的加速，在实物商品零售消费增速放缓、实物商品电商红利期逐渐消退的当下，将对我国下一阶段促消费、扩内需起到不可忽视的重要作用。

（二）灵活就业，减贫增收

随着人口红利的逐渐消失，我国劳动力市场中供给结构性失调、成本不断攀升等问题愈发凸显。在就业观念转变、用工形态多样、数字经济快速发展等多重因素共同作用下，我国的劳动力市场催生出众多的灵活就业岗位，拥有 600 万 ~800 万从业人员的外卖骑手群体是其中的典型代表，人社部已于 2020 年 3 月 3 日将“网约配送员”纳入《中华人民共和国职业分类大典》[②]。近八成的外卖骑手出生在农村地区，在城市中实现灵活就业之前属于低收入群体甚至贫困群体。灵活就业的价值可以从社会、用工单位和劳动者三方面来评价。对社会而言，灵活就业能够有效降低就业门槛、提高就业率，进而维持社会稳定，能够实现不同发展阶段地区间的劳动力供需平衡，灵活就业群体的流动和迁移也显著加速了城镇化进程。对用工单位而言，灵活就业的最大价值在于降低用工成本，特别是对于生活服务业中广大的小微企业，在城市房租等固定成本持续攀高的情况下，灵活就业能够最大限度地激发中小企业活力。对劳动者而言，生长在互联网时代的“90 后”“95 后”逐渐成为社会主力劳动群体，与在制造业、建筑业等传统行业的就业体验相

① 《推动服务消费成为新增长点》，人民政府网，http：//www. gov. cn/xinwen/2019 - 03/04/content_ 5370320. htm。

② 《人社部等三部门联合发布智能制造工程技术人员等 16 个新职业》，http：//www. xiongan. gov. cn/2020 - 03/02/c_ 1210498009. htm。

比，互联网平台经济下的灵活就业岗位收入更高、给付更及时、工作时间更自由，更有 30% 的骑手表示能够“在城市穿梭、接触社会”也是这类职业的核心吸引力。

（三）赋能供给，包容普惠

本地生活服务行业是我国“小店经济”的典型代表。以餐饮业为例，中餐菜系多样、口味迭代速度快、消费者忠诚度低等多种因素，导致我国的餐饮连锁化程度非常低，连锁化率不足 10%，非连锁的自营餐饮商户利润率普遍不高、运营管理水平偏低。因此，数字化赋能对行业和商户就有格外重要的价值。一是增加供给数量。原本无力负担线下实体店租、自有外卖配送人员成本的商户，都可以借由平台参与市场竞争，与大型连锁品牌享受同样的获客入口和配送服务，有利于打破规模阶层、实现包容普惠和公平竞争。二是提升供给质量。基于大数据、人脸识别、SaaS 等技术手段，通过智能厨房和收银系统、供应链和产品设计、卡券发放、用户画像和品类推荐等功能，降低小商户的管理压力，释放更多人力专注于餐饮本身，增加供给的有效性。三是创造供给增值。数字化的赋能，能够启发和帮助商户突破传统品类的客观束缚。火锅等品类外卖订单的超速增长、半成品和预制品食材的配送，都是平台服务提升到一定阶段后触发了供给品类的创新和扩容。

（四）匹配供需，降本增效

本地生活服务行业的市场主体极其多元，以中小微商户为主，其在线下经营的覆盖面较窄、区位依赖性很强。同时，服务需求的产生具有较强的偶发性，对服务交付的时效性要求又很高。服务设施的局域化和服务需求的随机化，导致线下生活服务业中供需匹配难保精准，常常出现供给资源闲置与需求排队等待并存、空间时间错位带来低效率等问题。在消费者更愿意为效率和质量埋单的时代，数字化平台与生活服务业的结合，其价值就是利用互联网技术来提升消费者决策信息的对称性，通过技术迭代和模式创新来使传统行业的供求匹配效率不断提升。一是价格信息的对称，平台解决了消费者无法对相似的生活服务产品进行比价的问题，降低了消费决策门槛；二是位置信息的对称，外卖平台提供餐食到家的距离、配送时间和配送费用的组合，使消费者的用餐安排更加精确和高效；三是消费者偏好信息的对称，生活服务产品的品类繁杂、价格和质量差异很大，这种情形下，高质量的搜索、推荐以及评价信息，都能够有效引导购买取向，大大降低筛选成本。

（五）创新服务，挖掘潜力

数字化平台与生活服务业的结合，是不断利用新的技术和模式扩宽场景、探索边界的过程。在完成了本地地面运力网络搭建后，平台纷纷将运力端作为独立和开放的硬件基础设施加以运营，通过建立数智化的开放即时配送生态系统，利用不同品类在各个时段需求的时差，最大限度地实现运能的充分利用。平台快速实现了“万物皆可送”的全品类覆盖，商超便利店、农贸市场、医院药房、书店都纷纷上线平台、接入流量，生鲜、鲜花、药品等品类订单量快速增长，个性化的跑腿类服务如网红奶茶代购等也日趋高频化。相应的，不断扩宽的场景能够服务的消费群体也越来越多样，中老年群体和下沉市场使用数字化生活服务平台的频率越来越高，表明技术赋能的供给正在加速形成对需求的反向重塑。

（六）便利生活，重塑城市

多样化的消费选择和便利化的生活服务是人们选择居住在城市的重要因素，但也难免受到市内跨区域交通拥堵、服务等候时间过长等弊病的困扰。现代城市生活中，人们都在追求在提升品质的同时降低时间成本的消费方式，这也是“宅经济”“夜经济”当道的原因之一。城市的管理者正在通过“智慧城市”“智慧社区”等理念和实践满足这样的需求，让基础设施“智能化”感知，让城市服务“一站式”获取，把以人为本、便民惠民作为新型智慧城市建设的出发点和落脚点，畅通城市服务路径，提升城市服务供给能力。以“智慧城市”建设的先行者宁波市的经验为例，借由外卖平台，宁波市城市管理部门能够实时监控当地3万家提供外卖服务商户的餐食制作过程，还能够通过在平台上开通的“宁波云医院”实现在线问诊、开药和送药到家的一体化服务。城市管理者、服务提供者、消费者三方，以平台为中枢，形成了监管和服务的数字化闭环链路，实现了效能的提升和需求的满足。新冠肺炎疫情发生后，非接触的社区无人配餐车、自助取餐柜逐渐成为了“智慧社区”的理想标配，进一步改善了外卖配送等生活服务体验。

（七）应急灾备，保障民生

从此次抗击新冠肺炎疫情的实践来看，由外卖平台组织起来的这张商户—消费者—运力（B—C—D）网，不仅仅是一张生活服务网，更是一张应急保障网。灾难发生，一是能够维持经营状态的餐饮、商超门店大幅减少，覆盖密度严重下降；二是防控要求减少出门、降低面对面交易带来的交叉感染风险；三是家庭存量的生活物资快速消耗、情绪愈发焦虑导致囤积意愿上升，在这些因素的共同作用下，外卖网络就成为了最重要最安全的民生保供渠道。从国际经验看，灾难频发的国家普遍将便利店零售网络等纳入国家应急保障体系当中。以日本为例，2017 年 7 月开始，7 - 11、全家、罗森等几家大型便利店公司被日本政府认定为发生灾害时应国家要求提供紧急资助的“指定公共机关”，政府将其作为社会公用事业和设施给予支持。在城市交通、运输、通信等方面陷入瘫痪的时候，依托便利店网络的商品流通系统能迅速调配物资，在短时间内保证各地居民日常生活所需。新冠肺炎疫情期间，外卖骑手成了人们口中的“首席社区采购员”，网友们说“只要外卖还能送，武汉就不会停下来”。

五　有关政策建议

餐饮业在这次疫情中损失惨重，“后疫情”将面临一个较长的复苏时期，建议从供给侧发力，明确有利于加快推进餐饮等生活服务业“新基建”的制度安排，细化对平台经济的各项鼓励支持政策，同时重点在财税、投融资、市场准入和监管、灵活就业群体劳动权益保障等方面出台更有针对性和可操作性的综合举措。

一是对数字化“新基建”给予适应需求的财税、金融、产业等配套政策支持。数字化“新基建”的产业特点决定了其配套政策支持不同于传统基建。财税方面，建议研究“研发支出”的加计扣除、平台和高新技术企业的低税率问题。金融方面，建议在低息融资、专项贷款、多层次资本市场、并购、IPO、发债等方面给予针对性支持。产业方面，建议鼓励将平台经济发展纳入国家战略和各地经济社会发展规划当中。

二是建立更适应平台经济的事前、事中和事后监管方式。平台经济是一种融合经济，综合化、多元化、跨领域的特征突出，平台各个环节的监管涉及金融、物流、服务、信息、科技、人才等多个部门，政府职能的交叉和真空一定程度上影响着平台经济的发展活力。为此建议，构建与平台经济规律相适应的跨部门联合监管方式，及时研究调整与平台经济不适应的监管模式。充分发挥平台在全链路对接零散商户方面的中枢作用，在对企业的营业证照、购销凭证的认定和查验方面，增加数字化认定审核方式，探索平台大发票的报销凭证查验方式等。

三是鼓励各地重视生活服务业新基础设施建设。此轮疫情过后，数字化“新基建”或将成为各地各产业投资的热点领域，成为拉动经济和消费增长的又一重要引擎。建议各地政府予以鼓励、充分重视，先行先试、早建早用，切入点可以考虑在传统商区叠加建设外卖专用的小型分拣和等候区域，在写字楼、医院、学校等外卖需求集中的区域建设智能取餐柜，对外卖骑手给予更多社会身份认可和劳动保障等。这些都需要各地政府通过专项资金补贴等政策激励来加快推进。

四是重视生活服务平台从业主体的权益保障。外卖骑手、小微店主、拣货收银等都是生活服务平台上的从业主体，也是灵活就业、共享用工的典型。李克强总理在 2020 年 3 月份的两次国常会上明确指示：“今年全年工作要把‘稳就业’放在重中之重的位置，就业稳住了，经济增速高一点低一点都没什么了不起”“支持发展共享用工、就业保障平台，为灵活就业者提供就业和社保线上服务”。建议从以下方面出台支持政策：一是在廉租房等城市住房政策中，充分考虑包括外卖骑手等灵活就业群体的需要；对于主动给外卖骑手解决住宿问题的企业给予适当政策补贴。二是畅通外卖行业的劳动保障服务绿色通道，特别是推动将外卖骑手群体纳入当地工伤保险覆盖范围，凡是事实清楚、权利义务明确、当事双方无争议的外卖工伤认定案件，人社部门应给予“快认快结”处理。三是支持商业和互联网保险公司开设外卖行业专业险种。探索突破原有社保体系模式，创新参保方式，允许用工者或者从业者单独投保工伤保险，或者在社会保险体系外投保人身意外险（或雇主责任险，解决骑手自身伤亡问题），以及为骑手定制的职业责任险（解决骑手致第三人伤亡问题）。四是推动组织开展各类暖心事迹宣传、最美骑手评选等形式的活动，宣传树立行业模范人物，做好外卖小哥的心理关爱。同时，推动将“外卖骑手”等纳入《国家职业资格目录清单》，开展职业技能培训等工作。

专题报告篇

Special Reports

B.12 中国素食餐饮业发展报告*

廖 峰 李艾玲 张译丹 李子义 李文哲 阮紫菱**

摘 要： 进入21世纪以来，寺庙素食以外的大陆素食餐饮业开始起步，目前总体处于由起步到快速发展阶段，成长空间巨大；其发展与城市居民消费能力、地区饮食习俗、宗教氛围等因素相关联；以中低档为主，随着档次的提高，非常规原材料的采用及跨界复合化运营增多；连锁化发展迅速，但是规模尚小。同时，大陆素食餐饮业呈现宗教化与去宗教化现象并存，企业价值引导与公益关联，跨界融合与复合式运营等特征。在对大陆素食业和消费者的食素消费行为进行实证调研，

* 本报告为四川省教育厅“川菜发展研究中心”资助课题“素食文化和产业发展现状及其趋势研究”（CC17G17）研究成果。

** 廖峰，四川大学旅游学院副教授、硕士生导师，主要研究方向为旅游管理；李艾玲，四川大学旅游学院硕士研究生，主要研究方向为旅游管理；张译丹、李子义，四川大学旅游学院2016级学生，主要研究方向为旅游管理；李文哲，四川大学旅游学院硕士研究生，主要研究方向为旅游管理；阮紫菱，四川大学旅游学院硕士研究生，主要研究方向为旅游管理。

并将之与港澳台和世界其他素食业发展相对成熟的国家和地区相比较之后，我们预测大陆素食业会有以下发展趋势：素食供给和消费市场双双高速增长；越来越多的素食餐饮会回归商业本质，按市场规律运营；素食餐饮的宗教化和去宗教化现象会长期并存；素食餐饮的公益特质与商业运营实践的结合有可能发展出独特的运营管理模式；素食餐饮对城市旅游形象的正面影响会得到重视和宣传。

关键词： 大陆素食　港澳台素食　世界素食　素食文化　素食行为

进入21世纪以来，寺庙素食以外的大陆素食餐饮业开始起步，并在近年逐步加快了发展速度，但是大陆素食餐饮业的发展现状究竟如何？与世界其他国家和地区的差距怎样？未来又有何发展走向和趋势？带着这些疑问，在大量查阅中外文献和产业数据的基础上，我们对直辖市、各省会城市和自治区首府共31个城市的素食餐厅进行了基于大众点评、美团以及百度地图App等网络平台的广泛性调研（调研数据截止日期为2019年4月底），以及对成都部分素食餐饮企业运营者的实地访谈调研，经分析总结最终形成了本报告。

一　中国素食餐饮业发展现状

（一）大陆素食餐饮业总体处于由起步到快速发展阶段，成长空间巨大

中国大陆素食餐厅长期以寺庙素食为主体，20世纪末21世纪初社会素食餐厅开始批量化出现，调研数据显示，目前大陆素食餐饮业总体看餐厅数量少，餐饮供给占比低且消费市场的素食餐厅拥有率低；但是发展呈加速态势，处于由起步到快速发展阶段（见表1）。

表1　调研城市素食餐厅数量、餐饮供给占比及餐饮消费市场素食餐厅拥有率情况

区域	城市	素食餐厅数量（家）	城市餐饮供给总量（家）	素食餐饮占比（%）	城市常住人口（万人）	餐饮消费市场素食餐厅拥有率（家/10万人）
四大直辖市（837家）	北京	308	214790	0.143	2154.2	1.43
	天津	225	139693	0.161	1556.87	1.45
	上海	242	258532	0.094	2423.78	0.99
	重庆	62	278683	0.022	865.07	0.34
东北地区（190家）	长春	48	96705	0.05	748.9	0.64
	哈尔滨	53	114408	0.046	1092.9	0.48
	沈阳	89	127496	0.07	829.4	1.07
华东地区（318家）	南昌	5	67880	0.007	554.55	0.09
	合肥	15	112701	0.013	808.7	0.19
	南京	59	117948	0.05	843.62	0.7
	杭州	104	146358	0.071	980.6	1.06
	福州	53	86923	0.06	749	0.7
	济南	82	106269	0.077	870	0.94
华北地区（170家）	呼和浩特	25	44810	0.056	311.48	0.61
	石家庄	105	100579	0.104	1095.16	0.96
	太原	40	66940	0.06	442.15	0.9
华中地区（271家）	武汉	79	161019	0.049	1091.4	0.72
	长沙	86	137658	0.062	815.47	1.05
	郑州	106	156748	0.068	1012	1.04
华南地区（298家）	广州	220	252013	0.087	1449.84	1.52
	南宁	53	89618	0.059	725.41	0.73
	海口	25	39170	0.064	230.23	1.09
西北地区（94家）	银川	3	35210	0.009	223	0.13
	乌鲁木齐	8	51914	0.015	350.4	0.23
	西安	68	168894	0.04	1000.37	0.68
	兰州	6	47049	0.013	342.23	0.2
	西宁	9	25737	0.035	205.58	0.44
西南地区（476家）	成都	194	286925	0.068	1633	1.9
	昆明	165	119218	0.138	721	0.23
	拉萨	37	12403	0.30	90.25	4.1
	贵阳	80	77060	0.104	488.19	1.64
总计		2654	3741351	0.071	26704.75	0.99
平均值		85.6	120689	0.071	861.44	0.99

第一，31个调研城市的素食餐厅数量不多，且城市差距较大（见表2）。调研城市素食餐厅数量平均只有85.6家；其中，22个城市（占比71%）的素食餐厅数量在100家以内，素食餐厅拥有量在100~200家的城市有5个（占比16%），只有北京、天津和上海这三个直辖市和经济发展水平较高的广州4个城市（占比13%）素食餐厅总量在200家以上（见图1）；素食餐厅数量最高的北京有308家，而位于西北地区的银川只有3家素食餐厅。

表2　调研城市素食餐厅数量区间分布

0~50家	50~100家	100~200家	200+家
长春	重庆	杭州	北京
南昌	哈尔滨	石家庄	天津
合肥	沈阳	郑州	上海
呼和浩特	南京	成都	广州
太原	福州	昆明	
海口	济南		
银川	武汉		
乌鲁木齐	长沙		
兰州	南宁		
西宁	西安		
拉萨	贵阳		
共计11个	共计11个	共计5个	共计4个

第二，调研城市素食餐厅数量占城市餐饮供给比例极低。相对于调研城市少则几万，多则十几万、二十余万的餐厅供给量，素食餐厅的平均占比只有0.071%，意味着一万家餐厅中才有7.1家素食餐厅；占比最高的拉萨也只有0.3%，即每一千家餐厅中有3家素食餐厅，而占比最低的南昌市只有0.007%，即一万家餐厅里不到1家素食餐厅。31个调研城市中，高达25个城市（80.6%）的素食餐厅数量在城市餐饮供给市场中的占比在0.1%以内，即一千家餐厅里的素食餐厅数量不超过1家，其中10个城市（占比32.2%）的素食餐厅占比在0.05%以内，即一万家餐厅里的素食餐厅数量不超过5家（见表3、图2）。

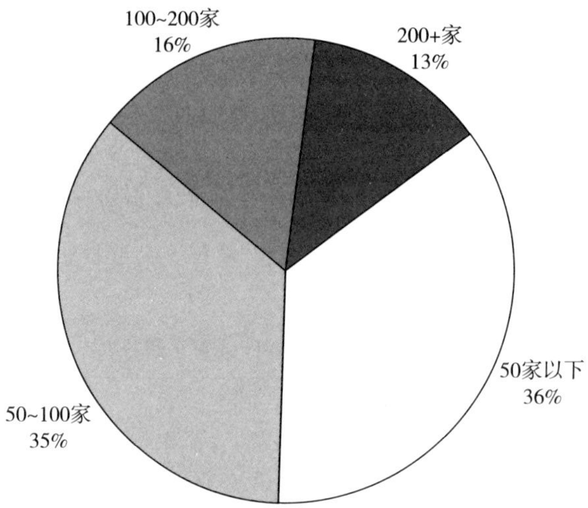

图1 调研城市素食餐厅数量分布情况饼状图

表3 餐饮供给市场中素食餐厅占比区间分布

0.05%以下	0.05~0.1%	0.1%以上
重庆	上海	北京
哈尔滨	长春	天津
南昌	沈阳	石家庄
合肥	南京	昆明
武汉	杭州	拉萨
银川	福州	贵阳
乌鲁木齐	济南	
西安	呼和浩特	
兰州	太原	
西宁	长沙	
	郑州	
	广州	
	南宁	
	海口	
	成都	
共计10个	共计15个	共计6个

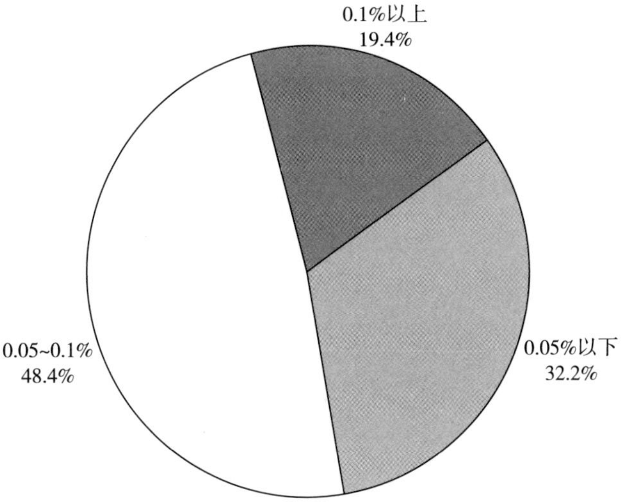

图 2　调研城市素食餐厅占比区间饼状图

第三，相对于所在城市的餐饮消费市场，每 10 万人口的素食餐厅拥有率极低。相对于 31 个调研城市几百万乃至上千万的常住人口，餐饮消费市场的素食餐厅拥有率平均仅为 0.99 家/10 万人，即每 10 万人拥有不到 1 家素食餐厅；其中，20 个城市（占比 65%）的素食餐厅的市场覆盖率为每 10 万人 1 家以下，只有 4 个城市（占 13%）超过 1.5 家/10 万人；拉萨数据最高，为 4.1 家/10 万人，即每 2.44 万人拥有 1 家素食餐厅；南昌最低，为 0.09 家/10 万人，意味着每 111 万人才有 1 家素食餐厅（见表 4、图 3）。

表 4　调研城市消费市场素食餐厅拥有率分布区间（家/10 万人）

0.5 家以下	0.5 ~1 家(含)	1 ~1.5 家(含)	1.5 家以上
重庆	上海	北京	广州
哈尔滨	长春	天津	成都
南昌	南京	沈阳	拉萨
合肥	福州	杭州	贵阳
银川	济南	长沙	
乌鲁木齐	呼和浩特	郑州	
兰州	石家庄	海口	
西宁	太原		
昆明			

续表

0.5 家以下	0.5 ~1 家(含)	1 ~1.5 家(含)	1.5 家以上
	武汉 南宁 西安		
共计 9 个	共计 11 个	共计 7 个	共计 4 个

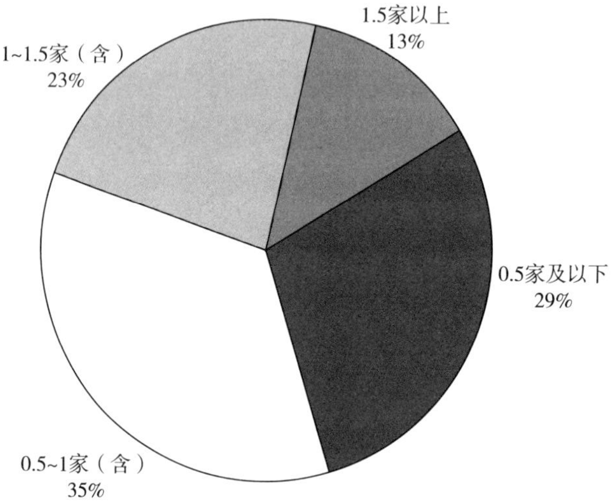

图 3　调研城市餐饮消费市场素食餐厅拥有率分布饼状图

第四，与素食餐饮发展相对成熟的港澳台地区相比，大陆素食餐饮业成长空间巨大（见表 5、图 4）。

表 5　港澳台地区素食餐厅数量、餐饮供给市场占比及消费市场素食餐厅拥有率*

城市	素食餐厅数量(家)	餐饮供给总量(家)	素食餐饮占比(%)	城市人口数量(万人)	餐饮消费市场素食餐厅拥有率(家/10 万人)
香港	298	36754	0.81	748	3.98
澳门	46	5961	0.77	66	6.97
台北	423	28508	1.48	275	15.40
平均	255.7	23681	1.02	363	8.78

* 香港、澳门和台北素食餐厅数量和餐饮供给总量数据来源于大众点评，城市人口数据来源于百度搜索。

香港、澳门和台北三个城市素食餐饮占城市餐饮供给总量的比例平均为1.02%，即每100家餐厅里有1.02家素食餐厅，而台北素食餐饮占比数据最高，达1.48%，比大陆数据最高的拉萨（0.3%）高出近4倍。

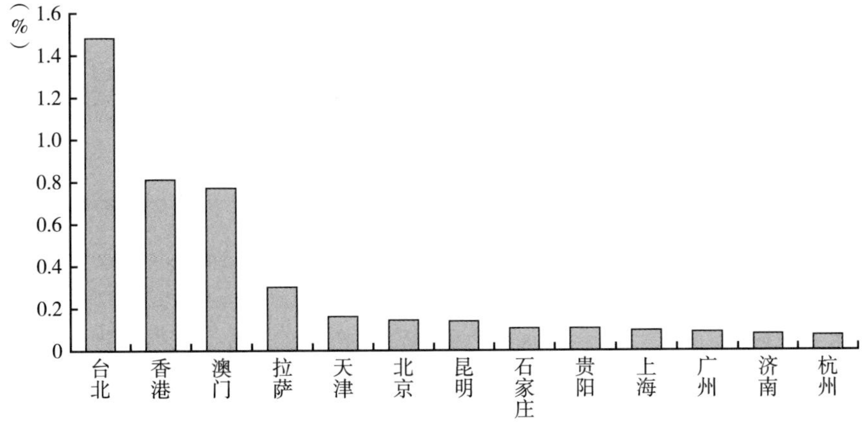

图4　大陆素食餐饮占比TOP10与港澳台素食餐饮占比类比

相对于大陆平均0.99家/10万人的餐饮消费市场素食餐厅拥有率，港澳台平均为8.78家/10万人，而数据最高的台北甚至达到15.4家/10万人，即每10万人拥有15.4家素食餐厅（见图5）。由此，我们可以肯定地

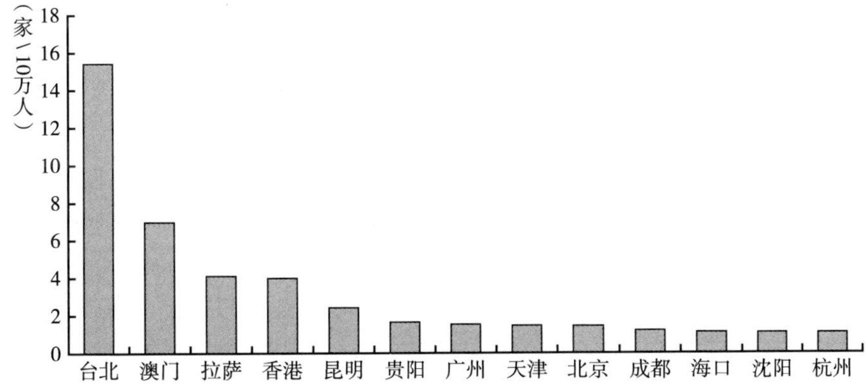

图5　大陆餐饮消费市场素食餐厅拥有率TOP10与港澳台类比

推断无论从餐饮供给市场占比还是消费市场素食餐厅拥有率来看，大陆素食餐饮业都还处于起步阶段，但是未来发展潜力巨大，有数倍乃至几十倍的成长空间。

第五，大陆素食餐饮业呈放量增速发展态势。据不完全统计，2006 年大陆只有 200 家左右的素食餐厅，到 2018 年素食餐厅的规模突破了 4000 家，12 年提高了 19 倍（见表 6）。

表 6　大陆素食餐厅数量变化

时间节点	素食餐厅数量	信息来源
2006 年 1 月	突破 200 家	环球美食网
2008 年 10 月	突破 300 家	《中国商报》
2012 年 2 月	突破 900 家	中华素食网
2018 年 9 月	突破 4000 家	百度地图搜索

由大陆素食餐厅数量变化曲线图可以清晰地看到，大陆素食餐厅数量 2006 年到 2018 年呈加速放量增长态势。2006 年到 2008 年年增长率为 25%；2008 年到 2012 年发展提速，年增长率翻番达到 50%；而 2012 年到 2018 年，在素食餐厅基数近千家的情况下年增长率仍旧进一步加速达到 57.4%，整个大陆素食餐饮业突破了 4000 家的供给规模（见图 6）。

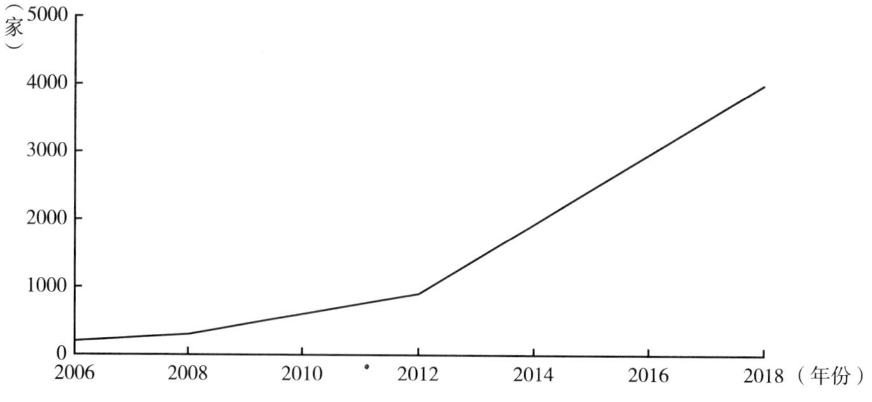

图 6　大陆素食餐厅数量变化曲线

（二）大陆素食餐饮业的发展与城市居民消费能力、地区饮食习俗、宗教氛围等因素相关联

2018 年人均可支配收入 Top10 排名涉及的直辖市和省会城市中，有 8 个城市进入素食相关排名 Top10 阵容，其中，北京、杭州、天津、广州 4 个城市在 3 个素食相关 Top10 排名中均位列其中。由此我们推断，城市素食餐饮业的发展与城市经济水准、人均可支配收入有一定的相关性（见表 7）。

表 7　素食餐饮发展规模相关指标与人均可支配收入排名城市类比*

排名	2018 年人均可支配收入排名	城市素食餐厅数量排名	素食餐厅在餐饮供给市场占比排名	餐饮消费市场素食餐厅拥有率排名
1	上海市	北京	拉萨	拉萨
2	北京市	上海	天津	昆明
3	浙江省	天津	北京	贵阳
4	天津市	广州	昆明	广州
5	江苏省	成都	石家庄	天津
6	广东省	昆明	贵阳	北京
7	福建省	郑州	上海	成都
8	辽宁省	石家庄	广州	海口
9	山东省	杭州	济南	沈阳
10	内蒙古自治区	沈阳	杭州	杭州

* 资料来源：国家统计局，华经产业研究院整理。

西南四省区的成都、昆明、拉萨和贵阳都不属于人均可支配收入较高的城市，但是在 3 个素食相关 Top10 排名中赫然在列，拉萨、成都和贵阳各上 2 个榜单，而昆明则是 3 个榜单全上，尤其是餐饮消费市场素食餐厅拥有率排名中，拉萨、昆明和贵阳还分别占据了前 3 的位置。这应该与地域饮食文化传统、宗教氛围等因素有一定的相关性。

（三）大陆素食餐饮以中低档为主，随着档次的提高，非常规原材料的采用及跨界复合化运营增多

首先，综合来看，我国素食餐饮从低端到高端均有分布，但以中低端为

主。调研城市人均消费70元以下素食餐厅的数量达到素食餐饮市场供给总量的66%；随着人均消费价格的提高，素食餐厅数量呈递减趋势，人均消费在71到120元的中偏高素食餐厅数量占比23%，而120元以上的高端素食餐厅占比11%，尤其是人均消费200元以上的高档素食餐厅（占比4%），只在少数几个区域和城市有分布（见图7）。

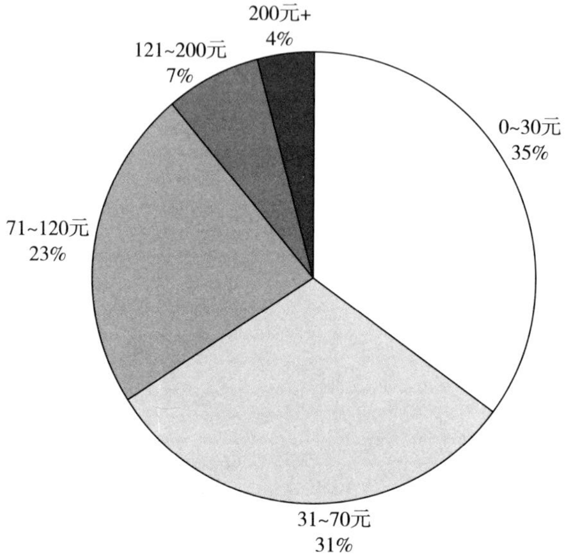

图7 大陆调研城市各档次素食餐厅占比

其次，大陆与港澳台地区各档次素食餐厅比重结构类比图（见图8）可以说明大陆的素食餐饮消费水准偏低，也可以预见随着大陆经济的发展，人均消费能力的提升，占比高的素食餐饮档次会由低向高偏移。

第三，随着档次的提高，素食餐饮的非常规原材料使用增多。

调研发现，当素食餐厅人均消费达到较高标准时（具体消费水平根据不同城市经济发展水平有所变化，如北京、上海大约在150元以上），素食餐厅就会采用一些非常规素食原材料，一方面既增加了餐厅的独特性，另一方面也使菜品的议价能力大大提升。这些非常规素食原材料主要可以分为以下四类：虎掌菌、羊肚菌、松茸、松露、竹荏等季节性野生食材；藏红花、

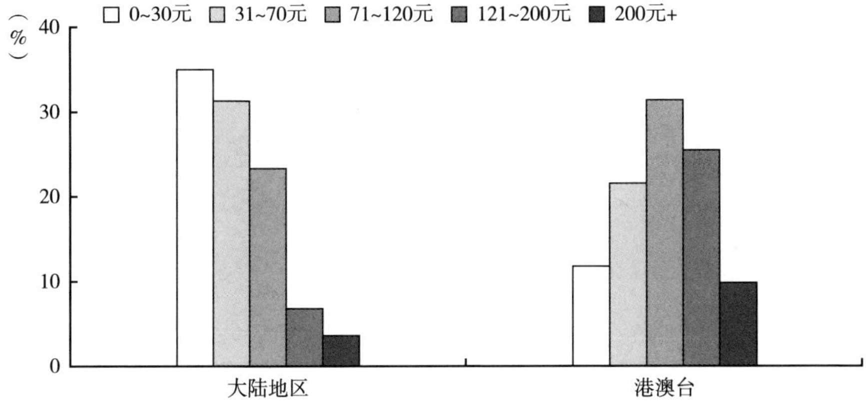

图 8 大陆与港澳台地区各档次素食餐厅比重结构类比

三七、黄芪、党参、当归等中高档的养生中药材；藜麦、亚麻籽等非主流碳水原材料；牛油果、榴莲等异域植物性食材。

第四，随着档次提高，素食餐饮的跨界复合化运营增多。大陆低端素食餐厅，大多分布在社区或寺庙周边，以小吃、小菜居多，服务以自助为主，包括部分点菜。大陆 31 ~ 70 元之间的中端素食类型比较多样，包括火锅、汤锅、点菜、西式料理，等等。人均消费在 70 元以上的中高端素食餐厅，摆盘精致、中西结合，名称文雅，注重稀有原材料的菜品开发、文化附加值的挖掘；服务方式多样，有自助式、零点式、套餐式或兼容式；经营形式上大多将正餐与休闲下午茶结合，如北京的京兆尹；而经营项目上许多做了跨界的复合式运营，如成都的轻安素食将素食、休闲茶饮、服饰、书画展销、文艺沙龙等融为一体。

（四）素食餐饮的连锁化发展迅速，但是规模尚小

基于 2016 搜狐搜索年度报告对素食搜索指数最高的五个城市北京、上海、广州、成都和杭州的素食连锁餐厅通过大众点评与百度地图进行了不完全搜索与统计，发现：首先素食连锁从 19 元/人自助餐到人均 500 元的高端素食，全档次覆盖；其次，素食连锁餐饮企业的店面数量总体偏

少，62%的素食连锁餐饮企业拥有的店面量低于10家；再次，素食连锁餐饮企业的类型涉及中餐、日料、西餐、东南亚料理等多种菜系，在点单类素食连锁餐厅中，非传统中餐厅占比约30%；最后，中低端素食（70元以下）连锁餐厅主要经营模式以自助餐为主，中高端素食连锁以零点居多，这一特点也符合素食餐饮总体特征，即自助素食餐厅主要以物美价廉为主。

表8 北京、上海、广州、成都与杭州的素食餐饮连锁一览

品牌	数量(家)	类型	档次(元)
雨花斋	25	套餐	免费午饭
谦和清心	4	自助	19
弘善素食	6	自助	25
齐善素食	21	食品加工线下连锁	30
素满香	24	自助	30
清水荷花	6	川菜零点	40~60
众善	4	自助	44
百易素食	5	拉面	50
滴水坊	15	寺庙素食	50
素虎	11	自助、零点	60~120
金鼎轩	23	粤菜	65
一叶一世界	24	火锅	70~100
静莲斋	6	中餐	70
一天一素	3	中餐	70
心香素食	2	川菜	72
BMS Organic	17	东南亚菜	80
Finecafe	5	咖啡厅	80
熹素·鲜美素食	4	素食沙拉	80
百合素食	5	素火锅	100
枣子树	12	零点	105
功德林	19	上海菜	108
蔬稻餐厅	4	西餐	111

续表

品牌	数量	类型	档次
花开素食	7	融合菜系	144
大蔬无界	7	中餐、日料	230
叶叶菩提	6	传统中餐	500
净心莲	5	中餐	500

二　中国素食餐饮业发展特征

（一）素食餐饮业的宗教化与去宗教化特征

1. 素食餐饮业的宗教化现象

第一，中国的素食餐饮最早多为佛教寺庙素食，现今寺庙餐饮仍旧是中国素食餐饮的一个重要组成部分，最具有代表性的是台湾佛光山开创的“水滴坊”。得益于台湾佛教近二十多年来的蓬勃发展，“水滴坊”客群稳定，且离开了佛光山本山，这个素食连锁品牌依旧被大众深深信任。

第二，近年大陆出现的社会素食餐厅的投资人或运营者大多具有宗教文化背景。根据课题组针对素食餐饮企业运营者所做的访谈调研获得的信息，现阶段超过80%的素食餐饮企业，其投资人或运营者构成中有佛道教文化背景者，要么是皈依信徒要么是佛道教文化的拥趸。沪上餐饮连锁公司“红莲素食馆”的成立和发展，即是基于老板弘扬佛法“慈心不杀”的理念。

第三，许多素食餐厅的名称具有宗教文化意象。课题组采取“属名＋业名＋通名”三层结构分析法对素食餐厅的名称进行了不完全统计分析。通名即商业店名的通用称呼，标志着行业类别，说明餐馆的经营规模、档次以及价格水平；业名是对通名的限定，标明行业特征或经营特点、范围等，在这里主要是用“素”“素食”“素火锅”等呈现；而最能体现餐厅个性特征的是署名，它标明了餐厅最为重要的所属或区别性特征，如环境、经营特色及地域特征，而且承载着商家的良好愿望以及消费者的心理需求①。调研发现，相当比例的素食餐厅会选择“斋”作为餐厅的通名，可解释为素斋、斋食；而素食餐厅的署名则大量使用了“佛、菩提、禅、道、梵、悟、缘、莲花、莲叶、荷花、轻安、清心”等具有宗教文化意象的符号语言，如“叶叶菩提”素食、“一叶一世界”藏茶蔬食火锅、“禅悦”素食、“影悟·禅生活”、“轻安”素食、“清心”素食等。

第四，相当多的素食餐厅的装修、展陈和餐厅文化宣传用语具有佛道教文化特色。在装修上主要体现在宗教意象的唐卡、画像、雕塑的利用以及密教手印、金刚结、酥油灯等宗教文化元素的运用。部分素食餐厅会有《金刚经》《心经》《药师经》《道德经》等佛道教经典书籍的展陈，以供食客免费“结缘”；也会提供禅茶、禅香、佛珠等宗教用品的销售。众多的素食餐厅会将“感恩”“慈悲”等具有普世性的佛道教文化用语作为企业文化进行倡导和宣传。

第五，具有宗教文化特质的素食餐厅在原材料的选择上会做“斋素”定位，避“五荤”。素食者食素的动因差异，造成对素的认知差异，各自食“素”的程度亦有不同。而餐饮行业中自我定位为素食餐厅的企业，往往也因为针对素食群体的不同，在原材料“素”的程度把控上有各自的标准（见表9）。宗教化的素食餐厅因其背后所依凭的宗教的不同，其“斋素”的要求也是不同的。在中国，主要是受佛道教影响，因此大陆的“斋素”类餐厅不光不采用蛋奶等动物性原材料，而且还会避开植物性原材料中的“五荤”（也称“五辛”）：大蒜、葱、藠头、韭菜、洋葱（兴渠）。

表9　不同程度定位的素食餐厅的原材料选择范围

素食的不同程度	所选原材料范围
纯素食餐厅	不采用动物性原材料及制成品
蛋奶素食餐厅	不采用肉类，但采用蛋类、奶类
半素食餐厅	基于健康、道德或信仰不采用某些肉类，但会采用部分禽类和海鲜
斋素餐厅	不采用动物性原材料及其制成品食品和部分特定植物性原材料

① 杨丽：《上海市餐饮店名的语言学研究》，上海外国语大学硕士学位论文，2014。

第六，一些素食餐厅的活动具有宗教文化特色。如对出家师父免费；在公众号对食客提供某些寺庙、道观组织的放生、禅修等宗教活动的信息；在餐厅的非营业时间为宗教信众的合法群体活动免费提供场所；等等。甚至，一些宗教色彩较浓的素食餐厅的运营不以营利为目的，直接对食客免费，靠食客和信众的“供养”维持运转，典型的如“雨花斋”，这类餐厅的人工往往会有一些宗教信众的义工来公益帮忙。

2. 素食餐饮业的去宗教化现象

素食餐厅的宗教化现象是非常直观的，但是在调研中，我们访谈到的素食餐厅的运营者都一致地表达出从“宗教化”转向“去宗教化”的理念与决心。究其原因，一方面是他们在运营中意识到食素的动因是多元化的，食素群体的覆盖面远远大于宗教素食者，素食餐厅过于“宗教化”的形象定位不利于对其他食素群体的吸引，甚至有可能导致某些非宗教客群的内心抵触。另一方面，素食餐厅的“宗教化”形象难免会带来一些意识形态方面的麻烦。故而，无论是从市场出发还是从配合政府的社会意识形态管理出发，一些满含“宗教化”元素的素食餐厅开始进行“去宗教化”转向，其表现为：减少餐厅装修装饰上的宗教文化元素，增加健康时尚文化元素；企业文化的用语提炼、阐释与链接，尽量选择具有普世性的文化表述，如“孝”文化、“包容”文化；对宗教信众的活动支持转为对更为广泛群体的公益支持，如对传统文化老师、环卫工人的免费就餐活动；等等。

（二）素食餐饮业的价值引导与公益关联特征

在对素食餐饮业的调研中，我们看到无论素食餐厅的档次高低与规模大小，几乎所有的素食餐饮企业都多多少少对食客有着价值观的引导，这种普遍的现象在非素食餐饮里面是看不到的。

1. “感恩、慈悲、惜福、知足、包容、爱心、诚信、善心善行、利他、欢喜”等正念的引导与宣传

几乎所有的素食餐厅都有“光盘奖励”，如“一叶一世界”藏茶蔬食火锅的光盘奖励政策是只要一桌客人都光盘，奖励5张惜福卡，可凭此下次享

受1个单人免费套餐。一些自助素食餐厅会对食客的食素、光盘及主动的餐具送洗行为致以谢意，要求服务人员随时真诚地向食客亲口表达出来。餐厅会把主张的正念宣传用语贴在餐厅里，如“谦和清心”素食的宣传语：“感恩吃素，感恩光盘”，“倒掉的是剩饭，流走的是福报”，“生命的目的是以所有的形式去表现爱”，“我们要利益人而不是利用人，成就人而不是损坏人”；“雨花斋”的宣传语：“恭敬生命，感恩吃素”，“拒绝杀戮，没有交易，只有感恩”。

2. “家”文化、“孝亲”文化、养生文化等传统文化的倡导

许多素食餐厅会组织幸福人生讲座、健康养生讲座、传统文化培训等课堂，学习《弟子规》《二十四孝》《黄帝内经》等相关文化经典并与餐厅的营销相结合，如成都“谦和清心”素食在父亲节推出家庭聚餐父亲免费的“感恩父亲”活动；在企业营造一种“家”的氛围和文化，如“一叶一世界”员工之间互称家人，员工是“叶子”，顾客是“叶迷”，企业是“幸福叶子家族”；“禅悦”素食将成都民俗文化融入素食，结合农历二十四节气，开发应季的素食养生套餐，每一道菜品的设计从原材料的选择、配伍、烹饪方式及享用都力争与时令节气养生要点相契合，以使食客既有感官的享受同时也顺带学习了“天人合一”的传统养生知识。

3. 动物保护、环保、健康理念的宣讲与实践

“一叶一世界”的发心是“慈悲、健康与环保”，企业的梦想是“让我们回归健康生活方式”，该企业也通过玉米淀粉牙签、环保本色纸巾的使用来践行其环保理念；“雨花斋”倡导“健康生活，低碳环保，关爱生命，圆满心灵，和谐社会，保护地球，从我做起”。

4. 有明确社会企业定位的素食餐厅陆续出现，采取公益的、非营利性的、免费互助的运营方式或扩展方式

在调研中发现有明确社会企业定位的素食餐饮企业开始出现。所谓社会企业是指旨在解决社会问题、增进公众福利，而非追求自身利润最大化的企业。投资者拥有企业所有权，企业采用商业模式进行运作并获取资源，投资者在收回投资之后也不再参与分红，盈余再投资于企业或

社区发展[①]。这一现象在非素食餐饮业中尚未发现。成都“谦和清心”素食即是一个社会企业定位的素食餐厅，在运营上一直坚持薄利，自助餐的定价标准为21元，光盘还奖励2元的代餐券，即实际收费19元/人；餐厅一直对出家师父、国学老师、晚8点后就餐的环卫工实行免费政策；餐厅内设有爱心书款箱并持续搞爱心餐券活动，以供爱心人士供养弱势群体就餐；不定期举办免费“谦和明德儿童国学班”，推广优秀的传统文化；组织员工到敬老院献爱心；为推广素食文化，对有意投资和运营素食的企业和个人进行公益指导；等等。素食“雨花斋”品牌下的系列餐厅不收费，靠发起人、爱心人士的善心捐款以及义工的免费服务运转，对吃饭者的唯一要求是支持光盘行动——“吃多少，打多少，不够再加”。该品牌下的系列餐厅相互之间没有组织关系，也没有经济利益关系，其扩展完全靠相互的自发指导。有明确社会企业定位的类似企业还有上海素食餐饮连锁“红莲素食馆”等素食餐饮企业。

（三）素食餐饮业的跨界融合与复合式运营特征

随着近年来消费趋势的变化，餐饮业中跨界融合以获得复合式运营收益的模式层出不穷，比如“日用品超市+生鲜+餐厅”模式、“餐饮+KTV休闲娱乐”模式。而在素食餐饮业，尤其是中高端素食餐饮业中多场景跨界混搭、多业态融合的商业尝试也不断涌现。

1. 餐饮行业内的细分业态叠加

如素食正餐+休闲餐饮，具体表现为：一类是素食正餐厅在午餐、晚餐之外，在14~17点之间推出休闲下午茶系列产品，如北京的“京兆尹”；一类是素食餐厅直接兼有正餐厅和茶坊/咖啡厅双重定位，如成都的“花开素食”。

2. 素食与其他行业的跨界叠加融合

具体有以下模式：

第一，“素食+传统文化培训”模式。基于素食餐饮背后的价值导向和文化基因，一些高端素食针对会员开设各种传统美学文化培训班，将素食与

① 彭湘炜：《我国公益类事业单位转型社会企业探讨》，《商讯》2019年11月5日。

传统国学文化培训课程进行叠加融合，如书法、古琴、围棋、国画、茶道、花艺班等。代表企业如成都的“影悟·禅生活”。

第二，“素食+宗教用品销售”模式。做斋素定位的素餐厅，将素食与宗教用品销售结合，展销香炉、檀香、念珠、手串等宗教器物。

第三，“素食+素食加工食品销售”模式。越来越多的素餐厅将自家独特配方的素食菜品或调味品通过食品加工企业定制生产放到餐厅销售，同时代销一些别的品牌（如“粗粮王”）的素食加工食品。如“一叶一世界”藏茶蔬食火锅在餐厅中销售其秘制的火锅调味酱和藏茶，“枣子树”素食对各类素食加工食品的销售。

第四，“素食+健身修心”模式。因为食素的一大动因就是健康，一些素食餐厅将瑜伽、八段锦、站桩、打坐等健身修心的内容整合到服务体系中。代表企业如成都的“影悟·禅生活”。

第五，“素食+时尚文化”模式。比如将素食与个性化、定制化的服饰销售结合，与沙龙式的小型音乐会、小型画展结合以及与书店结合等。代表企业如成都的“轻安”素食。

在调研中我们看到，做跨界融合的素食餐饮企业，并不会局限于以上某一种跨界模式，往往是多行业多业态多场景的叠加融合，以获取复合性收益。如成都的“华道·钰善阁”同时将素食与茶坊、讲座培训、文创相融合。

三　世界素食餐饮业发展现状

（一）世界素食餐饮业主要特点

1. 世界素食餐饮业发展迅速

首先，素食餐厅数量进入快速增长阶段。从素食平台 Happy Cow 所获得的欧洲各国首都素食餐饮 2007～2019 年的发展数据显示[①]，2007～2014 年

① 《The Growth of Vegan Restaurants in Europe》，January 18，2020，https：//www. happycow. net/blog/the－growth－of－vegan－restaurants－in－europe/.

是欧洲素食餐厅发展的起步阶段，从2015年开始，欧洲素食餐饮业进入快速发展阶段，尤其是纯素食餐厅数量的增长比蛋奶素食餐厅要快得多。截至2019年底，全欧洲已经有6478家素食餐厅在Happy Cow平台注册，是2007年602家素食餐厅的10.8倍，年增长率为81.2%。其中蛋奶素食餐厅（Vegetarian）3816家（占比59%），纯素食餐厅（Vegan）2662家（占比41%）；而2007年只有517家蛋奶素食餐厅（Vegetarian）和85家纯素食餐厅（Vegan）。2019年蛋奶素食餐厅和纯素食餐厅的数量分别是2007年的7.4倍和31.3倍，年增长率分别为53.2%和250.8%。阿拉伯国家中的旅游城市迪拜素食餐厅2017年才开始起步，但截至2019年底，已拥有91家素食餐厅。而在迪拜市中心开业不久的Veganity号称是“全球最大”的素食餐厅，能提供200多道来自全球各地的纯素料理。

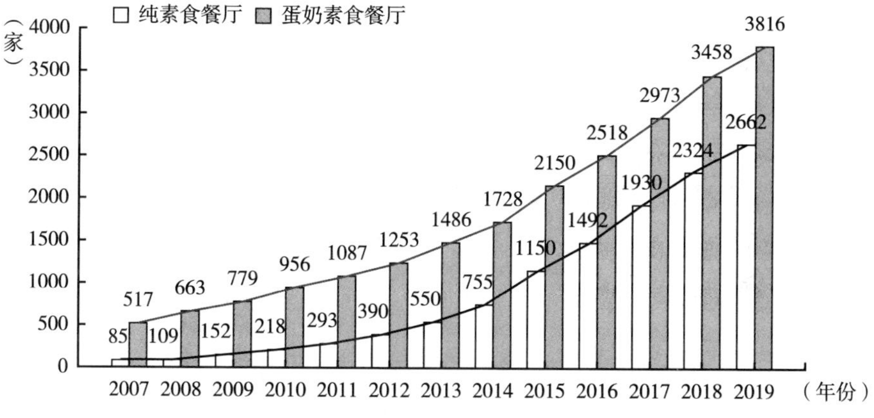

图10 欧洲不同类型素食餐厅数量2007～2019年增长数据

基于Happy Cow平台数据，课题组对部分国家的首都和一些大型城市素食餐厅（Vegan + Vegetarian）的数量及餐饮消费市场素食餐厅拥有率做了不完全统计，调研结果显示，西方国家中，以色列首都特拉维夫素食餐厅的市场覆盖率最高，达到了25.5家/10万人，捷克首都布拉格也高达8.62家/10万人，柏林为5.73家/10万人，伦敦为4.49家/10万人，纽约为3.65家/10万人，悉尼为2.28家/10万人，巴黎为1.38家/10万人；数据较低的莫斯科为0.47家/10万人。在亚洲，数据较高的新加坡达到14.54家/10万人，但是日本东京（0.93家/10万人）、印度孟买（0.51家/10万人）、韩国首尔（0.58家/10万人）这三个城市的素食餐厅市场覆盖率如此之低是出乎意料的，而且几乎可以肯定其与实际情况出入较大。经分析，可能有以下原因：首先Happy Cow平台在亚洲国家的影响力弱于西方，这些城市素食餐厅的平台注册量不完全；其次，亚洲饮食文化中素食本身就是饮食结构中不可或缺的一部分，在非素食餐厅也可以有丰富的素菜选择，这样一来，标识为素食餐厅的往往是Vegan类，Vegetarian类的素食餐厅数量确实不多，导致整体数据不高。

2. 素食餐厅的类型和档次细化

从烹饪类型上看，从中餐到西餐，从日本料理到印度菜，素食餐厅涵盖了几乎所有以国别为基础的主要菜系。从餐厅的细分业态上看，不光是素食正餐，在快餐、汉堡、比萨、甜品、咖啡等细分业态中也不断涌现纯素定位的餐厅；在Happy Cow平台就有基于餐饮细分业态的不同类型素食餐厅的评选排名，如十大素汉堡餐厅排名、十大素比萨餐厅排名、十大素咖啡厅排名、十大素甜甜圈店排名，等等。从档次上看，涉及的档次也较为细化，拿台湾举例，从路边的素面摊、自助餐到高端餐厅的顶级素筵，素食已经能够涵盖不同档次和类型的市场需求；柏林的Cookies Cream于2018年拿到了米其林之星，标志着素食餐厅开始被主流市场所关注。

3. 素食餐饮连锁企业开始出现且快速扩张

德国素食连锁餐厅Reformhaus目前约有250家分店；在美国加利福尼亚州的现代纯素食快餐连锁店“工厂动力”开设了至少6家分店。

4. 非素食餐厅的素食菜单选择日渐增多

2011年德国只有1%的餐厅提供素食选择，到了2015年，12%的餐厅有了素食选择，其中9%的餐厅有纯素菜品，现在德国几乎所有的餐厅菜单上都会有一到两页的素食菜单。印度被誉为素食王国，印度餐馆的菜单上基本都会分veg和non-veg；必胜客、麦当劳等世界快餐连锁目前在印度供应的食品几乎一半以上是素食。2019年1月，麦当劳在英国、美国、芬兰和瑞典推出了素食开心乐园餐；肯德基在美国推出了素食鸡块，在英国推出了素食汉堡①；2019年11月，汉堡王（burger king）在25个国家的2500家零售店推出了植物型特大号汉堡。②

（二）素食餐饮文化与旅游

1. 出现以素食文化为吸引物的旅游目的地

随着素食的普及推广，出现了以素食文化为吸引物的旅游目的地。于2014年宣称全城食素，成为世界首个素食城市后，印度耆那教圣地帕利塔纳城吸引了来自全球各地的旅游者。在德国柏林，素食一条街Schivelbeinerstrasse是有名的素食旅游街区，这里的咖啡店、商店、服装店以及鞋店都严格遵守着全素食品的要求，货架上没有蛋类，没有酸奶，没有蜂蜜，甚至没有明胶，并且在服装店和鞋店里也没有动物的皮制品和毛制品。该街不仅是各类素食爱好者消费的好去处，也成为德国一道新型的旅游风景线，连柏林旅游局的官方微博都会时不时地为其发上几篇宣传文。台湾以其“素食者天堂”的美誉吸引着来自世界各地的素食爱好者，甚至有不少旅游公司为素食者开辟了一至三天的专门的旅游路线，以有机农庄、生态旅游为主线，结合各地禅意、诗意、天然有机等不同元素的康养素食馆，在旅游期间提供经过悉心编排的素食大餐以感受当地的素食文化。

2. 各地宗教素食斋戒节日的旅游吸引力日盛

随着素食主义在全球的传播，各地的素食节日也吸引着越来越多的外来旅游者。国际素食日（或国际素食节），是一个来源于印度的节日，原称“世界无肉日”，定于每年的11月25日，渐渐发展为一个世界性节日。每年节日前后都会吸引大量的游客来到节日发源地印度，感受素食的魅力③。

① McDonald’s Launches Vegan-Friendly Wrap And Happy Meal In The UK, JAN 3, 2019, https://www.plantbasednews.org/lifestyle/mcdonalds－vegan－wrap－vegan－happy－meals－uk.

② BURGER KING STATEMENT－REBEL WHOPPER, https://uk.veganuary.com/blog/burger－king－statement－rebel－whopper.

③ 阮紫菱：《印度素食概况》，《度假旅游》，2018年12月。

每年9、10月举行的泰国九皇斋节期间，也会吸引大量外国旅游者前往泰国旅游。

3. 以素食文化为主题的主题酒店陆续出现

目前欧洲有五大素食酒店，基于可持续发展和尊重环境的原则，推行天然、环保、健康的体验理念，洋溢着充满激情的动物保护主义氛围，为客人提供纯净而美味的有机农产品的素食菜肴和天然的卫生护肤用品，强调环保的节能技术。

4. 旅游目的地与素食的关联评价受到市场关注

各旅游相关媒体与网络平台开始关注旅游目的地与素食的关联评价。Happy Cow 是一个素食公共服务平台，为人们提供世界各地的素食餐厅及健康素食菜谱的搜索服务，是目前公众能够接触到的涵盖全世界素食餐馆信息最全面的网站。该网站每年会评选“年度最素城市”，对素食者的旅游决策起到了引导作用。2019 年度 10 大素食者友好城市排名为伦敦、纽约、柏林、洛杉矶、多伦多、华沙、波特兰、曼谷、特拉维夫和布拉格①。酒店预订软件“奥利弗旅行”会评选对素食主义游客友好国家，排名主要采用的标准是将素食餐馆的数量、每个素食餐馆的顾客比例及人均肉类消费量计算得出一个指数，纽约和伦敦都曾经被评为“素食友好城市”。

（三）素食文化的推广

对大多人来说，吃素，现在不仅仅是生理上的需求，更多的是一种意识，一种文化，一种顺应流行的趋势，推崇环保的生态理念，崇尚生命平等的基本心理诉求。素食文化正以多主体、多媒介、多渠道、多形式的方式传播推广开来。

1. 政府官方与素食协会、俱乐部等社会性素食组织的推广

为纪念 1944 年纯素食协会的成立，从 1994 年开始，每年的 11 月 1 日

---

① *10 Top Vegan-Friendly Cities*, December 3, 2019, https://www.happycow.net/vegtopics/travel/top-vegan-friendly-cities.

都被定为世界纯素日[①]。在一个自然的过程中，世界纯素日演变成了世界纯素周，现在，很多地方庆祝的是世界纯素月。1908 年在德国的德累斯顿（Dresden），召开了第一次世界素食大会，成立了国际素食协会（The International Vegetarian Union，缩写 IVU）。自成立以来，该协会一直致力于在世界范围内推行素食主义[②]。英国的素食运动旨在号召民众在 1 月份吃素一个月，其参与人数从 2014 年的 3300 人到 2019 年的 25 万人，呈几何数增长。泰国素食俱乐部在执行事务上有如下 5 个目标：1）为了让每个人都能提升自己的精神世界，提倡促进进食蔬菜，严格戒除肉食；2）在泰国普及素食的传播；3）促进更多的素食餐馆在泰国建立；4）加强素食主义者的联系与团结合作；5）与国际素食联合会及其他有着相同目的的组织协调开展工作。

2. 宗教组织的素食推广

“嘉年华”是香港政府为向全港市民推广素食生活，响应低碳饮食文化而举办的盛大活动，2018 年香港“嘉年华”的 12 个协办机构中有 4 个宗教组织，占比 1/3。为推动佛教食品的普及，推动泰国成为世界佛教饮食中心，泰国积极与相关国家佛教组织之间召开会议探讨素食和斋菜等佛教教派饮食的规范。

3. 各种文化传媒的素食推广

在素食文化迅速发展及风靡大热的环境之下，相关书籍大量出版。截至 2019 年 12 月，waterstones 共有 9030 本含有“纯素食”字样的书可供出售，而 2018 年 8 月只有 944 本。许多关注生活方式的杂志、网站都开始推广素食，TimeOut 的网站上，有专门介绍迪拜素食的 Vegan Dubai，并被放在最醒目的位置，随时更新最新的素食资讯。德国导演 Marc Pierschel 执导的素食纪录片 *The End of Meat* 在多个电影节上映，备受好评。摄制组通过这个电影希望能够揭示肉类消费对地球构成的潜在伤害，提出了动物未来角色的再定位问题，引导观众选择环保、健康和安全的纯素饮食。

---

① Not a modern fad：Veganism turns 75 years old this World Vegan Day，1 November，2019，https：//www. vegansociety. com/whats - new/news/not - modern - fad - veganism - turns - 75 - years - old - world - vegan - day.

② 韩锦平：《解读 2009 年世界包装十大新闻》，《包装世界》2010 年 1 月。

四　大陆素食餐饮业发展趋势分析

（一）素食供给和消费市场双双高速增长

我们从前面的分析能够看到，一方面大陆素食餐饮业整体处于起步到快速发展阶段，无论是素食餐厅占调研城市的餐饮供给占比（0.071%）还是其所在城市消费市场的素食餐厅拥有率（0.99 家/10 万人），与港澳台地区和柏林、布拉格、伦敦、新加坡等素食餐饮发展相对成熟的国外城市相比都有极大的成长空间；而且，2012 年到 2018 年，大陆素食餐饮业的变化曲线显示素食餐饮供给已经呈放量快速增长的态势。

另一方面，对素食消费客源群所做的调研显示，“不喜素食”者只占 11.2%，可见潜在客源市场非常之大；而素食者群体中 64.8% 的素食者是近一年来才开始食素的，说明素食者群体本身在快速扩容。另外，2020 年初的新冠肺炎疫情所造成的影响是史无前例的，给追求新奇动物性食材的老饕们上了沉重的一课，也使更多的国人将注意力投注到饮食的健康安全、动物权益等问题上，由此必然促进素食者和素食消费行为的增多。

（二）越来越多的素食餐饮会回归商业本质，按市场规律运营

调研显示，尽管大陆素食餐饮业近年发展速度很快，但是脱离市场，不按商业规律运营，导致亏损乃至倒闭的素食餐厅也比比皆是。

一类主要存在于中高端素食餐饮企业中。一些投资者对市场认知不足，基于个人喜好，利用素食背后的文化链接，过于强调素食餐厅及产品的文化美学附加值，进行跨业态和行业的复合式运营，以获取较高的经济和社会价值叠加效应。但是，这种方式需要较大的运营实体空间、复合型能力高的运营管理人才，以及对特定客群的长期培养与营销。在市场的接受度和承载力还未跟上，庞大且稳定的目标客群尚未形成前，这种方式往往导致这类素食

餐饮经营困难，要靠投资者的其他生意来填补，赚了吆喝赔了钱。

另一类素食餐饮则是因为投资运营者的理想和情怀，不以餐厅收益最大化为目标，搞各种公益活动，但是未能形成有效的商业运营模式，无法保持餐厅自身造血能力的培养，导致餐厅难以为继。

大陆素食餐饮业发展早期的这一系列的试错尝试都对后来者起到了警示效应，市场中越来越多的素食餐饮企业正在回归商业本质，一步步务实地按市场规律运营管理。

（三）素食餐饮的宗教化和去宗教化现象会长期并存

前文已谈到大陆素食餐饮企业大多在投资动因、运营理念与方式、文化符号选取上与宗教有相当的关联，但是在运营实践中，许多素食餐厅的经营管理者又在调整定位与操作方式，尽量与宗教拉开距离，希望以更世俗化、普世化的文化符号和形象与更广泛化的目标客群对接。而这种素食餐饮的宗教化和去宗教化现象相信会长期并存。一方面，调研显示，食素群体的动因越发多元化，在宗教（占比 8.7%）之外，更多的与健康（占比 67.9%）、动物保护和环保（占比 13.5%）相关联，这样的市场结构必然会影响素食餐厅的文化走向，加上宗教本身容易带来的麻烦，使素食餐饮的去宗教化必成主流。另一方面，随着国人对精神信仰的关注，受佛道教文化影响，在生活中践行斋素或肉边素（锅边素）的群体也日渐壮大，以这类群体为目标顾客的素食餐饮自然在文化上有宗教化呈现。

（四）素食餐饮的公益特质与商业运营实践的结合有可能发展出独特的运营管理模式

目前，在素食餐饮业的行业实践中，素食背后的宗教、动物保护、环保、健康等文化及价值引导特质，促使素食餐饮企业在运营管理上推陈出新，做出各种新的尝试。最典型的就是一些素食餐饮企业明确地将自身定位为社会企业，从企业发展愿景上将企业商业上的成长与成功和企业的社会价值贡献紧密相连。这类餐厅的尝试包括：将公益与营销相结合，形成正向的循环链；将素食与宗教、动物保护、环保及健康时尚等社群链接，进行基于社群化的营销与众筹融资；采用公益的、免费互助的方式进行品牌推广和加盟扩展；等等。这些基于公益、文化特质的多样化商业实践完全有可能发展出独特的运营管理模式来。

（五）素食餐饮对城市旅游形象的正面影响会得到重视和宣传

在素食餐饮业发展较成熟、有一定特色的城市，素食餐饮本身一定会主动或被动地与城市旅游形象的宣传相链接，当地的素食文化、特色的素食餐厅、素食社群的线下活动和代表性的素食人物都能够成为“素食者友好城市”相关旅游形象的直观脚注被广泛宣传。素食如果能够成为一个城市旅游形象的代表性标签，意味着所在城市在动物权益、绿色环保、健康养生等方面多维度的人文高度，是一件一举多得的好事，必然会被当地政府、行业、传媒和民众所重视和强化。

B.13
中国城市夜间美食经济的特点与实践研究*

程小敏**

摘　要： 美食作为夜间经济中的常规内容，一直伴随着城市商圈改造和城镇化进程而勃兴，因此“夜间美食”不是新鲜词，更不是新鲜业态，但结合当前夜间经济的政策背景和实践导向，特别是“后疫情”下市井烟火气恢复的迫切性，有必要系统开展夜间美食经济的研究，以助于更好地发挥美食在夜间经济中“不仅仅是吃喝”的综合效应。该文跳出“夜间”的时间视角，从空间维度分析了夜间美食供给的特点，指出了夜间美食在消费时段、消费空间和消费体验三个方面的需求特殊性，并重点剖析了当前在夜间美食经济实践中存在的误区，提出了解决有效供给和精准供给的美食与文化、美食与新媒体融合的建议。

关键词： 夜间经济　美食　空间　实践误区

从古至今，在“千灯夜市喧”的城市繁华中美食不仅从未缺席而且一直处于醒目位置。在2019年4.67万亿元的餐饮市场规模中，结合中国人三

* 基金项目：四川省哲学社会科学重点研究基地科研项目“创艺与创新：现代化进程下中国优秀传统饮食文化的转化与发展”（CC18W06）。

** 程小敏，博士，硕士生导师，扬州大学旅游烹饪学院教师，研究领域为美食创意经济、饮食非物质文化遗产。

餐中对晚餐的重视、夜间聚餐偏好以及外卖夜宵比例不断攀升的特点，夜间餐饮的消费人次和消费水平不亚于日间，保守估计从 18：00 开始的夜间餐饮消费至少为这近 5 万亿元的市场贡献了一半以上的份额。

餐饮是受此次新冠肺炎疫情冲击最严重的行业之一，但在当前促复工复产的强力扶持政策下，虽然没有出现期待的“报复性消费”，但很多城市餐厅晚餐排队等位的熟悉场景依然让我们看到了希望，对“吃”的向往释放的不仅仅是民众对生活的热爱和信心，还有美食在消费中的强劲韧性。

餐饮行业在中国消费经济和第三产业中一直都保持着较快和领先的发展速度，餐饮供给丰富多元，餐饮消费持续火爆，但是餐饮夜间市场一直以来是作为白天市场的延伸型内容，不管是在统计口径还是商业实践中都没有专题性研究，过往更关注产业、行业的宏观发展和微观企业或特定业态的研判，结合当前各大城市打造夜间经济 3.0 的热潮和消费升级对餐饮消费时空和内容提出的新要求，我们有必要在借鉴国内外夜间经济的经验和研究成果的基础上，结合中国美食消费文化与习惯以及当前城市推进夜间经济的政策背景和实践诉求，对夜间这一特定时段美食供给与需求的新特点进行聚焦，对各地打造夜间美食经济的实践进行剖析和政策思考，以便于更好地优化夜间美食供给质量、更深入地释放夜间美食消费潜力、更全面地发挥美食在城市夜间经济中的综合效益。

一　夜间经济与美食

夜间经济与美食有着天然的自洽性，不管是 20 世纪七八十年代西方国家以改善城市中心“空巢”现象而发展夜间经济，还是中国当下为释放消费升级潜能、推进供给侧结构性改革而聚焦夜间经济，美食已成为城市夜间生活的标配，酒吧、咖啡馆、餐厅、夜宵夜市是城市消费活力的体现，更是城市繁荣发展的重要指标。但从有关夜间经济的研究来看，由于国内外夜间经济发展阶段和社会环境的差异，在研究侧重点上呈现社会属性和经济属性两个不同的维度，不同的研究维度形成了对夜间经济与美食的不同关注。

（一）国外研究及启示

国外学者在完成了对夜间经济作用分析的基础上，更多地从城市学、社会学视角去关注夜间经济的社会文化影响和城市管理等社会属性话题，包括夜间经济对城市管理带来的垃圾、噪声、公共安全、犯罪等社会成本问题，夜间经济与生态环保的协调问题，夜间经济与不同利益群体（青少年、居民、游客、从业者）的冲突或挑战问题等（靳泓、应文①，2018；毛中根等②，2020）。有趣的是，在围绕这些问题的研究中，酒吧或餐饮娱乐是被学者广泛关注的实证对象，尽管 Rowe 和 Lynch③（2012）将夜间经济的内容细分为购物、现场表演、俱乐部、餐饮、咖啡馆文化、艺术展览、剧院、博物馆等活动，但由于欧美酒吧文化的深入，美食消费始终是夜间经济的主力军，上述对国外夜间经济研究的综述内容也充分体现了这一特点。

虽然由于国情和文化的差异、发展夜间经济的背景和环境不同，中国的夜间经济更多被赋予了论证实现城市繁荣和满足美好生活追求的可行性和必要性的研究诉求，但国外学者的研究视角和观点也充分论证了夜间经济的一个基本事实：夜间经济绝不能简单化为一个经济问题。这对于我们思考当下“夜间经济不仅仅是吃喝”“发展夜间经济不仅仅是打造夜市或‘夜宵摊一条街’”等话题④不仅提供了有益启示，而且也提出了转变思维、创新内容的紧迫要求，尤其是国外学者在探究夜间经济文化影响和城市更新等话题时为我们提供了可行的思路借鉴。

一方面，文化资源、文化内容以及公共文化服务对夜间经济良性发展具

---

① 靳泓、应文：《城市夜间经济研究综述》，《灯与照明》2018 年第 42（01）期，第 26 ~ 30 页。

② 毛中根、龙燕妮、叶胥：《夜间经济理论研究进展》，《经济学动态》2020 年第 2 期，第 103 ~ 116 页。

③ Rowe D, Lynch R. Work and play in the city: some reflections on the night-time leisure economy of Sydney [J]. Annals of Leisure Research, 2012, 15 (2): 132 - 147.

④ 注：通过对 2019 年 9 月以来有关夜间经济的媒体报道内容进行词频统计，得出引号中的标题是高频热词。

有重要意义。Marion Roberts[①]（2006）通过观察英国众多小镇从夜间冷清到年轻人熙熙攘攘的变化，提出政策制定时需要考虑文化创造力与饮酒为主的夜间娱乐活动之间的关系。Rowe David[②]（2008）强调体育这种广受城市工人阶级欢迎的项目对活跃文化、发展夜间经济的作用；Pinke-Sziva, I. 等（2019）[③] 研究布达佩斯如何在过度旅游中管理夜间经济时，提出良好的夜间公共文化服务设施能降低游客的投诉。Hyojin Kim, Seungjae Choi[④]（김효진，최승재）等（2020）通过调研韩国南道旅游城市游客对白天和夜间观光、体验和美食等不同旅游活动的感知情况，提出利用城市独特历史、文化和艺术资源，为游客提供夜间旅游活动和包括各种食物在内的旅游产品是非常重要的。

另一方面，美食节庆或美食夜市等旅游活动有助于放大夜间经济对城市的效应，提高夜游吸引力。Hollows J.[⑤]（2014）强调英国诺丁汉美食节对城市更新的意义；Ekgnarong. V.[⑥]（2019）在研究泰国西部地区如何通过地方特色食物提高旅游吸引力时，强调地域特色“食物学习”（Food Learning）之旅对旅游者有巨大吸引力。Chang R. C. Y. 等[⑦]（2018）以台湾地区国际游客到访最多的夜市美食为例，探讨影响美食形象 GI（Gastronomy Image）的因素以及政府夜市美食的营销措施。

---

① Roberts M. From “creative city” to “no-go areas” – The expansion of the night-time economy in British town and citycenters [J]. Cities, 2006, 23 (5): 331 – 338.

② Rowe D. Culture, sport and the night-time economy [J]. International Journal of Cultural Policy, 2008, 14 (4): 399 – 415.

③ Pinke-Sziva, I., Smith, M., Olt, G., & Berezvai, Z. Overtourism and the night-time economy: a case study of Budapest [J]. International Journal of Tourism Cities, 2019, 5 (1): 1 – 16.

④ 김효진，최승재. et al. An Analysis in City Tourist Behavior at Day and Night Time: Focused on Mokpo City in Jeonnam Province [J]. Culinary Science & Hospitality Research, 2020, 26 (2): 19 – 24.

⑤ Hollows J, Jones S, Taylor B, et al. Making sense of urban food festivals: cultural regeneration, disorder and hospitable cities [J]. Journal of Policy Research in Tourism Leisure & Events, 2014, 6 (1): 1 – 14.

⑥ Ekgnarong Vorasiha. Upgrading the Creative Tourism Route through local food promotion in Western Thailand [J]. African Journal of Hospitality, Tourism and Leisure, 2019, 8 (2).

⑦ Chang R C Y, Mak A H N. Understanding gastronomic image from tourists' perspective: A repertory grid approach [J]. Tourism management, 2018, 68 (10): 89 – 100.

（二）国内研究及启示

国内夜间经济的研究是伴随着改革开放实践和城镇化进程推进的，呈现阶段性波动的特点，政策导向驱动的倾向明显。邹统钎①（2019）认为，“夜间经济在我国的发展自1990年初起步，经历了延长营业时间阶段、多业态的粗放经营阶段和集约化经营阶段”。2019年人民网更是在“70年70问”系列专题中分析了“中国为什么要发展夜间经济?”②，将中国夜间经济发展阶段概括为计划经济时代的“国营夜市”、市场经济初期的个体小商贩集聚的“夜市”、城市商业街区时代的大型“商圈”（中国夜间经济2.0）以及当下的“夜间经济聚集区”（中国夜间经济3.0）4个阶段。

而相关学术研究是从21世纪初（2003年后）开始出现的，是对当时京、沪、广、深夜间消费市场的活跃，以及华东地区部分经济发展水平较好的如济南、温州、南京等城市出台的市区夜间经济实施意见的一种个案经验和现象的推论性研究。而研究的真正升温也才是近五六年的事，是伴随着越来越多的如重庆、西安、成都等中西部城市推出发展夜游、夜经济、月光经济的实施方案政策应时而生的。

在这种政策背景和实践取向下的研究必然更侧重于夜间经济对城市繁荣和市场消费的正面效应强调和积极功能挖掘，经济属性维度是研究的主要视角，相关研究主要集中于“夜景照明、经济学、人文地理、旅游学等领域”③。而美食作为夜间经济雏形“夜市”中的主导和原生消费形态，历经“野蛮生长”“占道经营驱赶”“商圈引流利器”等阶段，虽然一直是夜间经济供需两旺的产品内容，但是在研究上却相对冷清和窄化，很少有专题关注夜间美食经济的内容。大部分研究都是泛泛而谈美食与城市品牌或形象的关系、美食作为旅游配套环节或吸引物要素的开发策略，仅有零星研究集中

① 邹统钎：《我国夜间经济发展现状、问题与对策》，《中国旅游报》2019年4月16日。

② 王政淇、于子青、王潇潇：《中国为什么要发展夜间经济?》，人民网，2019－10－10，http：//politics. people. com. cn/n1/2019/1016/c429373－31403734. html。

③ 靳泓、应文：《城市夜间经济研究综述》，《灯与照明》2018年第1期，第28页。

在“夜间旅游”主题下，如从供给角度谈开封夜市饮食文化特色的旅游开发（庞山山，陈肖静[1]，2012），强调要开展“夜食武汉”的夜间美食专题旅游项目（徐俊凯[2]，2014）。

2018年之后特别是2019年，在“夜间经济2.0”培育的夜间商圈成熟消费氛围下，夜间经济被赋予“激发新一轮消费升级潜力”的使命，国办发2019年41号文《关于进一步激发文化和旅游消费潜力的意见》明确提出要“大力发展夜间文旅经济”“建设一批国家级夜间文旅消费集聚区”，国办发2019年42号文《关于加快发展流通促进商业消费的意见》则直接提出“活跃夜间商业和市场”和“开设深夜食堂等特色餐饮街区”。相关夜间经济的研究不仅进入高潮，而且在研究视角上有了更为理性和审慎的态度，特别是基于前期夜间经济活动的实践总结以及当下信息技术条件下消费需求升级和消费时空变革，地域文化内涵和城市个性特色等内容成为新一轮研究的热点，虽然依旧是经济属性下的综合效应考量，但研究从“夜经济”到“夜文化”转变的趋势非常明显，美食这种地域文化符号也慢慢受到更多关注。

一方面，学者们反思了当前中国大多数城市发展夜间经济存在的概念误区和目标误区，邹统钎等（2019）指出不能局限于夜间经济“亮起来”的夜景灯光打造，而忽视夜景营造对相关产业的拉动作用以及对地方优势资源的整合作用，尤其是文化这一重要内核。郑自立[3]（2020）则强调文化的融入有助于打破城市“夜经济”千篇一律的困局。朱文秋[4]（2019）提出夜间经济实则是一个系统性和创新性的文化工程，彰显文化特色、营造文化氛围、延伸文化产业应该是夜间经济的综合目标。

---

① 庞山山、陈肖静：《浅论开封夜市饮食文化及其旅游开发》，《四川烹饪高等专科学校学报》2012年第2期，第57~59页。

② 徐俊凯：《基于旅游产品结构分析的武汉市夜间旅游发展研究》，华中师范大学硕士学位论文，2014。

③ 郑自立：《文化与“夜经济”融合发展的价值意蕴与实现路径》，《当代经济管理》2020年第5期。

④ 朱文秋：《夜间经济要注入文化元素》，《联合日报》2019年6月26日。

另一方面，上述学者还从夜生活文化人和夜生活文化消费形态两个维度给出了文化与夜经济融合发展的路径和对策。前者将城市作为一个文化容器，从城市的文化包容性强调培养和吸引文化传承人、文化创意者、文化经纪人对地方独特夜生活文化品质塑造的重要性；后者则强调城市文化圈与夜生活商圈联动发展，地方非遗元素（李桐林①，2020）、特色民宿（陈南江②，2019）、特色小吃、老字号、创意食品（叶飞③，2014；位林惠④，2019）等地域特色文化应该和夜景、演艺、景区组合为地方夜间文化IP线。

上述研究观点对于发展夜间经济3.0版有着重要的启示作用，但由于当前围绕着以“夜赏、夜游、夜宴、夜娱、夜购、夜宿”为主体的夜间经济发展尚停留在各地出台的实施意见和方案中，现实样本的积累与实践才刚刚开始，因此目前大部分研究更偏于宏观维度的应然性研究，只能作为原则性借鉴与参考，有待于在更丰富的实践中开展进一步的理论探究。

聚焦到夜间美食这一具体消费形态，虽然在旅游领域地方饮食文化的开发利用研究非常丰富，但真正围绕“夜间”这个特殊时空概念的专题性研究较少，立足需求角度的夜间美食消费独特性挖掘还不深入，美食与文化消费体验的结合还较为松散和表面化，美食作为夜间经济中的“老三样”，如何与“新三样”和“再三样”⑤结合值得深入探究。

二　夜间经济中美食的空间供给特点

中国餐饮产业在充分竞争的市场环境下，已经具备了能为不同群体的个

① 李桐林：《非遗元素与宁夏观光夜市适度融合研究》，《旅游纵览》（下半月）2020年第2期，第143～145页。

② 陈南江：《发展夜间旅游要注重特色和品质》，《中国旅游报》2019年12月27日。

③ 叶飞：《浅谈美食与城市夜经济》，《消费日报》2014年10月23日。

④ 位林惠：《发展夜经济，不是吃喝那么简单》，《人民政协报》2019年8月29日。

⑤ 注：中国旅游研究院在《2019中国夜间经济发展报告》中提出，夜间经济应发展“老三样、新三样、再三样”。“老三样”指夜市、演出和景区，“新三样”包括节事、场馆和街区，“再三样”指书店、古镇和乡村。

性化需求提供多种业态和多样产品的能力。随着现代生活方式的改变和互联网技术的渗透，美食消费需求的偏刚性和24小时服务的广泛性，更使得美食在某种程度上能有机嵌入当前夜间经济中的多个领域，一方面其本身具有休闲、观光、文化体验的特性，另一方面是健康会所、夜读空间、节事场所、文博场馆等待拓展的城市夜间消费业态的重要配套内容。因此夜间经济中的美食供给不仅体现在22：00分界点前后供给业态的变化，而且体现在不同夜间消费空间产品内容的变化，而且后者正是当前夜间美食经济需要挖掘和拓展的领域。

鉴于大部分夜间美食内容的白天延伸型，经营场所在某种程度上对夜间美食供给影响更大，目前传统意义上的餐饮门店一般以综合体内或临街两类为主，临时摊点和24小时便利店目前仅存在于部分城市或部分区域，我们归于其他类，这三类空间的夜间美食供给主要特点有以下几个方面。

（一）综合体内的餐饮门店：夜间供给丰富集中

一种是大型休闲娱乐购物综合中心（俗称Shopping Mall）的品牌餐饮店，一般以中西式正餐、火锅、休闲餐为主，具有吸客引流的重要作用，也是目前大中城市周末或夜间家庭休闲的主要去处，一般会集中设置在购物中心某一层或某几层，也有采取每层都设置餐饮门店的布局模式，如万达购物中心；另一种是布局在综合超市、商业写字楼或上述购物中心的负一层或负二层，以各类简餐、特色小吃、快餐为主。

总体来看，在综合体内的餐饮门店是本地居民夜间消费的主要场所，但对外地游客而言，吸引力有限，毕竟城市综合体配置已经是中国大多数城市的标配。综合体内的餐饮门店提供服务时段受商业综合体整体营业时间（一般为22：00~22：30）影响，而且受餐厅上座率、食客用餐时长或打烊善后等实际情况的影响，大部分门店可能在21：30之后就很少或只有零星客人进店就餐，外卖停止接单也基本在这个时间，但真正的闭店时间实际已接近24：00。当然综合体内由于电影、游艺等夜间业态的存在，24小时经营的餐饮门店也会存在，典型的如海底捞或其他专营火锅、烧烤、软饮或具备建筑体外部对客柜台（如麦当劳、肯德基）的门店，但总体来看综合体内 24 小时经营的门店依然是少数。当前在各地促进夜间经济发展的政策意见中提到的“鼓励和引导延长经营时间的夜间场所”主要针对的就是这类综合体。

（二）临街的餐饮门店：夜间供给分散多元

这类门店可分为沿街商业社区店、商圈商业街单体门店、历史/旅游街区店，供给规模和消费潜力取决于不同城市的规划布局、人口规模与结构、经济水平等综合因素，但从一般性规律来看，临街餐饮门店夜间经营时间不受约束，但夜间市场客流情况会使这类门店理性做出选择，具体到不同类型门店，还有以下特点：

（1）沿街商业社区店：主要方便周边居民夜间外出休闲、用餐，也精准服务外卖半径范围内小区居民和零星住宿客人。因此在美食供给内容上以家常大众产品为主，只有一些连锁品牌餐饮企业、本地老字号以及老街坊店能保证夜间的消费客源，夜间闭店时间一般早于购物中心店，只有少数小区烧烤摊、小吃、火锅店能持续到 24：00。在外卖的影响下，沿街社区店虽然营业额能有增长，但实际到店上座率有所下降，因此夜间餐饮供给的拓展空间有限。

（2）传统商业街区店：这类是围绕着城市中心传统零售商场布局的餐饮门店，在夜间经济的大排档和夜宵夜市阶段非常火爆，但由于城市对摆摊占道经营的管制或城镇化新城区格局规划，很多三线以上城市基本处于萎缩状态，四五线城市依然比较火爆，而且由于这些区域对于本地居民而言，有着熟悉而传统的夜间消费氛围和老味道，因此在夜间消费中依然有其市场，甚至一些城市特色小吃、饮食非物质文化遗产技艺等彰显地方美食特色的内容就深藏于此。这种类型的门店可以在城市地域文化挖掘、展示、保护和旧城改造升级中作为历史/旅游街区门店进一步发挥作用。

（3）历史/旅游街区店：这类餐饮门店对外地旅游者具有巨大吸引力，也是塑造城市形象、彰显地域文化特色的重要符号，一般以品牌餐饮、特色餐饮为主，是目前各城市夜间经济的重要领域。一种是如成都的宽窄巷子、重庆的洪崖洞这类以“美食＋城市特色文化”为卖点的综合美食集聚区，夜间逛吃、拍照打卡非常火爆，具备24小时经营的优势和客源条件；但是这里还必须提到另外一种依托城市核心旅游景区/公园甚至在景区/公园内的餐饮门店，它们是一种强调体验文化和传统的主题型餐饮门店，只是目前大部分受限于景区/公园管理规定，很难在夜间提供服务，如扬州瘦西湖景区的扬州瘦西湖船宴经营时间截止到16：30；北京北海公园内的仿膳饭庄经营时间截止到19：00。

（三）其他类：夜间供给受政策和地域影响较大

其他类主要指基于城市夜间便利性、扶持个体经济、兼顾夜间服务群体利益等目的设置的餐饮场所，每个城市发展情况差异大，类型比较多样，临时移动食摊和24小时便利店是最具典型的两类。

临时移动食摊，是城市的市井底色和烟火温情，目前在城市中心区越来越难看到。部分城市为了解决城市生活便利性，会允许在早高峰时段在交通节点设置早餐摊点或在夜间固定时段开辟夜市夜宵区域，吸纳的是个体、夫妻小店或兼职创业群体，从城市管理角度这类摊点监管难度大，但从解决生计生存的角度却意义重大。在2020年3月各地加快复工复产过程中，成都市城管委就制定了疫情特殊时期的摆摊柔性执法举措：允许临街餐饮店在店外人行道摆放座椅，允许流动商贩在小街小巷小区周边等区域贩卖经营，包括菜摊、水果摊和小吃摊；当然与此形成鲜明对比的是河南省安阳市颁发的自2020年4月20日起在市建成区范围内全面取缔早夜市（大排档）和店外经营行为的红头文件。因此，临时移动的传统夜宵或食摊的存废受政策影响较大，但从居民生活便利性来看依然有市场需求。

24小时便利店，虽然以生活日用杂货为主，但从罗森、全家、全时、7－11等品牌便利店的经营来看，鲜食（或叫快餐、速食）才是其最大的收入来源，甚至京东也于2017年布局该领域。从便利店消费群体来看，深夜的便利店布点密集，提供的不仅是便利还有夜间的温暖和安全感，但从目前24小时便利店城市布局来看，受到各地经营政策、城市交通规划、街道格局甚至气候等影响，城市间发展并不平衡，最典型的如北京便利店的发展可以用“荒漠”[①] 来形容，上海面积不到北京的1/2，但便利店的数量是北京的2倍多，深圳千人拥有便利店数量接近2.9家，而北京仅有0.91家。

三 夜间经济中美食的消费特殊性

夜间经济中美食消费主要由本地居民和外地游客两类群体构成。这两类群体在美食消费的日间时段区隔性不明显，但夜间时段这两类人群有着较为明显的消费偏好性，特别是在信息技术和互联网的加持下，夜间美食消费的特殊性更加凸显，体现在时段、空间、习惯、文化等不同方面。

（一）消费时段既集中又分散的特殊性

按照中国人外出就餐习惯和当前大中城市的工作模式，晚餐或者夜间餐饮消费历来是餐饮市场的重要消费时段和黄金销售时间。目前大众点评收录的餐饮企业，不管是在 Shopping Mall 里的商圈店还是街面门店大部分的营业截止时间都集中在22：00～23：00。而且根据美团、饿了么、滴滴出行以及阿里巴巴对2019年上半年众多样本城市夜间消费的大数据分析，18：00～22：00的消费额占夜间消费的比重非常高，22：00之后的消费普遍偏低。夜间美食消费作为体现夜间人气聚集特性的业态，不管是从晚餐进食的一般规律和生理阈限还是营养健康的理性考量来看，这个时段具有非常典型的消费集中性。

22：00之后美食消费并未停止，这也是各地政策中鼓励延长营业时间的最初出发点。在2018年和2019年各地出台的发展夜间经济实施意见中，

① 齐拉：《北京，便利店的荒漠：深圳每平方公里有17家便利店，而北京只有1家》，《每日人物》，2020－5－14，http：//finance.ifeng.com/c/7wT6QBFEu6C。

一般都将“引导或鼓励餐饮企业延长营业时间”作为一项重要举措，北京商务委2018年《支持“深夜食堂”特色餐饮发展项目申报指南》[①] 更明确在“支持条件”中要求：“深夜食堂”特色餐饮街区、特色商圈和特色餐厅一般应在每天晚上22：00到第二天凌晨2：00期间保持营业，提供餐饮服务。

但实际上，22：00之后这个时间段美食消费具有明显的分散性。夜市/街区逛吃和线上外卖是该时段美食消费的主流，特别是夜间虚拟线上消费更凸显了该时段美食消费空间分散、时间随机、需求个性化的特点。而且可以预见的是随着各地夜间消费形态日益多元，夜赏、夜游、夜宿、夜趣、夜动、夜购等内容的延伸，美食消费更会因为“无处不在”和“无时不在”而体现出更强的时段分散性。譬如夜游中，22：00点之后的夜间美食消费对于游客而言，属于过夜型消费，是否就近住宿酒店和是否交通便利等因素比是否延长营业时间更关键。

因此，延长营业时间不等于必然增加客流，增加了客流不见得能兼顾美食内容的多样性，兼顾了多样性不一定能兼容到差异化的夜间消费形态中。如何实现供给、客流、满意度之间的有效平衡是一个涉及商业模式、业态整合、城市治理的综合性问题，考验的是大智慧。

（二）消费空间既固定又移动的特殊性

对于本地居民而言，夜间22：00前晚餐的“聚而食”，过去是家庭和社交仪式，现在随着生活条件改善，外出聚餐更成为一种休闲欢聚放松的方式。但是在消费空间的选择上呈现两个极端：要么一般是家附近可步行或3~5公里半径范围内（或15分钟生活圈）的社区餐饮门店或购物中心商圈店，其具有空间上的固定性；要么是溜达散步随机选择小街小巷或夜市摊点上的特色小吃，其具有随机移动性。看重的是生活半径范围内的便利性和生

① 《北京市商务委员会关于申报2018年度第一批商务发展项目的通知》京商务财务字〔2018〕9号附件16《支持“深夜食堂”特色餐饮发展项目申报指南》。

活半径范围外的丰富性。

对于外地游客而言，专门的夜间美食消费是以体验城市不一样的文化生活氛围为目的，虽然会有慕“名”（名餐饮店、名小吃、名夜市）打卡的冲动，但更倾向于一地停留式。中国旅游研究院发布的《2019 中国夜间经济发展报告》[①] 显示，夜间游客更倾向的是在夜游地附近选择住宿，而不是白天游玩的旅游吸引物附近。可见，白天赶场式的多地移动模式在夜间是行不通的，他们更期待的是相对固定地点的夜间美食或夜间消费形态能更加丰富多元。目前找不到既能逛逛夜市又能感受特色文化的地方是一些游客的普遍遗憾，这也是昆明反思本地夜间经济现状的重要体会：存在着“文化场馆与深夜食堂不在一起的尴尬局面”[②]。因此，市中心或核心区的商业综合体或文化场所还应该进一步挖掘潜力，加强业态融合，重视夜间美食消费的个性化需求。

另外，针对游客还有一个值得关注的固定消费场所——游船。根据 2019 年携程数据，参与江河湖畔夜游产品的游客数量增加迅速，但是根据作者对珠江夜游、黄浦江夜游、重庆两江夜游、夜游三亚湾等夜游产品的点评文本数据分析[③]，90 % 以上的点评游客认为夜色夜景美，但凡点评内容中提到餐食（见表 1），内容少、价格贵、质次是集中的“槽点”，仅有重庆两江游的特色小吃评价不错。总体来看，目前各城市的江河湖畔夜游项目中的“夜景 + 美食”产品供给严重不足，品种偏少，档次偏低。其实这类城市景观夜游项目在船上停留时间短则 90 ~ 120 分钟，长则 180 分钟左右，就餐时间和就餐氛围都具备，是值得在美食上做更深入文章的，旅游定价、餐食套票、餐食内容的特色化选择需要更加科学地全盘规划设计。

---

① 李远峰、李志刚：《2019 中国夜间经济发展报告》发布，《中国旅游报》2019 年 11 月 16 日，http：//www. cacanet. cn/DSJ/HTML/20191119103133. html。

② 陈雯：《昆明夜间经济火起来还缺点什么?》，《昆明日报》2019 年 12 月 15 日，A03 版。

③ 点评文本数据来源于携程网、驴妈妈；日期范围为：2019 年 9 月 1 日至 2020 年 5 月 8 日。

表1　国内部分江河湖畔景观夜游项目的餐食情况

夜游项目	游览时间（指船行进时间）	餐食内容（不区分票价档次和收费）	游客评价
珠江夜游	1～2小时	茶水、咖啡、软饮、水果果盘、爆米花、袋装花生米、盒饭	“送的零食和水果简单到极致”；“茶水太差”
黄浦江夜游	1～2小时	自助餐、茶水、小零食、软饮、水果	“自助餐不敢恭维”；“就餐乱哄哄，位置挤”；“食物不新鲜，餐食样式少”
重庆两江夜游	40～70分钟	饮料，小吃，水果果盘、热奶茶，特色小吃（蚕豆、锅巴、炒粉、肥肠面、牛肉面、汤圆）	“游轮上饮食小吃较贵，可自带一些去”；“醪糟小汤圆味道不错”；“炒粉好吃”
夜游三亚湾	60～80分钟	啤酒、红酒、果汁、新鲜水果、椰奶、小吃	“免费啤酒和椰子汁都加了水”；“收费烧烤都是凉的”；“餐食无法下嘴（拉肚子）”

（三）消费体验既区隔又包容的特殊性

现代城市生活方式，对于大多数人而言，真正属于自己的自由支配时间都集中于夜间，因此夜间消费体验一般以娱乐休闲、放松享受为主要目标，但聚焦到美食消费体验上则体现出文化的区隔性和内容的包容性。

当前大多数地方都提出“夜间经济不仅仅是吃喝”，强调要提高文化内涵，但从引流和集聚效应来看，“吃喝”的加入不仅能让旅游景区、文博场所更具人气，而且还能提高文旅消费产品的满意度和竞争力。因为对大多数人而言，夜晚时间更加宝贵，夜间外出体验娱乐尤其是文化消费具有更强的目标性和区隔性，不管是夜间旅游、书店夜读，还是观看文艺演出、博物馆体验都只能在有限的黄金时间段（18：00～22：00）择一体验，很难同时兼顾多个主题。这种文化消费偏好所形成的不同文化主题消费群体，都会对“吃喝”这种偏刚性的内容有要求，不仅要求所选文化空间里有“吃喝”，而且要求有与文化空间和文化主题有机融合的“吃喝”。

在这种诉求下，夜间美食消费除了专门的聚餐或美食品尝外，还有更多的消费期许。一方面，因为夜间文旅消费的多元化，而被消费者寄予了更多文化内涵的期望；另一方面，相比于其他夜间消费，美食有着更广泛的民众基础，价格评估的透明度更高，知识门槛更低，这使得消费者不会理性地考量特定文化空间美食定价的溢价性，而只会更强调美食在内容和价格上的包容性。前述游船上的游客并不会因为美景而降低对美食价格的敏感性，也不会因为夜色夜景美而觉得吃汤圆、肥肠面等特色小吃有违和之处，反而是海鲜烧烤自助餐等达不到预期而多有失望，就是最好的例证。

四　夜间美食经济实践中的误区

当前各地方城市夜间经济实践正开展得如火如荼，截至2019年年底，全国发布夜间经济、夜间旅游相关政策的城市已接近50家，相比10多年前的上一个夜间经济发展热潮而言，此次力度、规模、思路都有质的飞跃，“深夜食堂”“夜宴”“夜食”“晚味”等新词频频出现在政府文件中，充分表明夜间美食在夜间经济中的重要性。

事实上，中国夜市夜宵的传统由来已久，很多城市早在10年前就已经在城市美食上做文章，2009年杭州出台专门政府文件《关于推进美食夜市一条街建设的实施意见》，2015年西安甚至出台了《西安市特色美食街区发展规划（2016～2020年）》，从当下的效果来看，杭州夜间美食经济的繁荣自不必说，西安这两年更因为美食而位居抖音短视频城市的榜首（仅次于重庆），摔碗酒、毛笔酥等成为各地游客争相“打卡”的网红，美食在西安夜间经济中功不可没。

但是正因为积淀已久的城市美食建设实践，在这一轮夜间经济打造中，我们也看到了一些因为惯性思维带来的实践误区，有必要进行重点剖析。

（一）思维误区：夜间经济的“夜间”是“时间”还是“空间”？

已有研究学者围绕着“夜间经济不简单是经济问题”作了充分阐述，结合美食在城市的发展实践以及此次夜间经济所处的消费升级和文旅融合背景，有必要对“夜间”这个概念做新的解读。

中国此轮夜间经济的目标是激发消费升级潜力，提升城市竞争力，深化供给侧结构性改革，挖掘符合中国消费环境、符合城市文化内涵、符合城市空间布局的夜间新业态和新增长点是此轮夜间经济的核心任务。但从目前各地实践和政策文件来看，有落入“夜间”的时间陷阱倾向，缺乏基于“夜态”的空间思维概念。事实上只有在空间维度上才能聚焦业态，才能深挖产品，才能激活存量，才能真正打造城市特色夜间经济。

1. 对“夜”解读的简单化

“夜”是时间状态，夜间经济中的确有一些夜间专项型的内容，如酒吧、KTV、剧院等，这些也是和西方夜间经济一致的传统内容，但实际上这些业态在今天中国互联网发展迅猛的背景下，并非城市居民最感兴趣的点，城市居民和外来旅游者更需要的是高品质的文化消费，特别是对于外地游客，有限时间内的沉浸式消费更具吸引力。

此外，很多城市都强调延长营业时间或24小时经营，即使不考虑不同夜间项目的适应性，实际上对于大多数中国居民而言，大部分的消费都集中于22：00～23：00前的黄金时间，如前所述一厢情愿延长时间未必能取得预期效果，关键还在于如何高效利用好夜间消费的黄金时间。

2. 对“夜态”理解的求大求全

每个城市的经济体量、文化、空间布局、消费习惯各异，在打造夜间经济的实施内容上应该体现出城市的独特性，但仔细研读各地实施意见和方案，夜间业态的高度相似是不争的事实，不仅城市之间夜间经济业态大同小异，而且同一城市不同城区之间也看不到差异化发展的导向。

这实际上是时间导向下过分强调供给广度的倾向，想用业态的覆盖广度来占满夜间的全部时间，但从市场运行情况来看，既不现实，也没有对真正能熬夜的夜间群体有深入了解，忽视了夜间23：00之后大量消费来自线上的事实，而且在各地争先恐后的夜间经济实践中很难避免模仿抄袭、盲目上新项目的现象。因此不能顾此失彼，不仅仅要有时间供给下的广度思维，更要强调空间供给下的深度思维，避免因为业态多元化而忽视了差异化和特色化。

3. 对“夜间经济”的盲目乐观

很多地方在发展夜间经济的思路上都以国务院办公厅41号文和42号文的“国家级夜间文旅消费集聚区”和“特色餐饮街区”为目标。但我们必须强调的是夜间经济不光要有夜晚的时间保证和经济的业态供给，还需要有夜间消费人群来支撑。

因此，明确城市夜间消费的主要群体至关重要，搞清楚城市人口的夜间消费规模和夜间空间分布是关系集聚区培育或打造规划方案出台前的必修课。特别是考虑到疫情后的地方财政状况，与其过大规模投入，不如挖掘现成空间的夜间经济潜力和活力。

（二）定位误区：“夜间经济不仅仅是吃喝”，利还是弊?

在此轮夜间经济中，新闻报道有关美食有一种“爱恨交织”的情绪，一方面不得不承认当前夜间消费餐饮占主导，另一方面又频繁以“夜间经济不仅仅是吃喝”等类似标题来标榜“我的城市不一样”。

这种导向似乎也在某种程度上影响到各地夜间经济中对美食业态的定位和认知，特别是在挖掘城市节庆节展、文博场馆、夜景游览等夜间消费空间时真的就把美食定位为满足基本必需的“吃喝”（简单小吃和饮料），夜间美食印象停留在夜宵夜市阶段。在这种情况下，非常有必要对“夜间经济不仅仅是吃喝”到底意味着什么、到底“吃喝”对夜间经济是利还是弊等进行解读。

1. “吃喝”对标的是传统夜市夜宵的惯性模式

在夜市“吃喝”感受的是热闹氛围，但实际上现在消费者夜间外出就餐更倾向于去大型购物中心或者美食集聚区，因为消费者对食品安全、环境卫生、美食体验的要求越来越高了；夜宵夜市的热闹更多体现在22：00之后商家不断有外卖新订单的提示音上，因为吃得动消夜的主要群体——年轻人越来越“宅”了，美食成为游戏之外年轻人宅居的首选。

互联网对夜市夜宵的冲击尤其明显，根据美团和饿了么的2019年上半年外卖数据，广州市夜晚外卖订单量同比增长超四成，市场规模达到全国第二，与之形成对比的则是，广州这样有着消夜文化传统的南方城市，食街中的不少餐厅大排档上座率仅维持在80%甚至更低，而且大排档的关门时间明显提前，如果换成其他气候分明或更北方的城市，可以想象上座率更低。

由于外卖配送半径的拓宽，分散在社区居民生活半径3公里范围内的烧烤、火锅、特色小吃形成了线上虚拟的消夜食街。那些集中于某一地、需要专程前往的消夜大排档对于附近居民或外地旅游者依然有较强吸引力，但从全年夜间消费频次和消费规模来看，外卖的稀释效应非常明显。从经营者的角度而言，在不减少夜间收入的基础上，专营外卖消夜，还能在很大程度上节省人力成本。

2.“仅仅是吃喝”的背后是夜间美食供给的缺位

餐饮目前可能是在其他消费领域直播带货、线上试衣间等“互联网+”模式风起云涌下唯一亲身参与体验比重较高的行业，但是面对当前夜间经济中不断挖掘的文化消费业态，夜间美食供给在空间上是存在缺位的。

美食具有很强的引流和聚集效应，商业综合体中“吃喝”是标配，但是在夜间消费需求和城市商业结构越来越扁平化和碎片化的趋势下，美食需求始终无法突破空间限制，无法满足夜间消费的即时性和沉浸化需求。美食在夜览（文博场馆）、夜读（学习书吧）、夜游（游船夜景）等新型夜间消费空间中实际上是缺位的，要么让位于外卖，要么沦落为低质简陋的“吃喝”，前述江河湖海夜游项目已说明这一问题。南京博物院最受欢迎的民国馆因为可以沉浸在民国街市和店铺的复原风貌中拍照、购物、体验特色小吃而收获一众好评，但因为民国馆美食内容非常简单，而且还受限于17：00的传统闭馆时间而留下很多遗憾，事实上南京博物院平均游览时间是3小时20分钟①，开辟夜间游览并提供特色美食非常有必要。

3.“不仅仅是吃喝”意味着夜间美食意义消费定位的失语

在现代城市的生活和工作节奏下，“吃喝”是为了满足白天正常工作运

---

① 盛之翰、王美诗、张莅坤、杨淇深、刘泽华、龚良：《文旅融合背景下南京博物院旅游贡献度研究》，《东南文化》2020年第1期，第134～144页、第190页、第192页。

转的，而美食应该是属于夜间的，因为只有夜间才能真正将美食的“体验”属性和“审美”特点凸显出来、放大出来。夜晚人们有更多的时间消磨在边吃边聊上，沉浸在美食品鉴和美食氛围中。因此夜间美食，的确“不仅仅是吃喝”或一般意义上的夜市，应该突破功能型和必需品的定位，定位为一种“高质量分享”，消费者的美食消费升级需要的是从“老干妈”到“李子柒”的转变，要将夜间美食定位为一种意义消费，一种生活可以更美好的仪式感消费。

五　夜间美食经济发展的建议

夜间经济本质上是考验中国城市治理能力和治理效能的一道命题，该文选取美食这个民生影响面广、地域文化特色鲜明、夜间市场活跃度高、产业链条长的业态来研究夜间经济，一方面是希望美食在夜间经济中能发挥更多“不仅仅是吃喝”的综合效应，另一方面是希望在城市治理创新下对美食和城市地域文化有更多元、更新颖的定位和认知。

对于城市夜间美食经济如何发展，基于城市的差异性和夜间市场的地域性，我们无法给予具体性建议，前述分析中或许能提供一些思路启发，未来随着城市夜间经济实践的丰富，我们将会总结出更多科学而务实的经验。在此，基于相关经验案例，我们从解决夜间美食有效供给和精准供给的角度提出两点建议。

（一）强化美食与城市气质的深度融合，以独特体验深挖有效供给

挖掘培育一系列符合城市气质、凸显城市调性的美食内容，不限于菜品等实物或特色餐馆等空间，而是融合思维下在夜间经济的各领域烙下美食这个独特的城市印记。东南亚国家的夜市文化为我们提供了丰富经验，尤其是对有效供给的挖掘值得我们借鉴。

老挝琅勃拉邦夜市，由于临近寺庙和佛塔，一反夜市“热闹”的常态，成为全世界最优雅的夜市，没有喧哗吵闹，甚至听不到一句叫卖声，卖家安

静地坐在摊位上，任买家翻看或挑选，虽然没有汹涌人潮，但夜市一直常开未间断。

世界游客众所周知的日本东京筑地市场，是拓展夜间美食经济的逆向思维典范。筑地市场是日本最大的鱼市场，相当于中国的农贸市场或海鲜交易市场，似乎与轻松休闲的夜间消费没有关系，但筑地市场恰恰将一般意义上夜间经济的非黄金时间变成了最佳消费时段，每天凌晨 4 点的金枪鱼拍卖惯例不仅吸引了批发商和餐饮店买家，而且也吸引了全球游客凌晨 3 点在鱼市场周边的料理店和寿司店前排队，为的是品尝最新鲜食材制作的美食。

（二）强化美食与新媒体的主动融合，以沉浸分享专注精准供给

夜间消费中，20～40 岁的年轻群体是主力，该群体除网购，大部分的社交、放松、文化娱乐等消费都集中于晚上，该群体的特点是更擅长和倾向于借助新媒体消费，更愿意体验科技化的新鲜内容，连中央电视台《新闻联播》、团中央都开了抖音号和快手号，开口就是“老铁们”，西安、重庆之所以因为美食抖音而成为“网红”城市，得益于年轻群体的分享，而分享的美食所呈现的时间段大多是城市的夜晚。

我们应该充分认识并重视新媒体对夜间美食消费主体的意义和价值，“网红”不限于其作为人设的负面意义，我们需要主动融入“网红”中，充分利用“网红”工具，挖掘城市夜间美食中的“网红”元素。聚焦城市美食和夜宵文化的短视频纪录片从《人生一串》、《火锅江湖》到《小城夜食记》拍一部火一部，B 站观看的弹幕评论无数；高品质纪录片《舌尖上的中国》、《风味人间》第 1 季和第 2 季更是让观看者直呼要舔屏。如此多的城市美食或夜间美食内容成为新媒体和短视频受众心目中的“网红”，是否能启发我们的旅游从业者设计有关城市网红美食的打卡旅游产品；美食纪录片收获如此多的弹幕互动，是否可以尝试借助城市的大屏幕开一个“live 美食秀”，借鉴日本酱油制造商龟甲万的实况转播餐厅模式，将烹饪技巧和菜肴特点展示出来，并开通弹幕评论功能，吸引更多人参与。

B.14
中国咖啡行业发展报告

王 虎　赵珂僮　李智慧*

摘　要： 2020年初的新冠肺炎疫情对咖啡行业更可谓毁灭性的打击。但随着疫情呈现向好的态势，全国多地逐步加快复工、复产和复学的步伐，餐饮企业和咖啡企业的门店开业量大幅提高，疫情期被压抑的消费欲望也逐渐被点燃。从短期来看，咖啡市场很可能逐渐迎来一轮“报复性”的消费增长；而从长期来看，未来国内咖啡市场仍拥有很大的发展空间。咖啡行业逐渐向无人化、智能化及多元化转型，企业加速线上线下融合发展，打造“咖啡 +”产品模式，咖啡种类不断推陈出新，这不仅增加了企业的盈利渠道，同时也增强了企业的抗风险能力。

关键词： 咖啡产业　现磨咖啡　多元化发展

2020年伊始，一场突如其来的新冠肺炎疫情使众多餐饮行业受到严重冲击，尤其对咖啡行业更可谓毁灭性的打击。据统计，自1月末新冠肺炎疫情全面暴发至4月初国内新冠肺炎疫情逐步得到控制，在近2个多月的时间

---

* 王虎，悦咖啡品牌创始人，一个有着浪漫实用主义特点且横跨传媒、商业地产、消费三大领域的“85后”小镇青年创业者，咖啡行业价值深耕的倡导和践行者；赵珂僮，澳洲维多利亚大学MBA，雕刻时光咖啡联合创始人、总顾问，SAYES咖啡品牌创始人、中国TMT国际商会执行董事，北京咖啡协会执行会长；李智慧，资深咖啡爱好者，长期从事商业地产、产业地产投资分析、资产管理及行业研究工作，历时3年对国内众多咖啡品牌进行观察和研究，对咖啡消费领域和产业有着独到的见解和认知。

内，国内近七成餐饮企业暂停门店营业，其中咖啡服务行业的闭店率达到了83.3%，超过了小吃服务、快餐服务、正餐服务、茶馆服务和酒吧服务等其他餐饮行业，整个咖啡行业损失惨重（见图1）。

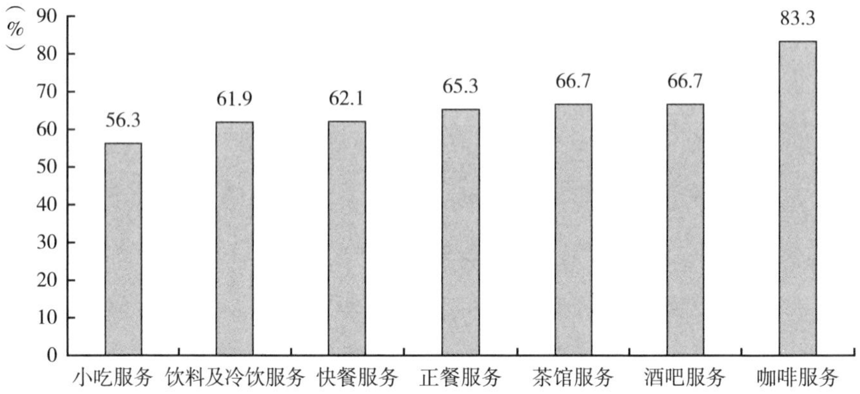

图1　新冠肺炎疫情期间各细分餐饮行业闭店率

注：图中横轴为餐饮细分行业，纵轴为闭店率。

资料来源：URORA 极光数据《疫情下的“咖啡香”——2020 咖啡消费市场洞察报告》。

在如此严峻的生死考验下，面对高额的租金、人工等成本，不少扩张较快的咖啡企业因受资金压力的影响无奈关闭多家门店，苦苦支撑。如咖啡品牌布鲁诺和灰盒子均被曝经营困难，并有不少门店倒闭。做咖啡馆抗风险能力要强，需要扎实的专业支撑。作为品牌主理人要知道，再小的咖啡馆也是一个创业公司，做企业要考虑的事情你都要考虑，比如工商、税务、社保等等。再加上咖啡馆是典型的实业，有实体的空间，所以更需要考虑设计、装修、水电、消防、日常管理、卫生、服务、采购、仓储等成本。

不少咖啡企业寻求自救，加速打通线上线下渠道，寻找多元化发展路径，通过线上多元化销售、线下无接触配送等方式，尽量减少疫情所带来的损失。如网红咖啡品牌悦咖啡通过微信商城、大量分销、社群拍卖等方式和渠道，把商品化做大，加大艺术 IP 联名的商品如挂耳咖啡等的线上销量，一定程度上缓解了新冠肺炎疫情所带来的巨大冲击。

目前，随着全国多地新冠肺炎疫情得到控制，政府逐步加快复工、复产和复学的步伐，餐饮企业和咖啡企业的门店开业量大幅提高，长久被压抑的消费欲望也逐渐被点燃，尤其是深受年轻群体喜爱的咖啡行业。从短期来看，咖啡市场很可能会迎来一轮“报复性”消费的增长；而从长期来看，回归到正常生活、工作、学习状态的商务人士以及年轻的学生群体对咖啡的消费需求逐渐回升，在市场预期上，随着咖啡渗透率的不断提高，未来国内咖啡市场仍拥有很大的发展空间。

同时，经历了疫情，传统零售行业的自身局限性更加凸显，消费者更加关注品牌的安全性、便利性、高品质及多样化，这将会成为许多零售行业转型及增长的新拐点。咖啡行业逐渐向无人化、智能化及多元化转型，企业加速线上线下融合发展，打造“咖啡 +”产品模式，咖啡种类不断推尘出新，这既拓宽了企业的盈利渠道，也增强了企业的抗风险能力。

按照消费方式的不同，咖啡可分为速溶咖啡、即饮咖啡、现磨咖啡三大类。本文我们将着重就咖啡商业服务产业领域的发展现状及未来发展趋势进行阐述。

一　中国咖啡产业市场发展现状

我国咖啡产业发展至今已有 30 年，分为萌芽期（1980～1999 年）、培育期（1999～2016 年）及分化期（2016～2019 年）三个阶段。消费者的咖啡消费模式不断在改变，随着便利店咖啡、新零售咖啡的兴起，我国咖啡模式已摆脱了早期咖啡的固有模式，逐渐开拓出更多的产业发展模式和消费场景，形成多元化发展的趋势。

近年来，随着咖啡文化的普及、技术水平的提高、城镇居民收入水平的不断增长，咖啡的渗透率逐年提高，互联网用户广泛下沉，越来越多来自三四线及以下城市的消费者成为购买咖啡的新生力量。

（一）咖啡产业市场规模逐年稳步增长

目前，中国咖啡市场正在进入一个高速发展的阶段，自 2016 年开始，大量资本涌入中国咖啡市场，各大咖啡品牌不断通过加速开店、布局高端市场、强化咖啡供应链等方式巩固自身的市场地位，中国咖啡市场规模逐年稳步增长。

据统计，2019 年中国咖啡市场规模已超过 700 亿元人民币，约占全球市场的 0.5%，年均增长率达 15%，远高于世界 2% 的增速。尽管 2020 年受到新冠肺炎疫情的影响，短期内增速放缓，但预计 2020 年中国咖啡产业市场规模将小幅增长至 861 亿元人民币，到 2023 年预计达到 1806 亿元人民币（见图 2）。

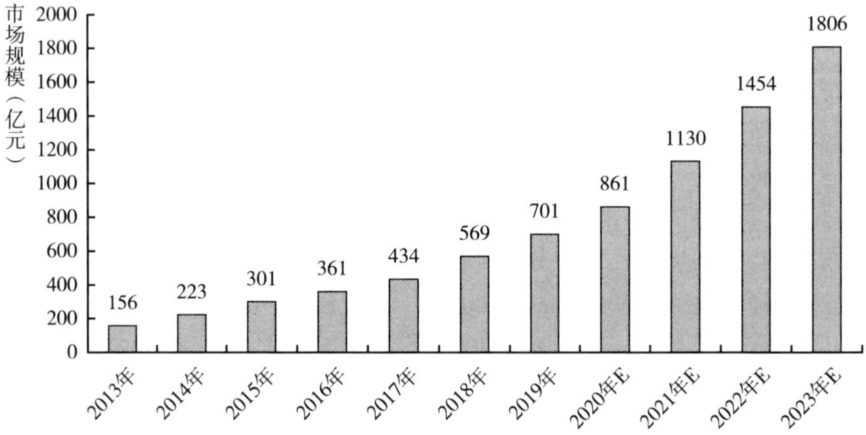

图 2　2013～2023 年中国咖啡产业市场规模及预测

注：图中横轴为年度，纵轴为市场规模。

资料来源：《2020～2025 年中国咖啡行业市场前景及投资机会研究报告》，中商产业研究院。

（二）咖啡消费市场空间巨大

当前，我国人均咖啡消费量与发达国家相比依然处于较低水平，人均消费咖啡杯数仅为 6.2 杯每年，远低于美国、欧洲、日韩等发达国家和地区及香港台湾地区的人均水平。随着都市化生活节奏的加快，人们对咖啡的功能性和社交性需求与日俱增，从而为咖啡消费市场带来了巨大的提升空间（见图 3）。

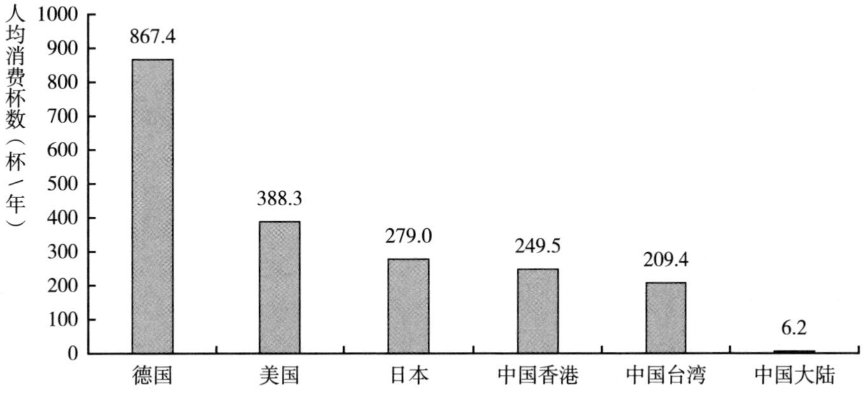

图3　德、美、日及中国大陆和香港、台湾人均咖啡消费杯数

注：图中横轴为国家及地区，纵轴为人均消费杯数。

资料来源：《零售新物种专题研究系列之一——瑞幸咖啡》，东方财富证券研究所，2020年2月11日。

（三）现磨咖啡市场份额逐年加大，有望成为咖啡市场主力

中国咖啡市场的培育和发展，离不开雀巢和星巴克这两个全球知名品牌。

如果说雀巢培育了中国第一代咖啡消费群体，将速溶咖啡带入了中国市场，满足了人们对咖啡的功能性需求；那么星巴克则是将既能满足咖啡的功能性又能满足人们休闲娱乐、社交功能的线下咖啡馆带给了中国消费者，丰富了咖啡消费模式，带来了新的生活方式。

兼顾功能性和社交性需求的咖啡馆的出现，成为了现磨咖啡一个重要的消费渠道，据统计，2019年我国咖啡馆数量已达14万家，未来仍呈现良好增长趋势。

相比速溶咖啡，口味、香味都更好的现磨咖啡更符合消费升级的趋势，随着消费者对现磨咖啡的喜爱和日益增多的需求，自2010年起，现磨咖啡市场逐步走向多元化。咖啡便利店出现，如全家的湃客咖啡、麦当劳的麦咖啡等；与此同时，线上咖啡也开始涌现，如2015年出现自助咖

啡品牌；直至2016年新零售咖啡模式的代表瑞幸咖啡、连咖啡入局现磨咖啡市场之后，消费者对于现磨咖啡的认知度以及接受程度越来越高，越来越多的消费者可以通过线上下单、线下自提或骑手配送的方式享用到现磨咖啡。

2020年1月，瑞幸咖啡又推出“瑞即购”现磨咖啡机，区别于传统无人咖啡机用咖啡粉和奶粉冲泡制作，“瑞即购”现磨制作的产品品质和口味能够达到与瑞幸咖啡门店相同的标准。瑞幸宣布“瑞即购”铺设点数不设上限，这也意味着消费者以后在车站、学校、加油站等各种场景都能够购买到现磨的品质咖啡，现磨咖啡的购买不但变得越来越便利，价格也变得越来越便宜。

尽管2020年4月瑞幸咖啡爆出财务造假事件，未来发展生死未卜，但是瑞幸咖啡所代表的新零售咖啡模式为整体现磨咖啡市场的发展带来极为重要的影响，现磨咖啡市场不仅呈现多元化发展的趋势，也获得了巨大的提升。从价格方面，目前国内现磨咖啡领域各类业态通过定位于不同价格区间，实现了对8～100元/杯的价格区间的全覆盖，也实现了差异化竞争。且不同的定价区间精准地与不同的消费群体相匹配，实现了产品和服务的精准投放，提高了运营效率和利润。而消费场景方面，目前国内的各类现磨咖啡业态也已经覆盖了购物中心、办公楼、学校、医院、飞机场、地铁等主要的消费地点和场景，可预见未来适合家庭消费的现磨咖啡产品有望逐渐增多，国内各类咖啡业态也将具有肥沃的生存土壤。

极光调研数据显示，2016～2019年，我国现磨咖啡市场规模的增速分别为28.5%、23.5%、37.4%和25.4%，复合增速达28.56%，明显快于15%的行业整体增速，且现磨咖啡市场份额逐年加大，有望超越速溶咖啡，成为咖啡消费市场的主力军（见图4）。

（四）咖啡品牌创新加速，咖啡场景趋于多元化

随着咖啡行业的细分化发展，咖啡的功能性逐渐延伸，不仅能提神醒脑，也成为消费者放松、减压的重要饮品，因此咖啡饮用场景也被越来越多的咖

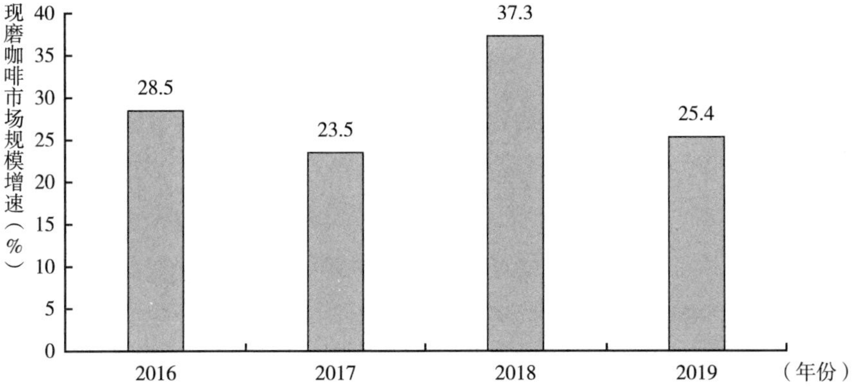

图 4　中国现磨咖啡市场规模增速

注：图中横轴为年度，纵轴为市场增速。

资料来源：URORA 极光数据《疫情下的“咖啡香”——2020 咖啡消费市场洞察报告》。

啡品牌看重，饮用场景逐渐趋于多元化，并呈现向休闲场景渗透的趋势，如前面提到的瑞幸咖啡，通过无人零售和无限场景战略不断探索咖啡消费场景的更多可能性，希望消费者，无论是宅在家中放松看剧、玩游戏，抑或是在上课、逛街、看书、用餐或是路上，都可以随时随地地享用到一杯好咖啡。

以雕刻时光咖啡馆为例，文艺性咖啡馆的客人一般有三种类型：休闲、工作或学习、朋友或商务会面。咖啡馆的空间，要能够根据主要的客户群体，设计出合适的环境氛围。对于休闲的客人，要能够提供一种客厅或大阳台的感觉，让人感到舒适、自在。对于工作或学习的客人，要能够提供一种相对安静、温馨的环境，桌椅的高度要精确搭配。对于商务人士，要能够保证体面、干净、整洁。当然这种区分不是绝对的，在同一个店也可以实现合适的搭配。所以在做好服务的基础上做好咖啡才是更合理的经营。

二　中国咖啡产业市场未来发展趋势

2020 年，尽管中国咖啡市场经历了一次生死考验，但也迫使更多的传统零售品牌思考自身的局限性，加速品牌转型。随着人们越来越关注品牌的安全性、便利性、高品质及多样化，咖啡行业也呈现多元化及精分化发展趋势。

无论是服务前端市场的连锁线下咖啡品牌还是线上的预包装速溶咖啡品牌，各业态类型的咖啡品牌纷纷转型，中国的咖啡市场受消费升级影响，其裂变分层更加明显，各品牌通过精准细分来迎合不同消费人群的需要（见图5）。

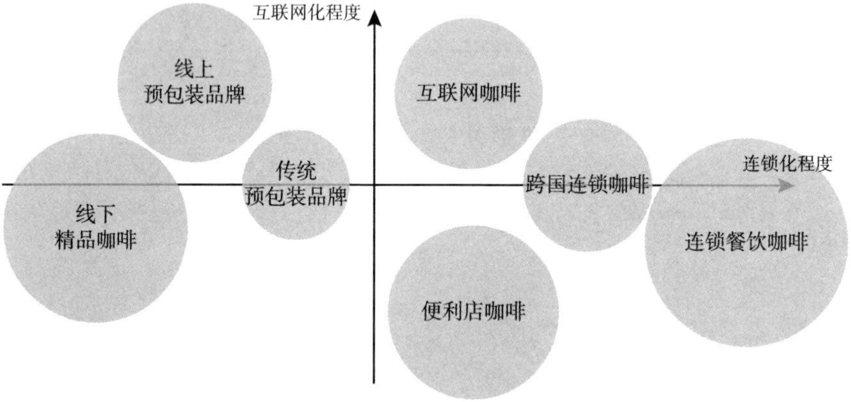

图5　咖啡品牌业态分布

注：横坐标轴越向右表示连锁化程度越高，纵坐标轴越向上代表互联网化程度越高。

资料来源：《2019 中国咖啡消费进阶趋势》，第一财经商业数据中心（CBNData）。

此外，面对中国咖啡市场的巨大发展空间和潜力，越来越多的传统零售品牌加入这个市场，整个咖啡市场赛道不断变宽，竞争愈加激烈。

（一）赛道变宽，竞争加剧

当前，中国的咖啡市场正进入快速发展阶段。随着消费者对咖啡需求的不断提高，中国咖啡市场显示出巨大的潜力。星巴克、瑞幸等连锁现磨咖啡品牌扩展迅速，其中乳业巨头伊利推出圣瑞思即饮咖啡；蒙牛旗下每日鲜语推出冷萃咖啡即饮产品；石油化工行业巨头中石化在其易捷便利店发布全新品牌“易捷咖啡”；零售行业便利蜂早在 2018 年就成立了首家 BeeSelect 咖啡馆等。此外，喜茶、奈雪等新茶饮品牌也都纷纷推出咖啡产品。可见，整个咖啡市场赛道不断变宽，市场竞争加剧。

1. 跨界咖啡企业玩得如火如荼

近两年来，瑞幸咖啡的迅速崛起，吸引了一波又一波的资本重仓进入咖啡市场，阿里、腾讯一个不落全都开了咖啡馆，还有连锁酒店 OYO、家具公司宜家，就连传统零售食品企业可口可乐、农夫山泉近期也都在积极推进咖啡业务（见表 1）。

表 1　知名企业进军咖啡市场情况

年份	企业	咖啡品牌	合资/独资
2018	阿里	Apsara 咖啡馆/理想生活咖啡馆	联合 Costa 和鹰集咖啡
2019	腾讯	1999beta	联合瑞幸
2017	网易	易间/乐岛	独资/联合瑞幸
2019	宜家	宜家	独资
2019	OYO	芬然咖啡	独资
2019	中石化易捷	易捷咖啡	联合连咖啡
2018	苏宁	狮子咖啡	百胜图

资料来源：有味财经、1 号互联网资讯。

2. 以中石化、苏宁为代表的渠道玩家具有先天优势

无论是中石化、苏宁、连锁酒店 OYO，还是前几年就开始推柜台咖啡的 7－11 便利店，这部分玩家除了自身财力雄厚外都拥有数量众多的线下门店。

最新数据显示，中石化易捷的门店数量突破了 2.7 万家，苏宁突破了 5000 家店，7－11 有近 2000 家。不考虑实际扩张状态，假设这些门店正式接入咖啡业务，即使只有不到 2000 家的 7－11，也拥有足以让竞争对手惊叹的市场份额。

成熟的渠道网络、稳定的会员、优质的供应链使这些品牌在开展咖啡业务时，几乎不用担心租金成本、用户成本、管理成本。它们的产品价格优势非常明显，能够聚拢一大批中低收入用户。

咖啡市场数十年的培育工作已经由雀巢、星巴克这些传统咖啡品牌完成，而这些渠道玩家选择此时下场收割红利，可谓绝对明智的选择。

3. 以喜茶、奈雪为主的产品端开发，不断探索饮品边界

2019 年可谓咖啡市场元年，喜茶、奈雪、一点点、CoCo 等不约而同地瞄准咖啡市场，加大咖啡产品的研发和推广力度。尤其是喜茶的“喜茶咖啡巴士”处于持续营销的状态，专门创造一个空间为咖啡造势，可以看出喜茶对咖啡产品的重视。无疑，茶饮的风口期已过，进入存量市场，为了拉动营收，茶饮商家都在极力寻找新品类，不断弱化饮品的边界感。在中国，大众丝毫不会觉得在奶茶店里喝咖啡是件奇怪的事。所以喜茶、奈雪都是从产品端参与到咖啡市场的竞争，没有为此进行渠道端的开拓。它们凭借着强大的品牌影响力、产品研发力、运营管理能力，在咖啡之战中占有一席之地。

（二）业态呈现多元化，市场逐渐精准细分

近年来，随着外卖以及互联网行业的不断发展成熟，无人零售和无限场景的加速发展，国内消费者对咖啡的消费习惯已悄然发生变化，自提和外卖已经成为消费者购买咖啡的新趋势。速溶咖啡、即饮咖啡尽管具有快速便捷的优势，但在咖啡品质上却存在较大的不足；强调“第三空间”的星巴克，拥有良好的门店体验及咖啡品质优势，但价格普遍偏贵且便利性不足。对于消费者而言，当咖啡产品的品质差异化不明显时，性价比和便利性就成为消费者购买咖啡时的主要考虑因素。

在日益多元化的市场竞争中，众多品牌根据自身优势及特点，加速转型，定位不同业态，逐渐细分咖啡市场，推陈出新，抓取不同消费者的需求，获得市场位置。

1. 品类不断推陈出新

随着咖啡工艺的进阶和提升，消费场景的不断变化，以及日益多样化的咖啡消费需求，咖啡品类越来越多样。基于市场的推动和消费者的需求，目前市场上的咖啡样式层出不穷，主要分为现磨咖啡、速溶咖啡、胶囊咖啡、

罐装咖啡、挂耳咖啡等几种品类，根据不同的场景和需求，咖啡的饮用方式也是多种多样（见图6）。随着新品不断涌现，消费场景进一步丰富以及消费者需求更加多样化，品牌为迎合消费者需要不得不持续创新。

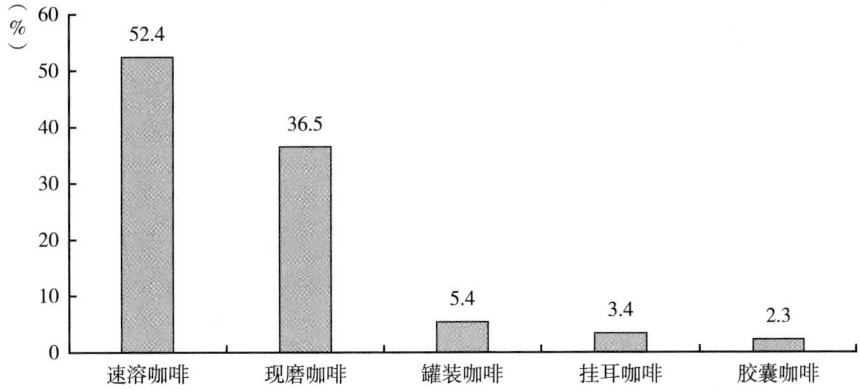

图6　消费者咖啡饮用品类占比

注：图中横轴为咖啡品类，纵轴为市场增速。

资料来源：《疫情下的“咖啡香”——2020咖啡消费市场洞察报告》，URORA 极光数据。

2. “咖啡+”模式不断涌现

咖啡本身的味道带有天然的苦味，而对于乐意尝鲜和喝不惯咖啡“苦味”的主力消费客群年轻消费者来说，是很难接受的。调制咖啡和特殊风味产品的创新满足了年轻消费者对尝试新事物的好奇心，因此在咖啡中加入其他元素已成为咖啡的一大趋势。

如2020年3月底可口可乐刚刚上市推出的两款COSTA即饮咖啡，既有低热量拿铁和低糖美式两个口味；又有可乐原本拥有的起泡感，不仅会冲淡咖啡原本的苦味；同时这些混搭口味也会更加吸引消费者。

此外，如农夫山泉的碳酸咖啡面市，又有如用豆浆粉、杏仁、椰浆、腰果等原料代替即饮咖啡中的乳制品的健康咖啡上市，例如六个核桃推出的“脑洞大开”产品。这些混搭口味的创新产品成为咖啡产品的另一大创新趋势。

3. 即饮咖啡产业迎来爆发

国内市场速溶咖啡、现磨咖啡和即饮咖啡的市场份额分别为七成、两成和一成。虽然从市场份额上来看，即饮咖啡明显落后，但是即饮咖啡具备便利、口味稳定等特点，随着咖啡消费多元化、产品差异化，即饮咖啡有机会获得更大的市场份额。

近几年，不少咖啡企业都推出了即饮咖啡类新品，即饮咖啡市场呈现爆发式增长。如前面提到的可口可乐、农夫山泉等传统零售品牌纷纷上市即饮咖啡。欧睿国际（Euromonitor）预计数据显示，到 2022 年，瓶装即饮咖啡的销售额将达到 31 亿美元，复合年均增长率达 7.5%，其中中国市场同比增长率高达 21%。不难发现，即饮咖啡市场已经成为各大软饮料巨头角逐的重要战场。

在即饮咖啡的生产过程中，灌装是非常关键一环，而无菌冷灌装技术的成熟为即饮咖啡生产带来了质的提升。无菌冷灌装是指让咖啡在无菌的环境中完成灌装。因此，对进入灌装设备的所有物质，包括空气、水、料液、瓶子、瓶盖等都要进行杀菌，以确保在灌装过程中不被微生物污染，从而能在不添加防腐剂的情况下延长咖啡的保质期，同时即满足时下消费者对咖啡口感的需求，又满足疫情过后消费者对于食品安全及健康的要求。国人的消费习惯也会慢慢倾向于一杯正宗的好咖啡，质量、健康给即饮咖啡带来挑战的同时也带来了机遇，不再是速溶咖啡的天下。

4. 自助咖啡机成下一个风口

疫情将咖啡向零售化及智能化趋势推进，自助咖啡机的无接触、无人零售及便捷的优势或将成为咖啡产业的下一个风口。如今人们追求快节奏的生活，身边的自助餐饮设备不断增加，商超中经常能见到各式各样的自助榨汁机、自助冰激凌机等设备。相较于开实体店，自助咖啡机具有成本较低、易于实现标准化操作的优势，且应用场景也较为多样。

目前，国内部分自助咖啡机制造商研发的自助咖啡机能够为消费者提供现磨咖啡、奶茶等 16 种饮品，单杯约 270ml。设备制作效率也非常高，一杯花式咖啡制作时长不到一分半钟，浓缩咖啡的制作时长则缩短到了一分钟以内，同时口感和门店的咖啡基本保持一致。就目前的市场来看，国内推出自助咖啡机的企业并不多，市场还呈现一片蓝海的状态。相关企业要想入局虽不难，但也需要极强的创新能力来进行设备的研发。从整个设备的系统化、协调性出发，在设备的各个细微环节和连接上下功夫，并融合人工智能、物联网等信息技术，考虑咖啡、茶饮、周边商品的融合等因素，打造智能化自助咖啡机。与其他设备相比，要具有突出亮点才能为企业带来可观收益。

就咖啡产业近年来呈现的业态多元化、市场精准细分的发展现状和趋势而言，我们在这里以一个一直秉承多元化发展经营理念，并在本次疫情影响下表现突出的网红咖啡品牌“悦咖啡”作为典型案例加以说明。“悦咖啡”作为一家本土新锐品牌，堪称咖啡圈中的一匹黑马，一直以来用扎实的现金流运作方式在不到 7 年的时间里开出了 20 余家门店，本次疫情中，悦咖啡通过微信商城、大量分销、社群拍卖等方式和渠道，把商品化做大，加大艺术 IP 联名的商品如挂耳咖啡、便携式纸咖机、袋泡咖啡等的线上销量，很大程度上缓解了新冠肺炎疫情所带来的巨大冲击，经历住了疫情的考验，并迸发出顽强的生命力（见图 7）。

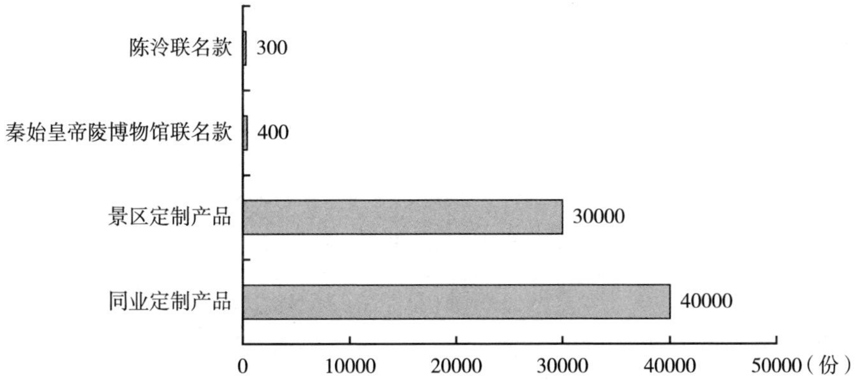

图 7　2020 年 2 月 17 日至 3 月 17 日悦咖啡挂耳咖啡和纸咖机销售情况

资料来源：悦咖啡微信商城。

悦咖啡之所以能抵抗住疫情的生死考验，主要得益于品牌一直以来多元化的经营理念。其中的前门大街店备受大众关注，甚至有众多知名美食博主、明星慕名而来并自愿免费为其推广，这也让悦咖啡一举成为了京城炙热的网红咖啡馆，即使街对面是星巴克北京甄选烘焙坊，也依然吸引了众多消费者来此打卡消费。其经营理念主要有以下几个方面：

第一，不盲目扩张，稳扎稳打。单店经营与连锁经营有着天壤之别，如果从生意角度来讲，只有拥有可复制经营的条件才能跨出连锁经营这一步。开店数量不在于多，活下去才是根本。品牌经营不能靠单纯的扩充数量，只有在保证盈利的条件下才能更好地生存。当其他品牌昙花一现时，当市场又回归“经营能力比营销能力”更重要的经营理念时，悦咖啡已经逐渐拥有了可复制经营的条件，以及营运制度的完善、管理梯队的搭建和投入资本的积累。

第二，打造“1＋N”产品组合模式。在意识到咖啡馆经营过程中产品组合对销售业绩产生的制约后，悦咖啡开始将经营思路向零售转变。将咖啡馆用零售的思维去经营，让悦咖啡的产品销售产生“1＋N”的组合变化，如出售手冲咖啡套装，与祖马龙调香师共同开发环境香氛并推广至各个门店，与头部IP联名制作零食、礼物及周边产品，这让悦咖啡从售卖“咖啡＋甜品”的空间运营者，蜕变成咖啡行业供应批发商和零售商。

第三，突破地域限制，拓宽多种行销模式。当其他品牌正在通过跑马圈地的形式去获取更大的市场占有率和销售份额时，悦咖啡开始寻找单店如何突破地域限制，将产品送至消费者的面前。悦咖啡目前正在设计密封性好、保温保鲜、口味卓越的瓶装即饮咖啡，将来不仅仅在门店进行销售，还会将产品拓宽到门店以外的商超、便利店、网络商城等多个销售渠道。除此之外，悦咖啡更是将自己拼配的咖啡豆售卖给其他所有可以进行咖啡消费的场景经营者，甚至通过不断指导调试咖啡机及研磨设备确保其出品的咖啡品质与悦咖啡一样。目前可以在北京、河北、西安、杭州、上海、内蒙古等城市和地区的咖啡馆中品尝到与悦咖啡品质一致的咖啡。这也让悦咖啡完成了从

B2C 向 B2C2B 的角色转变。

第四，深耕横纵全产业的链条式、跨界式经营。在悦咖啡看来，咖啡馆不仅仅是一门手艺生意，更需要懂得将采购、生产、流通、展示、销售及售后做到完善。悦咖啡在提升咖啡品质、注重环境氛围的营造之外，还用大量的时间去做链条式经营，以保证悦咖啡在经营发展过程中的顺畅度，横向发展的同时将延伸至“咖啡生豆采购”“咖啡烘焙工厂”“咖啡产品及设备销售”“咖啡馆服务输出方案”“办公室咖啡解决方案”“咖啡知识培训”等贯穿咖啡全产业链式发展。此外，悦咖啡还将与原产区的龙头企业合作，携手共同参与咖啡豆种植业务，这让悦咖啡在全产业链发展上如虎添翼。纵向发展方面，悦咖啡积极探索和尝试跨界经营。目前悦咖啡已经有“咖啡 + 烘焙”“咖啡 + 简餐”“咖啡 + 文创”“咖啡 + 图书”“咖啡 + 培训”等不同业态，甚至将来还会看到“咖啡 + 摄影 + 美妆 + 服饰”等多种生活方式相结合的新的业态形式门店。

此外，除以上在经营理念上的不断突破外，悦咖啡也是率先在中国提倡只用 30 天以内的新鲜咖啡豆，确保高品质出品的品牌，并提倡公平贸易，尽可能多地在中国推广咖啡领域的雨林认证和候鸟认证，倡导人与自然的和谐相处。

（三）线上线下加速打通融合

线上线下打通融合是新零售的特征，也将成为未来咖啡市场发展的趋势。在国内咖啡市场，瑞幸咖啡已经在线上线下融合方面进行了尝试，并实现了快速扩张；星巴克也与阿里进行合作，尝试新零售解决方案。未来将有更多的咖啡业态向线上线下融合方向发展，并在融合的广度和深度方面得到拓展。就具体融合方式而言，除了配送方式上的创新外，更重要的将体现在生产流程、人力调配、生产环节、配送和消费支付环节等智能化改造、效率提升、成本降低等方面。虽然咖啡产品是旧事物，但是在线上线下打通融合后，有望给消费者带来全新的消费体验。

（四）疫情加速行业向智能化、多元化经营转型

疫情的出现，尽管并不会对中国的咖啡市场造成太大的影响，在疫情过后，咖啡的消费量依然会快速增长；但疫情的出现，使得消费者在咖啡消费观念、购买方式、饮用习惯、品质要求等方面都形成了一定的转变，这也加速了咖啡行业的进步和转型。

1. 推动行业智能化转型

疫情期间，“线上外卖送餐 + 线上下单线下自提”的模式展示了巨大的优越性，无接触配送、无人零售既便利又安全，满足了消费者对食品安全和便利的要求。

疫情过后，消费者对咖啡行业的食品安全、制作安全、配送安全、咖啡品质等方面都会有更高的要求，这无疑会促进行业进步。品牌在提升咖啡品质的同时，也将融合新技术不断加速无人配送、无人零售等新模式的应用，推进咖啡行业线上化和智能化的数字转型。

2. 推进品牌向多元化及全链条发展

疫情变成了整个行业转型和分化的加速器，相信疫情过后那些能继续生存下来的品牌，都是优质的品牌，也相信在疫情过后会有越来越多的咖啡品牌开始注重品牌的全产业链发展，并将更多精力放在经营中，完善品牌的服务体系，以提高品牌本身的抗风险能力。

总的来说，2020 年对于整个咖啡行业是一次巨大的考验，但这并不能真正影响我国咖啡市场的快速发展，未来中国的咖啡市场将会出现多品牌、多品类、多场景、多渠道和多消费层次的市场格局。随着咖啡消费需求的不断激增，咖啡行业进入了扩容、精细化发展、创新以及升级的阶段，这对于整个咖啡行业来说既是挑战也是机遇，谁能在未来两到三年内把握好行业发展的关键期，谁就将成为不同咖啡行业细分领域的佼佼者。

B.15

云南民族餐饮融创发展的实践探索与经验总结*

鲁 芬　田芙蓉　刘福灿　荣 杨**

摘　要： 云南少数民族众多、民族文化资源丰富，民族餐饮是其餐饮文化上的一大亮点和产业支柱。受历史及社会经济发展水平的影响，长期以来云南民族餐饮产业发展存在诸多问题，处于低水平发展状态。进入新时代，人民对美好生活的美食需求越来越高，云南省餐饮行业抓住机遇，尝试了一系列以互动型民族歌舞餐厅、民族宴席、创新滇菜、特色小吃为主要形式的实践探索，使云南民族餐饮逐渐从非主流走向主流，市场份额不断扩大，影响力不断提高，逐渐形成了民族餐饮发展的云南模式。总结云南民族餐饮发展的经验主要有几点值得推广和借鉴：政府高位引领并给予政策支持，多部门联动合作，充分发挥优势、扎根市场、创新发展，与高原特色农业、文化产业、大健康产业等融合发展。

关键词： 饮食文化　民族餐饮　滇菜

---

* 项目资助：该论文为原云南省旅游发展委员会委托重点项目“云南省少数民族健康饮食谱研究”（2018－TR－03）和华坪县工业与信息化局委托“丽江市华坪县民族特色餐饮升级策划”的研究成果之一。

** 鲁芬，博士，昆明学院旅游学院，讲师，主要从事饮食地理学、饮食文化方面的教学与研究；通讯作者：田芙蓉，昆明学院旅游学院院长、教授，主要从事饮食文化与现代餐饮管理方面的教学与研究；刘福灿，中式烹调高级技师，昆明学院旅游学院高技能人才全职引进技能大师，主要从事滇菜传承与创新、云南名菜、创新菜点设计、地方菜肴制作的教学与研究；荣杨，昆明学院旅游学院，讲师，主要从事酒店餐饮管理方面的教学与研究。

“食”不仅是民生之本，更是一种文化，中国饮食文化源远流长。作为一个多民族国家，民族餐饮是中国饮食文化的重要组成部分，但长期以来“少数民族饮食文化作为一种边缘文化，亦处于中华民族饮食文化圈较边缘的位置”[①]。在饮食文化的传承与创新演进过程中，近年来依托联合国教科文组织的创意城市网络、旅游景区、节日节庆、自媒体等载体，国内成功培育和打造了一批“美食之都”（成都、澳门、顺德、扬州等），美食街区（武汉户部巷、南京夫子庙、西安回民小吃街、成都锦里、上海城隍庙、丽江古城四方街、昆明西山风景区的茶马花街等），美食节（中国美食节、青岛国际啤酒节、西藏雪顿节、蒙古族马奶节、广州国际美食节、成都美食节等），网红美食店（椒艳江湖双椒烤鱼、犟骨食代犟骨头、黄太吉、一杯可以占卜的茶、鹿角巷等），网红美食（沙皮狗小蛋糕、脏脏包、懒人火锅、沸腾虾等），电视美食节目（《舌尖上的中国》《味道》《风味人间》《蔡澜》《十二道锋味》等），微博微信等自媒体美食博主（李子柒、密子君、滇西小哥等“粉丝”以百万千万计），美食微信公众号（乐活记、美食台、美食圈、天生吃货）等。酷爱美食的中国人将饮食文化“吃”出新的形式、内涵和高度，体现和顺应了新时代人民美好生活需求的美食需求导向。

综观以上餐饮产业和饮食文化发展现状发现：少数民族饮食文化广泛进入大众视野，逐渐从非主流走向主流，成为新的亮点和卖点，甚至成为了一些民族地区的产业支柱，如新疆、内蒙古、广西、甘肃、云南等地的民族餐饮发展都有很大突破。这与我国民族众多、民族餐饮文化独具特色、餐饮消费求新求异求特的心理和近年来国家对民族地区的政策支持、产业帮扶以及各民族餐饮业博采众长、积极创新发展密不可分。学术研究领域，在成果本就不多的饮食文化研究中涉及民族餐饮的研究内容集中于几个方面：地理学视角的民族餐饮跨地方饮食文化生产——原真性、标准化的探讨，民族饮食文化空间的主客关系互动、消费者行为特征、顾客感知与体验和民族文化认

① 蒋鑫圣：《从〈味道云南〉看云南少数民族饮食文化的影像传播》，《视听》2018 年第 8 期，第 43 ~ 44 页。

同等；管理学与经济学视角的民族餐饮品牌建设、营销与管理，国际化、连锁化经营管理；社会学、文化学、艺术学综合视角的少数民族饮食文化的社会文化功能研究，民族餐饮中的民族文化元素、歌舞文化开发与融入，民族餐饮空间、环境、色彩的设计等；从区域看，新疆、内蒙古、甘肃、云南、贵州、广西、湖南等少数民族较多的省、自治区对民族餐饮的研究与实践较多。总体上，与丰富多彩、特色鲜明的民族餐饮文化相比，民族餐饮发展研究的数量、质量都比较缓慢和滞后，有很大的研究和发展空间。

云南餐饮界的大师们普遍认为，滇菜是用云南生长的特有食材、调味料制作出来的菜肴，或者用云南特有的食材结合其他地方的物产烹调出消费者喜欢吃的口味和菜品，它是具有云南地域特色和民族特色的菜系，是云南各民族菜肴的总和，口味上具有“鲜、辣、香、浓”等特点。因此，可以说民族菜是滇菜的主要组成部分。云南省餐饮与美食协会杨艾军会长认为：发展民族餐饮是云南餐饮业践行“文化自信”的落脚点，是云南餐饮业贯彻“民族团结进步示范区、生态文明建设排头兵、面向南亚东南亚辐射中心”三个发展定位的推进器，是云南餐饮业落实《“舌尖上的云南”行动计划》，打好“绿色能源、绿色食品、健康生活目的地”三张牌的新动能。云南独特的自然地理环境和社会历史发展原因，使各民族在长期的生产生活中形成了个性与多样性共存的民族餐饮文化，体现为以下特征：就地取材、用料广泛，注重营养与健康、药食同源，肴馔独特、烹饪手法多元化，注重仪式感、饮食风俗奇特。有人将其总结为具有两大特点：多样性——食材多、做法多、蘸料多；怪异性——食材怪、饮食习惯怪和饮食器皿怪①。

一　云南民族餐饮发展现状及存在的问题

根据云南省统计局数据统计：2019 年云南省餐饮收入实现 1122.87 亿

① 文洪睿、李博伟：《坚守云南民族饮食特点发展云南饮食文化》，《产业与科技论坛》2019 年第 1 期，第 23～24 页。

元，同比增长11.0%。其中民族餐饮美食占领了云南餐饮市场的半壁江山，为滇味餐饮增添了异族风情和民族文化，少数民族餐饮正在逐步大众化、社会化、品牌化和产业化，为快速发展的云南餐饮业增添了活力。近20来年，云南民族餐饮业蓬勃发展，云南厨师博众家之长，积极创新菜品，形成了一系列民族特色餐饮文化体系，各种民族风味的名菜、名点、名小吃及精致的创新滇菜遍布大街小巷。市场前端呈现一片繁荣的同时背后也存在很多问题和不足，表现为以下几个方面：

（一）人力资源问题突出

随着消费需求的高品质化和优质化，云南民族餐饮用餐空间的建筑、装饰、餐具等硬件水平越来越高，但管理人员、高技能人才和服务水平却不能与之相匹配。餐饮行业是人力资源密集型行业，但云南民族餐饮人才培养体系不够完善、人才培养与行业需求错位、从业人员素质普遍偏低、餐饮管理和服务技能水平有待提高等问题较为突出，同时云南民族餐饮发展中人力资源严重匮乏，体现为：懂理论技艺高会授业的民族餐饮大师稀缺，懂经营会管理能操作的综合型管理人才不足。工作环境较差、工作时间长、整体收入水平较低，导致餐饮工作人员流动频繁、缺口很大。各层次人力资源不足使得服务质量难以得到保障，民族餐饮企业发展较慢，难以体现优秀企业应有的精神面貌和弘扬民族餐饮文化的责任，也阻碍了云南民族餐饮业的长远发展。

（二）经营管理水平滞后，出现有被其他菜系同化的危险

由于传统经营模式已难于跟上市场经济的发展要求和餐饮业的快速发展，管理层无力及时把控和调整，导致一些原本优秀的民族餐饮企业陷入不良发展状况甚至倒闭、破产，如江氏兄弟桥香园、红昭天园天麻火腿鸡、世博吉鑫园等。近年来虽然也出现了如彝族人家、谷倮人家等一批民族龙头餐饮企业，研发出新的民族风味菜，但数量不够大，所占企业比重较小，没有实现规模化经营和较好的经济效益、社会效益。随着网络信息及对外交流影

响的扩大，外资不断引入、外来菜系和餐饮企业不断入驻，资本、人才、运营管理、营销本就弱势的云南民族餐饮市场处于竞争劣势，有被淘汰出市场的风险，许多民族烹饪技艺和烹调习俗受到外来文化的影响逐渐被同化改变，导致一些独特的云南民族餐饮习俗和技艺出现被同化、整合和消失的危险。

（三）宣传推广不到位、错位常存

尽管云南民族餐饮近些年在全省、全国各地甚至东南亚地区进行了很多推介活动，但是宣传推广效果不够理想。究其原因，主要是由宣传主体和受众客体双方对民族餐饮的认知差异造成的。以旅游者为例，大部分游客到云南都会品尝云南地方特色的民族菜肴，他们对民族餐饮的了解大多来自导游和餐饮服务人员的介绍，如果导游和餐饮服务人员未把民族餐饮作为主要旅游产品、对民族餐饮文化内涵的了解不够深入，或是以常规熟悉的方式介绍，那么游客将不能很好地了解民族餐饮的特色、吃法、文化内涵，这样不仅会影响到民族餐饮的开发、销售，甚至会影响游客对民族餐饮的印象及综合推广效益。也有一些情况是不顾顾客实际情况，盲目宣传，以点代面，没有针对性，甚至未对其潜在客源口味做了解分析就大肆推广，从而导致过度宣传，使形象与现实错位；有时忽略了不同顾客群体的特殊需求、口味和健康状况等的差异，导致顾客对民族餐饮的满意度较低。

（四）定位不够明确，未形成统一品牌

云南民族餐饮虽有特色，但影响力小，名称不统一，是叫滇菜还是云南菜省内尚未统一，滇菜与民族餐饮的关系也不明晰等问题尚存。因为定位不够清晰，云南民族餐饮的优势没有充分体现出来。因此，云南民族餐饮作为众多民族菜肴的祖师菜、综合体，在处于相对落后、封闭的西南边疆，影响力和传播推广弱，云南民族餐饮始终未能进入全国菜系构成之列。另外，由于定位不够明确、产业规模较小等众多原因，云南民族餐饮没能形成统一品牌，给营销、餐饮文化建设等带来了诸多难处。

（五）缺乏顶层设计和整体规划

受传统观念和缺乏文化自信的影响，云南民族餐饮长期以来处于中华饮食文化的边缘和非主流的位置，对其开发与发展缺乏顶层设计和整体规划，以至于到2015年才第一次编制了《云南省餐饮产业十三五发展规划（2015－2020年）》。这导致在民族餐饮的发展过程中发展定位、目标、方向、途径不明确，影响民族餐饮整体的地位、品牌的形成、市场规模和经济效益、民族餐饮文化的传承与可持续发展等。如，目前，云南民族饮食文化的开发基本上是以品尝菜肴为主，忽视对深厚的民族饮食文化的挖掘、保护、传承与发扬，消费者看到的往往只是菜肴的表面色、香、味、形，因此他们在吃完这道菜时，只是一道简单的菜肴，并没有从健康、养生、文化、意境方面发展开拓。事实上，随着顾客需求的日益递增，文明素养的提高，人们对美食消费带来的精神上的快乐与文化上的享受越来越看重。

二　云南民族餐饮实践探索的主要形式

尽管云南各民族社会经济发展处于低水平状态，但民族餐饮在文化、市场共同作用下竭力与时俱进、创新发展。云南民族餐饮始终体现民族餐饮文化的“特色元素”，扎根市场探寻解决方案，探索新的发展形式，主要有以下几种。

（一）与原生态民族文化相结合的互动型歌舞餐厅

云南少数民族的歌舞文化资源非常丰富，作为丰富民族餐饮活动、促进餐饮消费的一种方式，许多民族餐厅经营者在经营场所将云南一些少数民族的歌舞文化及敬酒等习俗，通过舞台展演、现场互动、实景体验等方式，以原生态歌舞伴宴的形式使餐饮消费者在享受美食的同时，体验云南各主要少数民族的餐饮风俗习惯和多姿多彩的歌舞文化。昆明的云南人家、傣族人家、老滇山寨、大理宴民族歌舞餐厅，丽江的玛吉阿米餐厅，香格里拉的秘境藏王宴餐厅等都是此类型民族餐饮的典型代表。这种互动型餐厅的歌舞就好比提供的定制服务，能给食客不一样的就餐体验感，欢快、热情的民族歌舞 + 特色民族餐饮，让消费者不仅满足食的生理需求，更满足对食更高层次的心理需求，有利于传播云南民族文化和促进云南民族餐饮业持续健康发展。

（二）体现地域性、地方性和民族性的民族宴席

结合区域性、地方性和民族文化，“舌尖上的云南味道：一州一宴席”活动评选出独具特色的美食宴席，包括：西双版纳傣族绿叶宴、保山永昌府宴、迪庆香格里拉藏族三锅庄、红河哈尼梯田宴、大理南诏王宴、宣威特色菜宴席、普洱茶韵宴、丽江纳西三叠水、昭通天麻全席宴、昆明鲜花宴、临沧佤王宴、文山壮乡鸿运簸箕饭等，为民众描绘了一幅最地道的云南民族餐饮美食地图。还有根据特殊场合、节日、食材、进食方式等设计的宴席，如南涧彝族婚礼上的跳菜、哈尼长街宴、百花宴、菌宴、豆腐宴、手抓饭等。这些宴席综合体现了云南民族餐饮“原料调料自然美，烹饪崇尚简约美，怪在奇异食俗美，古朴纯真风情美，融汇南北包容美”的特征。

（三）注重原真性与精细化的创新滇菜

新滇菜的灵魂在于传承与创新，需深挖滇菜饮食和文化内涵，利用得天独厚丰富的云南食材资源优势，将各种新元素植入云南民族餐饮中，紧密围绕绿色、生态和健康三个主题，在增加菜系附加值上下功夫。新滇菜的特点：味型多样、适应性强，可以满足各民族、各阶层民众的口味；取材广泛，讲究鲜嫩、色、香、味、形、养，用料更加独特，多以花、菌、竹、虫、药、果、山珍为料；造型、色泽、香味别具一格，新颖、奇特；烹调方法多样，古风犹存。创新滇菜的形成，是云南民族餐饮发展中“兼容并包”的体现，为云南民族餐饮发展注入新活力。目前新滇菜的倡导者主要有鄢頳、董超宇、刘忠明、王庆兴等新一代滇菜大师，他们致力于踏实了解云南

本土食材属性和少数民族文化底蕴，恰当利用、合理创新，将其做精、做细。2019年滇菜烹饪技能大赛中年轻一代烹饪大师刘福灿展示了一道景颇族创新菜“山官牛头”，获得特色民族菜技术状元。当下，南城董哥厨艺工作室、闲时蜗居云南菜、昆明走廊、云隐西山、朴灶等餐饮店可品尝到创新滇菜，还有一些酒吧里推出的滇式鸡尾酒等。

（四）美味又亲民的民族特色小吃

云南民族特色小吃凭借类别之多、吃法之多、调料之丰富、味道之广、口味之“怪”征服了众多吃货的舌尖记忆。云南民族特色小吃充分体现了人民群众吃的智慧和对“酸、甜、苦、辣、咸”五味生活的复杂领悟。以米类小吃为例，可做成饵块、饵丝、米线、米糕、米肠、米哺、粽子、汤圆、卷粉、粉蒸、米凉粉等品种，用烧、烤、煎、炸、炒、煮、蒸、凉拌、舂等手法做出二三十种特色小吃。又如用豆腐和洋芋做成的小吃之多，堪称花式吃法。云南民族特色小吃分布于城镇、乡村的各个角落，方便、实惠，与当地民众的生活密不可分，也吸引了众多外地食客。同时，政府和相关部门通过举办名特小吃美食节、开发特色小吃街、鼓励和支持个人及小微企业进行民族特色小吃方面的创业等途径挖掘和开发云南的民族特色小吃。

三　云南民族餐饮融创发展的经验总结

（一）政府高位引领并给予政策支持

近年来，云南省政府将饮食文化和餐饮产业的发展放在民生大事、文化传播和经济繁荣、“健康中国”战略实现的高度，以新视角、新思路、新理念引领和推动全省餐饮业发展。为弘扬优秀民族餐饮文化，提升滇菜档次，打造滇菜品牌，以滇菜创新促进餐饮业繁荣发展，2009年《云南省人民政府关于促进餐饮业发展的意见》（云政发〔2009〕91号）出台，各州市相应出台促进餐饮业发展的相关文件；为深入贯彻落实《云南省人民政府关于促进餐饮业发展的意见》，2015年云南省政府制定《“舌尖上的云南”行动计划》和《云南省餐饮产业十三五发展规划（2015－2020年）》。这些政策和文件为云南民族餐饮业的发展指明了目标、方向、路径，为云南民族餐饮业的发展提供了政策保障与支持。

（二）主管部门、行业协会、餐饮企业、学界多方联动与合作

云南省民族餐饮业发展过程中，政府、相关管理部门（商务、农业、农垦、文旅、民宗、食品卫生等）、行业协会（世界中餐业联合会、云南省餐饮与美食行业协会、云南省烹饪协会等）、餐饮企业、高校、科研院所、媒体等多方联动、通力合作推动云南民族餐饮业的全方位发力，具体体现为：联合宣传与推广、联合制定规范与标准、联合开展科学研究和文化建设、联合培养民族餐饮人才等。

1. 联合宣传与推广

《“舌尖上的云南”行动计划》发布后，云南省人民政府、云南省商务厅、云南省农业厅、云南农垦集团、云南省餐美协联合各餐饮企业和行业从业者推出了一系列活动进行推介：如“滇菜进京入沪下南洋”启动仪式及推介活动分别在北京、上海、新加坡、香港等地举行；省内“一州一宴”评选活动；云南省餐饮服务技术技能大赛；云南名特小吃暨民族饮食文化节等。通过滇菜品鉴和节赛活动等让全省、全国、东南亚各国的美食爱好者不仅从听觉、视觉上感受云南食材，也从嗅觉、味觉上体验“中华美食、舌尖云南”的独特魅力。围绕高原特色农业产业建设与发展，云南农垦集团与云南省餐美协，以“好山·好水·好食材”为主旨，联合推介十款独具云南特色的“滇味伴手礼”，并依托电商和各大城市的“云品”连锁店进行线上线下销售，让更多人认识、购买云南高原农特产品。一年一度的云南省农业博览会，也对云南民族餐饮起到了很好的宣传推广作用。近年来，各地政府、餐饮企业、农村电商等抓住互联网和自媒体传播的契机，通过微博、微信、直播等积极宣传和推广云南民族餐饮。

2. 联合制定规范与标准

在云南省商务、质量监督管理、卫生健康等部门的参与与指导下，云南省餐美协组织行业专家、烹饪大师、学者和企业代表制定了一系列云南省餐饮行业管理办法和地方标准，如《云南省餐饮业经营管理办法》、《云南省星级餐馆的评定与划分》标准（DB53/T196－2006）、《云南省餐饮业服务质量》标准（DB53/T849－2017）、“美食文化、滇菜烹饪、厨政管理、经营管理与服务大师”等十几项餐饮业系列荣誉称号评定办法等。

3. 联合开展科学研究和文化建设

政、商、学、媒各界共同举办研讨会、座谈会、展览会和交流会，如云南餐饮（滇菜）产业暨美食文化高峰论坛、中华饮食文化国际学术研讨会、“一带一路”国际合作高峰论坛、云南民族食疗（药膳）研讨会等；相关主管部门、云南省餐美协等依托云南农业大学、云南财经大学、昆明学院等高校设立云南省高原特色农业产业研究院、滇菜研究中心，原云南省旅游发展委员会依托昆明学院设立了云南旅游饮食文化研究基地等，依托酒店、餐饮企业设立各类研习基地，如在安宁心景酒店挂牌设立民族食疗药膳研习基地并合作开展相关研究工作；组织编写餐饮与美食专业著作，已出版“‘舌尖上的云南’饮食文化系列丛书”30多本，内容和范围涵盖了云南25个少数民族的饮食文化、云南民族食俗、食材等；创办《云南餐饮与美食》期刊；积极进行滇菜非物质文化遗产的培育、保护与申报等。

4. 联合培养民族餐饮人才

人才不足是云南餐饮业发展的瓶颈和短板之一。为缩小人才短板、消除人才瓶颈，近年来云南省教育界、云南省商务厅、餐饮行业协会与餐饮企业紧密合作，共同培养餐饮人才，如，学历教育中加大餐饮相关专业的招生规模、强调餐饮人才培养的质量；非学历教育中形成了餐饮人才职业技术培训体系、餐饮从业人员职业技能资格资质认证体系；实施滇菜“名厨、名师”工程，涌现出一大批国宝级滇菜大师，他们胸怀工匠精神，以高深的餐饮理论、精湛的烹饪技艺，通过收徒、手把手传授等方式培养了无数优秀的滇菜名厨和名师，为云南民族餐饮人才队伍不断输送优秀生力军。2019年，云南省商务厅和云南省餐美协整合高校和行业协会资源，对接云南餐饮产业链，搭建滇菜创新和餐饮管理产教融合的教育研究平台，与昆明学院合作成立了云南餐饮商学院，其办学目的旨在助力企业完成以“品牌模式、运营管理、组织发展”为基础的三大系统建设，实现餐饮企业运作的“规范化、标准化、系统化”，服务云南餐饮企业向现代服务业迈进，以打造云南省餐饮界人才培养的“黄埔军校”为最终目标。同年，世界中餐业联合会、马来西亚成功礼待大学与昆明学院合作成立了亚洲烹饪艺术学院，致力于滇菜研发与推广、地方餐饮标准制定、云南餐饮管理人才和具有国际化视野与全方位合作的国际烹饪艺术人才的培养，全面对接和服务云南地方餐饮产业和民族饮食文化的发展。

（三）深耕优势、扎根市场、创新发展

云南民族餐饮最大的优势是拥有多样化的自然地理环境、多样性且优质的食材资源、多姿多彩的民族文化、毗邻东南亚南亚的区位条件等，在民族餐饮发展过程中云南各界亦深耕优势、扎根市场进行创新发展，具体做法如下。

1. 依托优质食材优势，主打绿色生态餐饮

云南民族餐饮最大的优势是食材的天然性、绿色性、生态性，原料全部来自天然，是真正的绿色食品，因此云南各少数民族才敢“吃新、吃鲜、吃生”。优良的生态环境产出的优质食材是其他地方不可复制和模仿的绝对优势和无法替代的竞争优势。在环境污染、食品安全问题突出的社会现实里，人们最基本的饮食诉求就是健康、安全。因此，云南民族餐饮首先应抓住人民群众对健康饮食需求的消费心理，发挥云南食材的绿色优势，发展绿色生态餐饮；其次做到全过程生态化，包括采购、烹调、消费、回收各环节，做到采购生态食材、采用生态化烹调技术、监督消费者适度消费、对餐饮回收物进行生态化处理；最后，在环境污染和生态破坏的范围、空间和影响不断扩大的现实面前，应意识到一些传统的“吃新、吃鲜、吃生”的习俗可能面临的食品安全风险，对民族餐饮中的一些依经验、习惯的传统做法

和搭配，借助营养学、医学等进行科学的实验与改进。①

2. 结合区域“风土人情”，彰显民族餐饮的地方性

对以多样性著称的云南来讲，地理区位的多边性、自然环境的多重性、民族文化的多元性无一不对其区域（民族）饮食文化的多样性产生作用。因此，云南民族餐饮是区域性、地方性和民族性叠加与融合而呈现的综合性，云南民族餐饮的划分不是以单一的行政区划或单一民族为依据，而是以地域性为基础，综合考虑自然地理、历史文化、民族文化线索（即“风土人情”），将其划分为六大区域，各文化区所包括的区域及餐饮文化特点见表1。

表1　云南民族餐饮区划及特点

区划名称	主要区域	主要民族	民族餐饮特点
滇中饮食文化区	昆明市、玉溪市（不含新平和元江）、楚雄州、曲靖市（不含会泽和宣威）	汉、彝、白、回族等	以汉族餐饮为中心的多元融合，推陈出新，形成新的饮食风尚和饮食观念，引领全省饮食文化的时尚与潮流
滇东北民族餐饮文化区	昭通市和曲靖会泽县、曲靖宣威市	汉、彝、回、苗族等	既有汉族与当地少数民族文化交融的特点，又有川菜麻、辣、烫、浓之特点，以配料和腌制见长，强调麻辣以御寒防潮湿
滇南民族餐饮文化区	红河、文山两个民族自治州和玉溪市新平县、元江县	哈尼、壮、苗、彝、回、傣、瑶族等	烹饪水平高，重配料，强调菜肴的色、香、味、形、质等，追求菜肴的药膳保健功效
滇西南民族餐饮文化区	西双版纳、普洱、临沧、德宏	傣、佤、布朗、拉祜、景颇、德昂族等	食材丰富多样，喜用蘸料，爱好腌、烤、炸、生等吃法，口味以酸、辣、怪见长
滇西民族餐饮文化区	大理、保山	彝、白、回族等	具有浓郁的白族饮食文化特色，白族人民喜食酸、冷、辣等口味，讲究就餐礼仪
滇西北民族餐饮文化区	丽江、迪庆、怒江	纳西、傈僳、彝、藏、普米、怒、独龙、白族等	高原民族饮食特点，擅长烹制牛羊肉和腌制琵琶猪，强调原汁原味，追求饮食高热量的御寒功效，常用当地名贵药材入菜

① 鲁芬、田芙蓉、张超旋：《消费需求的变化与云南餐饮美食的发展》，《旅游研究》2019年第4期，第19~21页。

3. 应季而食，开发四季食谱

云南的地理环境受地形地貌和海拔高度的影响，同一纬度范围内的气候、植被、土壤等方面都具有很强的垂直地带性和复杂性，因此，尽管云南全域四季不分明，但是气候、植被、物产却有很强的季节性。各少数民族世世代代靠山吃山，顺应自然、应季而食。因此，云南民族餐饮的设计和开发也遵循自然和民族文化传统，道法自然、应季而食，从而形成云南民族餐饮的四季主题食谱——春天之花食谱、夏天之菌食谱、秋天之果食谱、冬天之根食谱和对应的系列菜单。同时结合云南干湿季分明的气候特征，餐饮设计上春秋冬干旱季节搭配补水保湿的菜品、减少干燥上火的菜品；夏季雨水较充沛的餐饮设计搭配一些祛火除湿的食材、菜品和饮品。

4. 挖掘民族文化内涵，发展特色餐饮

云南少数民族餐饮最大的亮点是特色，食材有特色、味道有特色、做法有特色、吃法亦有特色。在新时代民族餐饮的发展中应注重深入挖掘民族文化的内涵，发展特色餐饮，满足新时代餐饮消费者求新、求奇、求异的个性化需求。云南各民族在长期的生产生活中，对各种取之自然的食材形成了一些独特的制作、保存与食用方法，使食物具有特殊的味道，再将饮食与少数民族的其他文化相结合，如节日节庆、婚丧习俗、宗教仪式等，进一步形成了极具文化内涵又特色突出的吃法和特色美食，如南涧彝族婚丧仪式上的跳菜、白族婚礼上的三道茶、哈尼族长街宴、景颇族的手抓饭、傈僳族的同心酒、佤族新米节上香甜的米酒等。

5. 尊重传统、创新发展

前述对民族文化的深入挖掘强调的是民族餐饮的根、要尊重传统，现在很多餐饮从业者和美食消费者更多强调和关注的也是民族餐饮的原真性，但这种原真性在市场层面上大多是经过文化再生产的原真性，是在传统餐饮文化基础上的创新与改进，以满足不同时代和不同群体客源的需求。民族餐饮文化只有依据环境、市场和消费需求进行不断地调适，才能保持自身活力和可持续发展。从这个意义上说，民族餐饮的创新是其自身进化发展的必然选择。云南民族餐饮的创新表现在食材搭配、烹饪技法、美学创意、营养健康等方面。

（四）注重与其他产业融合，形成“民族餐饮＋”的产业链和产业网

《云南省餐饮产业发展手册》指明餐饮业具有“产业链长、关联度高、民生性强、文化性浓、就业力大”等特点，直接链接十大产业，包括绿（特）色食材、旅游、就业服务、餐具用品制造、酒水饮品、装饰装修、教育培训、物流联通、餐厨环保和饮食文化等产业。此文仅介绍与其中几个产业的融合发展。

1. 与云南高原特色农业无缝对接

农业是食材的主要来源和餐饮业的基础。云南省大力发展高原特色农业，“云菜、云果、云茶、云花、云菌、云咖、云畜、云鱼、云粮”等既来源于各民族地区的特色物产，又为云南民族餐饮提供了丰富多样的食材资源，同时民族餐饮的发展促进了高原特色农产品的消费和销售；另外，云南省还切实加快了农产品质量认证步伐和农产品质量安全监管，使传统农产品发展向产业化、标准化、生态化方向发展，在生产、加工、销售中坚持以绿色为主线，全省无公害农产品、绿色食品、有机食品“三品”认证数量不断增加，把好从农田到餐桌的食品质量关，为云南民族餐饮的生态性、科学性和健康提供质量保障。云南高原特色农业和民族餐饮在相互促进、融合发展中培育了一批集高原特色农业种植、生产、加工、销售和民族餐饮经营、民族文化传播为一体的企业，如云南爱伲集团——涉及咖啡、餐饮和畜牧三大主业，由云南爱伲农牧（集团）有限公司、爱伲庄园咖啡（普洱）有限公司、普洱桑莱特咖啡有限公司、澜沧爱尔牧业有限公司、宁洱爱伲咖啡有限公司和爱伲山庄餐饮连锁店共同组成。

2. 与文旅产业的深度融合

“食”与旅游的关系大致经历了三个阶段：“食”作为旅游业的基本构成要素之一，满足游客最基本的生理需求；旅游美食，“食”成为旅游吸引物和旅游产品，满足游客物质和精神的双重需求；美食旅游，“食”成为主

要旅游目的和新的旅游方式，满足游客生理、物质、精神、心灵、文化体验、个性化追求和自我实现的多重需求。这个发展和变化反映出旅游与饮食文化之间相互促进、不断融合发展的过程。

云南是旅游大省和民族文化大省，旅游业与民族餐饮的实践和研究起步较早：2002 年起，就有学者不断关注和探讨云南民族饮食文化与旅游餐饮业发展的关系、云南民族旅游餐饮及其产业化开发、利用民族饮食文化发展云南生态旅游、云南饮食文化与旅游业的协调发展、从文化协商和文化重构的角度对云南饮食文化及其旅游开发进行解释、基于饮食安全的云南少数民族饮食文化旅游资源的开发利用等，为云南民族餐饮与文旅产业的融合发展提供了较好的参考和借鉴。实践层面上，以歌舞伴餐为主要形式的云南民族餐饮涌现出了一批涉旅民族餐饮企业，如云南人家、傣族人家、七彩云南等，让游客对云南民族餐饮留下深刻印象。2018 年被称为“文旅融合”元年，云南文旅产业与民族餐饮的融合以更加全面和深入的态势推进：受原云南省旅游发展委员会委托，昆明学院云南旅游饮食文化研究基地完成了课题“云南少数民族健康饮食谱研究”，研究成果较系统地阐述了云南少数民族健康饮食谱开发的优势、思路和必要性等，研发出由 400 多道特色民族菜组成的多套民族健康饮食谱，绘制完成了云南省美食地图和云南省 32 条自驾线路旅游美食地图。

3. 与大健康产业的高度契合

云南丰富的生物多样性中药用植物种类已达到 6500 多种，各民族在过去长期医疗条件不足的生活中，摸索出了一些独特的健康养生方式——“药食同源”、药膳食疗食补养生保健，也形成了众多优秀民族医药，如彝药、傣医药、藏医药、云南白药系列、腾药系列等，这些与当下人民对健康的美好追求和大健康产业高度契合。云南民族餐饮与大健康产业的整合具体表现为：（1）云南各民族居住地有丰富的特殊健康食材，如普洱茶和以松茸为代表的各种菌类、虫草、有机水果等；（2）拥有丰富的药食两用食材，2018 年我国公布的按照传统既是食品又是中药材的达 110 种，其中很多为云南道地材料，如三七、当归、茯苓、天麻、石斛、荜茇、草果等，利用这些食材和药材形成了一些特色保健、滋补药膳，如三七药膳鸡、天麻火腿鸡、石斛煨老鹅、当归煮羊、草乌炖火腿等；（3）根据季节的变化形成了一些民间传统保健养生习俗，如普洱端午节民俗“百草根”药膳。利用这些食材、习俗，结合现代人健康养生的需要，研发云南民族健康饮食谱，发展健康饮食产业。

另外，云南民族餐饮在营销、推广、销售、创意等方面积极与互联网、自媒体、食品加工业、餐贮、物流等产业广泛结合，延长民族餐饮产业链甚至形成产业网，增加民族餐饮产业附加值，提高民族餐饮产业综合价值。

总之，云南民族餐饮在近年的发展过程中注重消费转型时期的市场需求，以绿色、创新、融合等发展理念为指导，深耕自身优质多样化食材、多元民族文化等优势，抓住机遇、补齐短板、缩小差距，在不断探索新的发展形式的过程中逐渐形成了民族餐饮融合创新发展的云南模式。

B.16

中国饮食文化三种表达方式：食材认知、乡土智慧、习俗禁忌*

张祖群**

摘　要： 以王国维提出的二重证据（考古实物＋文献记载）法，互相对照，共同推进中国饮食文化的学术脉络。将中国饮食文化的哲学表达概括为："医食同源"，"药膳同功"；"和"合为一，以汤为先。从三种表达方式解构了中国饮食文化体系：中国先民对于主食（南米北面）、动物性食材、花卉食材、香料等具有深厚的文化认知；中国先民在饮食文化方面积累了大量乡土智慧，主要体现在：因地制宜最大程度开拓食材资源，顺天应时食用节气时令食物；采摘野菜有效补充食物来源，讲究食德与规范礼仪；中国先民在饮食文化方面也积累了诸多习俗禁忌：取材避弱小母孕动物；以多种中草药制作屠苏酒、香囊；注重相宜食材搭配和禁忌食物搭配；食用珍稀野生动物，违背天道伦理等。最后对三个问题进行了讨论：饮食文化象征符号体系的构成层次和内涵；讨论人们对食用野生动物的认知偏差，认为"全面禁食野生动物"贵在行动；初步总结和提出了未来中国饮食文化的几点趋向。

* 基金项目：国家社会科学基金项目（12CJY088）。选修笔者课程的李帅、周梦婷、刘璐瑶、刘宇霄、陆海洋、关丽净、荣思迪、李轩、阮奕馨、段春梅、倪润泽等同学协助搜集部分资料，参与课题调研与资料整理，特此鸣谢。

** 张祖群，博士后，北京理工大学设计与艺术学院文化遗产系副教授、硕士生导师，主要研究方向为文化遗产与艺术设计、文化地理（产业）等。

关键词： 中国饮食文化 文化表达 食材认知 乡土智慧 习俗禁忌

一 中国饮食文化的理论基础

（一）中国饮食文化的发展脉络

对于中国饮食文化的经典脉络梳理，主要有两种依据：一是考古资料、实物出土资料；二是经典文献记载。王国维提出的二重证据法，即是将二者结合，互相对照，共同推进中国饮食文化的脉络。

（1）以考古资料、实物出土资料研究饮食文化，首推王仁湘先生。王仁湘认为，根据现有的考古发掘资料，可以从直接出土的古代食物、直接出土的传统食具、烹饪技术与传统炊具、厨师活动与传统食谱四个方面来分析中国古代饮食文化①。从现有中国大地上考古出土的材料中，试举几例：青海省民和县的喇家遗址出土了距今4000年前的面条。湖南省长沙市马王堆汉墓出土了香瓜子、鸡蛋壳、兽骨、兔骨头、藕片等实物。马王堆竹简上记载了103种食物原料与菜品。湖北省荆州市纪南城等楚墓里出土了密封的罐头。陕西省西安市、河南省洛阳市的西汉墓葬里曾经出土过美酒。

（2）以经典文献记载分析中国饮食文化，文献浩如烟海。前人多有研究，下面按照朝代和经典饮食文献简要做一个划分。

秦国丞相吕不韦令其门客编著《吕氏春秋》一书，该书最早提出“本味”“五味”“美食”等概念。《吕氏春秋》记载了各地的美食原料，记录了用火、鼎等烹调美食的技法。

东汉时期张仲景所著《伤寒杂病论》记载了甘草大枣汤、当归生姜羊

① 王仁湘：《从考古发现看中国古代的饮食文化传统》，《湖北经济学院学报》2004年第2卷第2期，第108～112页。

肉汤、猪肤汤、百合鸡子汤等食疗剂方，病人饮用桂枝汤后食粥可以辅助治疗疾病。该书还提出病人服药期间谨防和禁食生冷、黏滑、肉面、五辛、酒酪、恶臭等食物。

汉代众多民居草民医学家托名古代“神农”，编纂成巨著《神农本草经》。全书分三卷，以上、中、下三品，记载了365种药物。其中相当多为植物性药物，这些植物性药物药理、食性相辅相成。《神农本草经》是中医四大经典著作之一，是现存中国最早的中药学著作。

北魏贾思勰所著《齐民要术》是中国迄今发现最早、流传最完整的大型综合农学、饮食文化学著作，有“中国古代农业百科全书”之美誉。该书对黄河中下游地区、江南、东北、西北（甘肃、陕西）等地饮食文化事项多有记载①。

晋代葛洪的《肘后备急方》（又称《肘后方》）中，所记食物皆为人们日常所见白酒黄酒、豆豉、大米小麦、牛乳、鱼、梨等，食性不同，食疗不一，促进了饮食养生在民间的兴起。今人屠呦呦女士正是从《肘后备急方》记录的“青蒿一握，以水二升渍，绞取汁，尽服之”中获得灵感，蒸馏萃取提纯青蒿素，获得极好的抗疟功效。正是基于此，她斩获至今中国人唯一的诺贝尔生理与医学奖。

南朝梁时期的陶弘景在《神农本草经》的基础上，融入大量自身的医疗食疗实践，编著成《本草经集注》。该书从原来广谱的草药分类中分离出果、菜、谷，增加许多植物性食物内容，极大地促进了后世食疗本草理论的形成。

唐代孙思邈在《千金方》中充分阐释了食养、食疗等内涵，奠定了中国古代食疗食养学的基础。关于孙思邈，一说其活了102岁，另一说活了141岁。孙思邈之嫡传弟子孟诜，继承孙氏遗志，著有《补养方》。孟诜终年97岁，孟诜的传人又进一步在《千金·食治》《补养方》等文献基础上增补为《食疗本草》，书中记录了200余条食药药方（包括动物内脏、食用

① 吴昊：《〈齐民要术〉中的农业与饮食文化研究》，华中师范大学博士学位论文，2015。

菌类等），该书提到的有关产妇、小儿、老人的一些饮食禁忌等，沿用至今。《食疗本草》提倡贵生重食、未病先防、食疗为主等理念，在饮食上倡导天、地、人相和，“守中以致和”。这是一本初步提出与建立“食宜＋食忌＋食疗”三位一体的实用性养生医学著作①，也是中国饮食文化与食疗史上一部有重要影响的专著。

元代宫中御医忽思慧撰写《飲膳正要》，延续“药食同源”之理念，分三卷阐述本草、食物相宜禁忌、饮食方式、房中补术、道教养、蒙古饮食文化内涵等。此书主要针对皇宫中享用御膳之皇帝妃嫔、皇亲贵族等，在食疗养生文化传播上有一定的局限性②。

明代朱橚于永乐四年（1406 年）在开封刊刻《救荒本草》。该书分上、下两卷，记载了 414 种植物（包含 245 种草类、80 种木类、20 种米谷类、23 种果类、46 种菜类），每种植物均有精美配图，易于辨认，故流传甚广。明末徐光启曾把该书收入其《农政全书》荒政部分。该书取自然可食之本草，开救荒之先河，无论怎么评价都不过分。依此逻辑，随后诸多有良知的文人医生继续增补、辨认、总结大自然野菜，又陆续刊印《野菜谱》《茹草编》《野菜博录》等救荒著作③。

明朝最为著名的医药学家当属李时珍，他编纂的《本草纲目》分 6 部、52 卷，约 190 万字。全书收录诸家本草所收药物 1518 种，将药物分为水、火、土、金石、草、谷、莱、果、木、器服、虫、鳞、介、禽、兽、人 16 部（类型），对于各类药物的历史变迁、形态功能、方剂食用等都有详细记载。该书集中国传统医学之大成，李时珍亦被后世尊为“药圣”，为后人所敬仰。

（二）中国饮食文化的哲学表达

中国传统的农业文明，是孕育中国饮食的农耕文化、农本文化基础，也

① 宋雪萍：《孟诜与〈食疗本草〉养生思想研究》，河北师范大学中国史专业硕士学位论文，2019。

② 游祉瑜：《諸珍異饌，食醫調護——〈飲膳正要〉中的食治、食養與食禁》，臺灣大學歷史學研究所學位論文，2017。

③ 印丽萍：《中国古代饮食养生发展概略》，《亚太传统医药》2007 年第 4 期，第 27～29 页。

是承载道德伦理型本位文化的基础。在中国历史长河中，取法自然、贵和尚中、天人合一、五行相生相克等文化精神，共同塑造了中国饮食“和合”的文化特质。

（1）“医食同源”，“药膳同功”

中国传统饮食文化除突出农耕文明、农本文化特点外，还特别注重“医食同源”和“药膳同功”。中国传统饮食文化体现“四重（重食、重养、重味、重理）”，形成了“医食同源的辩证思维”“奇正互变的创造转换”“五味调和的乐趣境界”“食不厌精脍不厌细的孔孟食道”的文化理论体系。阴阳五行五运六气说、儒家六德六行中庸之道、佛家不杀生素食观以及道家天人合一自然观等，奠定了中国饮食文化“和合”的哲学精神基石。

（2）“和”合为一，以汤为先

一个地道的老陕，进了店里，要了一海碗裤带面，“巴拉巴拉”吞完。最后一定要跟伙计要一碗面汤，“原汤化原食”，几口下去，摸摸自己的胃，口中飚出一句地道的唐朝版国语：“聊咱的！”洛阳水席秉承大唐遗风，全宴24道菜，有荤有素，全部都是汤汤水水，上完一道菜接下来再上一道，像流水席一样。汤水是老陕面和洛阳水席的灵魂。张士康将汤文化界定为“附着在羹汤的生产、加工和进食过程中的各种文化要素之总和，汤品制作和饮用体现了一定时空的历史价值观、审美情趣与思维方式”。“宁可食无馔，不可饭无汤”。多味食材融合，万物上善若水任方圆，汤文化的精神核心是“和”合为一[①]。

二　中国饮食文化的食材认知

（一）对主食的认知

一碗米饭，一个馒头，一碗面条……主食永远都是中国人餐桌上最后的

① 张士康：《传统汤文化与现代技术融合研究》，江南大学食品贸易与文化专业博士学位论文，2010。

主角[①]。因农耕条件不同，主食分南米北面。以米为食材，做成米饭、米粉、年糕、发糕等；以面为食材，做成面条，蒸制馒头、花卷、窝头等。面条亦有多种，做法多样，尤以山西、陕西为甚。有人讲过一个笑话：某人在山西做客，一日三餐均食一个村一种不同面条。一年过去，还未走出晋中，距离太原十万八千里！

平原地区盛产水稻（南方）、小麦（北方）、蔬菜，蓄养牲畜家禽、淡水鱼等，使之成为餐桌上的重要食材；丘陵地区产茶叶较多，饮茶成俗，或以嫩茶叶炒肉炒鸡蛋等，形成富有地方特色的茶饮食文化[②]；高寒高原地区多发展高寒畜牧业，以牛羊肉为主要食材，配以酥油茶、奶茶、青稞酒、炒米等；盆地冬暖春早，气候潮湿，盛产农作物和蔬菜、茶叶，多以辣椒祛湿[③]。

一个地方的一日三餐与日常用语，最能投射一地的文化心理与地理风俗。下面举例阐述南方和北方对于主食的文化认知：

案例一：《舌尖上的中国》第一季第二集《主食的故事》中的“宁波年糕”

每年晚稻成熟，就是宁波人打年糕的时候。宁波人对待做年糕像庆贺新年一样。宁波人多存米做上上百斤年糕，好送给年节后外出的儿女和自己的亲朋好友。从当年稻田里新产的晚粳米，一步步经过浸泡，再磨成粉、蒸粉，揉成米粉团。土－米－水－火－人的五相结合，发生神奇的文化再生产过程。长条形的年糕团摊凉，俗称“脚板年糕”。然后切制成片，包装成形。可以做成红糖蘸年糕，也可以做成毛蟹炒年糕，还可以做成白菜炒年糕，抑或熇菜年糕……多种做法，多重口味。满头白发的阿公阿婆，亲手为

---

① 王刘刘：《论我国饮食文化与旅游业的发展》，《黄山高等专科学院学报》2008 年第 3 期，第 1～3 页。
刘瑞新：《论饮食文化在旅游产业中的开发》，《甘肃行政学院学报》2003 年第 4 期，第 118～120 页；
王子辉：《中国饮食文化研究》，陕西人民出版社，1997，第 1～318 页。

② 高曾伟：《自然环境与中国民俗饮食的地域差异》，《民俗研究》1995 年第 2 期，第 17～18 页。

③ 卢宏：《地理环境对中国饮食文化旅游资源的影响》，《云南地理环境研究》2012 年第 2 期，第 33～36 页。

儿女们制作水磨年糕的默契与温馨，打动了人们。《舌尖上的中国》热播让位于宁波市象山县新桥镇的井头村，活力四射，游客蜂拥而至。

年糕年糕年年高，今年更比去年好，一代代的宁波人在吃年糕中度过自己的新春佳节。“宁波年糕”既是当地除旧迎新、喜贺岁节的节日型食物，也是“宁波帮”不断向外拓展同时又魂系故里的坚强味蕾。

图 1　《舌尖上的中国》第一季第二集《主食的故事》

图片资料来源于视频截图。

案例二：《舌尖上的中国》第一季第二集《主食的故事》中的“绥德黄馍馍”

陕北处于农牧交错地带，人多地少，多山干旱，谷子、糜子、黍子、荞麦、豆子等杂粮皆产，主食丰富，放羊、养猪、养鸡，肉类较多，却缺少时令蔬菜。每年的 9 月到第二年的 5 月，多以土豆、白菜为食。陕北人将各自食材“和”在一起，做出花样①。陕北黄土高原的绥德县，土厚沟深。一个老汉持续 8 年用糜子（黍）面做馒头，卖一元一个，绥德人无人不知。8000 多年前，中国黄河流域开始栽培黍，小麦传入中国之前，黍曾经是中

① 邢向东：《“和”“烩”“熬”饮食特色词里藏着的美食》，《光明日报》2020 年 1 月 18 日，第 12 版。

国北方干旱地区最主要的农作物，至今仍然是重要的粮食作物。以黍面发酵蒸制的黄馍馍，让制作者、食者淳朴的笑脸上都写满了幸福。

漫长的农耕时代，中国人种植五谷，谓之稻、黍、稷、麦、菽，祈求五谷丰登、风调雨顺也。随着时代发展，现今按照粮食产量排列五谷的顺序为：稻谷、小麦、玉米、豆类（大豆、蚕豆、豌豆、绿豆等）、薯类（甘薯、马铃薯等）。令我们念念不忘的最为普通的主食，从来不是单纯的饮食技艺，而是一种亲情传递与文化传承。我们已经成家立业，为孩子们做主食，孩子们趴在桌子旁写作业；这个温馨场景如同自己儿时看着长辈熟练地为我们制作美食的场景一样。地方饮食与家庭美食的空间场景，穿越时空，文化血脉在一代又一代人之间流淌①。

（二）对动物性食材的认知

中国人对动物的认知和食用，最为典型的是鱼、蛇、鼠等。下面依次分析之。

鱼：中国人食鱼之癖好，自古有之。食用鱼种类、养殖方式、捕获方式、加工方式等在唐代便已经形成传统。唐人张志和在《渔歌子》中写道“西塞山前白鹭飞，桃花流水鳜鱼肥”；唐代王昌龄在《送程六》中写道“冬夜伤离在五溪，青鱼雪落脍橙荠”；宋代范仲淹在《江上渔者》中写道“江上往来人，但爱鲈鱼美”；毛泽东在《水调歌头·游泳》中写道“才饮长沙水，又食武昌鱼”。如今大家所食用的四大淡水鱼种（草鱼、青鱼、鲢鱼、鳙鱼）在唐朝时就已经成为广泛的养殖对象。唐代中国 10 道合计有 147 种渔业动物资源。人们或猎捕，或网捕，或笼捕，或诱捕，或兽捕，或药捕，或钓捕，以生制（做鲙、做鲊、做酱）、炙、羹、臛、蒸、煮、烹等方式加工鱼类食物②。

① 参见张祖群观看《舌尖上的中国》中的影视（观摩）田野笔记，2015 年 10 月 21 日。

② 夏方胜：《唐代渔业动物资源开发与利用研究》，西南大学中国古代史专业硕士学位论文，2016。

蛇：中国古代内科、外科、妇科、儿科等诸种病科，皆用蛇馔，取蛇身上蛇肉、蛇蜕、蛇胆等各种部位，采取煮、炙、酒浸等炮制方法，最大程度发挥蛇之药效①。南方省份（尤以广东为甚），食蛇盛行，有多家像“蛇王满”一样的百年老店。蛇的多个部分，以不同烹饪方式制作加工，可制作几十道风味各异的菜品菜肴，其中，“菊花龙虎凤”往往是宴会上的王牌菜。

鼠：在中国，食鼠风俗多见于少数民族地区，汉族地区很少直接食鼠。在滇西南、滇南的热带亚热带地区生活的傣族、佤族、壮族、景颇族、基诺族、瑶族等少数民族同胞，与在滇西北高山峡谷丛林里生活的傈僳族、独龙族、普米族和怒族等少数民族同胞，均会食用竹鼠、田鼠、松鼠、雕鼠、山鼠等，但是他们绝不食用家鼠。基诺族（炖红肚皮松鼠）、佤族（将松鼠、田鼠做成干鼠肉稠菜或松鼠肉汤）、瑶族（面粉蛋清炸鼠肉片）等文化惯习也流传至今②。

对于少数民族同胞食鼠，还存在一段学术争论。壮侗语族同胞喜爱啖鼠，“一鼠顶三鸡”。两广地区以幼田鼠泡酒，药酒用于滋补身体。在桂林靖江王陵出土一瓶以田鼠胎泡制的药酒，此殉葬品为特殊文物。在覃小航看来，“涯密”用壮侗语言音译为“竹筒饭”，“密唧”用壮侗语言音译为“佐以幼鼠的食饭竹筒”③。田鼠以稻谷或玉米为食，成年田鼠体硕可达两三斤，肉质鲜嫩，营养丰富，不亚于野味之极品果子狸肉。覃德亮、韦兰琴则重新考证“涯密”及“密唧”词义，认为此两词并非壮语音译词，而是误读误写④。

① 张骏杰：《试析蛇馔在中国古代饮食文化中的缺失现象及原因》，《农业考古》2013 年第 1 期，第 203 ~ 208 页。

② 和晓蓉：《浅谈云南的食鼠文化》，《中南民族大学学报》（人文社会科学版）2003 年第 23 卷第 S1 期，第 111 ~ 112 页。

③ 覃小航：《从“涯密”、“密唧”语源看竹筒饭和啖鼠文化起源》，《中南民族大学学报》（人文社会科学版）2002 年第 3 期，第 73 ~ 74 页。

④ 覃德亮、韦兰琴：《“涯密”及“密唧”新考——兼与〈“涯密”、“密唧”与竹筒饭和啖鼠文化〉的作者商榷》，《广西民族研究》2005 年第 1 期，第 116 ~ 118 页。

（三）对花卉食材的认知

高歌阐述了中国古代花卉制作粥、饭、羹、菜肴等食品，制作花酒、花茶、花汤等饮品的工艺流程，以及花卉的养生保健价值等①。以花卉作为饮食，品类繁多，既可做成粥、饭、羹、汤饼等主食，也可做成各类菜肴、点心、花酱等副食，亦可泡茶煮茶、酿酒、做汤等。仅以饮料（食材配料）为例，有人统计，至少有梅花、蔷薇、栀子花、荷花、菊花、凤仙花、芙蓉花、荼蘼花、桂花、芍药、玫瑰花、月季、萱草、槐花、玉簪花、玉兰花、茉莉花、金盏花、金银花、藤花等花卉②。在云南，至少有200家以上企业生产鲜花饼，有原味鲜花饼、紫薯山药味鲜花饼、玫瑰味鲜花饼、藤萝花鲜花饼等多个品种，“鲜花味，最云南”的美食印象也深入人心。以花为食，有煎、炸、焖、煮、烤、熏、酿等多种制作方式，或腌制炒制，或与米面同食，或入药、泡茶饮用，美容养颜，消除疾病，疗效甚佳。

（四）对香料的认知

严小青将文化地理分区概念引入中国古代香料研究中，以六区图表展示中国古代香料生态习性和地理分布。人们懂得以多样化的种植技术栽培香辛蔬菜和调味料作物，懂得以多种措施促进芳香植物越冬防寒，懂得香料的保鲜防腐、防虫、防香散失等加工贮藏技术，懂得在沙质土壤栽培土沉香等乡土智慧。植物香料在食物烹饪调味、香茶加工、香酒制作、医药保健等方面具有重要作用③。中国人在生产与生活实践中，逐渐认识到茴香、芫荽、大蒜、花椒、豆蔻、八角、茉莉、陈皮、山柰、桂花等广义香料植物，具有调味增香之功能。在食物加工过程中，人们不断总结，添加香料烹饪，可以调

① 高歌：《中国古代花卉饮食研究》，郑州大学中国古代史专业硕士学位论文，2006。

② 王星光、高歌：《中国古代花卉饮食考略》，《农业考古》2006年第1期，第192~198页。

③ 严小青：《中国古代植物香料生产、利用与贸易研究》，南京农业大学科学技术史专业博士学位论文，2008。

味，增进食欲，扩展饮食功效。

花椒在香料家族中至关重要。花椒在古代又称椒、椒聊、檓、大椒、秦椒、蜀椒、巴椒、蘑藙、丹椒、黎椒。古人利用花椒调味去腥、酿酒制茶、食疗保健、敬神祈福、香囊辟邪等[①]。汉长安城中皇后所居之所，名为椒房殿，即用花椒树的花朵研制粉末粉刷，防虫增香，使人神清气爽，提高性欲。同时花椒多籽，寓意吉祥。今人用花椒做调味原料、加工花椒精油、花椒油树脂微胶囊等，均是古为今用，推陈出新。今陕西韩城、山东泰安、甘肃陇南、四川汉源和茂汶、重庆江津等地所产花椒，远近闻名，其中一些还被列入国家地理标志产品名录。

再以海外香料为例，随着宋代海上丝绸之路的兴盛，豆蔻、沉香、乳香等外来香料大量传入中国，豆蔻酒、木香酒、芫荽酒、茉莉酒等香酒“飞入寻常百姓家”。以古为今，古为今用，继承传统，现在藏药二十味肉豆蔻丸、二十五味阿魏胶囊、阿魏膏等仍然供人食用、医用。

三　中国饮食文化的乡土智慧

（一）因地制宜，“靠山吃山，靠水吃水”，最大程度利用自然、开拓食材资源

生活在中国不同生态环境和地域的民众，将广泛性和灵活性有效结合，宜农地区则农，宜林地区则林，宜牧地区则牧，宜渔地区则渔，宜副地区则发展副业。人们根据水热条件、地形、土壤、气候等生态环境的不同，充分利用山坡、丘陵、荒滩等，种植红枣、板栗、柿子、核桃、棒子等，以“木本粮食”充饥度荒。试举几例：①陕北佳县朱家坬镇泥河沟村，充分利用黄河滩地、荒地种植红枣。这里有世界上保存最完好、面积最大的千年枣树群，形成陕北一绝的“千年佳县古枣园”。朴实的陕北人视耐旱的枣树为

① 谢定源：《花椒在中国古代人们饮食生活中的运用》，《楚雄师范学院学报》2013 年第 28 卷第 2 期，第 10～13 页。

饥荒年景的“保命树”、旱涝保收的“铁杆庄稼”。他们以枣为食，制作枣糕、枣馍、枣焖饭等传统食品，敬拜“枣神”。泥河沟村也被誉为“天下红枣第一村”。②山东夏津县东北部黄河故道，风沙盛行，肥水不佳。千百年来，当地12个村庄民众自主开发6000多亩荒地，种植百年以上古桑树2万多株。人们加强土肥管理，采取“抻包晃枝法”，变“叶用”为“果用”，形成优质药材（桑葚）种植基地。这里也成为远近闻名的“中国北方落叶果树博物馆”。③浙江湖州与广东顺德等地流行桑基鱼塘。当地农民利用水面生产叶菜，鱼塘田埂植桑，桑树养蚕，蚕粪树叶喂鱼，鱼泥肥桑。房前屋后种菜养鸡，种花植果，形成欣欣向荣的桑基鱼塘庭院经济[①]。江南水乡，岭南田泽，秦汉时期地广人稀，“饭稻羹鱼、火耕而水耨”。唐宋以后得到极大开发，渐成鱼米之乡与富庶之地。另外，浙江青田的稻田养鱼、贵州侗乡稻鱼鸭复合共生等例子，皆是生态智慧之体现。人们最大程度利用自然，提高土地出产效率，最大程度开拓食材资源。

（二）饮食讲究顺天应时，多食用节气时令食物

中国饮食文化具有风味多样、四季有别、讲究美感、注重情趣、医食结合的特点[②]。一定时间空间范围内，动植物的生产有其特定时空性、季节性、生理性，如果作为食物原料则与自然属性高度匹配。春天吃春笋、槐花、芽尖，夏天吃西瓜、茄子、黄瓜，秋天吃核桃、板栗、梨，冬天吃萝卜、莲藕等。一年四季，按季节变化来取材制食、调味配菜。春天万物生发，多清炒清蒸；夏天烈日炎炎，多凉拌冷冻；秋天清淡凉爽，多肉食养膘；冬天天寒地冻，多炖煮味醇。特举两例分析：①以海派饮食为例，海派饮食文化讲究鲜活生猛、四季顺时、三餐有汤、浓油赤酱、清汤挂面。夏秋季节，沪地天气炎热，人们食欲大减。为增进食欲，保证营养，日常饮食以清淡、鲜爽、嫩滑等菜品为主，常用瓜类制汤，消暑祛热。一盘糖拌番茄，

---

① 王永厚：《中国古代对食物资源的开发利用》，《中国农史》1989年第2期，第13～16页。

② 郭咏嘉、金花、于明月：《浅谈旅游路途中的饮食元素》，《世界元素医学》2010年第1期，第33～34页。

或糖醋黄瓜，再用毛豆丝瓜打个汤，或番茄煸尖冬瓜汤，或雪菜肉丝豆腐羹，滋味俱全。隆冬早春时节，北风凛冽、寒气袭人，狗肉、羊肉、鸽肉、蛇肉等均上桌，再加上几个春卷、汤圆之类点心，营养丰富、滋补暖身、味道香浓。②再以湖北地区的饮食为例，“正月藜，二月蒿，三月四月作柴烧”“小满不满，无水洗碗”“小满小满，麦粒渐满”“秋后（秋霜）茄子似毒药”“冬吃萝卜夏吃姜，不要医生开药方”“小暑黄鳝赛人参”等谚语，流传甚广。正是基于“因地制宜、因时而为”的原则，武汉人因季而食，春季有地米菜春卷、春笋炒肉、荠菜鸡蛋等，夏季有油焖大虾、酸辣藕带、清炒藕带等，秋季有吊子藕汤、清炒菱角、红焖武昌鱼等，冬季有糖炒板栗、财鱼炖藕、洪山菜薹炒腊肉等，都颇受欢迎[①]。

（三）实时实地，采摘野菜，有效补充食物来源

惊蛰之后，人们往往踏春采摘野菜，历史上食不果腹的时候，野菜是充饥之物。唐代杜荀鹤在《山中寡妇》中写道：“时挑野菜和根煮，旋斫生柴带叶烧”。那个挑野菜和根煮的山中寡妇，让人顿生怜悯之心。宋代苏轼在《惠崇春江晚景二首》中写道：“蒌蒿满地芦芽短，正是河豚欲上时。”作为野菜的蒌蒿、芦芽，在苏轼笔下成为一种与河豚（海鲜）搭配的美味。无论是周作人笔下的《故乡的野菜》，还是汪曾祺笔下的苏北水乡[②]，或者笔者家乡湖北应城等地，都流传“三月三，抽毛毡。挑地米野菜，煮毛壳子鸡蛋”类似食用（加工）野菜习俗。新时代人们挑野菜是为“尝新咬春”，发现“野菜之美”。荠菜、春笋、马齿苋、香椿、婆婆丁、马兰头等成为今天人们难得的美味。“荠菜马兰头，姊姊嫁在后门头”，“城中桃李愁风雨，春在溪头荠菜花”，野菜也成为一种缅怀过去生活的乡愁回忆。

① 李明晨：《顺天应时：中国古代饮食养生原则初探》，《四川旅游学院学报》2014 年第 2 期，第 10～13 页。

② 本报记者尹婕：《舌尖上的踏春》，《人民日报（海外版）》2020 年 3 月 18 日，第 12 版。

（四）中国先民讲究食德与规范礼仪，进食礼仪是人格与德行的外在表露

千百年来，先有食志，再有食功，后有食德，传统饮食文化蔚为大观也。《礼记·礼运》记载："夫礼之初，始诸饮食。"春秋战国时期，孔子提出"二不厌、三适度、十不食"[①]。这些食德与规范礼仪后人多遵从之。网上流传有一个小段子：一个客户经理（甲）为拉单，请另外一个客户经理（乙）吃饭，饭局上甲不断用自己的筷子在菜里（水煮牛肚）扒来扒去，寻找牛肚片。乙看不下去，用公筷扒出几片牛肚片置入甲的碗中，拂袖而去，临走前甩出一句：中国人讲究餐桌礼仪，今天这个单不签了！从刚才可以看出你的公司做不大。

四　中国饮食文化的习俗禁忌

（1）中国先民高度重视饮食和农时的相宜关系[②]，取食避弱小母孕动物。春秋战国时期孟子曰："不违农时，谷不可胜食也；数罟不入洿池，鱼鳖不可胜食也；斧斤以时入山林，林木不可胜用也。"（参见《孟子·梁惠王上》）唐人白居易在《鸟》诗中写道："劝君莫打三春鸟，子在巢中望母归。"一些地方甚至形成"劝君莫食三月鲫，万千鱼子在腹中。劝君莫食三春蛙，百千生命在腹中。劝君莫杀春之生，伤母连子悲同意"俗语禁忌。中国先民禁忌食用幼小母孕等动物，彰显了浓厚的人本主义伦理学情怀。

（2）以多种中草药酿制屠苏酒，祛疫避毒。晋代葛洪在《肘后备急方》

① 详见孔子《论语·乡党第十》等记载："食不厌精，脍不厌细。食饐而洁，鱼馁而肉败不食；色恶不食；恶臭不食；失饪不食；割不正不食；不得其酱不食；肉虽多，不使胜食气；唯酒无量，不及乱；沽酒市脯不食，不撤姜食，不多食；祭于公，不宿肉；祭肉，不出三日，出三日，不食之矣。"

② 孙金荣：《中国饮食的主要文化特征》，《山东农业大学学报》（社会科学版）2007年第3期，第93～100页。

中记载：用大黄、川椒、白术、桂心、桔梗、乌头、菝葜七味中药制作“屠苏酒”，可以驱邪防疫。北宋著名诗人和政治家王安石在他的《元日》诗中写道：“爆竹声中一岁除，春风送暖入屠苏。千门万户曈曈日，总把新桃换旧符。”今三岁小儿皆能熟读背诵之。可见宋时，人们过春节饮用屠苏酒成为一种习俗。屠苏酒是中国先民的药酒和岁酒。

（3）以多种中草药制作香囊，祛疫避毒。妇女们在端午节之前，用五彩丝线和各色花布包裹多种中草药、香料作物制作“香囊”。佩戴身上，防虫去痛，以避五毒（蜈蚣、毒蛇、蝎子、壁虎和蟾蜍）。今山东、山西、甘肃、陕西、河南、浙江等地还保留端午佩戴香囊习俗，所谓“带个香草袋，不怕五毒虫”。河南省新乡一带妇女制作香囊时除中草药之外，还放入黑豆和艾叶，做成“豆娘”（又称“艾人”）。“豆娘”双盘发髻，艾叶为脚，花布为裙，披五彩避五毒①。清代刘奎编著的《松峰说疫》中记载：“以薄荷、大黄、连翘、冰片、丁子、甘草、青蒿七位中草药，碾成粉末，十克一袋，做成香囊，可以祛疫避毒。”此法在今年抗击新型冠状病毒肺炎疫情的战役中，仍然在使用，疗效甚佳。

（4）中国先民以阴阳调和、相生相克为切入点，在饮食生产实践中积累了大量的相宜食材搭配和禁忌食物搭配知识。

A. 相宜食材搭配。以点评《水浒传》《西厢记》闻名于世的金圣叹先生，临终前对其子说“豆腐干与花生米同嚼，有火腿滋味”。人之将死其言也善，一代文豪，不可不谓对死亡之豁达无畏矣。明朝人用艾草、芝麻、薄荷叶、小茴香等近 10 种香料、中草药，酿制泡成杏仁烧酒，绝佳搭配；清末，长春人用山茱萸、巴戟天、石菖蒲、当归、川芎等 24 味香料与中草药，制成长春药酒②，亦是神奇。以古为今，古为今用，继承传统，今天杏仁烧酒（贵州省仁怀市茅台镇怀庄酒厂、唐三镜酿酒公司生产）、长春药酒（中华老字号“萧广丰泰牌”生产）等仍在生产，供人食用。中国但凡做饭的

① 李颖：《民俗艺术的传播生态研究》，东南大学艺术学专业博士学位论文，2015。

② 严小青、张涛：《香料与中国古代饮食》，《江苏商论》2006 年第 10 期，第 157 ~ 160 页。

家庭主妇，常会积累一些菜谱，例如牛肉配土豆、豆腐配萝卜、鲤鱼配米醋、绿豆熬大米稀饭、银耳百合红枣莲子熬制羹汤、大米掺杂玉米面做成发糕等常见菜谱，都是绝佳的食材搭配。

B. 禁忌食物搭配。同样，在饮食烹饪实践中，人们积累了一些禁忌食物搭配，例如猪肉与豆类、菊花、羊肝、田螺、茶叶均相克，鹅肉与鸡蛋不能同煮，驴肉与金针菇、兔肉与小白菜、蛇肉与萝卜、鲫鱼与冬瓜、菠菜与豆腐、螃蟹与柿子等最好不要同食。

（5）部分人的饮食行为求稀求珍①，追求“以食养生”和猎野心理，大量珍稀野生动物（猴子、鲍鱼、果子狸、穿山甲、熊掌、象鼻、野兔、旱獭、蝙蝠等）等被捕杀，送上餐桌。既破坏生态环境，又滋生与传播疾病，违背天道伦理。野生动物将疾病传染给人类，在食用野生动物、处理加工野生动物的过程中，风险极高。一些公共卫生与流行病学专家推测疫情的发生可能与人们食用某些特殊的野生动物有一定关联②，国内外多家医学和卫生学著作有相关科学报道。蝙蝠、穿山甲、果子狸等野生动物，体内携带多种病毒，很容易成为某些人类未知超级病毒与人类之间的中间传播媒介（宿主）。《关于全面禁止非法野生动物交易、革除滥食野生动物陋习、切实保障人民群众生命健康安全的决定》于2020年2月获得全国人大常委会一致表决通过。这是中国第一次以立法形式全面（最大限度的法律覆盖面）和禁止（最高级别法律行为规范用语）食用野生动物，具有重要的法治意义。那些具有重要生态、科学、社会价值的陆生野生动物，那些人工繁育、人工饲养的陆生野生动物，都在禁食之列。2020年5月，武汉出台相应的地方条例，全面禁食野生动物的禁食范围包括：国家省级名录中的所有陆生野生动物；国家重点保护的珍贵、濒危水生野生动物；法律法规规定禁止食用的其他野生动物等。

---

① 任银梅：《浅析中国传统节日中的饮食符号象征及潜在的异化危机——从〈舌尖上的中国〉谈起》，《湖北函授大学学报》2013年第6期，第163～164页。

② 蒋爱伍：《科学文明地对待野生动物（新时代新步伐）》，《人民日报（海外版）》2020年2月25日，第8版。

图 2　2020 年 3 月 18 日，抗疫英雄、白衣天使陆续辞别黄鹤楼，返城回乡。感恩的湖北人用美食、风景与标志性古建等做成巨幅海报，表达对英雄的尊敬：感谢您为湖北拼过命。（图片资料来源于官方海报）

五　研究讨论与未来展望

（一）中国饮食文化的象征符号体系

中国先民在饮食实践中，食物之形、色、味、意，乃至饮食器具，抑或饮食礼仪，都呈现饮食审美的情趣性、多样性与复杂性。饮食佳味，“平淡”至美，五味调和，从饮食物质表象走向艺术深层，从维持生命活动、能量平衡走向审美关照、艺术境界①。烹饪文化作为饮食文化的重要组成部分，对于其一般性、浅层研究多关注食物种类和构成，烹饪制作技艺等②。将人的主体性与食物的客体性结合，看作一种“物我合一”的有机文化整体，可以进一步分析食物能量与营养功能、进食礼仪与交际、饮食文化象征意义、饮食禁忌与习俗、饮食文化心理和审美情趣等。

象征食物、象征饮食器具和象征饮食行为构成饮食文化象征符号体系的

① 张欣：《先秦饮食审美研究》，南开大学美学专业博士学位论文，2010。

② 瞿明安：《中国饮食文化的象征符号——饮食象征文化的表层结构研究》，《史学理论研究》1995 年第 4 期。

三个层次。①象征食物进一步分解成三种类型：吉祥食物（大年三十团圆饭、元宵节的汤圆、端午节的粽子、中秋节的月饼、腊八节的腊八蒜腊八粥、江浙一带的定胜糕等）、禁忌食物（回民禁食猪肉马肉、满族禁食狗肉等）和占卜供奉食物（佛祖道仙前供奉的鲜果，清明节前给先人坟前供奉的食物，团圆饭前请先祖菩萨各路神仙先食，然后活人再食）。以定胜糕为例，江浙部分地区至今流行定胜糕（传统名点），明代沈榜《宛署杂记》卷十五《乡试》、明代黄一正《事物绀珠》卷十四《面食品类》等文献中都对此有所记载。定胜糕是明代豪华宴会不可缺少的装饰和文化象征。明代宴会文化大受欢迎，至今定胜糕仍承担部分文化象征功能[①]。②象征饮食器具进一步分解成餐具、饮具和炊具三大类，例如藏族喇嘛固定用的木碗是他们一生对佛祖的敬仰和宗教坚守，西南少数民族地区彝族纳西族等火塘与三脚架是对土地的膜拜与神灵的敬畏，大槐树移民先祖砸锅是期望子女分家移民回家的信符和游子回归故里的乡愁。③象征饮食行为也可以进一步分解为三种类型：以“均分制”消费加工大型动物食材，见者有份，人人平均；在进食过程中，餐具摆设、座位安排，体现长者为尊、尊老爱幼等传统美德；在宗教礼仪中表现出对佛祖、祖先、土地神的敬仰行为和供奉行为等。

（二）“全面禁食野生动物”的讨论

在进行本讨论之前，请允许笔者在这里引用其一段微信民族志：这几天都流传这个心酸的幽默：一直以来，人类把动物关进笼子，2020 年春节，动物却成功地把 14 亿人都关进笼子。宅在家里，认真阅读这几本书，思考大千世界、人间万象。人类在餐桌上与野生动物相遇，文明的人类用最野蛮的方式装点文明，最后也成就了自己的“非文明”，文明与野蛮其实是相对的。天道轮回，请善待这些世间的万物生灵吧。它们原本是世界上真正的主

① 杨琳：《从“定胜糕”看明代饮食文化特征》，《光明日报》2020 年 5 月 9 日，第 10 版。

人，人类只是匆匆过客而已[①]。长期以来，人们对野生动物的食用和认知等，存在严重偏差，有以下值得商榷的地方：

第一，长期以来，“鹿茸补血[②]、虎骨壮阳”，“以形补形”等个别陈旧传统医药（食用）观念在人们心目中尚有一定市场，还有待解放思想。孩子们的《动物小百科》科普读物竟然用“果子狸全身都是宝，它们的肉可以吃”来描述此动物的生理习性[③]，是可忍孰不可忍！“食用野生动物能滋补身体”是一种没有任何科学依据的谎言，“病从口入”确实是有科学依据的医学定论。每一种野生动物身上都携带大量已知和未知的病毒、细菌和寄生虫等，在猎捕、交易、运输、宰杀、加工和食用等过程中都容易被扩散传播；滥食野生动物不仅对滋补身体无益，反而会导致病毒细菌传播、损害食用者健康，严重者甚至感染恶疾或中毒而亡。滥食野味，人工干预野生动物的生存与生态链，极度破坏野生动物资源和生态环境，将引发生态危机和自然灾害[④]。野生动物的营养价值并不比人工畜禽类动物高，食用山珍海味、暴殄天物在中国文化惯习中成为一种猎奇尝鲜、炫富社交的身份标识。

第二，就在2020年新型冠状病毒肆虐全国时，在病毒源头尚未完全科学证实的情况下，部分人简单粗暴地将罪责转移到其他动物身上，于是出现一些极端的特殊现象：个别地方的野生动物管理站大面积驱赶或用火烧越冬蝙蝠；个别地方乡村出现集体屠灭狗的行为；个别地方将家猫家狗扔出窗外，大街上流浪猫狗瞬间集聚……这种对野生动物或家养动物的浅薄认知和转移罪责行为，铸成“错上加错”[⑤]。

第三，很多人对2020年2月的“禁食立法决定”产生误读，以为国家立法全面禁止食用一切动物了。长期养殖的（圈养或放养或水养等）一般

---

① 参见张祖群微信民族志《文明与野蛮其实是相对的》，2020年2月2日。

② 林煒展：《鹿茸在台灣壯陽食材中的運用》，高雄餐旅學院台灣飲食文化產業研究所學位論文，2010年。

③ 常纪文、常杰中：《禁食野生动物，法律应有更大作为》，《光明日报》2020年2月8日，第8版。

④ 贺震：《吃野生动物大补就是个谎言》，《光明日报》2020年3月21日，第5版。

⑤ 张文娟：《人类与野生动物应该如何相处》，《光明日报》2020年3月14日，第8版。

普通动物等，其实并不在此列。有学者呼吁，对于目前允许人工繁育的野生动物名录，建议卫生防疫部门和食品监管部门等联合开展公共卫生、食品安全风险评估，将有卫生风险和食品安全隐患的动物品种剔除出许可名录①。

为此全面禁食野生动物已经成为共识，势在必行，重在行动。

第一，全面禁食野生动物，革除陋习还须采取多种严格措施，多管齐下。通过加大奖惩严格执法、建设执法信息平台、社会有奖举报、行政执法考核和司法审查监督等，保护野生动物，不让野生动物消失在我们的餐桌，让野生动物获得与人类同样的生存权利，实际上是保护人类自身。人类与野生动物相处的最好方式是“不打扰”，各自相安无事，互相欣赏，互不干涉。人类与野生动物共存是人类社会的需求。这不仅是自然选择、生态和谐的结果，也是人类社会可持续发展的需求，更是人类生态文明与文化伦理的体现。

第二，应该将人工养殖的一般性野生动物与名录保护的野生动物，进行区分和二元管理。严格依据法律，对应重点保护野生动物人工繁育的要求，建立清晰规范的 DNA 标记数据库、物种系谱、繁育档案和个体数据②。将那些驯养繁殖技术极为成熟、人工繁殖子二代以上、已经适应人造生态环境、个体与种群数量皆较大的野生动物，移除野生动物名单，转变为“特种经济养殖动物”。采取严格程度高于家畜家禽的管理方式对“特种经济养殖动物”进行规范管理。规范管理“特种经济养殖动物”的目的主要用于生物繁殖、科学研究、生态展示等，少部分在法律许可范围内允许药用、商用等。

第三，明确野生动物分类分级标准，科学制定分级野生动物保护名录；强化公众的保护义务和社会共治；提高野生动物的福利，扩大野生动物的保护主体。有识之士呼吁：建立野生动物保护的信息公开和信息共享机制，提倡对协助执法的 NGO 组织和人员进行表彰和奖励，促进野生动物保护的国

① 刘华东：《告别野味》，《光明日报》2020 年 2 月 29 日，第 11 版。

② 赵翔、史湘莹、吕植：《消除野生动物非法消费和贸易的沉疴》，《光明日报》2020 年 2 月 8 日，第 8 版。

际合作机制等。积极稳妥探索拓展野生动物保护的公益诉讼心理和文明素质①。

（三）未来中国饮食文化的趋向

王永厚回顾了我国先民在重视食物、开拓食物资源、加工食品技术、搭配饮食营养、保存食物等方面的经验得失。今天的人们需要借鉴古人，继往开来，建立适合中国国情与文化语境的膳食营养结构，提高民众健康水平②。根据上述文本分析，笔者初步认为：未来中国饮食文化风尚，将呈现以下几种趋势：①注重食材的返璞归真，崇尚绿色（无化肥农药污染的绿色有机食材）、黑色（黑豆、黑芝麻、黑木耳等）、白色（白木耳、蘑菇、莲藕等）食材和乡野天然食材。天然生成，顺应自然，将成为重要趋势。②提倡“低盐、低脂、低油、低热量、低胆固醇”，强调“本色、原味、清淡”，添加水果蔬菜多纤维豆类制品等。③提倡时常更新食谱，多种菜肴轮换，多方调剂口味，均衡调和，营养互补③。④食物的搭配因食、因人、因地、因时而异，体现“热熟为主，兼用生冷，以味为本，至味为上”之原则。荤素搭配，粗细搭配，主食副食汤类搭配，色香味器形搭配，营养功能与艺术审美搭配。⑤提倡少食多餐、少吃肉类、多吃水果蔬菜，讲究营养均衡，适当运动，以有效降低中老年发胖、三高（高血压、高血糖和高血脂）概率，保持身心健康。

---

① 鲁鹏宇：《野生动物保护法的理念革新与制度重构》，《光明日报》2020年4月24日，第11版。

② 王永厚：《中国古代对食物资源的开发利用》，《中国农史》1989年第2期，第16~19页。

③ 常怡勇：《郭沫若练静坐注重饮食多样化》，《卫生与生活报》2006年10月9日，第10版。

B.17
加强食品安全管控　助力餐饮企业发展

艺康（中国）投资有限公司*

摘　要： 本报告回顾了近年来中国食源性疾病和国家食品安全监督抽查情况，通过对比欧美日的食源性疾病的统计数据，指出餐饮业是食品安全的焦点，其主要问题在于微生物引起的危害，提出借鉴WHO的食品安全5大要点来管理食品安全。针对各类餐饮原料，分析了其对应的污染物来源和污染途径，提出保障餐饮原料供应链的食品安全管理措施。从时间和温度、交叉污染以及个人卫生和健康角度，具体阐述了门店保障食品安全的操作。在新冠肺炎疫情全球暴发的刺激下，消费者对食品安全和清洁卫生的水平提出了更高的要求。餐饮企业的食品安全管理高度依赖员工的行为，行为的执行不只需要培训给予相关知识和技能，更需要找出影响行为执行的环境因素，而食品安全文化是落实食品安全行为的基石。企业应建立和积淀食品安全文化，建立基于科学的预防为主的标准化系统。

关键词： 食品安全　餐饮企业　科学预防

---

* 艺康（中国）投资有限公司自1975年进驻大中华区，凭借40余年服务本土市场的专业经验和雄厚的科研能力，为餐饮酒店、食品饮料、医疗保健、能源和工业客户提供全方位的解决方案以保持环境清洁和安全、高效运营并实现可持续发展目标。艺康集团微信公众号：ecolabchina。

一　中国的食品安全现状

（一）餐饮行业应重视微生物引起的食品安全事故

中国的餐饮业和其他国家相比，在饮食文化方面和烹饪方式等细节方面，存在显著的不同。若将中国食品安全风险因素与国际对比，会发现我国食品安全事故的成因与国际基本一致，微生物特别是细菌是食品行业共同的首要管理对象（图 1 为 2018 年中国食源性疾病统计）。

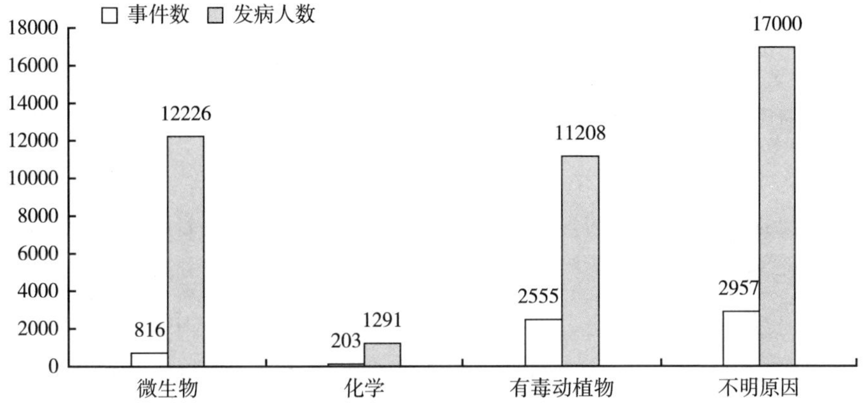

图 1　2018 年中国食源性疾病统计

资料来源：《2019 中国卫生健康统计年鉴》。

造成食源性疾病的微生物有哪些呢？根据我国陈小敏、杨华等编制的《2008～2015 年全国食物中毒情况分析》，沙门氏菌、副溶血性弧菌、蜡状芽孢杆菌和金黄色葡萄球菌、致泻性大肠杆菌是我国最常见的 5 种致病菌（见图 2）。从最新的 2017 年和 2018 年两年的累计数据看，虽然这些菌的先后次序有差异，但是始终没有跳出范围。结合国标 GB29921－2013《食品中致病菌限量》，餐饮企业应该对这些致病菌容易出现的食品种类做好靶向性的控制措施。

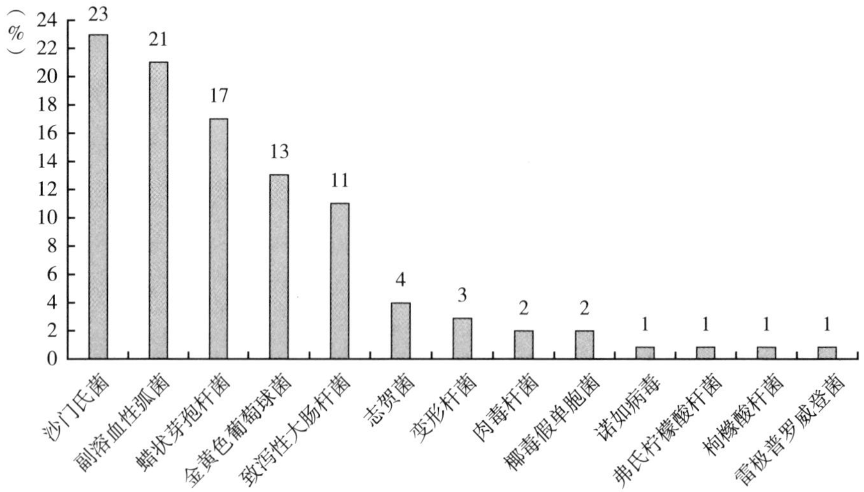

图 2　2008～2015 年常见微生物食物中毒频数分布

资料来源：陈小敏、杨华等：《2008～2015 年全国食物中毒情况分析》，《食品安全导刊》2017 年第 25 期。

对比饮食习惯相似的地区，中国大陆和香港，发现排名前四的致病菌是同样的四个，分别是：沙门氏菌、副溶血性弧菌、蜡状芽孢杆菌和金黄色葡萄球菌。与邻国日本相比，日本民众对鸡肉的烹调方式与中国的炖煮不同，在寻求嫩的铁板鸡肉口感的同时，很容易造成烹饪温度不够，使得鸡肉中的空肠弯曲杆菌还有残留，根据日本厚生省 2017 年食物中毒发生状况年报，空肠弯曲杆菌成为当年造成日本食物中毒的第一致病因素。表 1 为造成食源性疾病的前四大微生物。

表 1　造成食源性疾病的前四大微生物

国家/地区	第 1	第 2	第 3	第 4
中国大陆	副溶血性弧菌	沙门氏菌	金黄色葡萄球菌	蜡状芽孢杆菌
中国香港	沙门氏菌	副溶血性弧菌	蜡状芽孢杆菌	金黄色葡萄球菌
日本	诺如病毒	空肠弯曲杆菌	产气荚膜梭菌	沙门氏菌
美国	诺如病毒	弯曲杆菌	沙门氏菌	产毒性大肠杆菌
英国	诺如病毒	弯曲杆菌	产气荚膜梭菌	沙门氏菌

资料来源：①《2019 中国卫生健康统计年鉴》。

续表

②日本厚生省令和1年(2019)上半年食物中毒发生状况,https://www.mhlw.go.jp/content/R1jokyo.xls。

③美国 CDC Foodborne Diseases Active Surveillance Network, 10 U. S. Sites, 2015 - 2018, MMWR Weekly April 26th, 2019/68(16);369 - 373。

Burden of Norovirus Illness in the U. S. 网址 https://www.cdc.gov/norovirus/trends - outbreaks/burden - US.html。

④英国 Food Standards Agency, Foodborne Disease Estimates for the United Kingdom in 2018, 2020年1月发布。

（二）造成食源性疾病的食品种类

根据国家食品安全风险评估中心（CFSA）的统计数据，2017年造成当年的微生物性食源性疾病暴发的原因食品种类前五类为肉类食品、水产食品、面米食品、糕点食品和蛋类食品。①

国际食品微生物标准委员会（ICMSF）的《Microorganisms in Foods 8: Use of Data for Assessing Process Control and Product Acceptance 食品加工过程的微生物控制原理和实践》列出了各类食品中的主要微生物风险（表2），并分别指出了对应的控制微生物危害的措施。对于从事食品安全管理的技术人员是一本非常好的参考书。

表2　各类食品中的主要微生物风险

食品种类	沙门氏菌	副溶血性弧菌	金黄色葡萄球菌	单增李斯特菌	O157大肠杆菌
肉　类	×			×	×
禽　类	×		×	×	
海产品	×	×		×	
谷　物	×		×		
蔬　菜	×			×	×
水　果	×			×	×
蛋　类	×			×	
乳制品	×		×	×	
调味料	×				
油脂类(蛋黄酱)	×				

① 中国食品科技学会2019年4月17日肉制品食品安全讲座培训资料。

（三）国家食品安全监督抽检情况分析

结合我国2019年国家市场监督总局的食品安全监督抽检情况分析，总抽样数4736773涵盖34个食品大类，总体不合格率为2.26%。排名前三的食品种类分别为：餐饮食品5.65%、蔬菜制品5.16%和方便食品4.19%，显著高于年度总体不合格率2.26%。粮食加工品、肉制品、蛋制品、乳制品和食用油、油脂及其制品这5类食品，抽检不合格率均低于总体不合格率。值得注意的是，作为餐饮的主要原料，食用农产品在上半年抽测了约38万件，下半年抽样数量以倍数增加达到了近165万件，累计全年占总抽样数的42.9%，体现了国家对农业源头的食品安全管理高度重视（见表3）。

表3　2019年国家市场监督总局的食品安全监督抽检情况分析

单位：%

食品大类	2019全年不合格率	抽样总数占比	
餐饮食品	5.65	10.7	
蔬菜制品	5.16	2.1	
方便食品	4.19	1.2	
食用农产品	1.90	42.9	
食用油、油脂及其制品	1.38	2.53	
肉制品	1.49	3.5	
水产制品	1.86	0.8	
粮食加工品	0.99	5.29	
糕点食品	2.04	4.64	2017年造成微生物性食源性疾病暴发的前5个食品种类
蛋制品	0.35	0.40	

资料来源：国家市场监督总局2019年第一、第二季度和下半年食品安全监督抽检情况分析通告。

从国家抽检不合格项目类别看，主要是农兽药残留超标、微生物污染和超范围超限量使用食品添加剂问题，以2019年下半年数据看分别占不合格总数的30.7%、23.7%、22.9%。参考SGS中国发布的《2019年食品安全分析报告》，根据其2017～2019上半年承检国抽的1016批次不合格数据，449个批次的食用农产品中，蔬菜占了38%，其次是水产品48%、鲜蛋8%、水果3%和畜肉及副产品3%。若细看蔬菜中的类别，韭菜最容易农残超标，涉及多达7种农药；其次是豇豆，涉及4种农药。对于兽药残留，水产品、畜禽肉和鲜蛋的抗生素超标问题突出。所以谈起畜肉，不仅仅是瘦肉精问题，对于动物蛋白类食材，抗生素问题逐渐成为餐饮行业需要直面的风险。

若从造成微生物性食源性疾病暴发的前5类食品种类来看，国家抽检的不合格率均低于总体不合格率，因而可能会引导得出这几大类食品不属于高风险食品。因此，餐饮业的食品安全管理者在确定食品大类的风险等级时，不能只根据国家抽检不合格率高低来划分风险控制等级，而需要从造成食源性疾病的食品大类入手，结合自身引入的食材细分类别、半成品和成品食品的类别，从种植、养殖和后续加工工艺等过程控制角度审视，抓住造成食品安全的主要风险因素，做出积极主动的管理。

（四）餐饮业是中国食品安全的焦点

纵观2016～2018年我国在食源性疾病的统计数据报告，除了不明原因的案例外，微生物和有毒动植物食材引起的食源性疾病依然是显著的贡献因子。若按照事件发生的场所，无论是按照发病人数还是按照事件数量统计，餐饮服务行业的事件数所占比例高达55%，成为中国食品安全关注的焦点行业。比对发达国家的食源性疾病统计报告，我们发现一个共同的特点，餐饮业是发生食源性疾病的主要场所（见表4）。

表4　食源性疾病的场所对比

场所	中国	日本	美国	欧洲
餐饮服务单位	55%	－餐馆54.3%	78%	46%
其中：				
－宾馆饭店	－19.1%	－宾馆2.3%		
－单位食堂	－6.2%			

续表

场所	中国	日本	美国	欧洲
-学校食堂	-4.2%			
-快餐店*	-7.6%			
-街头摊点(含农贸市场)	-11%			
-农村宴席	-3%			
-小餐馆	-1.5%			
-送餐	-1.9%			
-其他	-0.5%			
家庭	42%	12%	10%	34%

资料来源：(1)《2019 中国卫生健康统计年鉴》，2018 年各类场所食源性疾病暴发报告情况，国家卫生健康委员会。

(2) 日本厚生省平成 30 年（2018）食物中毒发生状况。

(3) 美国 CDC，Surveillance for Foodborne Disease Outbreaks United States，2017：Annual Report。

(4) 欧盟 EFSA & ECDC，The European Union summary report on trends and sources of zoonoses，zoonotic agents and food-borne outbreaks in 2017。

从 2019 年国家市场监督总局公布的食品安全监督抽检结果汇总数据看，全年抽查不合格率最高的食品大类是餐饮食品，不合格率高达 5.65%，而所有食品大类的总体不合格率仅为 2.26%。

两组数据的结果都指向餐饮业，使之成为中国食品安全的焦点。

二 食品安全和清洁卫生影响消费者的选择

从国内外消费者选择餐厅的影响因素角度考量，影响中国消费者的前四个因素为：就餐环境 19.2%、菜品口味 17.8%、食品安全 14.7%、价格水平（13.1%）。而一份针对全球 9 个国家（中日韩英法美德意和巴西）4600 个就餐消费者的调查结果显示，前四个因素为：菜品质量 63%、价格水平 44%、菜单选项丰富 25%、餐厅位置 24%。从中看出，不管饮食和文化差异，各国消费者都把菜品的质量和安全优先于价格水平。

德国市场调研机构 Rheingold Institute 和美国艺康集团针对德法两国的消费者对清洁 & 食品安全的心理相关性做了研究。通过定性分析方法总结出影响消费者行为的六个心理维度，提出“有活力的清洁”（vibrant cleanliness）能够帮助食品零售店影响消费者行为。这六个维度分别是：真实的体验（场地环境）、感官享受的体验、适当的基础清洁（proper basic cleaning）、清晰而有次序的布局、店员对产品的关心呵护（让人感觉可靠和有责任感）和激发振奋人心的氛围。其中，适当的基础清洁是“有活力的清洁”的基石。消费者从步入店门就开始从地面、墙面、窗户、陈列架、结账区等物体表面的视觉清洁来预判这家店的清洁卫生情况，从而预测看不到的食品操作区的卫生情况。该研究特别提出“有效和吸引人的清洁”（effective & appealing cleanliness）应该在“快乐的生活”和“控制的生活”两者之间找到一个平衡点，过度清洁（如：鲜明光亮、无菌的消费环境）对于消费者不具吸引力。虽然该研究针对食品零售业，但是餐饮业和食品零售业的消费者是相同的群体，因此研究结论对于餐饮业具有一定的借鉴意义。

美国心理学家亚伯拉罕·马斯洛（Maslow. A. H.）提出人类需求五层次理论（Maslow's Hierarchy of Needs，见图 3），该理论强调人的动机是由人的

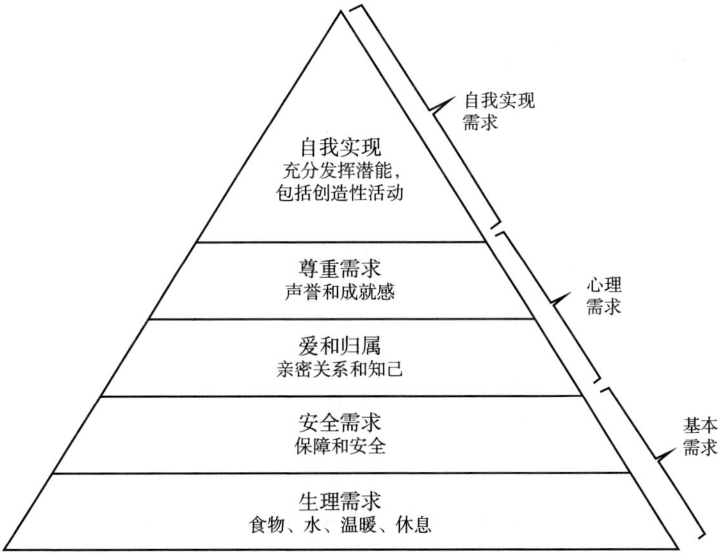

图 3　马斯洛需求五层次

需求决定的。人在每一个时期，都会有一种需求占主导地位，而其他需求处于从属地位。人在满足了基本的需求之后，就要去实现更高的需求和目标。2020年伊始突如其来的新冠肺炎疫情在全球暴发，多数专家的观点认同疫情将重塑消费者的需求。3月21日中国食品科技学会（CIFST）与国际食品科技联盟（IUFoST）共同组织了一场食品科学网络圆桌会议。20位国内和国际的知名专家和在线的食品行业代表讨论。会议达成了如下共识：后疫情时代，中国消费者对于食品安全与清洁卫生的水平将提出更高的要求。这一观点从心理学角度也是有依据的。疫情动摇了人的最基本的需求。因此如何满足消费者的“安全需求”，让消费者感觉安心，将成为餐饮业今后一段时间吸引客户的基本功。如疫情期间，老乡鸡2020战略发布小会视频让无数消费者耳目一新，没有华丽的商业战略表述，但把贴切消费者生活的“干净卫生”作为头等战略。

三　引起食源性疾病的主要因素可以借鉴WHO《食品安全5大要点》来管理

对1999～2010年期间中国近2400起食源性疾病事件分析，有研究报告得出了如下结论，引起食源性疾病的前四个因素分别是：不卫生的操作、使用过期或腐败的原料、滥用有害物质和烹饪温度不当①。国家食品安全风险评估中心的三位专家研究餐饮业导致食源性疾病的主要危险因素后得出结论：餐饮食品原料的起始污染水平、储藏温度和时间、烹调方式、交叉污染等是影响餐饮食品安全的重要因素②。香港食物环境署食品安全中心的2019年统计数据则显示最常见的三个因素为：食物未经彻底煮熟、被生的食物污染，以及贮存温度不当。美国CDC 2015年发布的美国食源性疾病

① 食品控制（2013）：311～317了解中国的食品安全问题：分析2387起亚急性食源性疾病事件，薛和张。

② 樊永祥、刘秀梅、鲍一丹：《中华预防医学杂志》，2011餐饮业导致食源性疾病的主要危险因素。

报告中前四个因素为：保温不当、设备和环境被污染、个人卫生差、烹饪温度不够①。

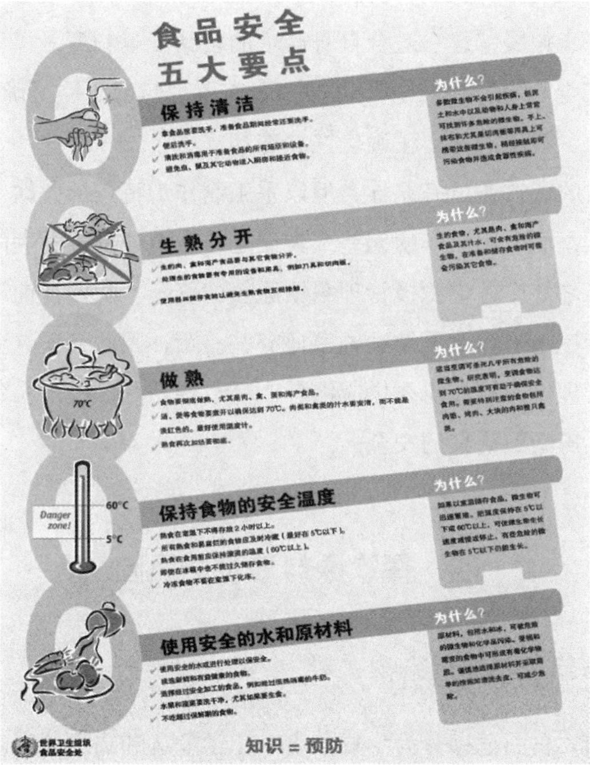

图4　WHO食品安全五大要点海报

以上三个地区的发现都指向了两个在国内外餐饮界共性的因素。一是交叉污染，包括了不卫生的操作、被生的食物污染的即食食物。二是温度失控相关的因素，涉及烹饪和贮存环节，如：烹饪温度不够高以及将食物贮存在利于细菌繁殖的危险温度带。

与上述的发现对应，世界卫生组织WHO早在2007年出版了《食品安

① 美国CDC Surveillance for Foodborne Disease Outbreaks United States，2015：Annual Report，https：//www.cdc.gov/foodsafety/pdfs/2015FoodBorneOutbreaks_ 508.pdf。

全五大要点》（5 keys to food safety），包括：保持清洁、生熟分开、烧熟、保持食物的安全温度，以及使用安全的水和原材料（见图4）。

WHO的五大要点被众多的国际餐饮企业认可。根据自身的情况，餐饮企业可以进一步拓展，建立适合自身需求的食品安全制度。零售业巨头沃尔玛的“食品安全五项行为准则”包括：个人卫生与健康、正确的冷热保温、禁止交叉污染、清洗消毒、正确烹饪和冷却。

世界各地的餐饮业虽有差异，但以手工制作为特点的餐饮业，需要面对高流动的员工，而人为操作的偏差或失误是餐饮企业最难管理的。餐饮业在管好后厨加工之外，还应积极管理餐饮原料的安全。我国在前端产业链的原料食品安全管控水平和欧美发达国家还有些差距，因此，餐饮业需要引入专业的资源来管理供应链，需要供应链各个环节各司其职，落实各项食品安全制度，共筑从田间到餐桌的安全。

四　餐饮原料涉及的风险

（一）餐饮原料的污染物

众所周知，食品危害分为生物危害、化学危害和物理危害。这些危害来源于食品中各种非有意加入的，影响食品安全和可食性的污染物。污染物在食品或食品环境中传入或发生的过程就叫污染。污染物对人的危害有大有小，取决于污染物的毒性，以及人体的摄入量。而危害的严重程度和危害发生的可能性的组合就是风险。餐饮原料种类繁多，各种原料理化特性差异巨大，原料的多样性导致了食品安全危害与风险的差异性，也决定了原料食品安全管理的复杂性。餐饮行业食品安全管理人员需要识别每一种原料可能存在的污染物及其风险，以及这些污染物污染的环节，了解食品链中不同污染物的控制措施，然后与生产商及供应商合作，确保相关的食品安全防控措施落实到位。原料的食品安全风险降低了，餐饮行业的食品安全才能得到保障。

餐饮原料的生物危害主要来源于以下几个方面的污染物：

• 少部分食品原料自然含有害物质，或是由于生理生化的变化而产生有害物质，前者如豆类的凝集素、部分鱼类毒素和贝类水产品毒素等，而后者如马铃薯发芽产生的茄碱、部分鱼类死后产生的组胺等。

• 粮食、豆类、花生、水果及其制品，部分其他加工制品如干肉制品等因原料存储不当致霉菌生长而产生的真菌毒素，以及由霉变饲料带入畜禽食品的真菌毒素，前者如花生、玉米中的黄曲霉素，苹果和果汁中的展青霉素等，后者如牛奶中的黄曲霉素 M1 等。

• 食品原料在生产和加工中从环境污染的致病细菌和病毒，以及由部分致病细菌生长所产生的细菌毒素，前者如肉、蛋和蔬菜上的致病性大肠杆菌、沙门氏菌、单增李斯特菌、诺如病毒、甲肝病毒，水产品的副溶血弧菌、创伤弧菌等；后者如各类食品上由金黄色葡萄球菌所产生的肠毒素，加工食品上的肉毒杆菌所产生的肉毒毒素等。

• 新鲜动物食品所携带的致病寄生虫和原生动物，前者如鲜肉中的弓形虫、绦虫，水产品中的肺吸虫、肝吸虫等，后者如水和新鲜蔬菜中的隐孢子虫等。

餐饮原料的化学危害主要来源于以下的污染物：

• 动植物食用器官和组织从环境中富集的有害元素，如铅、镉、汞等有害重金属元素以及砷等有害非金属元素。

• 来自环境污染的有害物质，如猪肉上的二噁英等。

• 除草剂、除害剂（杀虫剂、杀鼠剂）、杀菌剂、植物生长调节剂和化肥等有害物质在植物性食品原料上的残留。

• 兽药、激素等在动物食用组织的残留，如抗生素残留、瘦肉精残留等。

• 药品和环境污染物在水产品上的残留。

• 清洗剂、消毒剂、食品加工助剂、润滑油等在加工食品中的残留和污染。

• 加工食品超量、超范围使用的食品添加剂。

• 食品接触材料向食品原料迁移的有害化学物质，如抗氧剂、塑化剂等。

- 食品加工过程中产生的有害物质，如丙烯酰胺、苯并芘等。
- 食品加工过程中误用或非法添加的有害物质，如误将食盐食用的亚硝酸盐等。
- 食品原料含有或污染的过敏源。

餐饮原料中的物理危害主要来源于以下的污染物：

- 动物食品中该剔除而未剔除的骨头、鱼刺和贝壳等。
- 初级食品原料中夹带的木屑、石头、沙子、果壳等。
- 加工食品原料夹带的玻璃、金属、塑料等。
- 食品原料污染的昆虫、老鼠及其尸体和排泄物。

（二）污染物污染各类原料的途径

按照餐饮原料的属性、来源和加工程度，食品原料分为初级农产品、初级畜禽产品、初级水产品，以及食品深加工的半成品和成品。下面按此分类分别阐述污染物是如何污染这些原料的。

- 初级农产品

初级农产品是农作物的食用器官，是农作物生产的产品。农作物生产涉及播种、育苗、定植、栽培、施肥、除草、除虫、灭菌、采收等生产环节，需要投入土壤、种子、水、肥料、农药、机械和人工等生产要素。而初级农产品在采收后，还会涉及运输、清洗、整理、包装等初步加工环节，投入清洁剂、消毒剂、厂房、设备、运输车辆等生产物资。每一个生产加工环节，投入的每一种生产要素或物资都可能是污染物污染食品链的途径。

首先，种植于有害元素含量高的土壤，或由有害元素含量高的灌溉水灌溉生产的农作物，其农产品可能含有较高含量的有害元素。土壤和灌溉水中的有害元素既可能来源于自然条件，也可能来源于矿产开采或工业污染。如20世纪70年代，日本局部地区人群曾发生的“痛痛病”，是一起由食用了镉污染灌溉水而生产的大米引起的食品安全事件，这些大米镉含量最高达0.69ppm。部分农作物对某种有害元素有累积的偏好，也常导致该农产品的有害元素超标，如蘑菇对汞和铜就有累积偏好。其次是除草剂、除害剂、杀菌剂、植物生长调节剂、化肥等各种农用化学品在作物上如果使用不当，或者使用后没有足够的休药期，可能残留在初级农产品上。再次是工业废水、废气、废物中有害物质扩散到环境中，污染农作物。这类污染物中，影响最大的是“长期有机污染物”，如常累积于含油农产品上的氯化和溴化芳香类化合物。最后是初级农产品在采收、运输、整理、清洗、包装过程中如果处理不当，就会发生清洁剂、消毒剂或机械润滑油的化学污染或残留。

初级农产品，特别是水果蔬菜，是致病微生物的主要携带者。含致病微生物的初级农产品不仅鲜食可使人致病，而且，作为食品原料带入餐饮加工环境，如果防护不当，还会与制备好的食品发生致病微生物交叉污染的风险。初级农产品上的致病微生物一是在生产环节污染。土壤中的致病微生物，如蜡样芽孢杆菌、单增李斯特菌等，以及污染土壤和灌溉用水的人类肠道致病菌，如沙门氏菌、志贺杆菌、致病性大肠杆菌等，在生产过程中，通过直接或间接的方式污染到初级农产品上。特别是用未经处理的畜禽粪便作有机肥直接施用在作物上，增加这些致病微生物污染初级农产品的风险。二是在采后处理环节污染。初级农产品采收过程和采收后的运输、清洗、整理、包装和存储过程是致病微生物污染的重要环节。清洗初级农产品的目的是要减少污染物和微生物，但如果处理不当，清洗反而会增加致病微生物的污染。比如如果没有很好地消毒，致病微生物在清洗槽内生长致其污染到更多同槽清洗的初级农产品上。同样，如果没有很好地清洗消毒，环境、设备、器具、容器、人员带有的致病微生物，都可能通过直接或间接的方法污染到初级农产品上。三是致病微生物在初级农产品上的生长加重污染的程度。部分初级农产品组织在采收、清洗、整理和运输装卸过程中易于损伤，特别是在使用机械处理的时候。损伤破坏了组织抵抗微生物的天然屏障，为微生物入侵提供了入口。损伤组织流出的汁液是微生物良好的培养基。采收后，维系农产品生命的呼吸作用可致农产品组织升温，如果散热或降温不及时，不仅会加速农产品组织腐败，还会加速微生物的生长。

• 初级畜禽产品 & 初级水产品

兽药是畜禽生产不可缺少的物品，包括抗生素、激素、生长促进剂、除害剂，以及各种调节生理机能的药物。正确地使用兽药不仅能减少病害的发生，减少生产损失，还有利于提高畜禽产品的食品安全保障水平。当前，我国动物食品兽药残留主要来源于几个方面：一是因动物健康管理不善而滥用兽药；二是没有执行休药期的规定；三是滥用生长促进剂和瘦肉精。

水体是环境污染物的聚集地，水体中的污染物极易通过食物链在鱼类或其他水产品中累积，比如：从污染水体捕捞或养殖的贝类水产品，由于其滤食性的特点，常发生有害元素超标，如镉。水产养殖业需要使用药物来对抗病虫害。但药物的滥用也增加了食品安全的风险。孔雀石绿就是水产药物滥用的一个例子。

健康的动物肌肉组织不含微生物，但动物的毛发、表皮、肠道却含大量微生物，其中部分微生物对人有致病性，如沙门氏菌、致病性大肠杆菌、空肠弯曲菌、耶尔森杆菌等。肠道致病微生物通过肠道排泄物污染环境，并在适当的环境中繁殖，扩大污染的程度。畜禽屠宰中，微生物包括致病微生物从皮毛、肠道、器具、容器、水、环境和员工污染到畜禽的产品中。肉类深加工的分割、切丁、切片和搅碎加重了微生物对产品的污染。虽然现代食品安全控制技术可以减少这种污染，但难以彻底根除。畜禽肉产品营养丰富，pH 接近中性，没有结缔组织的屏障，屠宰后温度如果不能迅速降到 4℃ 以下，则污染畜禽产品的微生物就能迅速地繁殖。传统上，肉和肉制品是致病微生物的主要载体，每年导致的食品安全事件不在少数[①]。除即食加工产品外，餐饮端肉制品还需烹煮杀菌，理论上这可杀灭致病微生物，但随原料带到餐饮后厨加工环境的致病微生物可通过交叉污染方式，污染加工过程中使用的工器具、容器，最终污染加工好的即食食品。

---

① John N. Sofos, 2014. Meat and meat products. In: Food safety management – A practical guide for the food industry. Yasmine Motarjemi and Huub Lelieveld Eds. Elsevier Inc. pp. 119 – 162.

• 深加工的半成品和成品

餐饮原料中除了肉、蛋、奶、水产品和初级农产品外，还有众多的深加工产品，如肉类制品、粮食制品、调味品，饮料、酒类等。加工过程除了混合各种初级农产品原料外，根据产品的设计和工艺的不同，还加入不同量的人工合成或者天然的物质，尽管这些物质在制品制成品中只占很小的比例，但它们在产品加工性能、质量、保质期和微生物质量上起着重要的作用。添加的物质最终保留在产品中，成为食品的成分的叫食品添加剂；而只是为了工艺的需要，在某个工艺段添加，但后续工艺中除去，不能保留在制成品中的为食品加工助剂。食品添加剂主要的功能有增强风味（食盐、食糖、调酸等），成型和着色（发泡、乳化、起云、增稠、澄清、抗结、着色），稳定理化特性（保水、吸湿、抗氧化），抑制微生物生长和防止腐败（防腐、抗氧化、抑制呼吸）等。食品添加剂和食品加工助剂通常都不是传统食品成分，却要作为食品的成分或与食品直接接触，其食用安全性显得尤为重要，是各国法规监管的重点。食品添加剂和食品加工助剂的使用原则是特定食品添加剂和食品加工助剂只能在法规规定的产品、规定的工艺上按规定量使用。我国近年来加强了对食品添加剂和食品加工助剂的监管，但误用、超范围、超量使用食品添加剂或食品加工助剂的现象仍然时有发生。常见的滥用或超量使用的食品添加剂有苯甲酸、山梨酸、脱气乙酸、双乙酸钠等防腐剂，安赛蜜、甜蜜素、糖精钠、三氯蔗糖等甜味剂，以及亚硝酸盐等（SGS 2019）。如果工艺不当，食品加工过程可形成有害物质，形成食品安全风险。油炸食品在超200℃油炸时形成的多环芳烃（APHs）类化合物（如苯并芘）、杂环胺和丙烯酰胺；腌制食品形成的N－亚硝基化合物等。此外，加工过程发生的化学污染还有清洗剂、消毒剂、润滑剂等混入或残留在食品中；包装材料中着色剂、抗氧剂、塑化剂等功能性添加剂和聚合物残留单体，这些有害和限量使用的物质，在环境因素（温度、湿度和日照等）作用下，通过化学迁移进入食品引起污染。

过敏反应是部分人群体内免疫系统对某种食品成分产生的不良反应。食品中致人过敏反应的过敏源通常为蛋白质。过敏源由于只是对部分人群有害，因此，法规上并非禁止含过敏源食品的食用，而是对含过敏源成分的食品进行标识，让消费者根据自身的过敏反应选择禁食。各国法规对过敏成分的定义不同，在不同的国家售卖食物时这一点的合规需要引起特别的注意。我国预包装食品 GB2760 必须标识的 12 种过敏成分是芹菜、含麸质的谷物（小麦、大麦、黑麦和燕麦）、贝壳类动物（如蟹和龙虾）、鸡蛋、鱼类、牛奶、芥菜、坚果（如巴西果、杏仁、榛子、胡桃、腰果、山核桃、开心果等）、花生、芝麻、大豆、二氧化硫和亚硫酸盐。食品过敏源的风险主要是忽视标识含过敏源成分或非过敏源食品受过敏源污染。过敏源的污染主要有两个途径：一是忽视原料含过敏源成分，特别是忽视含过敏源的复合配料，以及含过敏源的返工料的回用；另外就是含过敏源产品在生产、存储过程中对非过敏源产品的交叉污染。比如，在共用生产线的工厂，换产时过敏源可通过共用油、CIP 回用清洗剂或回收水等，及共用清洗不足的器具、设备交叉污染到非过敏源产品。

食品杀菌是食品加工的主要内容。尽管非热杀菌技术有了较大的进展，但传统的热处理仍然是目前食品杀菌的主要手段。热处理的温度时间组合与杀灭微生物数量的对数有着线性关系。也就是说，一定的温度时间组合只能杀灭一定数量的微生物。为了最大限度地保持食品的营养和结构，在保证食品安全的前提下热处理的温度时间组合是越小越好。因此，在热处理温度时间组合一定的条件下，待杀菌产品微生物数量影响着杀菌效率，如果待杀菌原料微生物数量过高，恒定的杀菌温度时间组合就无法保证杀菌效率，也无法保证食品安全。这些超量的微生物既可能来源于原料的原始污染，也可能来源于微生物在原料中的生长。另外，加工过程的设备运行，清洗消毒也会影响到杀菌的效率，从而影响到食品安全。部分致病微生物，如金黄色葡萄球菌，在原料中生长至 10^5CFU/g 以上时，产生及耐热的肠毒素，从而导致热处理产品产生食品安全风险。抑制微生物生长也是确保食品安全，提高产品保藏性的手段。食品加工对微生物的抑制通常采用“栅栏”技术，即通过设置多重屏障（栅栏）抑制微生物生长，以避免因过量使用单一屏障而影响到产品的品质。如果其中某一屏障失效，则“栅栏”技术不一定能保证食品的安全。通常的“栅栏”技术有加盐、加糖、加酸、加抑菌剂、冷藏等。杀菌后包装前，如果没有卫生的环境和卫生的操作，微生物可以从员工和环境污染到产品上，即食产品的单增李斯特菌就是以这种方式污染的。温度对微生物的生长有巨大的影响，降低温度，可以减缓微生物的生长，延长食品的保质期，但是，耐冷食源性致病微生物，如单增李斯特菌、耶尔森杆菌等低温下都能很好地生长。因此，长时间低温冷藏，或加工和存储过程温度的波动都会导致致病微生物生长，增加食品安全的风险。

（三）保障餐饮原料供应链的食品安全管理措施

- 良好农业规范

良好农业规范是已证明对保证初级农产品食用安全有效的一系列良好农业措施的组合。良好农业规范的要点是清洁的土壤、干净的水肥、良好的作物保护、良好的个人卫生、清洁的设施设备。清洁的土壤就是通过种植地远离矿业、工业污染和畜禽养殖场，分析土壤成分以确保无污染物超标等措施来确保土壤无污染。干净的水肥是通过保护水源免受化学品、动物及径流的污染，使用饮用水清洗、冷却和加工产品，以及有机肥经高温杀菌再施用等措施来避免污染物通过水肥污染到农产品上。良好的作物保护就是通过使用物理杀菌或低毒农药等措施来防止农产品上化学残留。卫生的采收、加工和存储就是通过采收产品满足休药期要求，卫生的采收操作和清洗消毒，以及产品存储于能减少生理损害和延缓微生物生长的环境条件来减少初级农产品在采收、运输、整理、清洗、包装、存储等过程中的污染。良好的个人卫生就是要通过良好个人卫生行为和遵循卫生操作规程来减少致病微生物通过人污染到产品上。清洁的设施设备就是通过设施设备符合卫生设计原则，使用经验证有效的清洁消毒剂和清洁方法，以及防止清洗过程交叉污染等措施来防止污染物在加工过程中从设施设备对初级农产品的污染。

- 良好畜禽生产规范

良好畜禽生产规范是保证畜禽产品食品安全，保护动物福利的一系列措施的组合。良好畜禽生产规范的要点主要有保护动物健康、落实生物安全、合理使用兽药、防止环境污染、卫生的饲料和饮水，以及良好的动物福利。保护动物健康是通过监控动物健康免疫情况，实行疾病的早期发现和隔离和动物免疫与有害生物防治管理等措施来保护动物健康，保证动物食品的安全。落实生物安全就是通过新进种畜种禽检疫，设置围墙，进出车辆、人员、饲料和设备消毒等屏障，以及环境有害生物防治管理等措施阻止外来生物入侵，防止传染疫病发生。合理使用兽药就是通过禁止饲料添加抗生素，确诊后才能用药，减少滥用和误用抗生素，休药期满才能获取动物食品，以及监测动物产品中抗生素和兽药水平等措施来减少动物食品兽药残留的风险。卫生饲料和饮水就是通过遵循良好饲料规范要求，化学品远离饲料和饮用水，避免饲料添加剂残留，放牧场远离工业和矿山污染，以及牧场施用化学品留足休药时间等措施来阻断污染物通过饲料和饮水进入动物食品链。良好的动物福利就是通过供给足量、营养、卫生的饲料和饮用水以避免动物饥饿、口渴和营养不良，提供免疫、及时治疗以及无创伤环境以避免动物痛苦、受伤和疾病，提供足够的空间、干净舒适的垫床和干净无污染的饲养环境以避免动物不适，提供安静的环境以及小心饲养以避免动物恐惧和受惊，保证动物自由活动以及正常的生理和行为等措施来保证动物的福利和健康，保证动物食品的安全。

• 良好水产捕捞和水产养殖规范

良好水产捕捞和水产养殖规范包括确保水产品安全的一系列措施的组合。良好水产捕捞和水产养殖规范要点有从无污染水体捕捞、卫生的捕捞、存储、运输和加工。良好水产养殖规范包括远离污染的养殖场地、无污染的养殖水体、健康的水产幼苗、安全的饲料、安全用药及卫生的养殖等。无污染水体捕捞是淡水、沿海水体的捕捞地要远离工农业污染和环境污染，监控捕捞水质以确保无污染物超标等措施来确保自然水产品的安全；通过监则各种鱼类和贝类毒素及致病微生物污染等措施确保深海水产品无毒素和致病微生物污染。卫生的捕捞、存储、运输和加工就是通过净化贝类水产，减少捕获过程伤害，加冰降温，减少运输和滞留时间，加工设备和员工做好清洁消毒和卫生管理等措施减少水产品在捕捞、存储、运输和加工过程中的污染，确保水产品的安全。良好水产养殖规范就是通过选择远离污染的养殖场地，对养殖水质进行监测，保证水产幼苗无病虫感染，防止饲料污染、发霉或腐败，合理用药，防止养殖过程化学污染及人畜排泄物污染等措施来确保养殖水产品的安全。

- 食品加工的食品安全管理体系

食品加工包括畜禽屠宰和深加工，水产品初加工和深加工，粮食初加工和粮食制品深加工，牛奶的挤奶、运输和加工，水果蔬菜的冷冻冷藏和鲜切包装，调味料和饮料的制造，中央厨房制作各种菜肴的半成品等。食品加工企业的食品安全保障措施包括实施良好生产规范（GMP）、标准卫生操作程序（SSOP）以及危害分析和关键控制点（HACCP）等食品安全管理体系。GMP 是食品工厂为保证生产安全食品而对相关的生产和管理活动的总要求，也是法规的强制要求。我国食品制造业的 GMP 就是 GB14881 食品生产通用卫生规范和各个细分食品行业的良好生产规范或良好卫生规范。SSOP 是企业为落实良好生产规范要求而对个生产区域、工段、设备建立的标准操作流程。而 HACCP 则是国际先进的食品安全分析和控制的程序和方法。通过识别危害，建立关键控制点和关键限值，监控程序，文件和记录保持等确保食品安全管理制度的执行。GMP 和 SSOP 是实施危害分析和关键控制点的基础，而 GMP 和 SSOP 则必须体现危害分析和关键控制点的原则。

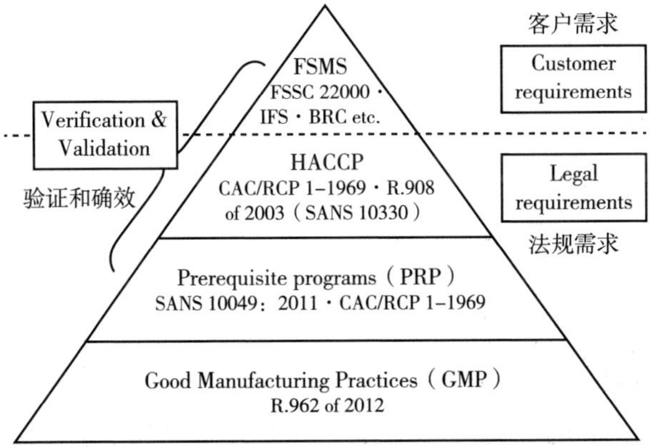

图 5　食品安全质量体系层次结构

食品加工企业食品安全管理体系涵盖面广、内容众多，本文仅以卫生的操作为例来概述食品工厂保障食品安全的一些举措。卫生的操作就是通过维持生产环境和设备的良好状态，减少污染物的积聚和微生物的生长，以降低加工过程产品污染的风险。主要有维修和维护、卫生管理和清洁消毒、有害生物管理等内容。一是日常检查设备设施运行状态并及时维护保养，移除不用或损坏的设备和部件，对垫圈、垫片、传送带等接触产品部件应经常检查和更换，维修工具分区域专用并做好消毒。二是班次完成生产后及时清洁消毒设备和环境，清洁消毒方案对污垢有针对性、兼容设备设施材料、考虑水质和温度的影响、使用方法能避免交叉污染，清洁后检查效果再消毒，验证清洁方法并做好记录，监控环境微生物并消除微生物小生境。全球食品安全倡议（GFSI）组织已经帮助食品行业建立了《食品卫生用化学品的指南》（Chemicals in Food Hygiene，volume 1&2）。这两部指南是很好的技术资料，帮助食品企业合理地选择清洁消毒用化学品，并且指导企业对化学残留做科学的风险评估。三是有害生物管理方面有消除吸引源、匿藏地和繁殖地，有物理屏障阻隔入侵通道，监控虫鼠等有害生物活动痕迹，用物理方法代替化学杀灭。

五 门店保障食品安全的操作

除了保障食材的安全外，门店的餐饮从业者应采取措施从以下几个方面保障食品安全：时间和温度、交叉污染、个人卫生与健康。具体体现在：

（一）食物在冷藏和热保温存放时应确保安全

食品行业有个概念叫“危险温度带”，通常指5～57℃，这个温度区间容易造成食物中的微生物迅速繁殖和引起食物变质。因此行业通常要求冷藏低于5℃，而热保温高于57℃。2018年国家市场监督总局发布的《餐饮服务食品安全操作规范》（以后简称《餐饮规范》）则规定在8～60℃。在不同的温度下，食物可以存放多久，企业可以按菜品保质期评价来确定适合自身的控制限值。

（二）解冻操作，在我国餐饮规范中规定使用冷藏解冻或冷水解冻方法进行解冻

若微波解冻则其应被立即加工制作。美国 2017 版 Food Code 条款 3－501.13 对解冻有更为细节的要求，如冷藏解冻的环境温度必须低于 5℃。冷水解冻操作则应在流动的温度低于 21℃ 的冷水下操作，并且水的流速应能引起搅动和漂浮。

（三）烹饪温度足以到达烧熟

餐饮规范中对烹饪温度要求 70℃ 以上。对于特殊工艺允许低于这个温度，但是要确保食品安全。70℃ 对于做牛排的西餐馆，对于用热水焯一下就吃的蔬菜都不适用。建议参考美国的 Food Code 条款 3－401.11 针对牛排的烹饪温度要求：牛排两面肉的表面温度到达 63℃ 以上而且肉的颜色已经发生变化。另外附录表 Chart 4－A 列出了烹饪不同类型食物的中心温度和持续时间。对于特殊烹饪工艺的时间和温度组合，餐饮企业可委托专业机构通过风险评估来确立参数。

（四）冷却操作应快速地让热食通过危险温度带

我国餐饮规范对冷却过程要求为：2 小时内从 60℃ 降到 21℃，再 2 个小时内继续降到 8℃。相比美国 Food Code 的冷却要求略有差异。美国的要求是 2 小时内从 57℃ 降到 21℃，再 4 个小时内继续降到 5℃。对于大量处理热食冷却，很多企业会配备快速冷却机。餐饮常见的危险操作是在常温下让热食自然冷却。很多大块卤肉中心发绿变味，就是由于冷却操作不规范所致。

（五）再加热食物到70℃

在 8～60℃ 危险温度带下存放超过 2 小时，且未发生感官变化的，应再加热后方可供餐。美国 Food Code 要求再加热到 74℃ 并且持续 15 秒，高于我国的规范。

（六）食品从业人员的个人卫生，特别是手部卫生

手作为微生物的载体，会通过接触污染物带入有害微生物，这些致病菌可以通过手转移到加工器具，最终转移到食物上，或者直接触摸转移到食物上。若后续环节没有加热或其他措施将致病菌的数量降低或将致病菌产生的毒素分解，那么这样的食物被消费者食用就会造成食源性疾病。美国疾控中心的统计数据显示，高达 80% 的感染经由手传播。美国密歇根州立大学的针对洗手行为的调查报告显示，95% 的人没有充分洗手。本次新冠肺炎疫情，政府通过各种媒介教育全民洗手，或许一场疫情可以推动食品从业者养成并保持正确的洗手习惯。

（七）食品从业人员的健康管理

不仅要确保从业者的健康证在有效期内，更重要的是日常工作中，建立适当的人事制度保障，鼓励员工主动报告，切断病原体由患病员工传播到食物的通路。我国餐饮规范中要求患有发热、腹泻、咽部炎症等病症及皮肤有伤口或感染的从业人员，应主动向食品安全管理人员等报告，暂停从事接触直接入口食品的工作。

表 5　2017 年美国卫生监督审核统计数据前十大违规行为

1	设施维护并保持清洁
2	食品和非食品接触面是可清洁的，设计合理，使用恰当
3	非食品接触面保持清洁
4	食品接触面：已清洁和消毒
5	足够的洗手设施，补给充足，并且所在位置方便使用
6	排水系统已安装，有合适的预防倒流装置
7	冷藏温度
8	在所需的区域有充足的排风和灯光
9	制备食物、贮存和展示时，预防污染
10	加工器具、设备和抹布等织物的存放、风干和处置

（八）避免交叉污染

交叉污染可以通过带菌的人员和有害生物、生熟食物、不同类别的食物、加工设备、容器、工器具、下水道 & 供水管路等途径发生。餐饮业从业者通常会将家庭日常厨房操作的习惯带入工作中，比如：使用同一块案板来处理生的食材和熟食；用一块案板切用于热炒的生肉片，用水冲冲，然后又开始切即食红肠；使用完案板和刀具后，不做彻底的清洁和消毒。据国家食品安风险评估中心朱江辉研究员调研发现，家庭中案板生熟分开的比例不足 1/3，未生熟分开的居民仅有半数用洗涤剂来清洗案板，居民厨房内卫生操作的意识有待提高（2015 年 2 月 3 日中国食品安全风险评估中心媒体开放日）。在餐饮业后厨操作，建立标准体系的企业会采纳分色系统的案板、刀具、容器等工器具，以方便员工识别，避免交叉污染。对食品的贮存设施（如：库房和冷藏冷冻设备），按食品大类划分，指定设备和位置，避免食品类别之间发生交叉污染。此外，在厨房设施设备的卫生设计、后厨布局 & 动线设计等多角度地采取干预措施来降低交叉污染的发生。美国餐饮协会（NRA）提出了 5 个预防交叉污染的小贴士：落实个人卫生；提醒员工洗手；禽、畜肉、果蔬加工设备和工具分开；清洁消毒工作表面；尽量采购预制品。

基于大数据，艺康集团整理了 20 多万份美国地方卫生部门对餐馆的卫生检查报告，从而分析得出了前十大违规行为（见表 5），其中前四个违规行为与物体表面不清洁相关，多数的违规项和交叉污染相关。通过分析卫生检查不合规的具体细节，企业可以找到靶向性的改进方向，从而采取针对性的行动。

六　食品安全文化是落实食品安全的基石

（一）门店操作层面的食品安全高度依赖员工的行为

实际操作中，经常发现员工并未执行公司的食品安全制度。美国 CDC

环境健康部（EHSB）的 Laura Green 博士是行为科学家，专注研究餐厅员工的食品安全知识、态度和实际操作。她认为餐厅的食品安全高度依赖于员工的行为。有研究发现，63%的食品加工员承认自己没有按照食品安全的要求去落实行动。员工掌握食品安全相关知识是行为改变的必要元素，但是有知识还不够。基于行为科学的研究，提出除了培训外，企业应采取如下干预措施来促进执行力。

- 鼓励餐厅经理参与能够影响安全处理食物的相关活动。
- 组织活动，使员工加深理解其职责下影响食品安全的相关因素。
- 探索并测试策略来推进食品安全制度落地，将成功的策略应用于日常的食品安全活动中。

（二）行为的执行需要培训，但是培训不是万能的

按照世界银行 2020 年发布的《食品安全手册》第五章“食品安全培训”，提出一个判断模型，来帮助企业判断采取培训的方式是否可以解决问题。该判断模型（见图 6），包括员工知识或技能缺乏、激励缺乏和资源缺乏三道门槛。当员工缺乏知识或技能，需要内化知识或技能，则培训是有效的方式。当员工缺乏知识或技能，但不需要内化知识或技能，企业则应创造“工作辅助工具 job aid”（如：提示海报）。进一步，若员工需要学习这个辅助工具，则需要提供相应培训，反之企业应发放相应的辅助工具。若员工虽已掌握知识或技能，但因为缺乏激励或资源而不执行制度时，企业应该做“环境因素”调查。环境因素包括：缺少空间、时间、预算、设备等资源；规章制度不清晰或工作流程缺陷；缺少足够的信息或反馈信息的准确度不够；健康问题，如身体健康欠佳、情绪不稳定或公司文化不好。

有研究人员从激励和障碍的角度分析员工能执行食品安全要求的相关因素。通过对 10 个餐厅 25 个员工的手部卫生相关行为的观察和单独面谈，研究人员揭示了八个激励因素（避免细菌繁殖和交叉污染；不伤害客户；知识和培训；法规和企业制度的要求；最佳实践/习惯；奖励；工作场所的文化；为满足客户）和六个障碍（健忘/没有习惯；太忙；缺乏知识；遵守安

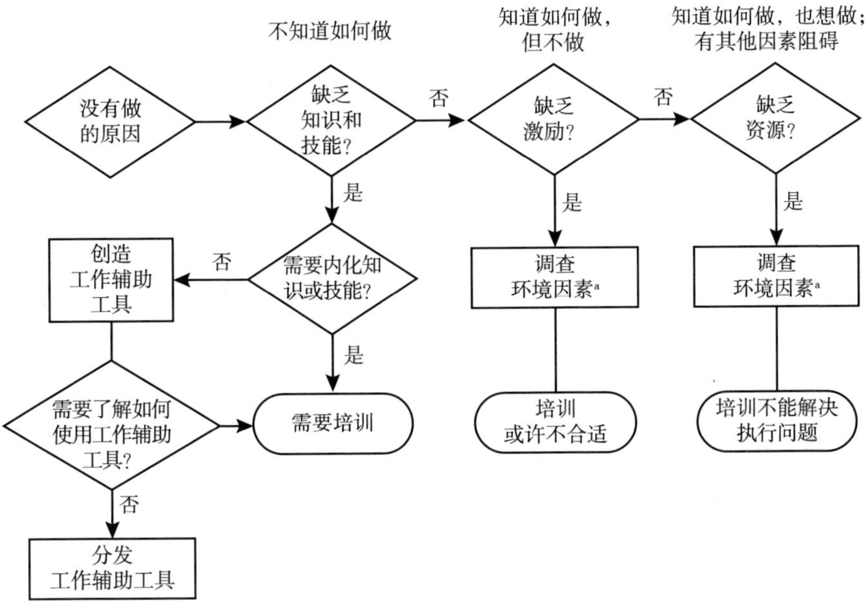

图6　培训是否就是答案

a. 环境因素，如：缺乏物理资源，政策和程序不清晰，缺少信息，健康问题。

资料来源：世界银行《2020 食品安全手册》第 351 页，图 5.2。

全处理食品的后果；有可用的资源和使用资源；工作场所的文化）①。

综上所述，要影响员工行为，企业需要：首先，建立合理的激励机制；其次，为行为的执行提供充足的资源；最后，企业的文化中要有食品安全的基因。

（三）积淀企业的食品安全文化

建立强大企业的文化可以减少 54% 的错误。国际上提出食品安全文化概念的领先者，美国 FDA 负责粮食政策和反应的副局长 Frank Yiannas，曾就职于迪士尼和沃尔玛等企业，负责全球的食品安全。其先后在 2009 年和

① Susan Arendt, Catherine strohbehn and Jinhyun Jun, Motivators and barriers to safe food practices: observation and interview, Food Protection Trends, Volume 35, Issue 5, Sep 2015.

2015 年出版了两部关于食品安全文化的著作《食品安全文化——基于行为的食品安全管理体系》和《食品安全 = 行为》。Yiannas 认为，食品安全文化是由个体和群体的思想、态度和行为组成的。企业食品安全文化的强弱直接映射了食品安全对企业领导层的重要性。企业的食品安全文化起源于领导层，建立在企业价值观基础上。拥有以“安全”作为坚定的企业价值观企业，其食品安全文化才能不会被其他冒出的优先项代替。在食品安全的管理方面很多企业通常只注重硬件和技术层面，却忽视了文化的作用。如果人们的思维方式、行为方式、态度不发生变化，食品安全的目标是不可能实现的。做食品安全最终要能够影响人的行为变化。

建设食品安全文化，有几个核心元素（见图 7），比如：

- 顶层领导提出食品安全的愿景和期望，能鼓舞群众去跟随。
- 全体员工有信心，相信企业对待食品安全和对待其他企业价值一样。
- 中间各管理层支持，其日常言行和态度展示出对食品安全的承诺。
- 各级员工明确知道其在食品安全中相应的职责。
- 多形式地分享食品安全相关知识和信息。

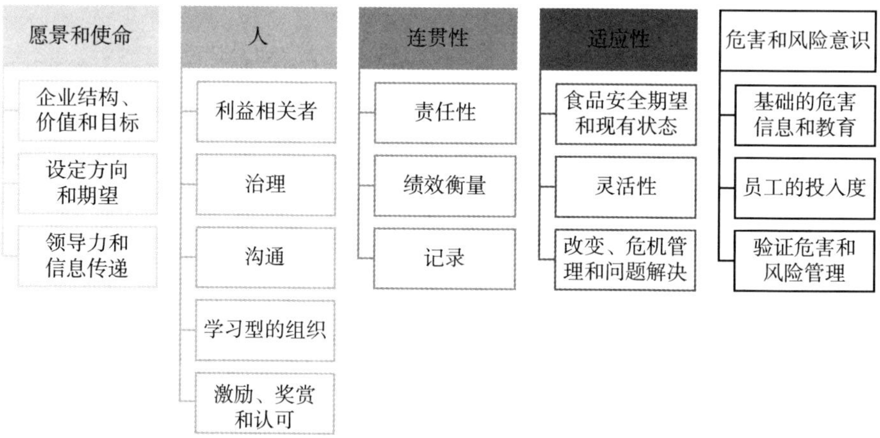

图 7　GFSI 食品安全文化的五个维度及其关键元素

资料来源：A Culture of Food Safety, A position paper from The Global Food Safety Initiative (GFSI) Summary v1.0。

2018 年 4 月，全球食品安全倡议 GFSI 发布了食品安全文化的意见书，提出了食品安全文化的五个维度及其关键的元素。文化的成熟需要时间的积淀。参考在质量管理领域引起欧美行业变革的实践家 Philip B. Crosby 的观点，质量文化需要 3 ~8 年经历五个阶段的时间才能达到成熟。随着文化的逐渐成熟，企业的质量成本占销售额的百分比从 20% 降低到 2.5% 。

七　餐饮行业应建立基于科学预防的标准化系统来保障风险受控

庚子年始，新冠肺炎疫情给餐饮行业带来了前所未有的威胁，也为确保食品的安全供应带来了新的挑战。食品安全是公共卫生的重要组成部分。公共卫生危机事件，如疫情等都会推动人们更关注安全、健康和营养，也推动人们提升对食品安全的关注度。

如何能更从容地面对提升食品安全保障水平的挑战，其实还应回到落实以科学为基础的、积极的、预防为主的食品安全管理上。

（一）以科学为基础

识别风险，才能管理风险，根据风险评估设定计划、建立预防性过程控制，最后形成标准化程序。

（二）标准化程序

这次在疫情期间看到，长期坚持标准化的连锁餐饮企业，更能从容地应对疫情等此类突发公共卫生事件。餐饮巨头们能够持续经营上百和上千家的餐厅，得益于其扎实的系统和标准。在常规的清洁消毒的标准程序（SSOP）框架下，能迅速建立应对新冠肺炎疫情的 SSOP、复工复产全套防控制度，使得这些连锁餐饮企业能够有信心打赢新冠肺炎疫情防控的阻击战持久战。这些先行者的经验也已成为疫情期间餐饮业预防病毒传播的行业认同措施，如：设置等候区一米线间隔、落实针对高频接触点的消毒、增加外卖操作特殊流程（无接触取餐、放心送和放心卡）、安排专人为进店顾客提供手部消毒剂、对所有入店人员测温、核实健康码、餐桌分配考虑社交安全距离、做好桌号和客人对应联系方式的登记，等等。

食品安全管理最终要做到防患于未然。预防的工作看似增加了成本，其实是一种“保险”，确保企业免于风险带来的负面后果。毕竟，发生食品安全负面事件，企业不仅仅要担负处罚、赔偿等经济和法律责任，还需要承担社会责任、品牌价值无形资产的损害。

八　延续食品安全管理需要建立平衡的企业管理体系

建立食品安全管理的标准化系统，以食品安全文化为基石，确保企业持续地健康发展，需要企业有平衡的管理体系。中国食品健康七星公约联盟由艺康集团和第一财经自 2011 年共同发起，由中国食品科学技术学会担任技术支持，中国连锁经营协会担任行业合作伙伴。经过多年的探索和实践，邀请学术界和行业专家不断完善中国食品健康七星公约体系，七星公约体系的七个维度包括：组织完备、工艺严格、供应链管理、诚信担当、健康倡导、创新引领和可持续发展。中国食品健康七星联盟已经成为国内食品行业重要的非营利、非政府的全国性组织。通过年度评选中国食品健康七星奖和七星联盟定期举办的星研会活动，食品行业的上下游分享食品安全领域的先进理念和最佳实践，集全社会的力量，做到社会共治，以推动食品行业的全面进步。

附　　录

Appendix

B.18
附录1　世界中餐业联合会关于抗击新型冠状病毒肺炎疫情的倡议书

世界中餐业联合会各位会员、
各餐饮企业及相关单位：

当前，新型冠状病毒感染的肺炎疫情防控工作正处于关键时期。为贯彻落实党中央、国务院关于新型冠状病毒感染的肺炎疫情防控工作部署，保障人民群众生活需求，坚定履行餐饮企业社会责任，为提供放心餐饮服务，做好餐饮行业疫情防控工作，世界中餐业联合会发出如下倡议：

一、密切关注疫情工作进展，高度重视可能引起的风险，坚决将人民群众和企业员工的生命安全、身体健康放在第一位。

二、按照属地政府相关部门的要求和指引，积极有序参与疫情防控，做好保障工作和志愿服务。

三、切实做好卫生防范，严格按照食品安全操作规范要求，对服务场所及周边公共场所进行消毒处理，并加强食品采购、加工、服务等环节管理。

四、不捕杀、不购买、不加工、不售卖、不食用野生动物，不采购不明来源的食材和辅材，减少呼吸道传染病和流行病的发生风险。

五、维护社会稳定大局和行业整体形象，配合做好减少聚会等工作，为人民群众平安度过抗击疫情关键期做出努力和贡献。

六、加强员工培训和管理，保障员工的健康安全，要求员工保持严格的卫生习惯。做好春节返乡员工体温检测和观察工作，广泛进行疫情知识科普，同时注重员工心理疏导。

“守土负责、守土尽责”！我们倡议各餐饮企业及相关单位把疫情防控工作作为当前最重要、最紧迫的工作，为遏制疫情扩散蔓延、维护大局稳定做出餐饮行业的应有贡献。

疫情无情人有情！让我们坚定信心、积极行动，与全国人民一起，同舟共济、众志成城，坚决打赢疫情防控阻击战！

B.19
附录2　世界中餐业联合会关于“培养健康饮食习惯、共创中华餐桌文明”的倡议书

世界中餐业联合会海内外会员各国中餐业行业组织、
中餐企业广大中餐消费者：

为推动实施健康中国战略，助力健康中国行动，不断提高全民健康水平，值此万众一心防控疫情，众志成城、攻坚克难之际，世界中餐业联合会向海内外中餐业同人以及广大的中餐消费者郑重倡议：

培养健康饮食习惯，阻断餐桌上的疾病传染路径！共创中华餐桌文明，实行“分餐制”“公筷制”“双筷制”！

一　变革理念，守正创新

受新冠肺炎疫情的影响，我国餐饮行业、全球中餐业受到严重冲击，餐饮消费出现断崖式大幅下降。共餐、合餐传统进餐饮食习惯的弊端在疫情面前更显突出。可以预见，疫情过后消费者的消费习惯和消费理念将发生深刻变化，更加注重科学饮食、健康卫生。变革理念，改变传统饮食方式，培养健康饮食习惯，推广实行“分餐制”“公筷制”“双筷制”势在必行。

二　变危为机，不破不立

疫情过后势必对餐饮企业，尤其是中餐企业提出更高的要求，提升餐饮行业的准入门槛，倒逼餐饮行业提升发展质量。在企业的生死危局中，坚定

履行企业社会责任，坚持提供安全放心的餐饮服务，才能变危为机，迎来行业的春天。各餐饮企业应根据自身业态和经营情况的不同，进一步强化食品安全意识，自觉树立健康服务理念，在本企业积极引导消费者实行分餐制、公筷制或双筷制，配套设置相应的设施条件，制定相应的服务规范。

三　从己做起，警钟长鸣

每个人是自己健康的第一责任人，对家庭和社会都负有健康责任。此次新冠肺炎疫情中，发生了多起家庭聚集病例。无论是在目前新冠肺炎疫情严酷的现实面前，还是未来居家和外出就餐，我们号召广大消费者从己做起，警钟长鸣，培养健康的生活饮食习惯，做“分餐制”“公筷制”“双筷制”的行动者和示范者。

让我们积极行动起来，共创中华餐桌文明。

B.20
附录3 《中餐分餐制、公筷制、双筷制服务规范》团体标准

目 次

前 言

本标准按照 GB/T 1.1—2009 给出的规则起草。

请注意本文件的某些内容可能涉及专利。本文件的发布机构不承担识别这些专利的责任。

本标准由中国国际贸易促进委员会商业行业委员会、世界中餐业联合会提出并归口，标准号分别为 T/CCPITCSC 101—2020 和 T/WFCCI 101—2020。

本标准起草单位：世界中餐业联合会中国服务委员会、中国国际贸易促进委员会商业行业委员会、《餐饮世界》杂志社、中国标准化协会服务贸易分会。

本标准主要起草人：姚歆、魏敏、行秀娟、海然、彭程、张颖、王曦、崔宁。

本标准响应了联合国2030可持续发展目标中的第3项“良好健康与福祉”、第11项“可持续城市和社区”和第12项“负责任的消费和生产”。

1 范围

本标准规定餐饮业的中餐分餐形式及服务要求、公筷制服务要求以及双筷制服务要求。

本标准适用于餐馆、酒楼、酒家、饭庄、宾馆（饭店）餐厅等餐饮企业。

2 术语和定义

下列术语和定义适用于本文件。

2.1

分餐制 individual dining option

餐饮服务人员或消费者通过使用公用餐具分配菜点，使用个人餐具进食的就餐方式。

2.2

公筷制 serving chopsticks option

中餐公宴场合，使用公用的筷子或勺、叉进行分餐。

2.3

双筷制 two pairs of chopsticks option

中餐公宴场合，使用取食筷、进食筷的双筷助食方式。

注：取食筷在右侧，进食筷在左侧。取食筷用于从公共器皿中夹取食物，进食筷用于送食。

3 分餐形式及服务要求

3.1 分餐形式

中餐分餐形式包括餐位分餐、台面分餐、服务台分餐、各吃分餐、自助餐分餐等。

注：菜品分餐推荐方法：

a）餐位分餐：按份菜品或面点；

b）台面分餐：多汤菜品；

c）服务台分餐：造型菜品（整鸡、整鸭、整鱼等）、例汤；

d）各吃分餐：位上菜品。

3.2 餐位分餐服务要求

3.2.1 餐位分餐时，服务员应提前准备好分餐用具（公叉和公勺），并按照主宾优先的原则，依顺时针方向服务。服务员侧身站在客人的左侧，微弯腰以便菜盘尽量接近客人的骨碟。左手托菜盘，右手使用服务叉、勺夹取适量的菜品，将菜品分放到客人面前的骨碟中央。

3.2.2 分餐过程中，服务叉、勺应该始终保持在骨碟或菜盘上方，注意防止菜汁滴洒在台面或客人衣服上。

3.2.3 服务员分餐时，应注意菜品主、辅料的搭配，以及客人骨碟中菜品的摆放形状和效果。

3.2.4 分餐时可以向客人报菜名并简单介绍菜品特点等，应注意讲话时后退两步避开客人和菜品。

3.2.5 按位分餐时，应根据人数（每人一份）进行分餐。分餐后，每道菜品应留有余量放在桌上供客人续用，带汁的菜品在分餐时应用服务勺取少量菜汁淋在菜品上，保持菜品味道。

3.2.6 分餐后，服务员应将右手服务叉、勺始终保持在菜盘上方退离客人，为下一位客人分餐。

3.3　台面分餐服务要求

3.3.1　将干净的骨碟按用餐人数均匀有序地围摆在餐台上，中心留出上菜的空位。

3.3.2　分餐开始前将菜品向全桌客人展示。分餐时左手持骨碟等器皿，右手持服务叉、勺为客人分餐。分餐过程中，防止菜品汤汁溅洒在台面上。

3.3.3　菜品全部分好后，菜盘中仍需留有少量菜品，将服务叉、勺顺盘边摆好，以便客人续夹菜品时使用。

3.3.4　服务员将分派好的菜品依顺时针方向上菜时，服务员应从客人右侧，以右手送上，切忌站在一处同时为两侧客人上菜。

3.4　服务台分餐服务要求

3.4.1　将菜品先送至餐台，向客人展示菜品全貌，报菜名并简单介绍菜品特点后撤至服务台。

3.4.2　备好与用餐人数相等的骨碟或汤碗并摆放均匀，服务台留出摆菜盘的位置，便于服务员操作。用服务叉、勺将菜品均匀地分派在骨碟或汤碗中，菜品分完后应留有适当的余量。

3.4.3　服务员将分好的菜品托至餐台旁，按照主宾优先的原则，依顺时针方向服务，从客人右侧，以右手送上。

3.5　各吃分餐服务要求

厨房内将菜品分成一人一份，由传菜员将分好的菜品迅速送到餐桌旁。传菜员协助服务人员，从主宾右侧按顺时针方向将菜品送上。

3.6　自助餐服务要求

3.6.1　应保证每一道菜品有一个公共餐具夹或公勺。

3.6.2　客人开始用餐后，巡台服务人员要随时将用过的空餐盘、碗和调味碟撤下，保持桌面清洁。

3.6.3 在服务过程中，应随时关注客人的需求。

3.7 分餐服务注意事项

3.7.1 所有菜品均应在餐桌上向全桌客人展示，报菜名并简单介绍菜品特点，再按照分餐标准进行分餐。

3.7.2 所有菜品分餐时应留有部分余量供客人续用。

3.7.3 分餐操作中动作幅度不应过大过重，同时注意避免汤汁滴洒在餐桌或顾客身上。

3.7.4 服务人员所有的分餐用具应为一菜一用具。

3.7.5 分餐时要注意分餐速度，以保证菜品热度和口味。

3.7.6 客人的餐具应及时更换，同一个餐盘内的更换原则如下：

a）干湿分开；

b）甜咸分开；

c）相似口味的菜品可分于一个餐盘；

d）一个餐盘最多可分两道菜品；

e）保证菜品不串味。

4 公筷制服务要求

4.1 公筷、公勺摆台要求

4.1.1 每席餐桌上配备与个人使用餐具有相对识别性的公筷公勺，根据颜色、长短、形状或材质等明显特征，以示区别。

4.1.2 公筷、公勺摆放在就餐者餐具前方。

4.1.3 工作柜内设置公筷、公勺专用抽屉，便于服务操作。

4.1.4 工作台设置公筷、公勺专用存放区域，方便消费者识别取用。

4.2　公筷、公勺服务要求

4.2.1　使用公筷自行分餐，上桌的每道菜、点、汤应保证一菜一勺或一菜一筷。

4.2.2　服务员上菜时，仔细核对餐单，根据菜品，备好公筷、公勺。

4.2.3　上菜时站在客人右侧，先上菜，后将公筷、公勺放在菜盘内的右侧。

4.2.4　上菜过程中，要注意摆菜的位置，荤素、颜色搭开，每上一道菜，都应调整桌上的菜品位置，一菜一勺或一菜一筷。

4.2.5　席间服务人员应巡回观察，客人自行夹餐时，提醒使用公筷公勺。

4.2.6　撤菜盘时，先撤公筷、公勺，后撤菜盘，以防餐具滑落。

4.2.7　火锅或须在餐桌熟制的菜品，应提供“生料专用公筷”。

4.2.8　按位撤碟时，撤碟不撤公筷、公勺。

4.2.9　如有客人将公筷放在骨碟上面，应将新公筷按原位放在筷架上。

4.2.10　遇有特殊口味菜品要及时更换公筷、公勺。

5　双筷制服务要求

5.1　双筷制摆台要求

5.1.1　每个餐位摆放取食筷、进食筷、公勺，根据颜色、长短、形状或材质等明显特征，以示区别。

5.1.2　每个餐位摆放特制的筷架，特制筷架摆放在骨碟右侧。筷架上从左至右依次摆放进食筷、取食筷、公勺。

5.2　双筷服务要求

5.2.1　使用双筷自行分餐。

5.2.2　服务要求同“4.2 公筷、公勺服务要求”。

Abstract

Since its publication in 2006, the Report on the Development of China's Catering Industry (also known as the Blue Book of the catering industry) has consistently focused on the forefront and hot issues in the development of the catering industry, and made in-depth and accurate analysis of the development status of the industry. It has become an authoritative reading material in the catering industry and an important medium for the dissemination of China's excellent catering culture. Upon the review by the Paper Publication Review Committee and approval by the Chinese Academy of Social Sciences, the Report on the Development of China's Catering Industry (Blue Book of the catering industry) has been selected as the "academic publishing project of innovative engineering of the Chinese Academy of Social Sciences" for many consecutive years.

The Report onthe Development of China's Catering Industry (2020) is divided into five parts, that is, General Report, Regional Development, Annual Hot Topics, Special Reports and Appendix.

The general report of this book is the research result of thenational social science fund project "Study on the Transformation of Industrial Policies for High-quality Development of China's Catering Industry" . The first part focuses on the research of industrial operation, analyzing the continuous important role of China's catering industry in the fields of stabilizing growth, promoting consumption, stabilizing employment and benefiting people's livelihood under macroeconomic pressure in 2019, analyzing the impact of COVID – 19 on the political, economic, social and technical environment for the development of the catering industry, proposing that the catering industry should thoroughly study and judge the changes of the development environment, and accelerate the transformation and upgrading during the "14th Five-year Plan" period under the guidance of the development concepts of "innovation", "coordination", "green", "openness" and "sharing". The second part focuses on the research of industrial policy, summarizing and analyzing the industrial policies at different stages, such as precise prevention and control in different regions, orderly resumption of work and production, and putting forward the suggestions on short-term industrial policy adjustment and long-term industrial policy transformation based on the need for making high-quality development in the long run and getting out of the predicament currently. Regional Development focuses on Beijing, Shanghai, Guangdong Province, Shaanxi Province, Liaoning Province, Jilin Province and Heilongjiang Province, Macao and other provinces and regions, making an inventory and analysis of the characteristics and development trend of the catering market there in 2019 and early 2020. Special Reports bring together the latest research results in the vegetarian industry, coffee industry, night food economy, ethnic catering, food culture, food safety, etc.

Keywords: China's catering industry; Industrial operation; Industrial policy; High-quality development

Contents

Ⅰ General Reports

Abstract: In 2019, despite macroeconomic pressure, the catering industry continued to maintain rapid growth, and continued to make outstanding contributions in the fields of stabilizing growth, promoting consumption, stabilizing employment and benefiting people's livelihood. In the whole industry, the digital development was accelerated, the industrial ecology became increasingly prosperous, and the development quality was effectively improved. The sudden outbreak of COVID - 19 in 2020 has caused a great impact on the catering industry in good and stable development, and has exerted certain impact on the political and legal, economic, technological and social environment for the development of the catering industry. However, the epidemic situation does not change the long-term trend of good development of the catering industry. Therefore, the catering industry should thoroughly study and judge the changes in the development environment, reflect on the lessons, make in-depth analysis, actively respond to the crisis, turn the crisis into an opportunity, and accelerate the promotion of high-quality development led by innovative development, coordinated development, green development, shared development and open development.

Keywords: Catering industry; Development environment; Macroscopic operation; High-quality development

B. 2 Research Report on Industrial Policy Transformation for High-quality Development of the Catering Industry

Abstract: Based on the progress of COVID – 19 containment, this report divides industrial policies related to the catering industry into two categories, that is, containment policies and supportive policies, which are subdivided into four types, that is, central fiscal supportive policy, central financial supportive policy, other central supportive policies and local supportive policies, summarizing the industrial policies at different stages, such as comprehensive and strict control, precise containment in different regions, orderly resumption of work and production, etc., analyzing and judging the content and implementation effect of industrial policies, and pointing out the direction for continuous improvement of the industrial policies. Based on the need for making high-quality development in the long run and getting out of the predicament currently in the catering industry, the research group of this report proposed that the short-term industrial policy adjustment should start from two aspects, namely, increasing the supply side support and strengthening demand stimulus, so as to form policy synergy and boost industry confidence and consumer confidence; For the long-term industrial policy, it is required to focus on turning the crisis into an opportunity, guiding the transformation of industrial policy with the new development concept, and accelerate the high-quality development of the catering industry by constantly improving the governance system of the catering industry, formulating the development regulations of the catering industry, and making the development plan during the "14th Five-year Plan" period, and other paths and measures.

Keywords: Catering industry; High-quality development; Industrial policy

Ⅱ Development of the Regional Catering Industry

B.3 Development Report of the Catering Industry in Beijing

Yun Cheng, Han Suo and Zong Zhiwei / 055

Abstract: In 2019, the revenue of the fast food industry in Beijing exceeded RMB 100 Billion for three consecutive years. While maintaining a stable growth trend, the growth of the industry gradually slowed down and entered a new stage of transformation and upgrading. During the past year, the nighttime economy of the whole city continued to heat up. The fast food industry took advantage of the midnight canteen to tap the market potential, and the industry management gradually stepped into the track of refinement and standardization, time-honored brands touched the new trend of Internet, brand building was reinforced in an in-depth way, and the integration of food and technology opened a new chapter of intelligent management. Focusing on the end of the "13th Five-year Plan" period, in the process of promoting the high-quality development of the catering industry, Beijing's catering industry will continue to make in-depth exploration in terms of Beijing cuisine cultural heritage, personalized innovation and reform, food safety construction, etc., and will build a new "ecology" of Beijing catering in line with the strategic positioning of "four centers" in Beijing in the constantly optimized business environment.

Keywords: Midnight canteen; Beijing cuisine culture; Catering ecological map of innovation and transformation

B. 4 Development Report of the Catering Industry in Shanghai

Business Information Center of Shanghai / 070

Abstract: In 2019, Shanghai's catering market continued to expand, becoming an important force in Shanghai's consumer market and transforming from a stage of rapid growth to a stage of high-quality development. With the help of policy, catering nighttime economy ignites a new blue ocean of urban consumption. Focusing on "international style", "Shanghai flavor" and "fashion trend", the nighttime catering area was created. Shanghai's time-honored catering brands took the initiative to make innovation and seek changes. With the trend of "Internet +", bold attempts were made for new-style dishes, so as to attract "new customer base". The first store of multiple brands in Shanghai injected fresh vitality into the city. The first store of multiple brands in Shanghai brings together tastes from all over the world, making Shanghai the city of gastronomy in the world. Shanghai has become one of the cities with the great number of delicacies in the world thanks to its catering test field, skill field and legend field. Seizing the opportunity of CIIE, "Shanghai flavor" has spread around the world. Through three characteristics, namely "famous dishes", "famous chefs" and "famous restaurants", Shanghai catering has become an important industry to create the city's business card and service brand, and has become an industry to show the core value of Shanghai as an international metropolis.

Keywords: Shanghai; Catering industry; Innovation and transformation; Nighttime economy; First store economy

B. 5 Development Report of the Catering Industry in Guangdong Province

Cheng Gang / 083

Abstract: In 2019, the total revenue of Guangdong catering industry exceeded RMB 40 Billion for the first time, and the total annual revenue reached

RMB 430.723 Billion, accounting for 9.2% of the national market share; The revenue growth of Guangdong's catering industry revived its momentum and returned to more than 10% again, achieving a high-speed growth of 11%, which was 1.6% higher than the average growth of the national catering industry, 3% higher than the total consumption of Guangdong's retail products, and nearly 5% higher than Guangdong's GDP, showing the leading role of driving the social and economic development of Guangdong. Through the contrastive analysis of the data of catering development, annual registration of enterprises and the proportion of individual industrial and commercial households in 21 prefectures and cities of Guangdong Province, the potential problems and opportunities of industrial development in various regions were found out. The government and industry associations actively integrated social resources, stimulated the vitality of the catering market, organized the implementation of a series of activities, such as Guangzhou Asian Food Festival, Guangdong Food Festival, business model forum, etc.; In collaboration with big data resources of all parties, the research results including the report of top 100 catering enterprises in Guangdong, the development report of Guangdong-Hong Kong-Macao Greater Bay Area, the big data report of Guangzhou catering were released. With keen market insight and high-standard quality management, the majority of personnel engaged in catering have innovated the management mode, returned to the essence of catering, and jointly promoted the harmonious, sustainable and healthy development of the catering industry in Guangdong.

Keywords: Guangdong; Catering industry; Catering industry in Guangdong-Hong Kong-Macao Greater Bay Area; Asian Food Festival

Abstract: In this paper, the basic characteristics of Shaanxi catering market are concluded through systematic analysis in five aspects, namely, industry status comparison, block description of the catering market, ecological analysis of catering enterprises, catering product market pedigree and market space. Based on the review of the development status of Shaanxi catering industry, the development trend of Shaanxi catering industry is predicted: The top enterprises still show relatively weak market breakthrough power, the digital catering form is still suppressed by the traditional catering form, the spatial distribution of Shaanxi catering is consistent with the evolution of regional economic pattern, and the advantage brought by the number of snack and fast food stores is still unshakable, and so on.

Keywords: Shaanxi; Catering industry; Enterprise ecology; Market pedigree

Abstract: In 2020, due to the expected decline in the number of inbound passengers and the per capita catering consumption, in addition, the local residents have less dining out during the epidemic period, and people tend to be cautious about the dining consumption due to the pressure on income, resulting in a significant drop in annual revenue of the catering industry. In order to reduce the impact of the epidemic on economy, the supply side and demand side of the catering market, and to avoid the medium and long-term impact, it is suggested that the government should implement positive fiscal policies, measures for stabilizing financial market, and formulate targeted policies for industrial assistance and revitalization during and after the epidemic, so as to preserve and develop the supply and demand capacity of the catering market. The epidemic situation has inevitably changed some consumer behaviors in the catering market. Consumers will pay more attention to the hygiene and health factors of the products and the tidiness and sanitation of the dining environment. The catering industry needs to summarize the experience of the epidemic containment, pay attention to the change of consumer behavior and conduct active cooperation. In addition, it is also necessary to strengthen the ability of online dialogue and communication with consumers and delivery of takeout.

Keywords: Macao; Catering industry; Tourism; Catering economy

Abstract: From 2014 to 2019, China's catering industry has entered an unprecedented new stage of development. In the face of such a golden cycle, although the catering industry in Liaoning Province, Jilin Province and Heilongjiang Province experienced isolated prosperity and growth, the overall situation is on the decline, and the gap with the fast-growing provinces was gradually widened. Based on the specific data of the catering industry in Liaoning Province, Jilin Province and Heilongjiang Province, we observed and analyzed the changes of various indexes of the catering industry in Liaoning Province, Jilin Province and Heilongjiang Province in a dynamic way, so as to analyze the development status of the catering industry in Liaoning Province, Jilin Province and Heilongjiang Province in terms of revenue scale, investment subject, consumption structure and other aspects; Through the study of different subdivided industries of the catering industry in Liaoning Province, Jilin Province and Heilongjiang Province, it is concluded that there are different consumption structures and trends in Liaoning Province, Jilin Province and Heilongjiang Province, and the progressive development mode was derived; In Liaoning Province, Jilin Province and Heilongjiang Province, the investment subject also showed the characteristics of diversified investors; In terms of the performance of Engel's coefficient, the urban and rural Engel's coefficient of Liaoning Province, Jilin Province and Heilongjiang Province over the years is higher than the national urban and rural Engel's coefficient, which shows that the urban and rural families in

Liaoning Province, Jilin Province and Heilongjiang Province are facing a new opportunity for the transformation of quality-oriented consumption.

Keywords: Liaoning Province, Jilin Province and Heilongjiang Province; Catering industry; Consumption structure; Engel's coefficient

Ⅲ Annual Hot Topics

Abstract: This year, the catering industry has been seriously affected due to the outbreak of COVID -19. Under the background of continuous improvement of epidemic containment in China, the resumption of work and production is gradually close to or back to the normal level. The huge potential and internal resilience of China's economy is being shown, and the market demand of China's catering industry will be gradually released. As long as China's catering industry firmly grasps the opportunity, conducts profound consideration, makes scientific research and judgment, it will take a greater step towards high-quality development.

Keywords: High-quality development; Nutrition and health; Dining-table civilization; Catering industry

Abstract: The outbreak and regular containment of COVID - 19 has brought unprecedented challenges to catering enterprises. In the face of crisis, Meizhou Dongpo took active actions. By responding to R&D of the small program of food basket in a timely manner, introducing mini-store through the transformation of the internal supply chain, exploring the public platform and private domain traffic resources for goods sale via live streaming, adhering to the corporate social responsibility to open up the battlefield canteen, etc., it not only gains time and vitality for the enterprise, but also opens up a new model for future development. Its success is attributed to following the general trend of the development of mobile Internet, to entering the non-optional consumption field from the optional consumption field to achieve the layout of the whole industrial chain, to the enterprise culture to actively forge ahead and have the courage to assume the responsibility built over the years, and to the positive transformation to a platform-oriented enterprise, extensive cooperation, and unity. Meizhou Dongpo's anti-epidemic experience exerts important enlightenment and reference significance for other catering enterprises, and has played a positive role in releasing the consumption demand suppressed by the epidemic situation.

Keywords: Meizhou Dongpo; Mobile Internet; Platform-oriented catering enterprise

Abstract: The outbreak of COVID-19 has caused serious impact on the life service industry represented by the catering industry. Operators are generally faced with the problems of cash flow tension caused by the shrunk demand, and sharp increase in the cost caused by the overstocking of raw materials. In the short term, the Internet-based catering platform has played a "lifeline" role in connecting demand and reducing costs and expenditures for enterprises. In the long run, the outbreak of the epidemic has objectively reshaped people's consumption habits towards Internet-based catering, and accelerated the process of small and medium-sized fast food merchants to apply the digital platform. This paper firstly sorts out the structural characteristics of Internet-based catering consumption during the epidemic period, analyzes the current situation and problems of digitalization in the catering industry, puts forward the concept and connotation of new digital infrastructure with "platform" as the core, explains the social value of digitalization in the catering industry, and finally provides relevant policy suggestions.

Keywords: Local life; Catering; Digital platform

Ⅳ Special Reports

Abstract: Since the beginning of the 21st century, the vegetarian catering industry in mainland China other than temple vegetarian diet has begun to take shape. At present, it is in the stage of rapid development from the beginning, with huge space for growth; Its development is associated with the consumption ability of urban residents, regional diet customs, religious atmosphere and other factors; With low and medium grade as the leading role, with the improvement of the grade, the use of unconventional raw materials and cross-border compound operation has increased; In spite of rapid chain development, its scale is still small. In addition, the vegetarian catering industry in mainland China is characterized by the coexistence of religionization and de-religionization, the relevance of corporate value guidance and public welfare, cross-border integration and compound operation, etc. Based on the empirical research on the vegetarian industry and consumers' vegetarian consumption behavior in mainland China, and the comparison with Hong Kong, Macao, Taiwan and other countries and regions with relatively mature development of the vegetarian industry in the world, we predict that the vegetarian industry in mainland China will have the following development trends: Both the supply of vegetarian diet and the consumer market will grow rapidly; More and more vegetarian catering will return to the commercial nature and will be operated according to the market rules; The phenomenon of religionization and de-religionization will coexist for a long time; The combination of the public welfare characteristics of vegetarian catering and commercial operation practice of vegetarian catering may develop a unique operation and management mode; The positive impact of vegetarian diet on urban tourism image will be valued and publicized.

Keywords: Vegetarian diet in mainland China; Vegetarian diet in Hong Kong, Macao and Taiwan; World vegetarian diet; Vegetarian diet culture; Vegetarian diet behavior

Abstract: As a regular content of nighttime economy, fine food has been booming along with the transformation of urban business district and the process of urbanization, so "nighttime food" is not a new word, let alone a new type of business. However, considering the policy background and practice orientation of the current nighttime economy, especially the urgency of the recovery of worldly life in the "post-epidemic" period, it is necessary to carry out systematic research on the nighttime food economy, so as to better exert the comprehensive effect of "not just eating and drinking" for food in nighttime economy. Out of the temporal perspective of "nighttime", this paper analyzes the characteristics of nighttime food supply from the spatial dimension, points out the particularity of the demand of nighttime food in three aspects of consumption time, consumption space and consumption experience, and emphatically analyzes the misunderstanding existing in the current nighttime food economic practice, and puts forward the suggestions on the integration of food and culture, food and new media to solve effective supply and accurate supply.

Keywords: Nighttime economy; Food space; Practice misunderstanding

Abstract: The outbreak of COVID －19 in 2020 is even more devastating for the coffee industry. However, as the epidemic situation is getting better, the pace of returning to work, the resumption of work, production and school has been gradually accelerated in many places nationwide. The number of stores opened by catering enterprises and coffee enterprises has increased significantly, and the suppressed desire for consumption during the epidemic period has also been gradually kindled. In the short term, the coffee market is likely to go through a round of "retaliatory" consumption growth; In the long run, the domestic coffee market still has a lot of development space in the future. The coffee industry is gradually transformed to be intelligent and diversified. Enterprises accelerate the integration of online and offline development, create a "coffee ＋" product model, and constantly bring forth new coffee varieties. This not only increases the profit channels of enterprises, but also enhances the anti-risk capability of enterprises.

Keywords: Coffee industry; Freshly ground coffee; Diversified development

Abstract: There are a large number of ethnic minorities and rich ethnic cultural resources in Yunnan. Ethnic catering is a highlight and industrial pillar of its catering culture. Affected by the history and the level of social and economic development, there have been many problems in the development of Yunnan ethnic catering industry for a long time, which is in a low-level development state. In the new era, people's demand for delicious food in a better life is getting higher and higher. The catering industry in Yunnan Province has seized the opportunity to try a series of practical explorations in the form of interactive ethnic song and dance restaurants, ethnic banquets, innovative Yunnan cuisine and special snacks, which makes Yunnan ethnic catering gradually change from an alternative to the mainstream, makes the market share continue to expand, makes the influence continue to improve, and gradually forms the Yunnan model for the development of ethnic catering. To summarize the experience about the development of Yunnan ethnic catering, there are several points worthy of promotion and reference: With high-level government guidance and policy support, multi-sector linkage cooperation, it aims to give full play to the strengths, take root in the market, make innovative development, and realize integrated development with the plateau characteristic agriculture, cultural industry and big health industry.

Keywords: Food culture; Ethnic catering; Yunnan cuisine

Abstract: With the method of two evidence (archaeological objects + documentary records) put forward by Wang Guowei, the academic context of Chinese food culture is jointly promoted by comparing with each other. The philosophical expression of Chinese food culture can be summarized as follows: "Medicine and food share the same origin", "Medicine and diet have the same function"; "Harmony" is expressed in a cup of tea. The Chinese food culture system is deconstructed from three ways of expression: The Chinese ancestors had profound cultural cognition of staple food (Rice in the south and noodles in the north), animal food, flower food materials and spices; Chinese ancestors have accumulated a lot of local wisdom in food culture, which are mainly reflected in the following aspects: Develop food material resources according to local conditions to the greatest extent, eating seasonal food according to the weather; Picking wild vegetables to effectively supplement food sources and paying attention to food ethics and etiquette; Chinese ancestors also accumulated many customs and taboos in terms of food culture: Small, weak and pregnant animals are avoided to be used as materials; A variety of Chinese herbal medicine are used to make medicated liquor and incense, and attention is paid to the matching of suitable ingredients and taboo food; Eating rare wild animals is against the ethics of natural law. Finally, discussion is made in terms of three issues: The composition level and connotation of the symbolic sign system of food culture; Discussion is made in terms of people's cognitive bias towards eating wild animals, and it is thought that action is the key to "comprehensive ban on wildlife consumption"; Several trends of Chinese food culture in the future are preliminarily summarized and presented.

Keywords: Chinese food culture; Cultural expression; Food material cognition; Local wisdom; Customs and taboos

B. 17 Strengthen Food Safety Control Promote the Development of Catering Enterprises

Abstract: This report reviews the food borne diseases in China and the national food safety supervision and random inspection in recent years. By comparing the statistical data of food borne diseases in Europe, the United States and Japan, it is pointed out that the catering industry is the focus of food safety. The main problem lies in the harm caused by microorganism. It is proposed to manage food safety by referring to the five key points of food safety in WTO. Aiming at all kinds of catering raw materials, it analyzes the corresponding pollutant sources and pollution ways, and puts forward the food safety management measures to ensure the supply chain of catering raw materials. From the perspective of time and temperature, cross contamination, personal hygiene and health, this report specifically expounds the operation of food safety in stores. Under the stimulation of the outbreak of COVID – 19 globally, consumers have put forward higher requirements for the level of food safety and sanitation. The food safety management of catering enterprises highly depends on the behavior of employees. The implementation of behavior not only needs training to provide relevant knowledge and skills, but also needs to find out the environmental factors that affect the implementation of behaviors, while the food safety culture is the cornerstone of the implementation of the food safety behavior. Enterprises should establish and accumulate food safety culture and establish a standardized system based on scientific prevention.

Keywords: Food safety; Catering enterprises; Scientific prevention

V Appendix

皮 书

智库报告的主要形式
同一主题智库报告的聚合

皮书定义

皮书是对中国与世界发展状况和热点问题进行年度监测，以专业的角度、专家的视野和实证研究方法，针对某一领域或区域现状与发展态势展开分析和预测，具备前沿性、原创性、实证性、连续性、时效性等特点的公开出版物，由一系列权威研究报告组成。

皮书作者

皮书系列报告作者以国内外一流研究机构、知名高校等重点智库的研究人员为主，多为相关领域一流专家学者，他们的观点代表了当下学界对中国与世界的现实和未来最高水平的解读与分析。截至 2020 年，皮书研创机构有近千家，报告作者累计超过 7 万人。

皮书荣誉

皮书系列已成为社会科学文献出版社的著名图书品牌和中国社会科学院的知名学术品牌。2016 年皮书系列正式列入“十三五”国家重点出版规划项目；2013~2020 年，重点皮书列入中国社会科学院承担的国家哲学社会科学创新工程项目。

中国皮书网

（网址：www.pishu.cn）

发布皮书研创资讯，传播皮书精彩内容
引领皮书出版潮流，打造皮书服务平台

栏目设置

◆关于皮书

何谓皮书、皮书分类、皮书大事记、
皮书荣誉、皮书出版第一人、皮书编辑部

◆最新资讯

通知公告、新闻动态、媒体聚焦、
网站专题、视频直播、下载专区

◆皮书研创

皮书规范、皮书选题、皮书出版、
皮书研究、研创团队

◆皮书评奖评价

指标体系、皮书评价、皮书评奖

◆互动专区

皮书说、社科数托邦、皮书微博、留言板

所获荣誉

◆2008 年、2011 年、2014 年，中国皮书网均在全国新闻出版业网站荣誉评选中获得“最具商业价值网站”称号；

◆2012 年，获得“出版业网站百强”称号。

网库合一

2014年，中国皮书网与皮书数据库端口合一，实现资源共享。

S 基本子库
UB DATABASE

中国社会发展数据库（下设 12 个子库）

整合国内外中国社会发展研究成果，汇聚独家统计数据、深度分析报告，涉及社会、人口、政治、教育、法律等 12 个领域，为了解中国社会发展动态、跟踪社会核心热点、分析社会发展趋势提供一站式资源搜索和数据服务。

中国经济发展数据库（下设 12 个子库）

围绕国内外中国经济发展主题研究报告、学术资讯、基础数据等资料构建，内容涵盖宏观经济、农业经济、工业经济、产业经济等 12 个重点经济领域，为实时掌控经济运行态势、把握经济发展规律、洞察经济形势、进行经济决策提供参考和依据。

中国行业发展数据库（下设 17 个子库）

以中国国民经济行业分类为依据，覆盖金融业、旅游、医疗卫生、交通运输、能源矿产等 100 多个行业，跟踪分析国民经济相关行业市场运行状况和政策导向，汇集行业发展前沿资讯，为投资、从业及各种经济决策提供理论基础和实践指导。

中国区域发展数据库（下设 6 个子库）

对中国特定区域内的经济、社会、文化等领域现状与发展情况进行深度分析和预测，研究层级至县及县以下行政区，涉及地区、区域经济体、城市、农村等不同维度，为地方经济社会宏观态势研究、发展经验研究、案例分析提供数据服务。

中国文化传媒数据库（下设 18 个子库）

汇聚文化传媒领域专家观点、热点资讯，梳理国内外中国文化发展相关学术研究成果、一手统计数据，涵盖文化产业、新闻传播、电影娱乐、文学艺术、群众文化等 18 个重点研究领域。为文化传媒研究提供相关数据、研究报告和综合分析服务。

世界经济与国际关系数据库（下设 6 个子库）

立足“皮书系列”世界经济、国际关系相关学术资源，整合世界经济、国际政治、世界文化与科技、全球性问题、国际组织与国际法、区域研究 6 大领域研究成果，为世界经济与国际关系研究提供全方位数据分析，为决策和形势研判提供参考。